全面深化改革领导干部学习读本

主编 黄琦 刘学军

中国土地改革向何处去

王 平◎主编

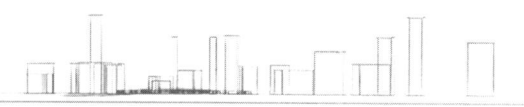

刘守英 | 甘藏春 | 董祚继 | 叶兴庆 | 黄小虎
多位名家纵论改革大势

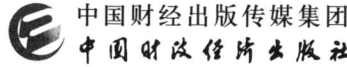

中国财经出版传媒集团

中国财政经济出版社

图书在版编目（CIP）数据

中国土地改革向何处去/王平主编.—北京：中国财政经济出版社，2017.9
（全面深化改革领导干部学习读本/黄琦，刘学军主编）
ISBN 978 – 7 – 5095 – 7689 – 2

Ⅰ.①中…　Ⅱ.①王…　Ⅲ.①土地改革 – 研究 – 中国 – 干部教育 – 学习参考资料Ⅳ.①D651.1

中国版本图书馆 CIP 数据核字（2017）第 202413 号

责任编辑：王芝文　　　　　责任校对：张　凡
封面设计：田　晗　　　　　版式设计：齐　杰

中国财政经济出版社 出版
URL：http://www.cfeph.cn
E – mail：cfeph@cfeph.cn
（版权所有　翻印必究）
社址：北京市海淀区阜成路甲 28 号　邮政编码：100142
营销中心电话：88190406　北京财经书店电话：64033436　84041336
北京中兴印刷有限公司印刷　各地新华书店经销
787×1092 毫米　16 开　24.25 印张　377 000 字
2017 年 9 月第 1 版　2017 年 9 月北京第 1 次印刷
定价：50.00 元
ISBN 978 – 7 – 5095 – 7689 – 2
（图书出现印装问题，本社负责调换）
本社质量投诉电话：010 – 88190744
文章稿酬及版权联系电话：010 – 68457872
打击盗版举报热线：010 – 88190414　QQ：447268889

"全面深化改革领导干部学习读本"

编 委 会

顾　　　　问：高尚全　彭　森　宋晓梧　许宏才　刘尚希

编委会主任：周法兴　史克毅　黄　琦　潘治宏

编委会副主任：蔺红英　刘学军

编　　　　委：周法兴　史克毅　黄　琦　潘治宏　蔺红英
　　　　　　　刘学军　贾存斗　党海鹏　郁东敏　翁晓红

丛 书 主 编：黄　琦　刘学军

分 册 主 编：刘学军　王　平　黄根兰　方　艳　秦均华
　　　　　　　赵　琳　孙　铮

总　序

高尚全

　　自1978年党的十一届三中全会开启我国的改革进程以来，弹指一挥间，中国的改革事业已经走过近40年的光辉岁月。近40年来，我们历经从计划经济到商品经济再到市场经济的探索，我们从无到有构建了中国的社会主义市场经济体系并不断进行完善，我们扭转了"文革"的动荡混乱走向依法治国，并不断提高国家治理水平。可以自豪地说，中国的改革事业取得了不可磨灭的成就。中国的改革事业当然也并非一帆风顺，改革的航程历经千难万险，但是改革的开拓却从未停歇。战胜这些困难、推动中国改革不断进步的，是站在改革潮头的千千万万的干部群众，尤其是广大党员干部，是我们在前无古人的情况下坚定不移地推动改革前进的中坚力量。从"要吃米、找万里"的童谣到"杀出一条血路来"的习仲勋等早期的特区开拓者，从"有计划的商品经济"的论证和提出到"社会主义市场经济的四梁八柱"的构建，如果没有党员干部对改革的孜孜以求、积极进取，就没有今天改革事业的辉煌成果。

一、坚持市场方向的改革从胜利走向胜利

　　从"计划为主、市场为辅"到"有计划的商品经济"再到发挥市场的"基础性作用"，最终到发挥市场的"决定性作用"，近40年来，以经济体制改革为核心的中国改革始终坚持市场经济的改革方向，并最终使得国家在各个层面上都取得了巨大的成就，推动了以阶级斗争为纲向以经济建设为中心的转变、从计划经济向市场经济的转变、从闭关锁国转向全方

位开放、从人治走向法治、从贫穷落后转向小康这五个方面的伟大转变。

党的十八大以来，我国的改革进入了新的阶段。在以习近平同志为核心的党中央的坚强领导下，我国不仅有效应对了复杂国际政治经济环境的风云变幻，更在相当不利的条件下取得了经济的中高速平稳增长。党的十八届三中全会所作出的《中共中央关于全面深化改革若干重大问题的决定》（以下简称《决定》）制定了我国在新的发展阶段全面推进改革开放事业的宏伟蓝图，提出了到2020年全面深化改革的指导思想、总体思路、主要任务、重大举措。以这份全面推进改革的《决定》为基础，中国改革事业在战略布局、改革难点以及市场地位方面都获得了一些重大的进展乃至突破。

（一）市场在资源配置中的地位获得重大突破

中国改革开放的进程，实际就是从以计划作为配置资源的主要手段逐渐变革成为以市场作为配置资源的主要方式，市场经济逐步确立并不断完善的过程。在这个进程当中，市场的力量从无到有、从弱小到壮大。《决定》旗帜鲜明地提出，使市场在资源配置当中发挥决定性的作用，这在中国的改革开放和市场经济发展历程中具有里程碑式的意义，体现了以习近平同志为核心的党中央对市场规律的认识在不断提高，是我党对中国特色社会主义建设规律认识的一个重大突破。

（二）供给侧结构性改革取得明显进展

党的十八大以来，中国的经济发展面临着全新的环境和挑战。世界经济严重衰退，贸易保护主义抬头，世界经济格局面临新的"洗牌"。与此同时，国内土地、劳动力等要素价格越来越高，资源、环境的约束越来越紧，我国传统的经济发展模式和结构继续进行深刻的调整和改革。中国经济面临着保持一定水平的增速和调结构的两难困境。在这种经济新常态背景下，中央及时作出了供给侧改革的决定和布局，以前所未有的勇气和决心，开启了一场中国经济发展方式向更高形态发展的结构之变。

（三）国家政治体制顶层设计适应新的要求、获得新的突破

党的十八届三中全会提出："全面深化改革的总目标是完善和发展中国特色社会主义制度，推进国家治理体系和治理能力现代化。"这就要求对过去领导改革的行政部门本身进行改革，对改革领导者的决策效能和执行力提出了重大考验。为了推进改革，中央先是设立了中央全面深化改革

领导小组，有力提升了改革的决策效能，使过去总是被回避的改革议题，比如户籍问题、农村土地制度问题等等，能够集中力量摆脱各种利益羁绊获得正面突破。国家治理体系和治理能力的提高还体现在我国社会主义民主政治的进步上。全面深化改革对加强社会主义民主政治制度建设提出了通过各项制度建设，丰富民主形式，从各层次各领域扩大公民有序政治参与，充分发挥我国社会主义政治制度优越性的总目标。

（四）反腐倡廉效果显著，依法治国有效推进

进一步推进改革，创建良好的经济发展环境，需要廉洁奉公高效的党员和公务员队伍。十八大以来党中央对腐败行为的坚决查处，破除了过去一段时期因党纪国法松懈而滋生的各种潜规则，横扫了贪腐猖獗的不良风气，党纪国法为之肃然而振！中央对于滥权渎职的腐败分子，上至中央常委，下至乡村干部，不管是军方大将，还是地方大员，但凡触犯党纪国法，均依法予以严惩。坚定不移地推进全面从严治党，形成了反腐败斗争压倒性态势。这样大规模的反腐浪潮，激浊扬清，民心得以振奋，党风得以清正，使全体党员干部受到深刻的教育。掌握权力行使权力的全体党员干部自觉地规范行使权力、自觉避免滥权渎职行为，这为规范政府权力的行使、保障市场主体的合法权益奠定了良好的基础。在肃清腐败的基础上，中央通过确立依法治国的方略，从制度建设上、从根本上维护国家的长治久安。2014年10月底召开的党的十八届四中全会，是中国共产党历史上第一次专门研究法治建设的中央全会，通过了《中共中央关于全面推进依法治国若干重大问题的决定》。党把自己的路线、方针、政策通过法定程序转化为国家意志，成为全国人民共同遵守的法律规范，实现党的主张和人民意志的有机统一。

（五）生态文明体制改革为创造绿色环境打下了基础

党的十八大以来，党中央始终把生态文明建设放在治国理政的重要战略位置，首次将生态文明建设与经济建设、政治建设、文化建设和社会建设一起，纳入中国特色社会主义"五位一体"总布局；党的十八届三中全会《决定》，全面、清晰地阐述了生态文明制度体系的构成及其改革方向、重点任务，是将生态文明建设纳入"五位一体"总布局后的又一大创新；党的十八届四中全会要求用严格的法律制度保护生态环境；党的十八届五中全会将绿色发展纳入新发展理念。对生态文明建设的顶层设计

密集推出，体现了党遵循发展规律、顺应人民期待、彰显执政担当。

二、新时期的改革仍面临着巨大的挑战

中国的改革虽然取得了举世瞩目的成就，但是前期单边突进的改革遗留的问题越来越成为拖累经济社会进一步向前发展的障碍，而且经过近40年的改革发展，随着生存型阶段向发展型阶段的转变，我国需求结构开始发生明显变化，新的需求和旧的体制的矛盾也日益凸显，新老问题同时并存，影响改革的深化。目前仍存在的矛盾有以下几个方面：

一是经济发展方式转型与市场化改革不到位的矛盾。以当前最重要的"三去一降一补"为例，虽然其在整体战略上极为重要，但是在实际操作过程中，也出现了行政手段"一刀切"，专去民营企业的传言。"三去一降一补"需要行政手段的配合，不过应尽量以市场的优胜劣汰为主要手段，让行政要求成为市场资源配置的砝码，这样虽然见效慢一些，但长期看会更加健康。

二是税费过重与公共产品供给短缺并存的矛盾。我国已开始从私人产品短缺时代进入公共产品短缺时代，但相应的社会体制改革还不适应这个时代变化的趋势。公共产品短缺成为阻碍扩大内需、制约发展方式转型的一个重要因素。公共产品短缺使我国消费率不断下降，消费率水平不仅低于发达国家，而且也低于"金砖四国"中的其他三国。但是，作为公共产品供应源泉的我国老百姓的税赋水平并不低。如曹德旺所指出的，中国企业税赋同比美国高出相当于营业额的11.6%，这在世界上明显属于较高税赋的国家。同一些宏观税负超过30%的国家相比，在社会福利支出（教育、卫生、医疗、社保等）方面，法国的社会福利支出占GDP的比例为35%，瑞典是38%，挪威是33%，丹麦是37%，澳大利亚是23%，美国是21%，我国还有很大差距。造成这种现象的主要原因，还是因为政府作为投资的主体而没有成为创造环境的主体，财政在公共服务领域的投入比重还不高，地方政府的注意力仍然集中在追求经济总量的扩张上。

三是依法治国的理念在实际行动中仍然有待落实。依法治国的治国方略早已提出，党的十八届四中全会更是以中央全会决定的方式将这一理念提升至治国理政的最高层次，中央深改办也专门出台了各项推进法治建设的意见和方案。但是行政部门职能缺位、错位、越位，行政审批门槛多、

公共服务不到位、权力行使不规范等问题仍然时有发生,阻滞了市场经济的健康发展。另外,《宪法》明确的法院、检察院独立司法也受到意识形态领域反对"司法独立"的影响,律师尤其是刑事辩护律师容易受到不公正的待遇乃至以敌我矛盾予以处理,严重违背依法治国的理念。凡此种种,彰显了法治状况与社会主义市场经济建设的不相适应。市场经济当中利益主体各不相同,市场经济的运行实际也是各个市场主体之间利益交换、协调的过程,是不断产生矛盾又不断解决矛盾的过程,司法承载着保障这些矛盾有效、迅速解决,维护不同市场主体利益交换、协调通畅运行的重要功能,依法治国的理念必须贯彻到实处。

三、改革只有进行时,全面深化改革需要广大党员干部掌握改革的方法和经验

"雄关漫道真如铁,而今迈步从头越。"在新的历史时期,推进全面深化改革需要千千万万的广大党员干部不仅要面对"啃硬骨头"的难题,而且要面对的往往是改革的对象就是自己的利益这样的艰难选择。在这种情况下,除了决策层要在顶层设计方面做好微观改革激励兼容的改革路径设计之外,还需要各个层级的党员干部增强大局意识、核心意识,自觉向中央看齐,其目的就是要发挥出中国共产党作为一个马克思主义政党的核心优势来克服私利对改革的扭曲,这是当前推进改革所需要的,是当前各项党员学习教育培训项目的重中之重,在此无须赘言。需要着重指出的是,在改革的深水区推进全面深化改革,"摸着石头过河"的改革方法在制度架构的诸多方面可能不再适用,党员干部在坚定改革的决心之外,还有必要掌握改革的方法论,在对改革有深刻认知的基础上,掌握推进改革的方法、路径,这样就能够事半功倍地推进改革。在近40年的改革进程中,我们积累了不少宝贵的经验和方法,突出的有:

一是不断解放思想,推进理论创新。科学的理论是改革顺利推进的思想保证。改革的进程,就是思想解放的过程,就是理论创新的过程。改革开放以来,我们党坚持解放思想,实事求是,与时俱进,将实践作为检验真理的唯一标准,不断推进理论创新、思想创新和体制创新,创造性地提出了社会主义市场经济理论及其政策体系。

二是坚持市场化的改革方向不动摇。改革开放近40年的历程,也是市场作为资源配置手段的地位不断提升的历程。从"一大二公"和"割资本主义尾巴"到"计划为主、市场为辅"的社会主义商品经济的提出，再到从指令性计划到指导性计划的转变，进一步到社会主义市场经济的提出，最终到使市场在资源配置中发挥决定性作用，中国的改革所取得的成果，也就是社会主义市场经济不断发展的结果。我们回顾中国近40年的改革经验，其中最核心的一条，就是要坚持市场化的改革方向。需要着重指出的是，互联网大数据时代，我们仍然要头脑清醒地坚持市场经济。计划经济与市场经济的区别，本质上并不在于有无计划或者说制订的计划是否科学，即便在完全市场化的社会里，企业也会制订诸多的生产计划、推广计划，计划得好的企业更有可能在激烈的市场竞争中胜出。计划经济与市场经济两者区别的本质是由行政权力来配置资源还是在价值规律的支配下由市场主体的自主选择判断来配置资源。互联网大数据可以使计划的制订更加科学，但是它无法解决这个时代最重要的人的创造性、积极性的问题。只有自由选择的市场，才能产生这种积极性和创造性，也只有自由选择的市场，它所形成的数据和联网才有意义，否则何以持续地发展繁荣？互联网和大数据只有与市场相结合，才能迸发出最大的效用。改革必须坚持市场化不动摇。

三是灵活运用改革方法，既先行先试、先易后难，又统筹兼顾、协调推进。我国改革的典型特征是采取了先行试点、总结推广的方式。立足于把解决本地实际问题与攻克面上共性难题有机结合起来，选择一定地区或改革领域开展试点，在对试点进行总结的基础上，对成功经验和做法再行推广。这种由点而面、先易后难的改革推进方式，既控制了风险，又通过有效的推广机制使成功经验能够迅速普及，成为我国渐进式改革战略的重要经验，也是新时期推进改革开放、探索新的发展模式和体制模式的重要途径。改革又是一项系统工程，必须不断完善改革的推进方式，统筹兼顾，加强总体协调。我们注重把握"破旧"和"立新"的关系，立足于立新，适时、大胆地破旧，从而不断消除深层次的体制机制障碍，建立健全适应生产力发展需要的新体制、新机制；坚持整体推进和重点突破相结合，在统筹规划的基础上注重协调配合，不失时机地实现改革的重点突破。开放也是改革，做到改革和开放相互促进，良性互动。在完善社会主义市场经济体制的新阶段，我们面临的主要是一些触及深层利益关系、配套性强、风险比较大的改革，而且经济体制改革与政治体制、文化体制、社会体制方面的改革日益紧密地联系在一起，这使得改革的统筹协调和整体推进的要求更加凸显。党的十八届三中全会后设立的全面深化改革领导小组，专门就经济体制、民主法治、文化体制、社会体制等设立了专门的改革小组，为改革的统筹协调创造了条件。

四是正确处理改革、发展、稳定的关系。改革是经济社会发展的强大动力，有效的体制是实现经济社会又好又快发展的根本保证，从长远来看，也是确保社会稳定的根本保障，同时，发展和稳定也提供了深化改革的良好环境和基本条件。要正确处理好改革与发展、稳定的关系，适时有序推进改革开放，把改革的力度、发展的速度和社会的承受能力有机结合起来，在保持稳定的前提下推进改革和发展，通过改革和发展促进社会稳定。

当然，宏观上掌握了改革的经验和方法还远远不够，广大党员干部每个人都有自己需要面对的具体的改革领域。这些具体领域的改革都有自己的难点和重点，其改革的方法和路径都不尽相同，需要根据实际情况，因地制宜，对症下药。中国经济体制改革杂志社和中国财政经济出版社这次共同编纂出版的"全面深化改革领导干部学习读本"不仅仅包括宏观的内容，如《未来十年的改革发展战略》《大国反腐》《大市场严监管》，因为不谋全局者不足以谋一域，有利于我们构建对当前整个改革进程的认知框架；更为重要的是，"全面深化改革领导干部学习读本"还就财政改革、金融改革、国企改革、土地改革、社保改革、产业变革、扶贫攻坚等具体改革领域都专门整合了分册，共同构成本丛书的主体内容，这就为广大党员干部在各自的领域学习、推进改革提供了极大的便利。"成事在天，谋事在人。"我相信，只要广大党员干部能够深刻地学习和领悟"全面深化改革领导干部学习读本"这样的改革书籍所传递的改革知识和精神，中国的改革事业就一定能够从胜利走向胜利，中华民族伟大复兴指日可待。

2017 年 9 月

目录
CONTENTS

代序　中国土地制度变革的基本逻辑 …………………… 刘守英（1）

第一篇　中国土地制度沿革／13

百年中国土地制度变革及其启示 …………………… 龙登高（15）
社会转型与土地管理制度的变革 …………………… 甘藏春（29）
转型中的土地制度改革 …………………… 陶　然　汪　晖（47）
土地制度改革的现状与前景 …………………… 黄小虎（74）

第二篇　关于土地制度改革的观点交锋／83

关于当前土地制度改革的争论 …………………… 蔡继明（85）
论土地制度改革的六大焦点分歧 …………………… 华　生（95）
当前中国土地制度问题三大争议 …………………… 李远行（110）
中国土地市场化改革为何迟缓？ …………………… 杨俊锋（115）

第三篇　"土地财政"如何转型／121

"土地财政"的功过是非 …………………… 周其仁（123）
正确认识"土地财政" …………………… 刘尚希（130）
"土地财政"：历史、逻辑与出路 …………………… 赵燕菁（137）
我国"土地财政"转型问题探讨 …………………… 赵俊杰　赵鹏宇（150）

第四篇 我国土地制度改革几个重大问题 / 161

为什么要改革农村土地制度 ················· 董祚继（163）
农村土地"三权分置"改革：要点与展望 ········· 王亚华（177）
建设用地使用权期满续期问题探讨 ············ 陈建良（185）
国有建设用地使用权到期处置研究
　　　　　　　　　　　　　　　唐　健　王庆日　谭　荣（191）
农地"三权分置"怎样与现行法律衔接 ·········· 陈耀东（201）

第五篇 中国土地制度改革向何处去 / 207

土地制度改革亟需新思维 ··················· 文贯中（209）
我们需要什么样的土地制度？ ················ 华　生（217）
房地产市场要"治本为上" ·················· 贾　康（230）
如何重构转型期的农地权利体系 ·············· 刘守英（237）
集体所有制下的产权重构
　　——在坚持农村集体所有制与赋予农民更多财产权利之间
　　　寻找平衡点 ······················· 叶兴庆（242）

第六篇 国际土地制度改革经验与启示 / 271

农村土地流转法制建设的欧美经验 ············ 马玉飞（273）
新加坡土地管理的特点及借鉴 ··············· 高国力（279）
印度莫迪政府土地改革失败启示 ····· 王爱民　陈志刚　钟太洋（287）
墨西哥土地改革及其影响 ············ Alainde Janvry　Kyle Emerick
　　　　　　　　　　Marco Gonzalez - Navarro　Elisabeth Sadoulet（291）
"一带一路"国家的土地管理制度及启示 ······ 王燕青　武拉平（295）
国外及中国台湾土地流转规范化管理与服务经验借鉴
　　　　　　　　　　　　　　　　　　　　 高　强　孔祥智（302）

第七篇 土地制度创新的地方经验 / 313

基层管理视角下的农村土地制度改革 …………………… 邱芳荣（315）

浙江海宁的工业用地市场化配置改革实践探索
　　…………………………………… 徐忠国　唐　健　卢　曦（320）

成都郫都区集体经营性建设用地入市的实践探索 ……… 王冬银（327）

粤沪苏土地节约集约利用探索实践 ……………………… 侯学平（331）

城中村改造与中国土地制度改革：珠三角的突破与局限
　　………………………………………………… 陶　然　王瑞民（339）

代序
PREFACE

中国土地制度变革的基本逻辑

刘守英[*]

中国的土地制度改革一直是一个热门话题，同时又是争议很大、难以达成共识的议题。党的十八届三中全会《决定》出台后，社会各界对其中关于土地制度改革的内容总体反应不错，但也有一些不同的声音，这很正常。面对争议，中央确定了土地制度改革的原则，由中央定方案，地方试点，然后统一部署，法律先行等。在我看来，在社会共识尚未完全达成的情况下，通过试点形成政策和制度，通过法律修改解决改革合法性，是适合这一领域的正确改革路径。

从研究角度讲，对这一问题有很多争论的声音，有这么大的分歧是好事，更能激发我们进行更理性、全面的思考和更客观的分析。我最近一直在思考的一个问题是：对土地问题的求解，需要认真清理一下党的十一届三中全会以来的土改策略和路径，也就是要反思，中国土地制度的改革逻辑是什么。这套逻辑现在碰到了什么问题，是否还行得通？我的一个看法是：这些年来，改革推进一直在寻找折中办法，现在可能已经触碰到根本问题。如果不在这根子上面下功夫，不在更深层问题上找到突破口的话，土地制度改革可能很难有大的进展。

---

[*] 刘守英，中国人民大学经济学院教授。

一、选择与变迁的两大约束

中国土地制度改革一直受到两大约束：一个是制度制约，另一个是目标制约。这两个约束决定着整个土地制度的选择与变迁。

一是制度制约。中国土地制度是国家基本性制度，农村土地集体所有制和城市土地国有制是公有制的主要实现形式。从改革决策角度看，土地制度如何改革、改到哪里去，备选制度安排对公有制到底产生怎样的影响，是最在意的。

制度制约主要表现为三个方面。第一，执政的合法性。因为中国共产党是以消灭私有制为执政基础的，所以，坚持公有制决定了执政的合法性。农民的土地又是共产党领着农民从地主手上分来的，是取得政权的法宝，土地公有制也是执政合法性的基础。第二，中国特色社会主义。"特色"具体体现为中国共产党领导和坚持公有制。土地公有制是中国"特色"里面最"特"的制度安排。第三，基本经济制度。"基本"体现为公有制主导、多种经济成分并存，土地制度是基本经济制度里面最基本的制度。

上面的这几条制度制约，基本上就决定了土地制度改革中，哪些是可选择的，哪些是不可选择的。

二是目标制约。党的七届二中全会提出把中国从农业国变成工业国。1949年以后的中国共产党一直在为这个目标而努力。农业国变工业国的核心是实现经济的现代化。无论是在计划经济时期还是在改革开放时期，不管有多大争议，面临多大困难和挫折，经济现代化一直是执政党达成的一个基本共识和目标。党的十八届三中全会提出被有些人所称的"第五个现代化"——国家治理体系和治理能力的现代化，实际上是制度现代化。

要实现农业国向工业国的转变，在苏联范式下，只能是国家工业化。由此发展模式决定的基本利益格局就是农业为工业服务，农村为城市服务。土地制度安排就是服务于这一目标的主要工具，土地制度变革也不能与这一目标导向相冲突。

因此，中国土地制度选择与变革实际上一直受到两个制约：土地制度是公有制的最主要实现形式；土地利益分配要服务于农业国变工业国的目标。这两大约束也就决定了中国土地制度改革的基本逻辑：

第一，所有制是锁定的。土地制度公有制是被锁定的，其他制度形式是被排斥在外的。公有制的主要表现形式是：城市土地国有制和农村土地集体所有制。这是不可被修改的。改革所能做的是探索土地公有制的实现形式。

第二，土地制度改革的基本主线是在所有权和使用权分离上做文章。土地制度结构的第一层次是所有制，第二层次是权利构成。由于第一层次是锁定的，改革只能在第二个层面寻求突破，即通过两权分离，扩大使用权的权能，发挥产权的激励和稳定预期的功能，调动土地使用者的积极性，提高土地利用效率。

第三，土地成为发展的工具。从经济学上来讲，土地是派生性需求，它应该是引致性的，也就是经济发展需要土地扮演什么角色，土地才扮演什么角色。但是，从计划经济到改革时期再到现在，我们是倒过来的。在整个发展中，土地实际上起的是发动机的角色，成为谋发展的工具。为了将中国从农业国转型为工业国，为了实现经济现代化的目标，土地充当发动机的角色跑在最前面，然后来拉动马车往前走。

土地制度改革实际上看"三块地"：一是分给农民的承包地，二是农民盖房子的宅基地，三是农地转用，即农用地变成非农用地。这"三块地"在制度变革上基本就是在所有制锁定下，从"两权分离"的逻辑出发来推动整个改革进程，但是权利功能是级级弱化的。

怎么讲？对农地即承包地，现行的逻辑是维持集体所有权，强化农户使用权。也就是强化产权，两权分离以后把产权做强，然后把所有制变成一个法律上的、名义上的所有权。虽然是"两权分离"，但是做强后者。这是农地的改革逻辑。

宅基地不是这样。对宅基地虽然也是将集体所有权和使用权分离，但宅基地制度演化的结果是强化了前者，模糊了后者。在构建宅基地制度时，集体所有权是越做越强，农户使用权的保障在制度构架里面是缺乏的，农民宅基地的产权功能基本停滞。

农地转用这一部分就更差了。农地转用基本上就是剥夺农民集体所有权和使用权。在转用上，它启动了城市国有和农村集体所有的架构，结果是"两权分离"实际上变成了两种所有制的分治,这种分治导致集体所有权和使用权基本上被取消。

二、农地制度选择与变迁

(一)农地制度变革的努力一直未停息过

农地领域的制度选择与变迁是被关注最多的。20世纪80年代农地改革之前,制度选择的结果用四句话来概括就是:一是以农民所有制废除地主私有制。"土改"基本上是用农民的所有制废除地主的私有制,但继续保留着私有制。二是用合作制来取代农民所有制,即初级社。初级社的时候还是私有的,但是用合作制取代了农民的所有制。三是以集体所有制取代合作制。就是到了高级社、人民公社的时候是用集体所有制来取代合作制。四是"三级所有、队为基础"的体制。"三级所有",就是所有权的一级在生产队,但事实上其他几个所有权也在继续发挥作用,不过是以生产队为基础。

对于集体制度下农地制度安排缺陷的研究,已有定论,由于行政权替代产权功能,对生产者的激励低下,努力与报酬不对应,导致生产绩效很差,因而在底层事先发动,地方与中央改革者的支持与互动,推动包产到户改革在全国普遍化,然后以法律形式制度化。

现在很多人批评农村改革在20世纪80年代中期以后就停滞了。在我看来,批评不是很恰当。其实问题不是没有改革,改革一直在做,20世纪80年代中期以来一直在努力。关键是在制度选择上做了框定,因此就只能做到这样,即不动所有制,强化使用权。怎么做的呢?

一是从承包期上着手。从产权来讲,最主要的是农民的预期要稳定,也就是把承包期不断延长,一直延长到农民与土地的关系稳定。从1984年明确15年承包期,到第二轮承包时延长到30年(在此期间又提出"增人不增地、减人不减地",将贵州湄潭的试验上升成全国的政策和法律),一直到2008年提出"长久不变"。这套制度安排就是为了稳定预期。

对"增人不增地,减人不减地",一直争议很大。这是1987年原中央农研室在贵州湄潭进行试点基础上形成的制度安排。当时就面临改革进行不下去了,杜润生先生提出建立改革试验区。土地制度方面有三个,其中就有贵州湄潭县的"增人不增地,减人不减地",实际上是对整个集体所有制的一个根本改革。

集体所有制一个最重要的制度安排就是作为集体经济组织成员,人人有份。既然是人人有份,那么增加的人也应该分一份,减少的人就应该拿出来,所以这套以成员权为基础的制度安排的结果是增人就得调地,减人也得调地。导致的结果就是影响农民的行为预期,再就是土地的细碎化。

湄潭试点意味着未来农民跟土地的关系就固定了,增也不再调,减也不再调。从那个时间开始,地在谁手上就不再动了。

到了2008年,提出"长久不变"。"长久不变"作为一种制度安排,是将"增人不增地,减人不减地"变成一个基础性的制度安排。"长久不变"是什么意思?用中央文件的原话是:在稳定承包关系基础上实行长久不变。这意味着人跟土地完全对应上了。

2008年提"长久不变"时,改革的方案有几个:一种是从30年再延长一倍,延长到跟国有一样的70年。当时反对的意见是,30年变成70年还是一个有期限的土地制度。另外一种观点是实行"永佃制"。当时也有人反对说这是一个哲学概念,没有永久的东西,所以后来就叫"长久不变"。

"长久不变"的制度安排,实际上意味着从有期限的土地制度变成没有期限的土地制度,就是现在的地在谁手上,以后就由谁长期种。但是,这不意味着这个地就属于谁,否则就等于第一个底线被突破了。只能说这个地的承包经营权就是谁的。

第二,完善产权权能。产权权能就是使用、收益和转让权。实际上农地改革在这方面做了很多努力,比如:首先是改革初期取消统购统销,把收益权给农民,完善收益权。2004年以后又取消农业税,农民对土地的收益完全归己。其次是不断地强调农户的主体地位,将产权交与家庭、农户。农户是产权的主体,这一点从20世纪80年代以来一直强调的,到90年代以后又不断重申,因为很多人觉得农户做主体规模太小,农户没知识、不懂市场。为了保住农户主体地位,甚至将家庭承包经营制度确定为基本经营制度,将"统分结合的家庭承包制度",写入法律。另外,从

1984年开始，就允许农户土地流转，自那以后，不断完善土地流转规则，确立"依法、自愿、有偿"原则。

第三，法律化，把《土地承包法》和《物权法》规定的承包经营权作为一个财产权，使原来的发包和承包关系即从一种合约关系，变成农民对承包地的物权。

（二）"两权分离"改革逻辑的结果

很显然，按照所有权和使用权分离的逻辑，搞制度设计的人已经煞费苦心了。如果这套改革路径能够走下去，就继续走。现在看来，问题越来越多。"两权分离"改革逻辑的结果是什么？

第一，"集体"时不时就冒出来。改革初期的初衷是，把使用权做实，让产权发挥作用，让农民好好种地，给集体留着法律所有权，但集体别"跑出来生事"。但是，事后证明，"集体"却时不时出现。因为集体所有制还是作为一级主体存在。有时是政府让它冒出来。我们在基层调研时，发现"集体"没有安分过。集体的权利是客观存在的，因为在法律上"集体"也是一级。

第二，依附于"集体"所长出来的"东西"说不清，道不明。这是现在农村治理里非常大的一件事。现在"集体"实力强的地方，主要靠先下手为强，集体强人自己把农地变成建设用地。华西村、北京周边的村都是这样。现在这些在"集体"上长出的东西，由于先天没有明晰的产权安排，后患无穷。现在集体上长出的东西，都离不开两个制度基因：一个是依托于集体的土地，另外一个是依托于集体成员权。但是，在"集体"的土地上长出来的算谁的呢？在一个说不清、道不明的母体上长出来的"东西"越大，大家就越去搅和这件事。这就在农村的治理问题上不断地出事。比如一些农村土地纠纷，它们不是一个个例，带有制度层面的因素。

第三，集体跟农户之间的发包、承包关系与农民土地财产权赋权的矛盾。农民现在手上的土地是在集体所有权不变的情况下，由集体经济组织发包到农民手上的。按法律上的这种安排，它是一种合约关系，也就是债权关系。但是，《物权法》赋予农民土地财产权。从债权变成财产权，集体所有权下的承包发包关系如何去实现？

第四,成员权观念被强化,妨碍产权排他性功能的行使。在集体所有制不变的情况下,改革的结果是变成成员权所有制。中央政策企图切断这种纽带,但现在面临的问题是,成员权被内部化了。在农民观念里,集体所有制就是人人有份。"人人有份"后,与前面提及的两套制度——"增人不增地、减人不减地"和"长久不变"产生非常大的冲突。农民会说:"不是集体所有制吗?那我增加的人凭什么不给地?减少的人为什么不给拿掉?集体资产长大后为什么不给我分股份?"

这些事的根源在哪儿呢?根源在整个成员权观念被强化成农民根深蒂固的东西。农民现在认可的集体所有制就是份子权,但是承认份子权最后的结果就是产权要排他就很难。

比如南海一直在探索集体股份制改革,最后就非常困难。最初,农地变成集体建设用地时,集体说:"你的地就不种了,把它做成股份,以后大家就按股分红,土地集中起来经营。"这实际上是成员权继续延伸到非农用地上。农民说:"可以。"但是,往下走就面临着很大的问题,即股权福利化,只要是集体成员就不断地要有钱分,这样"集体"上面长出来的资产就没法长大。因为长大的话,农民不放心。后来尝试固化股权,即:现在集体组织的成员按成员权分红,增加的人就按资购股。但增加的人不干,这个最后就被推翻,现在变成以家庭为单位来固化股权,就是不在集体内部不断地分隔而是在家庭内部之间分化。

第五,"承包权与经营权"合一保护,两者都觉得没保护。《土地承包法》和《物权法》保护的是农民土地承包经营权。在承包者跟经营者合一的时候,"承包经营权"作为一种权利保护是没有问题的。在改革初期,农民基本上就是自耕农。但是,后来承包者有可能不是经营者。比如现在2.6亿人离开农村,离开后还是有承包权,但是已经不种那块地了,就是说承包权跟经营权两者是分离的。合一保护的结果,就是拥有承包权者不再耕种这块土地时,就把经营权转出去,但农民又担心把经营权转出去以后回不来。二轮承包时就有这个问题。另外,集体经济组织有时为了做强经营权,可能削弱农户承包权。所以,承包权与经营权事实上分离,目前,这两者之间在制度运行上面临很大的问题。

最后,承包经营权赋权也存在很大问题。承包经营权现在有占有、使用、收益和流转权能,但没有抵押、担保和继承权。抵押、担保权在赋权时争议非常大,大家担心万一承包权抵押出现风险,会导致承包权的丧失。所以,党的十八届三中全会把承包权与经营权分离,给经营权设抵押权,承包权不设抵押权。但是,这件事解决了没有?事实上没有。另外一个问题就是没有继承权,现在农村第一轮包地的农户里,有的老俩口已经都没了,这些地是按承包发包关系交回集体,还是按财产权自动给下一代?即便给下一代,是继续走家内均分制,还是像日本、欧洲一样走长子继承制?对这些问题,都没有制度安排。

三、宅基地制度选择与变迁

宅基地制度构建更为复杂。改革前,宅基地制度跟承包地的逻辑是不大一致的。第一,宅基地的私权一直保留到了高级社。这跟农地不一样,因为那时候主要是农地要为工业化服务。第二,"三权分离":宅基地集体所有权与农户使用权相分离,宅基地使用权与房屋私有权相分离。就是所有权是集体,使用权给农户,再就是房屋是私权。即便在1976年以前,文件里对这一条都是非常强调的:房屋那块绝对不能动。"三权分离"的体制实际上是在改革前形成的。

这一套制度形成以后,改革以来在宅基地的构建上有如下特点:

第一,无偿取得宅基地的制度。这是在改革以后确定的,但是,当地分给农户以后,农户盖房怎么办?

第二,强化成员身份在后续改革中无法实现。改革之前,对离开农村的军人、教师、华侨等,当时有很多文件规定,这些人一旦回来还是分配宅基地。但是,改革以后成员身份在强化,只有集体经济组织成员才能获得宅基地。总之,身份权的强化是在改革后,无偿取得的制度设立也是在改革以后。

第三,将宅基地作为建设用地的一类是在改革以后。因为《土地管理法》是在1987年以后才有的,之前也没有"建设用地"一说。但是,宅基地有什么权?《土地管理法》从来没说。划为建设用地后,宅基地受指标管制强化了,农民盖房要有建设用地指标。但事实上农民盖房基本上拿不到建设用地指标,指标到了县一级成为建设开发的指标,怎么可能给农民盖房呢?所以宅基地划为建设用地在权利上没有体现,只是管制被加强，农民用就会被查是否违法。

第四，政府规制增强。宅基地是一种特别的用益物权。一般用益物权有占有权、使用权和收益权，可宅基地只有占用权和使用权，没有收益权。所以，宅基地制度变成一个集体经济组织以成员权身份无偿获得的居住权。

宅基地制度"三权分离"改革逻辑的后果是什么呢？

第一，宅基地的集体边界被锁定是弊大于利。宅基地的一个基本边界是只有集体经济组织成员才能获得宅基地，这个边界被锁定后，非集体经济组织成员不能进到宅基地的使用里面去。但是，这个锁定有效吗？现在虽然法律上的边界被锁定，但事实上宅基地的集体边界在不断地被突破。尤其是在沿海地区、城市近郊地区，在这些地区以成员身份来界定宅基地的法律和现实之间的分歧越来越大。

第二，跟承包地相比，宅基地的集体所有权被实化，使用权被弱化，这是未来宅基地制度改革面临的非常大的一个问题。到底朝哪个方向改？是把集体所有权做得更实，还是把使用权做得跟承包地一样，把它做得更强？现在分歧非常大：有一类人说要把前者做强，另一类人说要把后者做强。

第三，现在宅基地使用权与房屋所有权是分别赋权。宅基地使用权是集体的，是集体所有下的使用权，房屋是私权。十八届三中全会的文件中，农民的住房财产权可以试点抵押担保和转让，没有提及宅基地使用权，这就是未来想把房屋的所有权权能越做越大。但这个所有权是在宅基地的使用权上的，两者之间存在实物上的不可分割和权能上的分割。这怎么办？反正我们没有办法。农民想出了很多办法，一些地方的农民现在基本上把使用权和房屋打通了。

第四，宅基地作为建设用地的一类，只有指标和审批管理的义务，但是没有给这一类建设用地赋权。宅基地的权利设置只有占有权、使用权，没有收益权。这种权利设置跟事实之间的差异越来越大：事实上农民宅基地的交易大量发生，除了沿海地区，农村人口流动大的地区基本上都有发生。

四、农地转用制度的选择与变迁

先看制度安排。第一,"82宪法"规定的城市土地国有和农村集体所有,是让农地在转用上受制最大的一套制度安排。起初设计两种制度并存是为了把集体这块权利保住,但是后来城市化高速发展,两种所有制就变成土地国有化的过程。

第二,农地转用一律征收,就是按原用途征收土地。

第三,所谓的借鉴西方现代国家的用途管制。事实上是"三重管制":城市规划、土地用途与所有制。现在整个土地转用实际上就是城市规划从中心往外扩,城市规划是一个硬规划、硬约束,城市政府用城市规划圈地。然后,用途管制是管什么呢?管农地变建设用地,它是一个土地转用的规模管制和土地用途的管制。在城市规划成为硬约束的情况下,土地用途管制实际上是一个软约束。

城市为什么不断地往外扩张?因为所有制管制规定农民的农地变建设用地只能是实行按原用途征收,所以地方政府通过规划、管制,最后把农民集体所有的土地弄到了自己手上。这样,所有制管制就变成地方政府获得土地牟利的工具。

第四,市县政府垄断土地一级市场,征收以后政府独家去卖。

第五,土地资本化与土地抵押融资。

这套支撑整个农地转用的制度安排,好处是"快",使城市面貌焕然一新,工业化发展迅速,中国成为全球制造工厂和第二大经济体,但不良后果是:第一,整个经济运行恶性循环:卖地——地方政府的信用担保——把土地抵押和融资——靠房地产作为出口。这四个环节现在都岌岌可危,卖地、地方债务、土地抵押和融资平台、房地产都面临风险。首先原来靠卖地来支撑的低成本城市化时代已经结束了,征地拆迁的成本非常之高,政府卖地的纯收益不断下降。其次,地方债务基本上也是靠卖地支撑,借新还旧。再就是土地抵押和融资平台。最后,房地产现在也面临很大的问题,现在地价那么高,房地产商造那么多高价房,住得了人吗?

第二,现在提倡"新型城市化":高效、包容和可持续,就是"旧城市化"不高效、不包容、无法可持续了。

第三，土地治理困境。十八届三中全会提治理体系和治理能力现代化，土地治理问题不解决，这个现代化就很难实现。这里面最大的问题是靠征地拆迁来维持的发展模式里的地方政府跟老百姓的利益冲突。

第四，新农民问题。原来一直讲农民问题是农村的农民问题，现在新农民问题是农民土地的利益得不到分享，也就是增值收益分配问题。另外一个就是进城以后的农民跟土地之间的矛盾，这个矛盾很严重，要找到一个解决的办法。

五、土地改革需要动根子

总的来说，支撑这套制度的最主要的理论基础是：公有制；土地的特殊性；用途管制制度；涨价归公。从"两权分离"、不动所有权这套制度安排在承包地、宅基地和农地转用上，我们不可谓不努力，但是，制度绩效不尽如人意是显然的。如果继续采用这套改革逻辑，就会面临非常大的困境，需要足够的智慧找出新的改革逻辑。

在我看来，现在应该反思两权分离改革逻辑，从根子上动手术。涉及如下问题：

一是集体所有制的改革。如果集体所有制的改革不往前推，再继续走"两权分离"改革的模式，是很难的。现在要改革的话，按什么路线走呢？在公有制下来改集体所有制，是否可行？

第一是农地。除"长久不变"以外，另一个非常重要的制度设计是承包经营权制度改革，赋予承包权占有、使用、收益和流转的功能，就是把承包权做实（使用权、收益权、流转权），然后将承包权流转给未来种地的人做经营权的抵押和担保权。

第二是宅基地。宅基地改革现在分歧最大。因为大家担心农民把宅基地卖了，会造成流离失所，现在对宅基地讲的是"保障农民宅基地用益物权，完善宅基地制度"，然后，"试点推进住房财产权抵押、担保和转让"，基本上还是按"三权分离"这套制度在设计。

宅基地的制度改革的核心是什么呢？如果宅基地的用益物权还是只停留在保障占有和使用权，那等于不改革。宅基地的权能扩大到什么程度，是改革面临的重要问题。

中国土地改革向何处去

我的建议是：最起码把宅基地的用益物权扩大到跟一般用益物权等同，即占有、使用、收益权，然后再对宅基地的用益物权进行分类改革。比如城乡结合部、沿海地区这些已经没有福利分配的地区，宅基地就直接按财产权制度来进行改革试点，占有、使用、收益、流转就按财产权来对待。传统地区可以先往后放一点。

宅基地的另外一个改革是怎样完善宅基地制度，核心是按成员权无偿分配的制度能改革到什么程度。

怎么完善？我的建议：一是无偿变有偿，改革成员权获得宅基地制度。沿海地区和城市化地区现在已经没有福利分配一说了，可以顺应这些地区城市化的进程，将现在这套按集体成员边界来划界的宅基地制度打开，让宅基地进入土地市场。

二是两种所有制分治改革。城市土地国有和农村土地集体所有这套制度如果不改革，农转非用这套制度改革是无法取得进展的。现在最主要的问题是城市土地国有怎么解决。现在最矛盾的区域在城市建成区和城市规划区中间的地段。这一地段很多土地都没有征收到政府手上，但是规划控制得不准人家用了。未来，这些集体所有土地是继续走征收，还是走十八届三中全会讲的"集体经营建设用地进入市场"？改革的核心在这个问题上。

三是土地治理体系改革。其核心是处理政府和老百姓的关系，核心问题是土地增值收益的分配。分配原则、农民的份额、不同类型的农民在土地增值收益分配中的取得方式等，如果设计不好的话，会给未来埋下隐患。

最后，要将土地问题回归常态，使土地从"发动机"回归为引致型资源。回归常态就是改变现在地方政府"卖地"模式，使政府从经营者退回到服务者的角色，在这个基础上，按现代土地制度来设计整个土地制度的安排才有可能性。

如果土地继续作为"发动机"来推动发展，集体所有制改革、土地城乡分治的改革、征地制度的改革都是不可能真正推进到位的。土地问题只有回归常态，其他的土地制度改革才能向前推动，现代土地制度才能构建起来，社会运转才能更有效率。

（成稿时间：2017 年 3 月）

第一篇

中国土地制度沿革

研究当代中国的土地问题，要把中国社会转型的大背景作为研究的起点。回顾历史，土地问题始终是中国革命建设改革稳定的重要问题，在中国这样一个以农民占主体的国度里，任何一个政党要夺取政权，一个重要的手段就是要制定符合国情的土地政策；一个政党要巩固政权，也依赖于有了正确的土地政策。所以说土地问题也是中国改革发展和稳定的一个重要问题。土地关系反映了社会经济各方面的关系，具有复杂性、广泛性的特点。因此，管理好土地、利用好土地、理顺好土地的各种关系，直接关系到国家、民族的可持续发展，关系到粮食的有效供给，关系到经济的健康运行，关系到环境生态的安全，关系到社会的稳定。

百年中国土地制度变革及其启示

龙登高[*]

中国土地制度百年来经过了四次重大变革，每次变革都引发中国社会与经济的巨大变化，对中国社会经济与政治产生了深刻的影响。

一、土地制度四次大变革的回顾和反思

（一）平均地权

第一次重大的土地制度变革是从20世纪前期一直到1950~1952年的土地改革（以下简称"土改"）完成。

1950年初的土改是一次全面的、自上而下的强制性变迁，也是一场轰轰烈烈的革命。我的问题是，在此之前和在此之后土地产权制度发生了什么样的变化呢？在新中国成立前是土地私人产权，农民对于土地是具有所有权的，可以说土地私人产权的观念深入人心。普遍存在的土地交易契约表明，农民可以在法律范围内对土地随意处置，包括买卖、租佃及其他各种形式的交易。土地交易契约也可以用于土地转让、交易，在经济利益方面的细节都可以在契约当中进行规定。

但是在土改之后，土地所有制发生了什么样的变化呢？在人们的印象当中往往会有一种错觉，革命先烈抛头颅洒热血，就是为了推翻土地私有制，通过土改建立土地公有制。事实上，土改之后，1952~1957年，土地所有制仍然是土地私人产权，农民拥有土地所有权证，可以对土地进行

---

[*] 龙登高，清华大学社会科学学院教授。

中国土地改革向何处去

自由的处置，包括买卖。我们的出发点就是通过土改让农民获得土地财产，只是说更为平均化，也就是平均地权，确切地说是为了改变过去那种不太平等的现象。1950年颁布实施的《土地改革法》在以前的解放区法律的基础之上，进一步从法律层面保障了农民的土地所有权。土地改革完成后，由人民政府发放土地所有证，并承认一切土地所有者享有自由经营、买卖及租赁的权利，也就是农民在这些方面对这块土地拥有和过去一样的自由处置的权利。

1954年颁布的《宪法》是新中国第一部宪法，规定国家依照法律保护农民土地所有权。一直到互助组、初级社仍然是农民依法享有土地所有权，从初级社以后，也只是由初级社统一使用。这是第一次重大的变革。通过这次变革，我们应该了解的是，我们所追求的是让农民拥有土地产权，因为土地是他们最重要的财产。变革所产生的变化是平均了地权。平均地权是从苏区到解放区的尝试，再到新中国建立后逐步全面覆盖。在这个过程中，是通过暴力革命来实现平均地权的。

平均地权之后，过去的土地交易契约、土地产权证都被烧毁。地主的土地和所有财产，强制性地全部拿出来然后平均进行分配。其间发生的镇压与血腥行为，在当时秉承的是革命伦理，是时代的产物；这无须粉饰，不能以今日的市场伦理来加以评判。

平均地权是20世纪的主流思想，在我国，最初是由孙中山先生提出来的。"三民主义"之"民生主义"就是平均地权、节制资本，在当时是一种新的认识。

在土改的时候，平均地权应该说成了全国人民基本上的共识。比如，我最尊敬的一位前辈是西南联大毕业的，那时候教授家里通常土地不少，一方面他家里面的土地被平均分配了，另外一方面他自己又参加另一个地方的土改工作小组。他跟我谈到，自己心里面是有些矛盾和冲突的，但是想到这是一种美好的革命，所以就义无反顾地做好土改工作。

平均地权的理想从孙中山先生提出到中国共产党实现，它的目标是什么呢？在具体的过程当中，又遇到了什么样的问题？1949年湖南土改，安化县有一位14岁的蒋姓男孩，母亲瘫痪，母子俩分到了两份田约2亩，可是无力耕地；半年后母亲病逝，这位14岁的男孩拥有两份田。邻居家是1名壮汉，也分到1亩地，劳动力闲置；一年后娶了儿媳妇，生育了孩子，可一家三口只有1亩地。平均地权的公平与效率事实上受到多种变量的约束。再假设10人平均分配土地，每个人分到10亩，并且拥有土地所有权，可以对它进行自由的支配，当然包括土地的买卖、交易，只要在法律允许的前提之下。可是乙不会种地，亩产只有200斤，于是把土地租给甲，因为甲是一个种田能手，亩产可以达到300斤。丙要外出，将土地典给甲；丁身体不好，将土地抵给甲，获得资金治病。诸如此类，土地逐渐集中到甲的手上，结果又不平均了。虽然不平均，但是土地的效率提高了，因为原来甲种10亩土地，现在规模化经营几十上百亩土地，购买先进的设备，也可以聘请其他的农民做雇工，购买更好的种子、肥料，搞好水利设施建设，亩产量提高到500斤，土地总产出增加了。因为农民拥有了土地所有权，可以根据他们的需求做出选择和处理。于是土改之后就出现了这种情况：又出现了新的富农，又有一些农民离开了土地，土地又集中到甲这样的种田能手当中，这样一来我们的初衷"平均地权"很快又被改变了。那怎么办呢？

平均地权和当初的土改最主要的目的就是让劳动力与土地两种生产要素得到更好的结合，当然生产要素还包括资本，各种生产要素需要得到更好的整合和配置，来提高经济效益。还有很多农民没有土地，希望通过平均地权得到土地。然而，平均地权之后，通过土地流转，仍然出现土地集中到种田能手当中，土地产出效率得到提高，实际上这就是通过地权市场实现土地与劳动力优化配置。可是从表象上来看，平均的状态很快又被改变了。如何确保追求初始平均状态不被改变呢？有什么样的办法呢？只有不允许土地交易，限制其支配权利。土地买卖及其他交易都不被允许了，就意味着土地所有权被剥夺了。

另一方面，实行互助组和合作社，个体农民如一家五口，个体化的经营，规模太小了，风险承担能力很小，也应该通过互助组和合作社推动规模化经营，推动经济效率的提高，所以就有了互助组、合作社及农村土地的集体化。

（二）集体化突进

互助组、合作社、集体化从初衷来说也是好的，是为了让农民经营效率得到提高，但是极"左"思潮之下被扭曲了。第一，它是强制性的，有的农民不愿意，也必须加入合作社。而且在短短的一两年之内就实现了集体化，这就是所谓"大跃进"，从初级社、合作社到高级社到1958年的人民公社。原来土改实现的农民土地所有权就被改变了，这时候才有了所谓集体土地所有权。但是集体所有权也是通过强制性实现的。第二，想退出来也是不允许的，没有退出机制是又一种强制，农民没有选择的权力。

第二次土地制度变革，土地所有制就从农民私有产权变成了集体所有制。集体土地所有制是什么时候从《宪法》中得到确认的呢？如果1958年是集体产权的实现时间，那么《宪法》是什么时候确认的呢？1975年颁布中华人民共和国第二部《宪法》，此时集体所有制才得以追认。1975年还属于"文化大革命"时期，所以后来邓小平说应该以第一部宪法为基准。这表明什么呢？表明从1957年到1975年将近20年间，集体土地所有制、农村集体化是没有被宪法认可的，从现在来看这是很严重的问题，但是历史就是这样的进程。在这里，我们不对此段历史进行过多的评述，也并不由此否认集体所有制，但是有一点，至今仍有一些人把乡镇集体土地所有制看作是高大上的东西，是不容置疑的制度；而从它的产生历史、背景和演变的角度来看，恰恰不是这样的。土地制度改革，只要回顾一下历史就可以澄清很多的认识误区和成见。

在人民公社制下，农民对土地的权利是什么呢？土改之后，农民拥有土地所有权，土地是农民的财产或资产。人民公社制下，农民个体与家庭对土地有什么样的权利？答案是什么权利也没有。所有权归集体了，使用权呢？也没有了，也属于集体。劳动都是集体统一组织的，哨子一吹或者锣鼓一响，农民到田间进行集体劳动。在这种情况之下，集体劳动中很多"搭便车"的现象就出现了，没有激励机制。同时在集体劳动之下，可以说农民没有土地这一最重要的财产，也没有任何生产积极性。这就是邓小平所说到"文化大革命"后期中国农业经济一度濒临崩溃的根源。在20世纪70年代，中国83%的人都在农村，从事农业生产，而且主要从事粮食生产，"以粮为纲"。但人们仍然吃不饱，没有足够的粮食；但现在似乎再也没有人饿肚子了，相反，许多人吃得太多，要减肥。那么现在谁在生产粮食呢？2014年农村人口在总数的比重约46%，而且强壮劳动力都进城了，现在是留守的妇女、儿童、老人和无务工能力者在种地，所谓

"38-61-99-250"在种地。尽管如此,粮食不愁了,人们都在减肥。可以看出,制度不一样,土地产出和个体农民的权利的确有天壤之别。

到了集体化和人民公社后期之下,农业濒临崩溃,不改革只有死路一条,于是就到了大家所熟悉的第三个阶段,这就是1981年开始的包产到户。

(三)家庭联产承包责任制:家庭农庄的活力

包产到户就是把集体的土地由农民个体家庭承包经营。但是那个时候讲包产到户是非常可怕的意识形态禁区,哪个生产队、哪个大队把土地包产给一家一户农民生产,那可是资本主义,是不得了的事情。小岗村的农民写血书按手印,把土地分到各家各户种植,谁也不能泄漏天机,否则全村共诛之;如果有人被上级抓走,其他人应对其家人给予照顾。当然现在所见的血书是后来包产到户合法之后重新制作的一张历史"文物"。据说有人写了血书之后害怕,在家里烧掉了。当时有什么样的说法呢?"集体劳动去逃荒,包产到户有余粮。"很奇怪,集体劳动吃不饱去逃荒要饭,一旦包产到各家各户,就能生产出吃不完的粮食。一个制度变迁,一年之内收到了立竿见影的成效,这是很少有过的,包产到户就做到了。但当时意识形态方面有很大的阻力,绝不能搞包产到户。杜润生只得以"家庭联产承包责任制"这样一个冗长的名字来替代。

这个阶段农民拥有什么样的权利呢?土地的使用权。尽管土地使用权不具备财产权的形态,不过获得土地使用权后农民就可以建立自己的个体家庭农庄了。我们过去说包产到户之所以激发了生产力,就是因为农民有了积极性,这种解释有道理,但是不够全面。真正的解释是,农民通过拥有土地的使用权,建立个体家庭农庄,从而成为农业企业家,这意味着他将拥有经营收益和企业家报酬。农民所得不只是劳动的工资报酬(人民公社之下,社员只能获得工分即劳动收入,其角色相当于公社的雇工)。更重要的是,农庄作为企业拥有剩余控制权和剩余索取权,农民自己支配,这是很大、很强的激励。

在历史上,农民租借土地,建立家庭农场,和自己去充当雇工而获得劳动报酬有着天壤之别。劳动报酬就是工资,但成为农业企业家之后是不一样的。有人说,佃农也是农业企业家吗?大家到中关村看看,企业的办公室是不是租过来的？办公室或者工厂并不是自己的，并没有所有权，只有使用权，但是工厂和企业是不是属于他的呢？是的，所以他是企业主。尽管对办公室或者工厂土地和厂房没有所有权，但工厂和企业是他的，他是老板，就可以获得企业家的报酬，就有剩余控制权和剩余索取权，获得工资之外的收入。过去的佃农从市场上租佃土地过来，建立家庭农场，就变成了农业企业家。一般来说，50%的地租是按生产一季作物产量来算的，农民辛勤劳动，第一季交租，第二季通常就不需要交了，在南方还能种第三季；在农田里面养殖稻花鱼，鲜美的稻花鱼不需要给地主。还能在田埂上种蔬菜，这些都是在契约之外的收入，就叫剩余索取权。因为拥有了契约规定之外的收入，所以佃农的收入和雇工的收入有着天壤之别。包产到户之后，农民的积极性不仅体现在自己耕种土地上，而且体现在建立自己的家庭农场、获得企业家报酬和剩余索取权及风险收入。这就是20世纪80年代农业突飞猛进、恢复性增长的制度基础。这一点似乎没有人揭示过。

（四）当前的土地制度改革

从包产到户到现在又有三十多年，又出现了新的问题，进入第四个阶段，就是当前的土地制度改革。各地基层都在进行探索，也有很多的实践，在此不做专门论述。根本的两条经验或改革取向是，明确土地产权，通过市场交易推进土地流转。特别应该指出的是，在当前的改革中，面临着许多新的问题和很多的忧虑、顾虑、担心，特别是人们对土地市场化的风险有很多不理解和担心。这其中的重要原因就是历史认识误区。

二、历史经验与认识误区：探索成本与试错代价

（一）农民土地产权的多重权益

回顾历史可以看到，土地的使用权对农民来说是很重要的。因为有土地可以耕种，而且可以建立自己的家庭农场，但同样重要的是，农民还应该拥有财产权。过去普遍的看法是，农民有地可耕就可以了，有使用权就可以了，还要什么所有权呢？所有权没必要给农民。下面我们来看看所有

权对农民意味着什么。

所有权对农民来说是多重的权利：第一是土地耕作权，有地可耕了，这是最基础的；第二是土地增值权，因为土地可以增值，对土地进行投入，能够获取未来的收益，如果没有未来收益的保障，农民肯定不愿意对土地投入。对土地的投入包括水利设施建设、施肥等带来的土地收益，也包括其他基础设施建设使得土地增值，未来可以获得收益；第三，在历史上，尤其是在新中国成立前，农民都有融通需求。如果农民进城或迁移，需要一笔钱，可以把土地卖掉；如果舍不得卖可以抵押出去或者典当出去，获得一笔现金。对于农民来说，要进城打工或者进城经商，将土地卖掉或者典当出去或者抵押、出租，把未来的收益变现，有了现金可以支配，就可以进城去发展。现在很多农民工进城条件很艰苦，只能够住在棚房，如果能把土地未来收益变现，就有更好的条件进城打工或者说更快地变成市民。现在推进农地还权赋能，将可以满足农民获得融通的需求。最后，拥有土地产权，随之将会具有权益意识、纳税人的意识，有主人翁的意识，农民的政治权益及相关诉求也是不一样的。

市民和农民的主要财产差别是什么呢？很多市民都是百万富翁，因为有房子，拿产权证出去，到银行可以抵押或者置换，把未来收益变现，都成为百万富翁，甚至千万富翁。农民的土地能不能这样？农民的土地不能拿到银行抵押，因为农民只有使用权，土地是村镇集体有所有的，但集体也不可以拿这块土地抵押贷款。这就使得广大农村土地失去资产或财产的功能，既不属于农民也不属于集体，这恰恰是刚刚开始出现的土地改革试点的一个内容——允许农民抵押土地进行贷款。允许集体的土地流转和抵押贷款，一旦这样就变成了财产，尽管农民的土地可能不会那么贵，有些地方的价格会高一些，有些地方会低一点。

这种融通需求就是跨期调剂。跨期调剂就是在人生不同阶段资金和资源的配置和调剂，譬如在校学生可以说没有钱，但未来人力资本丰厚，工作几年之后会有很多钱的，把未来的钱拿到现在来使用就是跨期调剂。20世纪80年代，学生很穷，饭都吃不饱，如果每个月多增加5块钱就不一样，多买些书读学识更渊博，二三十年后愿意十倍、一百倍偿还。这意味着现在和20世纪80年代之间，其能力、资金、资源进行跨期调剂，这就是融通，通过金融工具就可以实现。现在的土地制度改革使农民土地产权证得到确权,使得它具有财产功能,能够满足农民的融通需求,使农民在人生不同阶段能够进行资金调剂和配置,个人的自主能力就会增强。农民对土地未来的预期增强了,对土地的投入就会增加;也可以通过交易将未来收入变现到当前使用,从而增强对土地的投入。现在农村没人愿意投资基础设施与水利工程设施的建设,因为没有未来预期的保障,因为土地缺乏明确的土地产权。过去的地主为了使土地增值,愿意不遗余力地为土地进行投入。现在很多地方政府因为有赖于"土地财政",也愿意治理污水,把原来的臭水沟整治成为青山绿水,愿意修地铁,为什么呢?就是因为污水治理好了,交通方便了,土地价值就上涨了,地方政府招标挂牌,交易出去,政府收益马上就提高了,也就意味着把未来的收益变现了,所以政府受到很强的激励。

一个80岁的独居老人,如何处理土地是最理性的呢?把土地出租,每年收取地租,有未来的收益;或者把土地抵押出去获得一笔财产;或者把土地卖掉获得全部的现金。如果把土地出租,老人拄着拐杖去收地租很不方便,还可能碰到彪悍的佃农抗租。选择直接卖掉变现,如果政府不准老人卖地,就不能这么做。现在有的老人在城中心有一处公寓价值几百万元,想卖掉,但是不可以,为什么呢?因为卖掉房子就要迁户口,户口迁到哪儿呢?没地方可迁。迁到居委会变成集体户口?要么再到郊区买一个房子,把户口迁到那里?这对老人来说又很复杂。所以中国进行制度变革的时候,有很多配套的制度需要制定,土地是这样,房子也是这样。

(二)平均地权无以维系,不可持续

反思的第二个方面,就是平均地权是美好的理想,如何才能不被改变呢?第一次平均地权,因为是所有权,所以可以自由卖掉、租佃、典当、抵押,平均状态很快被改变了。第二次在集体产权之下,使用权平均分配,这就是包产到户之后所带来的情况。有没有可能让使用权的平均状态一直得以保持呢?实际上这也是难以维系的。所以改革只剩下现在一条路,就是市场化的改革。

土地和劳动力资本的结合,促进资源配置,提高经济效益。在包产到户之后,平均分配使用权的土地,到5年之后又改变了,因为人口数量及家庭人口结构等变量,有的人离开农村,新增的人口又产生了,所以定期均分才能保证平均状态。定期均分要怎样分呢？土地有远有近，有肥有瘦，价格有高有低，所以定期均分就要肥瘦搭配、远近搭配。家庭承包的土地变得分散，变成零碎。在湖南安化，我们调研的向家4口人，6亩土地，分在8处地方，耕种很不方便，成本高而效率低，干脆就放弃耕种，交给别人去种，这就是耕地零碎化及其产生的问题。这需要通过土地流转来解决。此外，家庭劳动力也处于动态之中，由于人口年龄的变动，家庭劳力结构改变。清代有一个案例，有一家生了4个儿子，孩子都很小的时候，没有生产能力，没有耕作能力。但到十几年之后，儿子们都长成了彪形大汉，需要更多的土地耕种，此时就需要购买土地，租佃土地，典当土地，使儿子们的劳动力都能释放。这就是通过地权交易市场进行土地流转。

土地定期均分会造成这样的问题。另一种情况就是保持30年不变，这样的状况会避免零碎化的现象，但也伴生出其他问题。我们调查了林地30年不变的情况。一个村的两户人家，最初都是人均5亩林地，向家原来有6口人，20年之后只有3口人，变成了人均10亩。姚家原来4口人，人均5亩的时候共有20亩地，20年之后姚家人口增加到10个，人均只剩下2亩地。一个家庭人均10亩，一个家庭人均2亩，平均分配就又被打破了。因为不存在静止的状态，各种变量随时在改变。

无论定期重分还是30年不变，都会遇到改变平均状态，不久转为不公平、不平等的新状态。事实上，现在许多的地方实行"增人不增地、减人不减地"，那就意味着生了孩子，孩子没有土地；女性嫁到一户人家没有土地，或娶一个儿媳妇没有土地；人去世了，土地份额还有，他可以传给他的儿子。这造成什么样的结果呢？一是不公平、不平等。二是事实上的土地私有，因为增加的人口没有地，减少的人口仍然还有地，这不是土地家庭私有吗？所以需要土地流转。三是强化了重男轻女的传统思想，因为嫁人没有土地。

实际远远不止这些，还有其他的变量。比如前述种田与经营能力的差异，平均分配实际上效率低，也不公平。又比如人口流动与迁移。这些年非常突出的情况就是农民工。中国农村人口流动越来越频繁，一方面每年约1 500万农民进入城市变成市民，他们有的不想当农民，有的要做生意，有的去求学，不应该被土地束缚。很多人担心农民没有土地怎么办？

从大趋势来说，让农民变成市民，减少农民数量是不可逆转的城市化趋势。每个人的偏好都是不一样的，每个人的选择也是不一样的，要想进行统一的安排，不让农民自由选择，就是缘木求鱼。

（三）土地流转唯有依托地权市场

平均地权，或者说劳动力与土地相结合，多种"试验"与探索付出了高昂的成本。从生产要素的配置来看现在的改革只有通过市场在流动与组合中才能实现。

第一，土地流转与耕者有其田。愿意耕种的农民有土地，不愿意耕种的农民就应该变成市民。如何保持耕者有其田？让农民更加富有，具有更多的财产，最便捷的方法是什么呢？假设村里有100个人，人均不到1亩地，让农民增加土地有什么样的办法呢？减少农民数量是最现实的办法，如果100个人减少到20个人，人均土地就由1亩增加到5亩，这恰恰是社会发展的趋势，那就是城市化，让农民变为市民，这是不以人的意志为转移的、不可逆的趋势。通过土地流转获得土地耕种，也是"耕者有其田"的一个含义。在历史上我们看到，为什么中国社会能够长期稳定？尽管很多农民没有土地或者仅有较少的土地，但可以通过市场租佃土地建立自己的家庭经营，使其变成某种意义上的农业企业家，就有了财产，就变成了农业中产阶级。

第二，市场化基础上的农民自由选择。每个农民有不同的偏好、不同的需求，怎么可能做出让所有农民都满意的选择呢？只有让农民自己去选择，通过市场来实现，利用土地流转促进土地与劳动力等生产要素的结合才能实现，而不是政府强制性地实现。这就是说，市场才是决定性的资源配置工具。

第三，认识误区。土地私有产权是万恶之源，造成近代中国的落后挨打，这一传统成见有其历史原因，但经不起检验。这不能解释实行土地私有产权制度的欧美国家，为什么能够实现经济可持续发展。如果中国土地私有制导致中国的经济落后，怎么解释在这一制度之下中国传统经济在18世纪之前长期领先于世界呢？17、18世纪中国以占世界7%~8%的耕地，养活了全世界人口的四分之一，高峰时甚至于接近三分之一。这在短缺经济时代是一大奇迹，能够养活这么多人口需要相应的土地产出。从世界范围内衡量当时的中国，其经济还是不错的，曾长期领先世界。土地私有产权是当时的中国以有限的土地养活这么多人口的制度基础。除了过去所说的精耕细作使土地效益高之外，土地制度才是根本。中国近代落后挨打，是很复杂的问题。简单地说，是19世纪中国经济转型的阵痛和失败导致了中国经济落后，而不是中国土地制度。

（四）地权集中的负反馈机制

土地私有制导致土地兼并和集中，使农民失去土地，破产流亡，于是造成社会动荡，经济秩序被打破，进而引发社会革命，这是过去的逻辑。但是，其前提是基于近代经济落后的感性认识，未经严格检验的。最新的学术研究成果表明中国的土地兼并与集中是被严重夸大，特别是忽视了土地集中、土地兼并的负反馈机制。从表象上看，土地流动、土地交易、土地买卖似乎就是有钱的人会拥有越来越多的土地。但是，同时会存在对冲机制与之相抵消，这就是负反馈机制。

第一，就是诸子均分制。比如，一个农民辛辛苦苦耕作，累积了100亩土地，两个儿子每个人分50亩，四个孙子人均25亩，土地占有又分散。土地越多，生孩子越多；土地越少，就不会生那么多孩子，因为没有足够的土地维持人口再生产。但是在平均地权和集体土地所有制之下，孩子生得越多，就会得到越多的口粮；同时可以用小孩子的份额补充大孩子所需要的粮食，不同孩子之间就有了调剂和配置。所以多生是有利的，农民是理性的，当然选择多生。这也是中国人口高峰的原因。欧洲部分地区和日本实行的不是诸子均分制，而是长子继承制，所以呈现出另一种历史演进的状态。

第二，多样化的交易形式，包括回赎机制，有效抵消了土地集中。土地买卖可能导致土地集中，但农民可选择租佃、典当、抵押等形式，特别是典、活卖的回赎条款，力求避免土地产权的最终转让。

第三，在传统中国，个体农户独立经营具有生命力和竞争力。大户拥有较多的土地后，如果自己雇工经营，是竞争不过个体农户小土地经营的，在当时技术条件下规模化的雇工经营反而没有效益。所以拥有更多的土地后，还是要租佃出去，这样也有效抵消了土地集中和土地兼并。

第四，传统中国具有社会流动性，所谓"富不过三代"，所谓"千年田换八百主"。

三、制度遗产及其对现实土地制度改革的启示

第一，农民通过市场获得土地使用权或土地所有权建立个体家庭农场，在历史上使传统的中国形成了农业中产阶级，中产阶级有利于维护社会的稳定，并且能够养活四分之一的世界人口。以前，有钱人特别信菩萨，求菩萨保佑他的财产，这样不会唯恐天下不乱。如果和西欧比较起来，西欧的无产阶级比较多，而在长子继承制下，庄园被长子继承了，二儿子和小儿子怎么办呢？没有土地可供经营，能干什么呢？当牧师，当骑士，如果这些途径都没有呢？当然还可以做生意，但这些毕竟是有限的。所以，他们有一部分就变成了无产阶级，无产阶级是最具有革命性的，因为他们没有任何的忧虑和包袱。

不难发现，通过市场可以实现或者基本实现农民土地产权。当然，不能排除一些农民不能很好地建立家庭农场，他就被淘汰了。淘汰就是一种优胜劣汰，淘汰的农民是什么？一般不是种田能手。农民不会种地，只能当雇工，雇工连自己都养不活，连老婆也娶不起，老婆娶不起，就意味着没有孩子，到这一代为止了，这在历史上是一个自然而然的问题。

第二，多样化的土地交易形式。这点与现在是相关的，却没有得到充分认识。土地的权利可以分为不同的层次，不同的层次都可以进行交易，不是只有买卖一种形式，这些概念比较复杂。所有权、他物权、用益物权、担保物权、使用权，最后是地租，每一个层面都能单独拿出来进行交易，形成不同的交易形式。全部权益交易了就是买卖，他物权交易就是典，使用权交易就是租佃。不同的土地权益层次都可以到市场上进行交易，使得土地流转的形式和渠道多样化，农民选择就更容易得到实现，需求就更容易得到满足，不想卖的时候，把它典出去；短期内为了地租就租出去。在战国和秦汉时期就是两种形式：买卖和租借，到宋代的时候出现了典——他物权的交易，明清时出现了押租和活卖。

不同权利层次交易的价格是不同的，而且我想提醒大家的是，多样化的地权交易形式能够降低系统性风险，如果只有一种或者单一的、少数的交易形式，风险就很大。如果交易形式多，那么农民的选择就更多，这样

可以降低风险，也就是说系统性交易的风险被多样化的交易形式降低了。还有一点需要注意，就是财产的安全性。它恰恰就是在流动与交易当中得到保持和增值的。

第三，还给农民财产权。农民应该拥有完整的土地产权，至少应该拥有土地物权，习近平主席曾说，要创造条件赋予农民更多的财产权利。农民的财产权利，如果是典型农民的话，他的财产权利来自于哪里呢？当然是土地了，这是最重要的财产，要创造条件赋予农民更多的土地权利，如果最重要的土地被剥夺了，不是说空话吗？所以现在土地制度改革就是朝着这个方向，也就是要还权赋能。

第四，借鉴"田面权"制度。同一块土地上有两个产权：田底权和田面权。集体可以获得田底权，农民可以获得田面权，田面权远远不止使用权，而是一种财产权。拥有田面权的农民可以进行各种交易，包括抵押、典当、担保，更不用说租佃和买卖了，历史上的田面权运行基本上还不错，为现在的农民家庭承包经营权变成物权提供一个蓝本和借鉴。田面权拥有从使用、收益、抵押、转让等产权束中的各项权利，并且是排他性拥有，不受田底权所有者的干预。田底权与田面权相互关联，彼此约束，由双方通过协商订立契约，明确各自权益。二者相对独立交易和流转，形成各自相应的市场价格。讲个故事就明白了。

江西会昌县的邱世传，拥有田面权三斗三升，折合大概不到两亩，明朝的时候其家族就拥有了这个田面权。到了清代乾隆年间，他想移居万安县，土地当然不便于自己耕种了，怎么办呢？他想把这块土地的田面权转让出去，每年收取地租。但搬家之后每年回来收地租很不方便，干脆将田面权卖掉。某金姓土地所有者听说邱世传要把田面权转让出去，就跟他商量：我是田底权所有者，能不能把田面权转让给我？金某怕他不肯转让，还请他喝酒。在明朝最初交易田面权的价格是 12 000 文，而此时另外一个叫王世怀的人愿意出价 24 600 文购买田面权。邱世传怎么选择呢？当然价高者得。田地所有者金某，也就是所谓的地主对此心怀不满，耿耿于怀，但是没有任何办法。最后只能说"我请你喝酒了，酒钱应该退给我吧"，也只能是这样了。

如果没有田面权独立交易的话，只能按原价 12 000 文卖给田主金某，对田面权拥有者来说就是很大的损失。交易越自由，对田面权主和农民当

中国土地改革向何处去

然是越有利的。田面权一般就是由贫下中农所拥有,地主富农较多拥有田底权。田面权也是一种财产权,但是在政府档案中没有记录进去,于是贫下中农被视为一无所有,事实上有一些贫下中农是有财产的,也就是田面权。

历史上土地分配不均,基尼系数较高,事实上就是没有把田面权算进去,族田也没有算进去。如果把田面权折算进去的话,基尼系数就会大大降低。赵冈与丁骞等研究的样本显示,包括田面权的土地占有基尼系数为0.3左右,相对平均。这种认识是过去所没有的,特别是在教科书上。

还有一个重要的因素——回赎机制,延缓地权转移交割。典当、活卖都能回赎,其功能都是避免地权的最终转移,但回赎对象明显不同。为农户度过时艰、恢复和重建农场独立经营提供了可能,从而有效减少土地所有权的买卖,成为地权集中的对冲因素,而且保护了弱势群体。举个例子,康熙时候黄家拥有清业田,后来他家需要钱,就出让田底权,得到100两银子,但是保留了田面权自己耕种。第二年他家又需要钱,把田面权也转让了出去,这个时候他就一无所有了。到了乾隆时候,黄家先把田底权回赎过来,重新拥有了田底权;第二年他家又把田面权赎了回来,这块地再次变成了黄家的清业田。从康熙时期到乾隆时期的几十甚至上百年间,发生了这样的转变,黄家度过了艰难的时期,又恢复到了拥有土地的富农状态。这是有利于度过危机的地权机制,所以历史上很多的机制对现在土地流转、地权交易是有借鉴意义的。

还有一个有趣的乡规民俗——找价和喜礼银惯例。假设我原来有一块土地,我把他卖给了王老师,过几年王老师又把地卖给孙老师,我作为失去土地多年的原田主,向孙老师道喜:"恭喜你买到这么一块好土地。"话锋一转我就说:"我是这个土地原来的田主,现在没落了,您看是不是意思意思呢?"这个时候他会给我一两银子,表示"谢谢你的祝贺"。一两银子对弱势群体来说也还挺有用的,这就是救济弱势群体形成的一种惯例。

简单来说,通过市场配置土地劳动力与资本等生产要素与资源,在历史上也有许多经验和制度的遗产,值得我们现在正在进行的市场化土地改革借鉴。

(原作出于微信公众号"清华经济史")

社会转型与土地管理制度的变革

甘藏春[*]

一、中国土地问题的特殊性和复杂性

研究当代中国的土地问题,要把中国社会转型的大背景作为研究的起点。回顾历史,土地问题始终是中国革命建设改革稳定的重要问题,在中国这样一个农民占主体的国度里,任何一个政党要夺取政权,一个重要的手段就是要制定符合国情的土地政策,一个政党要巩固政权,也依赖于有了正确的土地政策。在新民主主义革命时期,无论是在第一次国内革命战争、第二次国内革命战争,还是抗日战争时期,共产党在领导革命的过程中,始终把解决农民的土地问题作为革命的一个重要内容。国民党失败的根本原因有很多,但是没有制定一个比较符合中国国情、反封建反殖民地的土地政策是一个重要原因。国民党到台湾以后取得了成功,一个重要的原因是其土改的成功。新中国成立前夕,第一次政治协商会议通过的《共同纲领》中就有土地问题的规定,新中国成立后的第一部法律就是《中华人民共和国土地改革法》。20 世纪 50 年代中期开始搞"一化三改"、农业生产资料的社会主义改造,合作社章程等等。一直到了 20 世纪 60 年代,我国出台了农村人民公社条例,也叫"六十条",把当时现行的农村土地制度固定下来,即三级所有、队为基础。同样,改革开放也是在土地制度的改革上率先取得突破的。安徽小岗村农村改革打破了农村的集体所有和承包经营权分离,掀起了中国农村改革的大幕。20 世纪 80 年代

---

[*] 甘藏春,国务院法制办公室副主任、党组成员。

的城市改革，基本上就是放权让利，扩大企业的自主权，这个时期制定了一系列中外合资、中外合作的土地法律制度，特别是1987年深圳的土地拍卖，将所有权和使用权分离，城市土地作为生产要素开始进入市场。20世纪90年代以后，土地使用权作为生产要素按照市场配置，对旧的计划经济是一个极大的改进，后来才有了劳动力的市场化和资本的市场化等等。所以说土地问题也是中国改革发展和稳定的一个重要问题。

现阶段，由于中国的特殊国情，土地问题也有一些不同的特点。

（一）土地特别是农村土地不但承载生产资料的功能，还承载着社会保障的功能

对农民来说土地具有双重功能：生产资料的功能和社会保障的功能。这两种功能在一段时间是矛盾的，不能兼得。从生产资料的功能来说，生产资料的优化配置要流转，但每当我们大规模搞集体土地流转时总有文件要求"踩刹车"，这就是考虑了土地的社会保障功能。这个保障功能如果不弱化，农村土地流转恐怕就要受限制，这就是中国的国情。20世纪90年代，有的地方实行"公司加农户"的模式，农民把承包经营权集中到种田大户手中，后来中央要"踩刹车"。当时不理解，但后来我想，最重要的是考虑到土地的社会保障功能。在一定意义上讲，政权更迭的历史就是土地兼并的历史。历史上，新的封建王朝诞生之后，第一件事情就是分田地、分封地，休养生息，经济赢得了比较快的发展。后来土地兼并开始了，土地开始集中，集中之后社会又形成了一大批流民，开始闹起义造反，推翻王朝。又开始政权更迭，中国几千年的封建王朝基本是走的这样一条道路。所以说，历朝历代的皇帝都是用立法限制、禁止土地流转兼并，但挡不住经济规律。清末发明了田面权、田底权，田底权讲的是所有权，田面权讲的是租赁权，田面权可以流转，田底权不能流转。因此，对于土地问题，统治者都很慎重。特别在当代中国，如果社会保障、产业安排没有就位，土地流转后依附在这块土地上的农民就有可能成为流民。这是影响制约土地政策的重要问题。

（二）土地既是生产要素又是政策工具

当前，土地政策制定，不仅要考虑土地是重要的生产要素，要按照市

场规律优化配置资源，还应考虑土地承担着实施国家政策重要工具的职能。

农村土地承担着维护国家粮食安全的功能；城市土地承担着参与宏观调控的功能。这两者也是矛盾的，目前很多人不理解，农民的土地应该是想种什么种什么，想怎么用怎么用，为什么限制这么多呢？也有同志提出为什么不能用市场经济的办法解决粮食安全问题，老是用行政手段来规定保多少耕地，来保障国家粮食安全？为什么非要农民来承担，而不是全社会来承担？总体上讲，国家花费了巨大投资支持"三农"，而农业处在一个弱势产业的地位并没有根本改变，如果国内的粮食价格高于国际市场价格怎么补？在城郊结合部，地上种粮食不如盖房子，挖鱼塘也比种粮食赚钱，但如果都去盖房子、挖鱼塘，谁来养活中国人？在工业化进程的初级阶段，20世纪50年代主要靠农副产品的"剪刀差"，实现国家工业化的原始积累，改革开放后，靠土地价格的"剪刀差"来支撑中国的城市化进程和工业化进程。虽然现在要城市反哺农村，但反哺也有一个过程。现阶段尽管农村土地的承包权是长期化、稳定化的，但农民对土地的耕种和利用还是要受到一定的限制。所以还是要靠行政手段保护耕地。对于城市土地，土地出让收入是中国所有城市建设的主要资金来源，同时城市土地也是一个宏观调控的手段。政府通过控制土地供应的总量、节奏、规模、时序，来调控经济，这是世界其他国家没有的。

（三）土地既涉及到生产关系，又涉及到多重社会关系

土地涉及到生产关系，特别是生产资料归谁所有本身就体现了生产关系的一个重要因素。在当代中国还没有哪一个问题象土地这么敏感和复杂，当前很多的问题，尽管不是直接的土地问题，但最终都会以土地问题的形式显现出来。因此制定土地政策要考虑诸多社会因素。譬如征地矛盾纠纷很多，农村干群关系复杂紧张，这里面土地问题居多。社会转型中的矛盾都通过土地问题来爆发，这是当代中国的一大特点。特别是这些年来，一年比一年尖锐，一年比一年复杂。

土地在当今中国还关系到金融安全，过去土地和金融问题还不是十分密切，随着土地作为生产要素进入市场，特别是土地资本化、证券化的进程加快，金融安全和土地政策息息相关。1998年亚洲的金融危机是从房地产泡沫引发的，近来席卷全球的金融危机问题也是出在土地上。所以土

地问题处理不慎，极易引发金融安全问题。截至2009年底，我国的地方投融资平台总额约7.38亿元，其中70%是银行贷款，而这其中有相当大部分是以地方收购储备中心储备土地的土地使用权作为抵押担保取得的。收购储备的土地，真正拿到土地使用权还可以，但有的银行贷款基本上只拿到一个规划红线图，尽管地还在农民手里，也被拿来作抵押贷款。有的是以划拨土地作抵押贷款，有的甚至拿农地作抵押贷款。这些融资形成的债务偿还相当程度上是建立在对未来土地收益增长预期上的，有的城市每年土地出让收入没有上百个亿元难以还本付息，一旦土地市场出现波动，极易引发金融风险，这是一个非常现实的问题。因此我们制定土地政策不可不谨慎，不可不理性。

二、当代中国土地制度的基本框架

了解土地问题，必须对中国土地制度有一个初步的总体的认识。

（一）关于土地的概念问题

对于土地的概念，不同的时期、不同的领域有不同的解释和理解。

1. 传统意义的土地概念偏重土地的自然属性。在不少教科书中的土地概念，更多使用的是传统意义上的土地概念，偏重于土地的自然属性。基本上把土地的概念概括为：土地是土壤覆盖的可供人类使用的地球表面，具有面积有限性、位置固定性、质量差异性、功能永续性等特点。从现在土地管理本身来看，这个概念已经远远难以适应已经变化了的经济社会发展形势和要求。

2. 现阶段适应经济社会发展新变化，对土地概念的再认识。从现阶段已经发展变化了的经济社会情况来看，土地除了自然属性外，还有非常强的经济属性和法律属性。因此，土地概念的界定，不仅要忠于土地的自然属性，而且要注重土地的经济属性和法律属性。

从土地的经济属性看，土地具有供给的稀缺性，土地报酬递减的可能性，土地利用方式的相对分散性，土地用途变更的困难性，土地利用后果的社会性，土地投入的增值性，土地损失的补偿性，土地资本的储藏性等特点。

从土地的法律属性看，在土地身上承载了土地的各种权利义务关系，尤其是空间的权利义务更多。土地权利除了所有权之外，还有地上权、地下权、地役权、采光权等等各种土地权利。而且，依附在土地上的各种权利义务越来越细、越来越多，形成一个权利树一样的权利义务关系集合体。

因此，在现阶段全面理解土地概念的内涵，必须在忠实于土地自然属性的基础上，更加注重土地的经济属性和法律属性。基于以上理解，现阶段的土地概念可以概括为：土地是由地球表面上下的一定空间以及空间内附着于土地上的一切物质和权益所组成的综合体。

土地关系反映了社会经济各方面的关系，具有复杂性、广泛性的特点。因此，管理好土地、利用好土地、理顺好土地的各种关系，直接关系到国家、民族的可持续发展，关系到粮食的有效供给，关系到经济的健康运行，关系到环境生态的安全，关系到社会的稳定。

（二）中国土地管理的基本目标

制定中国的土地政策有一个基本的前提，就是要实现什么样的目标。从人类的共同理想来说，土地的永续利用是土地管理的基本理想和基本价值取向，因为土地资源不可再生，所以保证人类的永续利用是当代世界各国土地管理法律和土地管理政策的一个最高目标，也是最基本的理想。但是各国在不同的历史发展阶段，阶段性目标不同，最优先目标也不同。西方国家在土地管理的历史进程当中，优先目标经历了一个演进的过程，在城市化进程初期，基本目标定位于农地保护，防止城市化、工业化进程大量占用农地，所以划分了很多农地保护区，建立了国家购买农地发展权的制度等。20世纪70年代后，特别是现代化进程基本完成，进入后工业化时代，西方国家已经不靠占地来推进城市化进程，土地管理的目标转向了生态保护。荷兰过去用围海造田来解决粮食安全问题，1970年之后立法发生了重大变化，就是退田还海，搞海岸带保护。法国是一个农业国，主要发展农业经济，后来欧盟要求法国对其他国家放开农副产品市场，法国的土地政策也开始转向生态保护。十多年前，我在瑞士考察，走到一个山上，看到山脚下有一大片麦子没有收割，我问当时陪同的人，不收割不就浪费了吗？他说这块地的规划主要是为了生产山上的鸟过冬吃的食物，是生态保护用地，这让我很吃惊。德国的土地规划也是如此，要考虑怀孕的

中国土地改革向何处去

野兔子从这个窝跑到那个窝多远，通过公路，通过这块保护地，多远的距离是安全的，假如超过了可能要流产。他们的规划都做了周密的安排。中国在生态保护上做得还远远不够，现在能把吃饭问题解决好就很不易了。

在现阶段，耕地保护是中国土地管理最基本、最核心的目标，现行的全部法律制度和土地政策都必须服从和服务这个目标。在决策中既要这样又要那样，不能同时满足怎么办？我们只能保一头，我们保什么？要保耕地。这是中国共产党、中国人民和中国政府最基本的态度。这个本来不是问题，但是这几年很多专家提出质疑，认为18亿亩耕地是一个伪命题，根本没必要，按照市场规律，假定粮食不够，粮食涨价，就能刺激农民多种粮食，或者去国际市场购买，完全可以放开。我到上海学习，浦东干部学院的一个教授说房价为什么这么高，都是国土资源部要保18亿亩耕地、守红线造成的。他把两个不相干的事情放在了一起。还有的说18亿亩纯粹是个政治口号，是拍脑袋的结果。所以这就给我们提出了一个新问题，本来这是中国的国情决定的，但现在却成了一个大问题。我们必须要理直气壮地回答，中国要坚守18亿亩耕地红线。

第一，是基于中国粮食安全战略。粮食基本自给是中国粮食安全的总体战略，对于我们这么大的一个国家，假定把粮食安全系在国际市场，是行不通的。2008年、2009年之后，粮食安全特别是耕地保护成为国际战略问题，联合国还专门讨论，当时国际上粮食价格波动涨得很高，就有美国等国家开始攻击中国，说中国搞生物柴油，还把几个新兴国家全部点了名，说中国、印度在世界粮食市场上进口粮食，造成粮食价格攀升，一些不明真相的第三世界国家、发展中国家也开始攻击中国。当年卡斯特罗到中国访问，到上海看浦东，到广东看深圳的现代化，他回来后跟我国国家领导人讲，看到你们中国改革开放的成就很高兴，但是那么多耕地都被道路、楼房占了，将来中国的粮食安全怎么办，假如中国要去国际市场买粮食，必然造成粮价攀升。如果粮价攀升，我们古巴买不起，古巴人民就得饿死，因为古巴是种甘蔗的，要去国际交换粮食。所以坚持粮食基本自给，是中国做出的正确的战略选择，这既是基于国情，也表明中国政府是对国际社会负责的政府。

第二，是应对中国人口高峰的需要。18亿亩耕地是基于人口高峰计算的，原先预计到2030年前后是16亿亩，现在预测是15亿亩多一点，养活15亿人口需要多少耕地？中国的土地分布情况极不平衡：西部有大片的土地，但是没有水；东部最适合粮食耕种，当年广东、江苏、浙江都是粮食的高产区，现代化发展导致耕地都被占光了。联合国粮农组织做了研究，养活中国16亿人口大概需要18.5亿或19亿亩耕地，其中有两个重要前提：一是中国近一半的草原改造成人工草场；二是保持东方人的膳食结构不改变。所以保18亿亩耕地是一个最低限。现在耕地的统计数据是18.26亿亩，第二次全国土地调查结果显示可能比18亿亩多一点，但是这恰恰说明我们粮食单产能力没有我们统计的这么高。加上处在快速工业化、城市化的阶段，处于占地高峰，每年建设占地控制指标是400万亩耕地，但实际上控制不住，保守估计要占600万亩，再加上灾毁和生态退耕，所以现在耕地保护靠占补平衡，靠土地整理来补充耕地，坚守18亿亩耕地红线。尽管很难，我们也必须咬牙坚持，这是我们这一代人对子孙后代的一个庄严的责任，也是中国政府对国际社会的责任。

（三）用途管制制度

土地用途管制是指土地所有者和使用者必须严格按照国家确定的土地用途使用土地的制度。土地的利用必须按照规划确定的用途，这在西方国家是比较成功的一个制度。这和很多经济学家和民法学家的认识发生冲突，民法学家认为，物权有绝对的对抗性和排他性，想怎么用就怎么用。这是不正确的，因为土地权利等于私法权利加公法管制，光靠着私法权利不够，还要加上公法管制。在这个问题上，西方国家做得比较好，规划制定需经过十分严格的民主讨论程序，土地规划一旦确定不能改变，也有一个比较好的规划裁决体系。美国佛罗里达州的一个农场主雇了几个工人种地，后来随着城市化进程，他觉得种地划不来，准备搞房地产，所以到了秋收之后，把几个工人按劳动法解雇了，理由是明年不打算种地，打算开发房地产了。这几个工人将农场主告到法院，法院审理认为这块地不能作为建设用地开发，只能作为农地使用，也不能解雇工人。后来当地政府就运用了购买权，买下这块地的发展权，给了农场主一笔钱，让那些工人还回来种地。土地所有者也不能对自己所有的土地随意改变用途。瑞士是一个多山的国家，前些年要搞一个变电中心，选址选在农用地上，结果政府规划部门反对，因为是农地、自然保护区，按规划不能改变用途，讨论了十多年，到现在为止这个项目也没有开工建设。为什么呢？因为调整规划必须要按制定时的程序重新来一遍，结果根本通不过。而在中国，一切都要给重点工程让路，遇到规划不行就调规划，遇到没指标就给指标，甚至没有批准也可以先开工建设。西方国家是法治国家，所以用途管制必须依法进行，其法律基础就是私权的行使必须符合公共利益，这是困扰很多经济学家和法学家的一个问题。在现代社会，任何私人的权利行使都必须要和公法的管制结合起来，才是一个完整的权利。

我国引入用途管制制度是1998年的土地管理法。过去我国偏重所有权，认为土地公有制条件下比私有制条件下土地利用水平要高，其实也不尽然。1998年土地管理法引入用途管制制度，把全国的土地分为三大类——农用地、建设用地和未利用地，土地管理的主要目的是控制农用地转为建设用地。由于土地管理的核心就是要严格限制农用地转为建设用地，所以才有了规模限制，要控制农地转为建设用地的速度、规模、总量、时序，着力保护18亿亩耕地红线。这几年落实这项制度还是有了一定的进步，改变了"规划规划，墙上挂挂"的局面，但与总体上和完整意义上的用途管制制度差别还很大。比如一个城市规划的确定，前任市长定的规划向东，新任市长可能改定向西发展，结果又得调整规划。总体看，中国的发展有个过程，但方向应当坚持用途管制。

（四）土地权利

土地权利制度是研究中国土地制度的一个基本问题。土地权利是随着人类对土地的利用过程中逐步形成、演化和发展的。原始社会不存在土地权利问题。人们需要土地权利是因为土地的利用过程中发生了很多交换关系、生产关系、保护关系，慢慢派生出很多权利。土地权利最集中体现在西方国家的物权法中，最早的是罗马法。刚开始，土地权利只是通过土地的买卖关系形成了所有权转移。后来，由于土地所有者不愿放弃所有权，就发明了地上权（在一定时间内利用他人土地的权利），购买一定期限内譬如99年、100年内的使用权，到期之后再归还给所有者，这是地上权。随着城市的发展，建筑越来越密集，就产生了地役权，即利用他人土地为自己提供便利的一种权利。再后来，土地有了融资的功能，特别在资本主义市场经济中，贷款、担保物权也随之出现，也就是说传统物权的概念是在土地利用过程当中逐步形成的。随着现代社会的发展，土地权利像一棵树一样，枝繁叶茂，开始分衍得越来越细，特别是一批新权利形态的形成，比如城市之间、房子之间，不仅仅有地役权，还有采光权，日照权。比如旅游景点的门票，从法律形态讲是观光权或者攀登权，因为公园的所有权归地方政府。比如草原的放牧权，是一种准物权。随着城市土地利用的空间扩大，节约集约利用的要求越来越高，一个新的权利形态——空间权出现了。原始意义上的土地所有权，上至苍穹，下至岩心，地下空间全部是所有者的，后来慢慢排除，地下的矿藏或者埋藏物依法律规定不属土地所有者所有，所以矿产资源属于国家所有，国外也是这样。现在我们遇到新问题，如地下空间权，空间到底多大？这个问题不好回答。我国现行土地制度与权利明晰化的要求差距太远。

中国长期以来不太注重土地权利，因为过去是一大二公，充其量只有所有权。改革开放之后，慢慢形成了一些权利形态，比如所有权与使用权、农民的承包经营权、宅基地使用权、农村建设用地使用权分离出来。总体上讲，我们的物权法经过了相当长时间的努力，把改革开放过程当中形成的土地权利的基本形态确定下来，应该说是一个伟大成果，但土地权利形态和土地利用的实际现状差距比较大。西方国家的地契像一本书，我们就是一张土地证，且部门纷争很多。而在其他国家和地区，对房子的管制条件是什么，甚至排水权等地下权规定都很细。比如我国香港地区修建城市公供交通道路，涉及住宅楼，不是让这个楼拆掉，而是将该楼加固以后把空间第几层征过来过车，楼上楼下照样住人，这叫什么权呢？也许是通过权。我国对权利规定的还不细致，有很多问题需要解决，比如土地统一登记制度没有建立，比如承包经营权、宅基地使用权能不能抵押的问题，都是待解的法律难题。总的来看，符合我国市场经济要求的现代土地制度框架已经基本形成，但是还有漫长的道路要走。

三、当前土地管理改革的几个问题

（一）关于土地所有制问题

中国宪法第十条规定："城市的土地属于国家所有。农村和城市郊区的土地，除由法律规定属于国家所有的以外，属于集体所有；宅基地和自留地、自留山，也属于集体所有。"中国实行的是土地的公有制。但是，近几年来对农村土地所有制问题，在理论界有一些说法，认为解决"三农"问题的根本出路在于"土地回家"，也就是实行土地私有化。但我们的结论是：中国农村集体土地改革的思路绝对不是私有化，而是要走坚持和完善农村集体所有制的道路。这是中国的一个理论选择。

1. 从中国的历史上看，土地私有制从来没有解决好中国的农村问题。中国封建制度和欧洲封建制度的一个很大区别，就是欧洲的封建土地所有制都是封建领主所有，而中国在几千年的封建历史演进当中，始终存在土地的农民个体所有。自由农民的存在，是中国封建制度区别于欧洲封建制度的一个重要特点。在中国几千年的封建历史中，每个朝代建立后，首先是平均地权，紧接着出现土地兼并，造成大量农民流离失所。土地兼并的结果是农民起义，把旧皇帝推翻，新皇帝上台。之后，又重新分配土地，又开始新一轮土地兼并，矛盾集中后又暴发农民起义。如此周而复始，循环往复。中国封建社会的农民起义都是围绕土地问题展开的。所以历朝历代的统治者在土地法律制度上都严格限制土地的流转兼并，但始终没有解决土地兼并问题，其根本原因即在于土地的私有制。

2. 在现阶段中国已经找到了农村土地制度和社会主义市场经济对接的途径。那就是把农村土地的所有权和承包经营权成功地分离出来。在物权法中，已经将承包经营权明确为物权的一个种类，成为一个独立的财产权。农村的宅基地，也已经把所有权和建设用地使用权分离出来，宅基地的建设用地使用权也在物权法中明确为物权。通过对这两项权利的物权化，中国已经成功解决了农村集体土地所有制与社会主义市场经济的对接问题。

3. 进一步完善农村集体土地所有制是中国农村集体土地制度改革必须坚持的道路。适应中国经济发展与现实国情的需要，并且考虑到制度成本问题，中国农村集体土地制度改革的思路，必须是坚持并完善现行的农村集体土地所有制。这既是中国土地制度改革的理论选择，也是现实选择。关键是在坚持现行农村集体土地所有制的基础上，积极推进集体土地产权制度改革，探索农村集体土地财产权保护和实现的有效途径，尊重其法律地位，完善其财产组织形式，切实保障农民的土地财产权益。

（二）关于运用土地政策参与宏观调控问题

这个问题是2004年提出的，当时面对新一轮经济过热、过快，中央提出要采取宏观调控，并且还做出一个重要决定，要运用土地政策参与宏观调控。当时提出要管住两个闸门，一个是货币闸门，一个是土地闸门，即"银根和地根"。管住"地根"在宏观调控中比管住"银根"更重要、更直接、更有力，这就使中国经济的宏观调控体系上又增加了一个土地政策工具。从经济学上讲，成熟的发达资本主义国家、典型的市场经济国家的宏观调控无外乎两种手段：货币政策和财政政策。财政政策分为积极的财政政策、消极的财政政策，或者说从紧的财政政策、从宽的财政政策。货币政策主要是控制总量，通过提高各银行的存款准备金率、短期贴现率、公开市场业务等实现调控目标，有时是几种手段交替使用。在西方国家的宏观调控过程中，这两套工具比较有效和敏感。对于运用土地政策参与宏观调控问题，理论界有很多争论。我认为，在中国，运用土地政策参与宏观调控是中国特殊阶段、特殊国情下的特殊选择。

第一，这是基于中国土地国情的自觉选择。中国的现代化是在一个13亿人口的大国发生的，在现代化的进程中，随着经济高速增长和城市化进程不断加速，人地矛盾日趋尖锐。在经济增长过程中，土地资源既承载着保障粮食安全的功能，同时又承担着保障工业化、城市化顺利推进的任务。随着现代化进程的加快，土地资源对经济增长的约束力越来越强劲。作为重要的生产要素，土地的供应能力直接决定着经济增长的规模、结构和速度。因此，按照土地的供应能力来调控经济，是依据中国土地国情做出的自觉选择。

第二，这是中国转型时期经济调控的客观要求。在市场经济发达、健全、完善的西方国家里，宏观调控的主要任务是保证总供给和总需求的基本平衡；宏观调控的目标是经济增长率、充分就业率、通货膨胀率和国际收支平衡；宏观调控的政策工具是货币政策和财政政策。中国作为不断发展和改革的社会主义市场经济国家，宏观调控的任务、目标和政策工具，应该遵循市场经济国家的一般规则，加强和改善宏观调控也应该运用市场经济国家的成熟经验。但是，我们也应该清醒地认识到中国社会转型期的特殊性：一方面，经过二十多年的改革开放，中国资源配置的市场化程度已经相当高；另一方面，中国与市场经济相适应的行政管理体制、现代金融体系、现代企业制度的完善还需要一个过程，特别是中国的经济增长是政府主导型的模式，完全依靠西方国家的宏观调控方法，难以完成现阶段宏观调控的任务，难以实现现阶段宏观调控的目标。因此，在完善货币政策、财政政策调控功能的同时，积极运用产业政策、土地政策参与宏观调控，也就成为中国社会转型期经济调控的客观要求。

第三，中国的土地制度为土地政策参与宏观调控提供了可能。中国宪法规定城市土地国家所有；《土地管理法》、《城市房地产管理法》确定了土地用途管制、农用地转用、建设用地统一供应等法律制度。这就使政府对土地供应有较强的调控能力，可以通过主动调节土地供应总量、安排不同土地用途来有效引导投资和消费的方向和强度，实现经济运行调控目标。几年来的实践证明，土地政策在目前是最直接、最有效的调控手段。

运用土地政策参与宏观调控，必须准确分析和判断宏观经济形势，根据产业发展政策和区域发展政策的要求，选择土地政策的取向，确定土地政策参与宏观调控的重点。近年来，按照中央的要求，我们准确把握了土地政策参与宏观调控的重点，即：既满足对投资需求的引导，又与货币政策一起对投资需求进行调控；既满足产业用地需求，又促进产业结构和经济增长方式转变；既发挥区位优势，又促进区域合理布局和协调发展。同时，积极配合货币政策、财政政策和产业政策，严把土地"闸门"，土地政策参与宏观调控取得了明显成效。土地政策作为宏观调控的政策工具之一，不能取代其他宏观调控政策的作用，必须与货币政策、财政政策、产业政策综合运用，才能真正取得实效。随着中国整个经济体制改革和行政管理体制改革的推进，到中国的市场经济体系和行政管理体制都很完善的时候，中国的土地政策可能会退出宏观调控。但在目前，乃至今后相当长的一段时间里，土地政策承担的宏观调控功能只会增强，不会减弱。

（三）关于征地制度改革问题

征地制度改革是这几年争论最多的一个问题。有人说土地管理法是一部违背宪法的恶法，各级政府滥用征地权，剥夺农民收益，造成了几千万名农民无地、无业、无保障。回归到概念上，征地制度是一个国家根据宪法授权，对于私有土地，基于公共目的，强制转征为国家所有的一个制度。征地制度最早起源于法国,法国大革命之后确定了私有财产神圣不可侵犯的原则,但同时又在法国 1891 年宪法中明确规定国家基于公共目的可以征收私人财产,此后世界各国都在宪法上确立了征地制度。从西方国家来看,征地制度有以下特点:一是征地是基于宪法的授权。因为西方国家宪法确认私有财产是最重要的人权,人权不能轻易剥夺,所以要剥夺人权、财产权必须要基于宪法的授权。另外,西方学者认为,国家征收土地的行为是一种主权行为,所以必须宪法授权。二是征地必须是基于公共目的;三是强制性;四是正当程序;五是公平补偿。当前对征地制度改革的争论主要集中在以下几个方面:

1. 如何看待区分征地的公共目的和非公共目的。土地征收是宪法赋予政府的特殊权力,具有强制性。政府行使土地征收权需要符合三条要求:公共利益、正当程序、合理补偿。那么征地是否需要严格区分公共目的和非公共目的,又如何来区分公共目的和非公共目的呢?从目前情况来看,世界各国对公共利益的界定尚无统一标准;从世界各国的现代化进程看,对征地范围的控制往往是随着经济社会发展不同阶段的特点来进行调整和控制;从立法技术上看,在立法实践中难以界定公共用地的范围,也就难以界定土地征收的范围,西方国家主要是通过个案来解决;从现实情况来看,中国正处在一个快速工业化、城市化的进程中,也不宜严格界定公共利益征地的范围。

2. 中国现阶段征地制度改革的核心是解决被征地农民的补偿安置问题。中国现阶段征地制度改革的核心不是区分公共目的、非公共目的,而是要解决被征地农民的补偿安置问题,这是比较现实的,也是可行的。为此,2004 年《国务院关于深化改革严格土地管理的决定》(国发〔2004〕28 号)和 2006 年《国务院关于加强土地调控有关问题的通知》(国发〔2006〕31 号)两个文件都规定了对被征地农民安置补偿的基本原则,就是要保证被征地农民"原有生活水平不降低、长远生计有保障"。当前在征地中面临的问题,主要是征地补偿标准偏低、补偿不到位、层层克扣、安置不落实等。因此,现阶段推进征地制度改革的重点是完善征地补偿安置制度。而推进征地补偿安置制度的完善,必须坚持保证被征地农民"原有生活水平不降低,长远生计有保障"的原则,重点放在长远生计有保障上。一方面要建立被征地农民的社会保障制度;另一方面要探索被征地农民多种有效的安置途径。

3. 征地制度改革要解决征地补偿安置争议的协调裁决机制。在中国的征地实践中，对被征地农民补偿安置的法律救济渠道并不畅通。在现行的征地制度框架下，一旦征地补偿安置出现争议，地方政府将陷入既当运动员又当裁判员的尴尬境地，容易引发社会矛盾。1998年土地管理法实施条例和国务院28号文件都提出要建立和完善征地补偿安置争议协调裁决机制。土地管理法实施条例还明确规定，征地补偿安置争议不影响征地方案的实施。所以当前征地补偿安置制度完善的一个重点，就是要建立正常的法律救济渠道，把征地纠纷引导到法治轨道上。国土资源部一直在着力推行建立征地补偿安置争议协调裁决制度，关键是要解决征地补偿争议裁决的程序和组织形式。英国有土地裁判所制度，中国的香港特别行政区有土地法庭制度。这些都是独立于法院系统之外的准司法制度。这种制度要解决的不是能不能征地的问题，而是征地的补偿问题。这对我们有很好的借鉴作用。

4. 农地转为建设用地后级差地租的收益分配问题。征地价格是按原用途补偿还是按未来用途补偿，比如原来征的是耕地，但规划可能是住宅用地，给农民补偿是按房地产价格补偿还是按原用地耕地价格补偿，这个问题争论很大。很多人主张将所有级差地租收益全部给农民，但传统的土地经济学理论并不这么认为，孙中山先生也曾讲到要"涨价归公"，世界各国普遍认为级差地租不是所有者的贡献，而是整个社会发展、城市规划的贡献。但我们不能长期把被征地农民排斥在城市化进程之外，必须让被征地农民分享城市化的成果，这是我们要研究解决的一个重要问题，也是促进社会和谐的重要方面。2004年《国务院关于深化改革严格土地管理的决定》，出台了相关政策，提出了保证被征地农民的原有生活水平不降低，长远生计有保障的原则。这个原则体现了中国的征地补偿安置制度不是完全意义上的西方的货币安置方式，是一种补偿加安置结合的制度，将来不仅要保证被征地农民生活水平不降低，还要保证长远生计有保障，包括就业、保险等等。这是一个了不起的大原则，现在做得还不够，下一步修改《土地管理法》时，应该继续坚持这个原则。

5. 征地程序。从世界各国来看，征地问题从来很棘手、很复杂，往往都有一套独立的司法体系。英国和中国香港地区是英美法系，有行政裁判所制度，技术性很强，估价师是裁判所的主体。现阶段征地纠纷层出不穷，但对被征地农民缺少法律的救济程序，一旦出现问题基本上就是靠政治解决。这种长期以来的政治解决方式，对社会稳定、对整个中国的社会形态的影响是负面的，并且对我们党形成"软杀伤力"，所以我们要建立一个符合中国国情的征地裁决制度。地方可以组织若干社会人士，像仲裁法院一样，由一个独立系统来裁决，这是下一步要重点解决的问题。在补偿协议上要靠协商，动用征地权带有强制性，但在工作中要做到少用强制甚至不用强制来解决问题，但同时可能要付出很高的成本。所以改革征地制度的关键应该是完善征地补偿安置程序，这也符合中国国情。

（四）关于土地发展权问题

发展权是土地管理、土地规划、城乡规划中一个极其重要的概念，是实施土地用途管制制度的核心和理论基础，在土地管理中应当重点对土地发展权的问题进行研究。

1. 土地发展权的概念。土地发展权的概念，最早出现在英国，是指农用地的所有权人和使用权人将自己拥有的土地用途转变为建设用地并获取相关收益的权利。在土地私有制国家里，土地所有者对自己拥有的土地如何使用并没有决定权，原因即在于土地发展权是由政府通过法律来设定的。有人想当然地认为西方国家的土地所有权是绝对的、排他的、对抗第三人的，但事实并非如此，关键是有没有设定发展权。一名外国学者对此有一句精辟的论断：土地权利等于民事权利加公法管制。

2. 处理发展权的不同模式。土地发展权的设定，需要通过土地规划来解决。世界各国处理发展权有两种模式，第一种是美国模式，土地发展权归所有权人。就是说对土地如果不设定发展权，政府就要支付给土地所有权人发展权使用费，政府是通过购买发展权的方式来处理的。第二种模式是英国模式，土地发展权归政府或国家所有。采取这种模式的国家认为，发展权的收益和土地本身产生的效益，是社会进步的成果，应当由全民享有，而不能给所有者独享。

3. 中国对土地发展权处理模式的选择。1998年修改土地管理法的时候，对于发展权的处理方式各方也有过争论，最后的选择是发展权属于国家，但国家对集体土地所有权人和农地使用权人要给予合理补偿，特别是对于土地发展权所形成的增值收益要更多地关注在国家、集体和农民之间进行合理分配。我国在土地管理中实施土地利用年度计划的指标控制，其理论依据即来自于发展权。土地利用年度计划指标，不是计划经济的计划指标，而是农地释放的规模总量控制指标，说到底就是发展权给多少的问题。随着中国各项管理制度改革的不断深化，也有可能出现发展权交易问题，这是一个值得研究和探讨的课题。

（五）关于农村土地管理制度改革问题

改革现行农村土地管理制度主要有两个问题：一是农村集体建设用地是否允许流转；二是农地承包经营权、宅基地是否允许流转、抵押？现行法律有限制。未来改革发展方向是农村集体土地应该和国有土地同地同权。现行的法律障碍要逐步破除，但是从限制流转到放开，还要解决一系列渠道问题。

第一，城乡统筹一体化改革。这是消除城乡不平等、贯彻落实科学发展观的一个重要举措。准确理解城乡统筹，要把握好生产要素在城乡之间自由流通和公共财政在城乡平等分享两个关键点。有的地方生产要素放开，只把农村土地变成国有，但不让农民进城，公共财政赚的钱修广场、修马路，却很少往农村倾斜，农村建设如基础设施、学校都是靠农民的积累。因此，农村土地城镇化的进程必须与农民城市化的进程相协调。改革开放以来，中国城市化三十多年走了西方国家城市化进程几百年的道路，但我们城市化走的是一条难以持续的、超低成本的扩张道路，农村集体土地每年大约600万亩流入城市，但依附在原土地上的农民基本上都留在农村，或处于半城市化状态，其生产生活设施建设、教育等负担依然非常沉重。所以说我国的城市化进程是难以持续的，也是很脆弱的。

第二，农民的生产方式和生活方式必须协调。现在农村楼房盖得很漂亮，但生产方式必须与之协调，征用农村土地必须解决好农村人口城市化问题。比如宅基地、承包经营权的流转、抵押，对缓解资金需求有很大作用，但也产生一些问题，万一抵押权实现，农民的承包地、宅基地没有了，社会安全稳定怎么办？所以必须把依附在农村土地上的其他社会职能剥离掉。另外，农村土地改革跟农业现代化路径的选择也是息息相关。世界上农业现代化道路无非以下两种模式：美国、加拿大是大农场模式，规模效益好；法国、韩国、日本是小规模经营模式。不同模式对农村土地制度改革的选择也不一样。如果走美国模式，加快农村土地的流转，越快越好，规模越大越好；反之，走日本模式，就要对流转严格限制。所以我国农业现代化道路模式的选择，对农村土地制度改革也是大的制约因素。

第三，放开流转限制的条件必须具备。一是依附在这块土地上的农民的社会保障由其他功能承担的，可以放开流转。二是各种利益调节手段必须具备。我们现在假定集体土地放开了，那么将来会出现一个问题，就是征地很困难，因为这个利益农地转为建设用地这块收益是全部归集体还是国家要分配一块，征地的时候农村集体土地几乎没有多少收益，这个平衡关系怎么处理。三是对宅基地制度要有一个顶层设计，当前增减挂钩动的基本是宅基地这块，但是我们对宅基地的法律制度研究探讨也很不够，所以集体土地方向是放开流转，但是要创造条件放开，这成为要研究的一系列问题。

（六）关于土地利用的国家监督问题

土地管理职权在各级政府间如何划分也是一个重要问题。西方国家的土地管理经历了由原来主要依靠地方政府管理，现在逐步上升到中央政府管理，进而逐步演变成了一个国际性问题。从中国来看，1998年之前土地管理的主要主体是市、县级地方政府，当时占用耕地1 000亩才必须到国务院审批，其他基本都在市县，1998年之后变为中央和省两级审批管理为主的体制。从现在看，按照政府职能转变、行政体制改革的要求，各级政府的土地管理职权要重新调整，原来县级政府管土地和国务院管土地只有量的差别，没有质的差别，这不符合现代管理要求。下一步，应该按照事权性质来调整管理，中央和省级政府主要管土地供应的总量和闸门，具体审批特别是征地的工作应该下放到市县，而对农地转用的监管要集中在中央政府。现在国家土地督察机构已经建立，也能够解决很多大问题，但压力也很大，比如土地违法问题，年年查年年有，国家重点基础设施项目、农民宅基地违法用地问题占相当大的比例，但将来总是要解决的。在现在的态势下，只有形成一个现代管理体系，形成合理分工，由中央主要管总量、管监管、管政策，省里以监管为主、适当审批,具体操作放在市、县级政府,才能从根本上解决土地违法问题,并进一步推进现代土地管理制度的改革。

(原载于《社会转型与中国土地管理制度改革》,中国发展出版社2014年版)

转型中的土地制度改革①

陶 然 汪 晖*

引言

土地改革是中国当代经济转型过程中的一个关键环节。20世纪70年代末、80年代初开启的中国改革开放伟大进程,就是从农村土地制度改革开始的。通过赋予农民对农业生产的决策权和土地的剩余收益权,"农村联产承包责任制"改革极大调动了农民的生产积极性,极大地促进了农业增长和农村经济发展(黄季焜等,2008)。以土地改革为核心的农村改革,极大地解放了被计划经济时期人民公社体制、计划价格体制乃至于以重化工业发展优先的发展战略束缚的社会生产力,并为农民收入和生活水平的提高、城乡粮食和副食品供应的保障,以及20世纪80年代以乡镇企业发展为标志的乡村非农产业大发展打下了良好的经济基础(林毅夫等,1999)。

进入21世纪以来,随着中国经济增长速度的进一步加快,中国的城市化进程也开始加速推进。城市化过程的加速在推动农村人口大规模向城市迁移的同时,也带来了城市实体规模的迅速增大和城市空间范围的大幅

---

* 陶然,中国人民大学经济学院教授。汪晖,浙江大学公共管理学院教授。
① 本研究得到了国家自然科学基金(城市化过程中的农地制度与相关社会保障研究70633002)、国家社科基金重大项目(城乡经济社会一体化新格局战略中的户籍制度与农地制度配套改革研究08-ZD025)、科技部支撑项目(2006BAJ11B06)城乡经济要素配置评价关键技术研究、北京大学—林肯研究院城市发展与土地政策研究中心资助。

度扩展。但是，在中国城市化的两个主要维度，也即"人口城市化"和"空间城市化"两方面，都出现了一系列突出矛盾和问题，而这些矛盾与问题都或多或少与我国现有土地制度存在的根本性体制缺陷问题有紧密关联。

本文将在讨论中国城市化过程中既有土地制度面临的主要矛盾与挑战的基础上，提出未来我国土地制度改革的主要方向和配套改革措施。文中的主要分析和观点，主要是基于近年来笔者以及其他研究者对中国土地制度和地方实践的研究成果，在一定程度上可以看成我们对已有工作的一个初步总结。

一、土地在中国当前经济增长和城市发展模式中的核心作用

进入 21 世纪、尤其 2002 年以来，随着加入世贸组织后的国际化、重工业化和城市化进程的加速，中国经济进入了一轮黄金增长期。经济连续多年以接近甚至超过 10% 的速度增长。追根溯源，这个时期的高增长与 1994 年进行的以"财政收入权力集中、而财政支出责任不变"为特征的"分税制改革"有紧密关联。在分税制改革之后，由于中央在预算内收入中所占份额大大提高，而同时地方政府实际的支出责任（特别是社保支出责任）因这一时期进行的大规模企业转制而显著增加，结果导致地方政府必须面对与日俱增的巨大的财政压力。为了扩大税基，地方政府开始大规模招商引资，并通过所谓的"经营城市"，开启了一个以城市化过程中土地开发为基础的"空间城市化大跃进"，推动形成了一种非常具有中国特色的经济增长模式（陶然等，2009a）。

上述增长模式的一个最重要特点，就是地方政府在区域竞争中为了招商引资，不惜通过"竞次式"（race to the bottom）的恶性竞争，为制造业投资者提供低价土地、补贴性基础设施，并降低劳工基本权益和环境保护等方面标准。随着发端于 20 世纪 90 年代中期的国有、乡镇企业改制、重组乃至破产逐渐完成，地方政府、特别是沿海地区地方政府，开始大规模建设各类工业开发区。2003 年 7 月全国各类开发区清理整顿结果显示，全国各类开发区达到 6866 个，规划面积 3.86 万平方公里，这些开发区到 2006 年底被中央核减至 1568 个，规划面积压缩至 9949 平方公里。但事

实上，这些被核减掉的开发区大多数只是摘掉了"开发区"名称而已，多数转变成所谓的"城镇工业功能区"或"城镇工业集中区"，原有的开发区功能以及开发区的空间规模几乎没有任何改变。根据我们的观察，2006年以后各地在实际运作的工业开发区（包括城镇工业功能区或工业集中区）非但数量没有减少，而且用地规模依然在不断扩大。2007年开展的全国土地执法"百日行动"清查结果显示，全国违规新设和扩大各类开发区涉及用地达到6.07万公顷（91万亩）。考虑到中国只有2862个县级行政单位，这个数字意味着平均每个县级行政单位至少有两个开发区。在一些较发达的县市，大部分乡镇都设有"开发区"或所谓的"城镇工业功能区"（陶然等，2009a）。为吸引工业投资者。这些开发区一方面事先进行"三通一平"、"七通一平"[①]等配套基础设施投资，另一方面制定各种税收和管理方面的优惠政策来招商引资。在2003年前后的一波开发区热潮中，各地制定的招商引资政策中几乎毫无例外地设置了用地优惠政策，包括以低价协议出让工业用地，按投资额度返还部分出让金等。这些开发区甚至每隔一段时间根据招商引资的进度，分析本地商务环境和生产成本的优劣并随时调整包括用地优惠在内的招商引资政策。于是，经常出现的情况是，基础设施完备的工业用地仅以成本价、甚至是所谓的"零地价"出让给投资者50年。由于地方政府需要事先付出土地征收成本、基础设施配套成本，因此出让工业用地往往意味着地方政府从土地征收到招商入门这个过程中在财政上实际上是净损失的。以珠江三角洲这个中国最为活跃的制造业中心为例，20世纪90年代末期和21世纪初，很多市、县、镇级地方政府提出"零地价"来争取工业发展。长江三角洲的情况也不例外，即使在土地资源最为紧缺的浙江省，征地和基础设施配套成本高达10万元/亩的工业用地，平均出让价格只有8.6万元/亩，大约有四分之一的开发区出让价不到成本价的一半。2002年后的一段时间，很多市县工业用地的价格都在下降，降幅达到每平方米40元至50元（黄小虎，2007）。以苏南模式著称的苏、锡、常地区，对外来投资的竞争更加激烈。我们进行的实地调查表明，苏州市这个中国吸引FDI（外商直接投资）最成功的城市之一，在21世纪初每亩征地和建设成本高达20万元

---

① 所谓"三通一平"，即通水、通路、通电和土地平整。近些年为了招商引资，很多开发区甚至不惜巨资事先进行"七通一平"建设，即通路、通电、通信、通上水、通下水、通燃气、通热力及宗地内土地平整。

的工业用地平均出让价格只有每亩15万元人民币。为与苏州竞争FDI，周边一些地区甚至为投资者提供出让金低至每亩5万～10万元的工业用地。由于土地征收和建设成本在这些地区较为类似，可知在这类投资竞争中地方政府付出多大代价。近年来，随着沿海发达地区建设用地指标的紧张以及国内产业分工转移，开发区有向沿海欠发达和内地地区大规模蔓延的趋势，笔者近两年来在苏北、湖南、湖北、四川、重庆等地的调查发现，这些地区的工业开发区热潮一浪高过一浪，很多县、市政府，乃至乡级政府，都在大搞开发区建设。在招商引资过程中，各地几乎毫无例外地为工业投资者提供低价土地和补贴性基础设施，局部地区一亩工业用地的出让金，扣除征地和基础设施建设成本后，地方财政净损失居然高达10万元以上。

地方政府如此不惜成本地进行大规模招商引资的目的，其实不仅仅是希望获得制造业所产生的增值税和企业所得税。因为虽然增值税总额比较可观，但分税制后地方政府只能够获得其中的25%，剩下的75%被中央拿走，而且地方政府的招商引资优惠政策往往会对制造业企业开始几年的企业所得税的地方部分给予一些减免，比如一些地方会给外来企业投资从获利年度起2年免征、3年减半征收企业所得税的待遇。而有些企业在享受完这些优惠政策后，可能会转移到其他地区继续享受新的优惠政策。

所以，如果仅从增值税角度考虑，如此不惜血本吸引制造业投资对地方政府未必是划算的。但地方政府为什么还要如此行动呢？这是因为地方政府在制造业投资竞争中获得的好处并不仅仅限于制造业投产后产生的、未来较稳定的增值税收入，还包括本地制造业发展对服务业部门增长的推动并带来的相关营业税和商、住用地土地出让金等收入，或者可以称为制造业发展的"溢出效应"。我们近年来在浙江、江苏、山东、成渝地区进行的大量实地访谈表明，地方政府官员都认为制造业发展将会大大推动本地服务业部门的增长。因此，如果能够通过提供廉价土地和补贴性基础设施之类的各种优惠政策来吸引到更多制造业投资的话，将不仅直接带来增值税收入，也会间接增加地方政府从服务业部门获得的营业税收入，同时还会增加服务业的用地需求，从而有助于获得高额土地出让金收入。由于营业税、土地出让金收入完全归地方政府所有，地方政府在工业用地出让上的盘算，是只要吸引到投资后直接带来的未来增值税流贴现值和其对本地服务行业推动后间接带来的营业税收入流贴现值,以及土地出让金收入能超过地方政府的土地征收和基础设施建设成本,那么就值得继续低价出让工业用地。

正是出于上述盘算,地方政府在低价出让制造业用地的同时,往往高价招、拍、挂出让商、住用地来获得超额收益。如果我们仔细考察制造业和服务业的产业特点,这种差别性的出让策略并不难理解。制造业部门,特别是那些中国具有比较优势的中、低端制造业部门,有一个重要特点是缺乏区位特质性(location non-specificity)。换句话说,大部分制造业企业并不是为本地消费者进行生产,他们往往是为其他地区乃至其他国家消费者生产可贸易品(tradable goods)。在国内各地区乃至全球争夺制造业生产投资的激烈竞争下,这些企业对生产成本非常敏感,而且也很容易进行生产区位的调整。面对制造业部门较高的流动性,处于强大区域竞争压力下的地方政府不得不提供包括廉价土地、补贴性基础设施乃至企业所得税减免、放松之环境政策和劳动管制在内的一整套优惠政策包。在这种背景下,地方政府以协议方式来低价乃至零地价或负地价出让工业用地不足为奇。他们往往并不预期工业用地出让能够给地方政府带来净收入,甚至可以接受短期财政上的净损失。

与制造业不同,大部分服务业部门提供的是在被本地居民消费的服务,这些属于非贸易品(non-tradable goods)服务必须在本地被提供和消费。而由于中国地方政府基本垄断了本地商、住用地一级市场,从而在提供商、住用地上有很强的谈判能力,结果是虽然工业用地由于各地投资竞争而形成"全国性买方市场",但在商、住用地方面形成了众多"局域性卖方市场"。地方政府完全可以通过"招、拍、挂"方式高价出让土地,并将这种高地价转嫁给本地服务业的消费者。所以,我们自然会观察到地方政府通过设立"土地储备中心"来调节和控制商、住用地的供地规模,提高其商住用地土地出让金收入。

基于以上分析,我们可以对"土地财政"给出一个与通常理解概念相比更加全面的诠释。所谓"土地财政",就是地方政府以土地为政策工具,为开拓地方预算内(制造业和服务业税收)和预算外(土地出让金)财政收入来源,在区域竞争中通过低价、过度供给工业用地以及高价、限制性出让商、住用地的行动而采取的财政最大化策略。与通常简单地把

中国土地改革向何处去

"土地财政"理解为地方政府低价征地,高价卖地不同,上述诠释的一个关键是指出地方政府在其出让土地行动中绝大部分(工业用地)是不直接获利的,甚至是亏损的。我们的调研发现,地方政府往往还需要用商、住用地招、拍、挂获得的收支盈余来横向补贴工业用地协议出让后的收支亏损。如前所述,这种不惜血本进行制造业招商引资的行为,目标不仅仅在制造业可带来的增值税,更在于制造业发展对本地服务业推动所带来的营业税和商、住用地出让金收入。

正是在上述发展模式之下,中国自21世纪初以来开始了一轮以城市化、工业化、国际化为助推力的高速增长。这种区域激烈竞争下招商引资带来的经济增长速度是如此之快,使得一直对中国经济改革有深刻洞见、也曾发挥重要影响的制度经济学大师张五常也在其近年论文中和专著中不断声称中国这种以县为主体出让土地并与上级政府和投资者进行收入(税收)分成的体制是一种非常具有效率的经济制度。在这个制度下,县级政府作为土地使用权的分配人,按照利益最大化的原则选择将土地授予私人使用,而地区间激烈竞争促使经济高速增长(张五常,2009)。

但张五常对中国当前经济发展模式的解读到底是否准确,确实还需要对事实进行深入分析之后再给出一个全面评判。虽然不可否认中国地方政府以土地为一个基本政策工具的经济增长和城市发展模式确实带来了一段时期内我国经济的超高增长,区域之间的激烈竞争也带来了制造业的超常规发展,并推动本地服务业部门、尤其房地产业部门高速增长。而制造业和房地产业恰恰是高税率部门,这些高税率行业在国民经济中的比重不断增加,也恰恰可以解释为什么会出现近年以来我国税收收入超GDP增长,政府手里钱多,日子很好过的现象(曹广忠等,2007)。但也必须看到,上述增长模式的代价非常高昂:以"区域竞次"模式来吸引制造业投资、并成为全世界中、低端制造业中心(往往也是低土地利用效率、高能耗、高材耗产业中心)的增长模式实际上已经给中国带来一系列经济、社会和环境方面的长期负面影响。

从经济效应看,"区域竞次"中的过低生产要素(包括土地以及缺乏劳动保护及足额社会保险支付的劳工)价格以及环境管制松懈必然导致经济体中制造业投资过多,并形成过剩的、国内市场无法消化的制造业生产能力。实际上,现有的低补偿征地模式和低水平(执行)社会保险也使得失地农民和流动劳工这两个巨大群体的消费水平很难随着经济增长而同步提升，而这又进一步恶化了中国经济增长中的内需不足问题。为了消化积累的过剩制造业生产能力，政府不得不人为地压低人民币汇率，因为只有这样才可以把过剩的制造业生产能力输出到国际市场。而一旦人民币被人为低估，就会带来不断增加的制造业部门出口顺差。人民币汇率无法随生产力进步适时调整又自然会诱致那些认为人民币最后不得不升值的投机者向中国投入大量热钱，结果是外汇储备迅速累积，央行被迫发放人民币对冲，经济中出现严重流动性过剩。过剩的流动性和热钱很容易就涌入到因地方政府垄断供应、最大化出让金收入的商、住用地上，导致房地产价格的飙升和畸高。

上述发展模式对生态环境的影响也非常显著。高污染、高能耗的发展模式通过破坏生态和污染环境最终会严重影响生产和人民生活。21世纪以来，工业污染造成的恶性环境事件有日益增多的趋势，而这些事件也往往发生在招商引资最为活跃的地区。近年来，随着沿海发达地区生产要素成本增加和环境管制政策强化，加上中国内地为数不少的各类所谓"改革试验区"的建立，高污染、高能耗的产业有大规模向内地、甚至是沿海欠发达地区转移的趋势。

上述发展模式带来的负面效果还体现在其重大的负面社会效应上，因为它损害了为数众多的农村打工者和被征地农民的利益。地方政府为吸引投资而放松劳工保护标准，有时连劳工的基本权益都不去保障，更不用说去推动能够为外来流动人口提供实质性公共服务（如最低生活保障、子女平等就学和廉租房）的户籍制度改革。这样上亿的城市农民工虽然已经以城市为主要工作和生活所在地，但却无法定居下来，并带来一系列不利的社会后果（陶然，徐志刚，2005）。而为推动制造业发展而进行的大规模低价圈地已经造成数以千万计的城郊失地农民。在地方政府可强制征地、单方面制定土地补偿标准，并垄断城市建设用地土地出让一级市场的体制下，绝大部分失地农民很难分享因城市化、工业化带来的土地增值收益，往往陷入失地又失业的情况。一旦处理不好，很容易恶化城乡关系，造成极大的社会不稳定。当各级地方政府为追求财税收入最大化而努力营造"对商业友好"（business friendly）的投资环境过程中，地方政府在公共产品上的投资也自然而然地偏向于那些能够提高企业生产力的硬件投资，尤其是城市和工业园区的基础设施建设，而必然忽视为城市居民提供基本生活、住房、教育、医疗保障等公共服务而进行的软件投资。即使最近几年来"胡温新政"的推行在软件方面的投入有所增加，但这些政策一旦落实到地方层面，其瞄准目标也往往是那些具有城市户口的本地常住居民，实质性的户籍制度改革基本停滞不前，那些特别需要在城市永久定居下来的外来农民工的利益很少或基本没有得到考虑。

上述讨论有助于我们认识中国当前增长模式中存在的一个关键问题：即土地作为一种关键生产要素和政策工具，在被人为扭曲的情况下所带来的一系列不利的宏观经济、社会和环境后果。实际上，这种土地要素的价格扭曲也必然带来城市发展过程中用地结构方面的严重不合理。在其他国家，制造业用地一般低于城市建设用地的10%，而我国这一比例却达到将近一半。其负面效应相当突出：一方面，廉价的制造业用地导致各类工业开发区用地非常不集约，浪费了大量宝贵的耕地资源[①]；但另一方面，城市发展占用了大量土地资源，而这些土地资源的绝大部分却没有用到人民生活最需要的居住用地上：地方政府为最大化商、住用地出让金收入而必然会进行垄断、控制性供给，在前面讨论过的流动性过剩情况下，自然带来了地价和房价过快增长。不要说应该成为人口城市化主力的绝大部分农村流动人口根本无法支付高额商品房价格，就是那些具有高等学历的劳动力市场新进入者也往往发现现有住房价格远远超出其支付能力。而地价过高也必然导致住宅用地容积率过高，绿地和公用设施用地过少，人居环境恶化。即使那些现在可以支付高昂商品房价格的"幸运者"，也大都居住在"鸽子笼"一样的中、高层公寓楼中。可以想见，当未来20~30年后，中国步入发达国家行列时，这种高密度、低环境质量的居住模式将无法适应人民居住的需要。

二、我国现有土地制度面临的主要挑战

如果我们同意以土地为"经营城市"主要政策工具所带来的中国当

[①] 主要是由于工业开发区和为之配套的基础设施用地浪费，使得我国城市土地利用效率远低大多数其他国家。目前，我国城市人均占用土地约133平方米，远高于不少西方国家（82.4平方米）和发展中国家（83.3平方米）（薛志伟，2006）。

前经济增长模式不具备可持续性，那么一个自然的推论，就是中国的土地制度本身存在根本性的体制性问题，从而使地方政府利用土地来大搞"土地财政"成为可能。进一步分析中国现有土地制度安排所面临的主要挑战，可以从征地制度、农村建设用地管理体制和农地制度三个角度来展开。

（一）征地制度

在目前体制下，中国的地方政府之所以可以大规模从农村征地，并将征来土地大部分低价出让给制造业投资者，少部分高价招、拍、挂给商、住用地投资者，其根本原因在于现有征地制度和土地出让体制赋予了地方政府垄断城市用地一级市场的权力。虽然2004年《宪法》修正案规定，国家出于公共利益需要可依照法律对土地实行征收、征用并给予补偿。但《宪法》及《土地管理法》等相关法律、法规对"公共利益"的确切内涵始终缺乏明确界定。实际操作中出现的情况，就是除城市基础设施建设需要向农村集体组织征地外，绝大部分的非公益类型用地需求，包括工业、商住房地产开发用地等，都必须通过政府土地征收来满足。但在土地征收过程中，地方政府基本具有单方面制订补偿标准的权力。不论农村土地的所有者（村集体）、还是使用者（个体农户），在土地征收补偿谈判中都处于相对弱势地位。出于自身财政利益的考虑，基层政府必然倾向于执行较低标准的补偿政策。我们近年来的调查发现，甚至在一些沿海发达地区，还大范围存在着只给失地农民一次性较低标准的现金补偿、而不提供任何社会保障的现象。由于不少失地农民教育程度较低，又缺乏非农业劳动技能、在当地政府不提供任何形式职业培训和优先就业机会情况下，一些失地农民很容易陷入"失地又失业"的困境。即使近年来在部分地区开始推行的被征地农民社会保障政策（即所谓的"用土地换社保"），也主要是由地方政府来主导和制定。在社会保障的范围和标准等方面被征地农民基本没有发言权，结果往往是已建立失地农民社会保障的城市普遍保障不足。一些地区"土地换社保"甚至成为地方政府规避短期政府财政支出的手段：通过承诺在未来给予失地农民一定的社会保障，地方政府在本期支付给失地农民的现金补偿可以进一步下降，政府则可以一次性收取40~70年土地收益，而把社保支出的责任推到以后政府身上。

中国土地改革向何处去

过去十年中，中国绝大多数的城郊见证了城市空间的跃进式扩张，并伴随着大量失地农民的产生。近年土地征收规模达到了每年 250 万～300 万亩左右。如果按人均 1 亩地推算，每年大约有 250 万～300 万农民失去土地。到 2006 年全国失地农民已超过 4 000 万，未来 10～15 年将进一步增加到 7 000 万（天则经济研究所，2007）。征地补偿不足已成为了农民上访的首要原因，在部分地区征地纠纷甚至造成了群体性事件，严重危害了社会安定团结①。

为解决土地征收方面出现的一系列问题，国务院与国土资源部等相关部门近年来也出台了一系列政策和法规来规范和约束地方政府。比如，撤销开发区，强化土地监察力度，并要求地方政府以更市场化的方式出让土地。比如，《国务院关于加强土地调控有关问题的通知》（国发〔2006〕31 号，或国务院 31 号文件）就明确要求："必须采取招标拍卖挂牌方式公开出让或租赁，必须严格执行《招标拍卖挂牌出让国有土地使用权规定》和《招标拍卖挂牌出让国有土地使用权规范》规定的程序和方法。"并指出，这"对于加强宏观调控，严把土地"闸门"，有效控制土地供应总量；对于遏制工业用地压价竞争、低成本过度扩张，实现国有资产保值增值；对于建立完善土地市场机制，更大程度地发挥市场配置资源的基础性作用，不断提高土地利用效率；对于节约集约用地，优化土地利用结构，促进经济增长方式的转变和产业结构的优化升级；对于从源头上防治土地出让领域的腐败行为，加强党风廉政建设，都具有十分重要的作用"。

但我们最近几年在各地的调查却表明，中央政府的这个政策却因区域间对制造业投资的激烈竞争而难以被真正落实。各地对中央政策所采取的对策是所谓"定向招、拍、挂"：即通过限定参与招、拍、挂企业的条件，尽可能减少土地出让中不同企业的竞争，以便把土地出让给事先约定好的制造业企业。这就形成工业用地"虽有招、拍、挂之名，却行协议出让之实"。这就很清楚地表明，在现有体制下，上级政府强制规定"工

---

① 据 2005 年的一个统计，在全国发生的近 8 万起群体事件中，农民维权占 30%，其中因征地补偿不公而发生的群体事件占农民维权的 70%。在中央电视台"焦点访谈"节目 2005 年电话记录的 740 00 多起群体性事件中，有 15 312 起与土地有关。其中多数是政府低成本征收征用农民土地导致的冲突（2006）；后来土地引起的冲突上升到约 60%（于建嵘，2006）。

业用地出让必须招、拍、挂"的政策基本上不太可能改变各地在区域投资竞争中工业用地低价出让的现实。这是因为这种政策本身并不能消除前文分析的导致工业用地低价出让的根本体制性原因，必须、也只有在我国建设用地制度方面进行根本体制性改革，才能够遏制地方政府大规模圈地，并低价出让的不利局面。

再来看土地征用制度改革方面的尝试。中央通过修改土地管理法、颁布实施《土地征用公告办法》等途径提高征地补偿标准、规范和完善征地程序，以及通过土地利用规划制度和"基本农田保护制度"限制地方政府滥占耕地侵犯农民利益的行为。但如前文分析，因1994年分税制改革后地方政府财政支出责任和收入权力严重不对称，地方不得不主要依靠低价出让工业用地来吸引制造业投资，而同时高价出让商、住用地来为城市基本建设筹资。只要上述现象出现的财政体制性背景没有得到有效改变，地方政府低价征地、圈地的行为就基本无法被遏制。而当征地补偿标准仍然由地方政府政府主导制定时，也根本不存在一个良性机制来充分保障被征地农民的土地权益。即使短期内中央控制土地征收、并提高土地补偿的措施能够奏效一时，但由于较高的监督成本和地方政府的消极抵制，这类政策的可持续性也值得怀疑。

当然，这里绝对不是说征地补偿应该由中央来负责制定。对于中国这样一个大国，经济增长与土地价格变化如此之快，各个区域之间发展水平差异又如此之大，将征地补偿标准的制定权力交给中央的方法基本上不可能对目前体制的改进。要解决问题，还必须进行征地制度本身的根本性变革。

征地制度改革的一个最近进展是《土地管理法》的修订，2008以来国土资源部就组织力量开始对《土地管理法》进行修订，但目前的进度并不理想，其中内容也颇有争议。预期在不久的将来国土资源部将草案报送国务院法制办、并征求社会意见后，在未来1~2年内会提交给全国人大审议。

最新一稿《土地管理法修订草案》涉及范围很广，尤其是征地方面，改动很大。与现行《土地管理法》相比，国土部现有"征求意见稿"专门新增"土地征收征用"一章，规范土地征收征用的依据、范围、程序和善后事宜。其核心内容是限制政府强制征地权，缩小征地范围，把征地补偿由"农业用途补偿"变为"财产补偿",并把失地农民纳入"社会保障",足以体现中央通过这次修法进行征地制度改革的决心。

但如果仔细阅读目前版本的《土地管理法》修订草案,可以看到该草案仍然规定"在土地利用总体规划确定的城镇建设用地范围内,国家实施城市规划进行建设可以征收集体土地",而不管用地范围内的土地用途是公益目的(如道路、基础设施)还是非公益目的(如工业和商、住用地)。当然,在"土地利用总体规划确定的城镇建设用地范围之外",除公益用地要继续进行征收外,对非公益性用地,"依法取得的农村集体建设用地使用权,经所在地县级人民政府批准,可以出让、租赁、入股、作价出资等方式,用于非公益性项目"。这就意味着,如果《土地管理法》修订草案的上述条款被通过,那么在"土地利用总体规划确定的城镇建设用地范围外",凡是非公益性或商业性建设项目,农民都可以自己所有的"集体建设用地"参与开发经营。这显然是修法上的一个进步。

但仍然需要指出,对征地空间范围的限定(即土地利用总体规划确定的城镇建设用地范围内继续征用)仍然有明显缺陷。首先,这种征地空间范围的限定,相当于把绝大部分具有较高非农用价值的土地纳入征地范围,而不管被征土地是用于公益、还是非公益用途。实际上,从地方政府的角度来看,如果不做出这种限定,而只对公益性用地进行征收,那就意味着地方政府不能像现在这样通过低价征地、低价供地来大搞开发区吸引制造业投资,或者低价征地、高价供地来获得商、住用地招、拍、挂收入。前文所讨论的地方政府"土地财政"行为将难以为继。因此,目前修订草案的相关条款显然是给地方政府继续进行扭曲性"土地财政"行为创造条件。

其次,由于土地利用总体规划确定的城镇建设用地范围是一个动态变化的范围,地方政府可以通过修改土地利用规划来不断扩大征地范围。1997~2010年全国各地土地利用总体规划实施十年的结果表明,在经济越发达、土地价值越高的地区,规划的局部修改越频繁,城镇建设用地范围线每隔几年就会变动一次。而且很容易受到长官意志的影响。因此,草案的这一规定也无法真正将征地范围限定在一个确定的城镇建设用地范围之内;最后,现行土地利用总体规划的编制和实施,虽需经过听证程序,但事实上公众参与程度很低,尤其是未来可能被征地的农民参与程度就更低。以一个没有得到广泛社会共识的土地利用总体规划确定的城镇建设用地范围为分界线,"圈外"集体建设用地可流转,"圈内"则征收,肯定很难说服被划入圈内的农民。可以预见,基于公平诉求,如果这一条款真正实施,势必造成大量的社会冲突(汪晖,陶然 2009b)。

(二)农村集体建设用地改革

在很大程度上,征地制度改革和集体建设用地入市是一枚硬币的两面,允许集体建设用地入市,就意味着这一部分土地就不需要再必须通过征收转为国有。因此,征地制度改革推进到何种程度,也就决定了集体建设用地入市的范围,甚至决定了建设用地之外的集体土地(主要是农用地)的命运。

长久以来,学术界和政府部门都十分关注集体土地权能缺失的问题,很多学者都期望集体土地产权有朝一日可以和国有土地产权可以"平起平坐"。2007 年我国《物权法》的颁布实施,以及 2008 年中国共产党十七届三中全会通过的《中共中央关于推进农村改革发展若干重大问题的决定》,也都开始逐步体现"平等保护物权"的精神。但是,如果我国的征地制度不进行根本性的改革,征地权依然借助公权力强行介入非公共利益领域,那么集体土地产权就永远不可能与国有土地产权"平起平坐"。所以,从这个意义上来讲,在土地制度改革中,征地制度的改革是一个核心的内容,而集体建设用地入市在可以被认为是完成征地制度改革之后的一件"副产品"。如果前一个问题能够得以顺利地推进,那么集体建设用地入市中的很多问题就可以迎刃而解了。

由于我国城乡土地市场被人为分割,农村建设用地市场化改革严重滞后,土地资源配置效率十分低下。目前我国建设用地总量已经超过 4.7 亿亩,其中城镇用地(城市加建制镇)0.5 亿亩,独立工矿用地 0.5 亿亩,而村庄用地(不含独立于村庄之外的乡镇企业用地)则高达 2.5 亿亩,且呈逐年增加的态势。各地存在的屡禁不止的违法用地现象,以及部分地区自发形成的农村建设用地市场,都说明现行土地资源的计划配置体制已经不能适应社会主义市场经济发展的需要,对面广量大的农村建设用地管理体制进行市场化改革势在必行。

这里特别需要讨论占农村建设用地主体部分的宅基地的流转问题。依

中国土地改革向何处去

据我国现有法律，农村宅基地由村级组织分配给村民，属于农民集体所有，个人只能在上面建造房屋自用。转让只能在村集体内部进行，农民住宅不得向城市居民出售，也不能为在农村购买房屋的城市居民发放土地证和房产证[①]。

但中国高速的经济增长和城市化给农村宅基地利用带来了严峻的挑战。由于所在农村区位不同，这种挑战在表现形式上也有很大差别：在远离城市、以农为主的地区，这种挑战主要表现在宅基地不断占用耕地，宅基地面积偏大，宅基地所占土地和所盖房屋利用效率低下，甚至因大量人口外出而带来"空心村"现象；而在城市近郊区乃至城市内部，则大量出现了因缺乏规划和基础设施、但居住较多外来流动人口的"城郊村"和"城中村"现象，或因城市居民购买农村宅基地、和农村集体为争取土地发展权而直接开发商品房出售导致的大量"小产权房"现象。

在1996到2006年的10年间全国增加的100万亩村庄用地中，新增宅基地约占80万亩左右。在城市化背景下，虽然越来越多的农民通过非农就业获得了较高收入，但户籍制度改革滞后却使得他们无法永久地迁移到城市。当农村人口无法切实减少，而现有管理体制下宅基地又不能跨村流转的情况下，为满足新成立家庭居住的需求，基层政府和社区组织不得不给农村新增家庭安排宅基地。这势必导致新增宅基地对耕地的占用。在农村人口大量外出打工的城市化背景下，无论是农民利用外出务工收入建设的新房，还是数量巨大、但尚未翻建或改造的旧房，利用率都不高。结果是一方面农民建房占用的土地越来越多，另一方面，农村尤其是纯农区被闲置，或弃置住房也越来越多。中国纯农区的不少农村成了所谓"空

[①] 从20世纪90年代中后期开始，特别是1998年以来，为了进一步加强耕地保护，我国对农村建房和农民宅基地开始进行严格管理。1998年《土地管理法》修订案，原来1988年《土地管理法》第四十一条（关于城里人在特定情况下可以取得宅基地的规定）被取消。而1999以后，更进一步出台了三个最具代表性的文件，即1999年《国务院办公厅关于加强土地转让管理严禁炒卖土地的通知》、2004年10月《国务院关于深化改革严格土地管理的决定》、2004年11月国土资源部《关于加强农村宅基地管理的意见》，严格规定农民住宅不得向城市居民出售，不能为在农村购买房屋的城市居民发放土地证和房产证，严禁城市居民在农村购置宅基地。《担保法》也明确规定，宅基地使用权不能用作财产进行抵押。1999年1月1日起施行的《土地管理法》还规定：农民一户只能拥有一处宅基地，其宅基地的面积不得超过省、自治区、直辖市规定的标准；农民建住宅，应当符合乡（镇）土地利用总体规划，并尽量使用原有的宅基地和村内空闲地；出卖、出租住房后，再申请宅基地的，不予批准。2007年10月1日起实施的《物权法》规定，"宅基地使用权的取得、行使和转让，适用土地管理法等法律和国家有关规定"。这实际上意味着，"农村宅基地不能自由流转"，"农民的住宅不得向城市居民出售"，"有关部门不得为购买的住宅发放土地使用证和房产证。"

心村"。

在 2008 年 6 月至 10 月间,笔者带领一个几十人的调研队伍在吉林、河北、陕西、四川、江苏和福建 6 省、30 县、59 个乡镇、119 个村进行了以农村基层治理与土地、劳动力流动为主要目标大样本随机抽样调查。是次调查共搜集到这些村庄的 2 千 2 百多个农户的宅基地相关信息。从六省全部 2 233 个被访农户来看,有 34(1.52%)个农户没有宅基地,占有一处宅基地的农户为 1947 户,占总数的 87.2%。虽然现行政策规定一户农民只能够占有一处宅基地,我们的调查还是发现占有两处及两处以上宅基地的占 11.3%,达到 252 户。最高的省份吉林该比例达到 21.5%,第二位的河北也达到 15.6%。就六省平均而言,1978 年以来占用耕地建设的宅基地占所有被调查宅基地比例一直稳定在 20% 以上,1999~2008 年间也达到 23.4%。或者说,平均而言,最近 10 年以来有超过五分之一的农村住房建设是通过占用耕地而进行的。

但是,在超过 20% 以上的新建宅基地占用耕地的同时,由于农村劳动力大量外出打工,部分劳动力甚至举家迁移,既有宅基地存量被闲置乃至废弃不用的情况也比较普遍。平均而言,各省被调查样本家庭农村外出打工劳动力占农村总人口比例在 15.2% 到 26.8% 之间,六省平均也达到 23.3%。如果按照外出打工劳动力占农村劳动力比例来算,将超过 30%。但在被调查样本村的宅基地中,平均有 7.5% 的宅基地完全或基本处于闲置状态(即平时无人居住或基本无人居住),在我们的 119 个样本村中,闲置宅基地比例超过 20% 的村达到 14 个,超过 30% 的村达到 7 个。

与很多纯农区"空心村"以及宅基地利用效率低下的情况相反,在城市郊区乃至城市内部却出现了不少"城郊村"、"城中村"和"小产权房"现象。因城市化导致的农村人口向城市迁移和城市空间向农村扩张,在这些"城郊村"和"城中村"出现了村民人口与非村民外来流动人口大量混居的现象。这些外来的非村民人口,不仅包括到城市郊区租房的大量外地农民工,也包括部分因城市房价过高因素而到农村购买土地和住房的部分本地城市人口,他们从房屋租赁和房产购买两个方面对郊区住房产生了巨大的需求。

目前我国的农村外出务工人员已经上亿,大量农村人口涌入城市,需要解决居住问题。但在目前体制下,政府并无明确政策条文对外来民工提供住房保障，城市政府住房保障对象仅限于城市户籍人口，而即使对于城市户籍人口，提供的住房保障也以经济适用房为主，廉租房的比例非常小。不仅短期之内外来民工不在被政府保障之列，而且可以预期在未来相当长时期地方政府也没有很强激励为其提供廉租房。由于这些外来民工往往收入较低，加上还需要给迁出地老家寄钱，因此对迁入地住房房价、租金的承受能力也相当低，所以一般都在工棚或用工企业安排的住所（如集体宿舍）或在相对便宜的"城中村"和"城郊村"租房暂住。在居住上形成"大分散、小集中"的格局。有估计显示，全国1.2亿进城民工中，半数住在5万个城中村。

可以说，我国的城市化背景和目前土地管理体制，必然导致流动人口大量聚居"城中村"和"城郊村"。很多"城中村"就是因城市在扩展过程中地方政府为减少征地成本有意避开农民宅基地、而只征收耕地所导致的。而在我国户籍制度改革滞后、城市住房保障制度缺失、特别是城市政府提供的保障性住房只面对本地户籍人口的情况下，相当部分的外来民工也只能选择城中村和城郊村居住，而拥有城中村和城郊村房屋的本地农民，也因此可以获得相当可观的房租收入。从这个意义上看，这些城中村与城郊村在我国城市化过程中发挥了非常积极的作用，不仅在政府住房保障职能缺位的情况下为外来人口提供了其可支付得起的住房，也为城市化扩张过程中的失地农民解决了失地后的收入来源问题，部分弥补了政府低价征地而对其生活造成的困难。一些政策制定者和学者把这些地方看成是中国的贫民窟，甚至有人希望除之而后快，其实是没有看到"城中村"对流动人口与失地农民这两个弱势群体的重要价值。

也正是因为城中村给城市扩张过程中那些失（耕）地农民提供了不菲收入，所以当城市改造、拆迁涉及这些聚集了大量外来人口和本地农民的"城中村"和"城郊村"的情况下，拆迁就会变得特别困难。在拆迁补偿不能反映他们出租房屋的机会成本的情况下。原有"城中村"和"城郊村"宅基地所有者自然会反对拆迁。不幸的是，由于最近几年以来我国的城市地价、房价高涨，很多城市政府、包括房地产开发商发现拆迁"城中村"开始变得有利可图。不少地方于是以"改造城中村"、"提升城市形象"为名开始了"运动"式拆迁，其中暴力拆迁、群体性事件乃至恶性事件发生频率大大提高。这里值得深思的问题是：城中村拆了，那些原来靠房租收入维系的失地农民怎么办？那些居住在城中村的大量流动人口又往何处去？

客观地说，由于城中村和城郊村地方往往缺乏规划和市政基础设施、公共服务配套，居住环境较差，公共卫生水平较低，"脏、乱、差"现象突出，各种违章建筑泛滥，消防隐患堪忧，同时也有碍观瞻，与现代城市发展不够协调。因此，如何构建完善的制度框架，并采取合理措施来改造城中村，做到既提升这些地段的基础设施、公共服务和城市面貌，又照顾到所有利益相关者（失地农民和外来流动人口）的利益，是一个需要解决的重大问题。

与城中村和城郊村紧密相关的另外一个问题是"小产权房"问题。在近年我国商品房价高速上涨，而地方政府又没有足够保障性用房供应的情况下，"小产权房"问题日益突出。在众多城市郊区，一些村集体经济组织在本村集体土地上集中建设农民住宅楼，除用来安置本集体经济组织成员外，还以较低的价格向本集体经济组织以外成员销售。这些房子一般俗称"小产权房"。由于这些住房未缴纳土地出让金等费用，其产权证不是由国家房管部门颁发，而是由乡政府或村集体组织颁发，所以往往又叫作"乡产权房"，此外，还有部分农户直接出售自己的宅基地供外来人口或城市人口使用的情况。由于这类住房没有国家发的土地使用证和预售许可证，购房合同国土房管局也不会给予备案，所以所谓的"乡产权证"并不是真正合法有效的产权证，而农户直接转让的宅基地，则往往是农户与购房者私下协议的结果①。

---

① 按中国的法律与政策的规定，开发商如果使用农村集体土地作房地产开发建设，该地必须符合所在城市的土地利用总体规划、城市规划和年度建设用地计划，并先由国家征收，转为国有土地后再由国家以招、拍、挂方式出让给开发商。根据《中华人民共和国土地管理法》（2007年）第45条的规定，"商品房预售，应当符合下列条件：1）已交付全部土地使用权出让金，取得土地使用权证书；2）持有建设工程规划许可证；3）按提供预售的商品房计算，投入开发建设的资金达到工程建设总投资的百分之二十五以上，并已经确定施工进度和竣工交付日期；4）向县级以上人民政府房产管理部门办理预售登记，取得商品房预售许可证明"。买卖手续上商品房交易需具备"五证"即《国有土地使用证》、《建设用地规划许可证》、《建设工程规划许可证》、《建设工程施工许可证》和《商品房销售（预售）许可证》，开发商才能取得房地产市场的合法建造销售资格。只有"五证"齐全的商品房才是合法商品房，购房者才有可能办理县级以上人民政府颁发的房屋所有权证书。而由村民、村委会或乡镇政府自主独立开发、或与房地产开发企业联合建造的小产权房，最多只需开发商与集体组织签定合同就可以动工，商品房所需要的审批手续对小产权房不适用，小产权房也因此无法办理房屋产权登记，无法取得土地使用证和房产证。小产权住宅的买卖双方一般也只能签订"购房协议书"，即使有消费者能得到由乡镇一级人民政府颁发的产权证，但这些证书并不为国家所认可，购买此类房屋的权益也不受国家法律的保护（王兰兰、汪晖，2009）。

由于不需要向政府交纳各种税费①，小产权房的价格往往是同地段商品房价格的三分之一到二分之一，甚至更低，这也是小产权房得以畅销的一个重要原因（王兰兰、汪晖，2009）。当然，小产权房的开发成本根据开发模式不同也有差别。但无论是由开发商与村集体组织签订土地使用协议直接进行开发建设，还是小产权房由村集体自己自行开发，开发商或村集体都无需把集体土地变更为国有土地，不需要办理征地手续，也因此不需要缴纳土地出让金和各种税费；有些地方还有以开发商与村集体或乡政府合作并以"社会主义新农村建设"或"旧村改造"名义立项，获得合法立项、用地、规划及开工等审批手续。但由于不能办理合法的销售手续，也无需向政府交纳土地出让金。小产权房的开发成本可以大幅度下降，价格自然也比较低廉。小产权房因缺乏合法性产权证书，而无法用于抵押贷款，也无法进入房地产交易所办理交易、转让或抵押手续，且小产权房交易一般需要一次性支付房款，支付压力和违约风险都很大；小产权房的购房者在处理财产继承、土地后续升值而带来的利益以及小产权房的拆迁及安置补偿等方面也都很难得到法律的有效保障。

虽然上述各类小产权房缺乏法律保障，而且政府有关部门、特别是城建部门和国土资源管理部门也多次出台文件并采取措施阻止小产权房的建设和销售，但近年来这种形式的房地产开发和销售却屡禁不止，甚至愈演愈烈。按2007年末全国村镇实有房屋建筑面积323.4亿平方米来计算，小产权房的实有建筑面积超过64亿平方米，占全国总的实有住宅建筑面积的17%以上。如果按户均建筑面积90平方米和户均人口3.54人计算，

---

① 在我国，一个"合法"的房地产开发项目，开发商需向国土、房管、消防、绿化、园林、人防、水利、教育、环卫、卫生、建设、防震办、自来水公司、供电局、工商局、质检站、招投标中心、环保局、市政等几十个职能部门或企业交纳土地出让金和税费。除土地出让金外，交纳税费项目据粗略统计共计税12种、费和基金500余项，包括：土地使用税（费）、土地开发费、市政配套设施费、契税、建设工程许可费、建设工程备案费、施工许可报建费（包括安检费、质检费、试桩费、造价审核费、墙体基金、水泥基金等）、营业税、城市建设维护税及教育费附加、印花税、质检费和工程管理费、转移登记费、土地增值税、契税、企业所得税、个人所得税、城镇土地使用税、房产税等。土地出让金、十多种税和多达500多种的费、基金之和可占到商品房房价的50%~60%以上。根据施正文的分析，在税费和出让金的总额中，税所占的比例仅是7%左右，93%是费和出让金（王兰兰、汪晖，2009）。

全国的小产权房涉及7 100多万户、2.5亿多万人口的住房问题①。

进一步分析"小产权房"大量出现而且屡禁不止的制度背景，可以说"小产权房"问题的出现和不断扩大化，不仅是既定城市土地使用制度下地方政府垄断供应城市商、住用地、并进而造成房地产价格飙升的结果，也是农民在城市化过程中争取财产权利，特别是土地发展权的切实行动。在实际操作中，许多"小产权房"以"旧村改造"或者"旧城改造"名义进行，许多楼盘以"某某村旧村改造项目"立项。村民既可以入股分红，也获得了新的工作机会，相比于政府征地和拆迁、单边制定征地、补偿价格，被征地和拆迁农民无法分享土地发展权收益，小产权房在一定程度上确实是一种进步。

当然，"小产权房"问题的产生和大量出现，也会带来一些负面效果。包括地方政府无法从土地和住房交易中获得税收，部分小产权房周边基础设施、公共服务与不配套、环境条件较差以及购房者房屋产权无法得到法律保障等。因此，如何通过有效制度改革，使城市发展过程中既能够保护农民的财产权利和发展权利，同时兼顾城市政府的利益和城市规划、土地利用规划的要求，成为目前我国城市化高速发展时期必须要处理的一个重大问题。

从前文讨论看，改革现有的征地制度、并允许集体建设用地入市，不仅有助于抑制地方政府低价征地、低价供地给制造业投资商的行为，从而提高城市土地利用效率和整体经济增长质量，也有助于农民获得较高的土地收益，从而实现社会公平和公义。因此，缩小征地范围，放开集体建设用地入市应该是我国未来土地制度改革的大方向。

但现实发生情况却往往事与愿违。据我们近年来在长三角、珠三角、环渤海、成渝地区很多城郊进行的调查，经常观察到的情况却是地方政府为继续"土地财政"开启了一波又一波拆迁"城中村"和"城郊村"行

---

① 小产权房最为活跃的地方是房价特别高的大城市，如北京和深圳等地。中大恒基不动产营销市场研究中心2006年对北京400余个在售楼盘进行的调查分析显示，在售小产权楼盘约占市场总量的18%，已售和在建的小产权房"很快就会超过1 000万平方米"。2006年在售小产权项目的均价为3 344元/平方米，仅为2006年北京市整体销售均价8 792元/平方米的38%。2007年深圳市国土局所做的住宅调查显示，深圳有"城中村"农民房或其他私人自建房超过35万栋，总建筑面积约1.2亿平方米，占全市住房总量的49%。西安的小产权房估计已经占到该城市的商品房总量的25%~30%；济南市的小产权项目总面积也达到了1 000多万平方米。此外，近年来全国范围内的农民宅基地私下流转已经非常普遍，北京城乡结合部大约三分之一的宅基地都存在"地下交易"，以宋庄的"画家村"最为有名（王兰兰、汪晖，2009）。

动。有的地方甚至直接拆迁原有城市国有土地的低密度住宅、服务业地段。这些拆迁尽管可以帮助城市政府获得可观的土地收益，也有助于改变城市的面貌，但却往往带来很高的社会成本。大拆大建现象近年来越演越烈，一方面是因为地价房价飙升导致地方政府大搞拆迁从原来费时费力不赚钱变得有利可图；另一方面，也是因为这些地段原来就是建设用地，而拆迁这些有商业价值的地段可以不用占用耕地，从而规避目前我国严格耕地保护制度下各地建设用地指标的短缺。

实际上，不仅在很多城市近郊的原农村建设用地开始被大规模拆迁，近年来一些地方在政府主导下，远郊乃至纯农区的宅基地也开始被拆迁，涉及的农民开始"被"大规模集中居住。要理解这类现象产生背后的原因，还是有必要从我国目前所实行的耕地保护制度及相应的建设用地管理体制谈起。

众所周知，我国当前实施的是要确保18亿亩耕地红线为目标的"世界上最严格的耕地保护制度"。暂且不谈这套制度是否达到了严格保护耕地的目标，但中央政府确实为此建立了一套集权式的建设用地计划管理体制，并通过土地利用总体规划和年度土地利用计划来实现（汪晖、陶然，2009a）。在这种体制下，每年基层政府能够报审并实施的建设用地指标来自于中央政府"计划指令"式逐级分解下达。由于作为指标分配者的上级政府与下级政府乃至用地单位存在用地需求和非农用地边际产出方面的信息不对称，要按照各地实际需求来优化分解规划指标实际上难以操作：这是因为存在信息不对称时下级政府、用地单位都有激励向上级政府高报用地需求；同时，即使假设上级政府可以按一定客观指标（如各地经济基础和发展速度）进行多指标加权分解，此类操作模式将不仅在技术上容易引起争议，而且很容易引起来自下级政府的政治阻力，因为任何分配方案都可能被认为是厚此薄彼。上述信息不对称的存在、加上不同级别乃至同级但不同区域间政府的政治博弈，必然带来如下结果：只有那些能够保持不同区域的"发展权利公平"、但因不同区域用地效率差异而必然缺乏配置效率的土地利用指标分配方案才能够在行政操作上可行。

但一旦按上述"一刀切"方式来操作，必然导致工业化和城市化先行地区、往往也是城市和工业发展用地需求量大的地区用地指标供需缺口很大。但由于目前管理体制不允许建设用地指标跨区交易，为获得计划下达之外的建设用地指标,很多地方政府通过农村建设用地复垦来解决指标不足问题,这一做法的主要依据是1999年国土资源部的一个文件①,该文件规定:"凡有条件的地方,要促进农村居民点向中心村和集镇集中、乡镇企业向工业小区集中。新址……,确需占用其他耕地的,……,可以与腾出来的旧址整理后增加的耕地进行置换","实行这种方式置换的,其建设用地可以不占用年度建设占用耕地计划指标"。其后,国家发改委和国土资源部等部门提出了所谓"城镇建设用地增加与农村建设用地减少相挂钩"的政策,2005年国土资源部《关于规范城镇建设用地增加与农村建设用地减少相挂钩试点工作的意见》指出,城镇建设用地增加与农村建设用地减少相挂钩,是"将若干拟复垦为耕地的农村建设用地地块(即拆旧地块)和拟用于城镇建设的地块(即建新地块)共同组成建新拆旧项目区,通过建新拆旧和土地复垦,最终实现项目区内建设用地总量不增加,耕地面积不减少、质量不降低,用地布局更合理的土地整理工作"。这些政策的相继出台为地方政府通过农村宅基地拆迁和复垦来产生额外的建设用地指标,以满足当地城市发展和工业区建设的用地需求提供了新的途径。

在上述背景下,农民宅基地拆迁复垦就成为近年来很多发达地区地方政府在土地工作方面的主要着眼点。由于农民原有宅基地往往占地面积较大,也比较分散,如果能够通过宅基地拆迁并让农民集中居住,那么就可以突破上级分配的建设用地指标额度。因此,我们就可以看到一些地区的城市政府采取了各种各样的方式来推动农村宅基地的拆迁和农民居住的集中化。

从2005年下半年开始,天津市推出以"宅基地换房"加快小城镇建设的办法,并在"十二镇五村"开展试点,涉及津郊近十八万农民。至2008年末,已有十万农民进入商品房居住所。所谓"宅基地换房"办法,即农民以其宅基地,按照规定的置换标准,换取小城镇内的一套住宅,迁入小城镇居住。原村庄建设用地进行复耕,而节约下来的土地整合后再招、拍、挂出售,用土地收益弥补小城镇建设资金缺口。通常的宅基地换房模式是一块宅基地征为国有,三分之一的土地给农民盖楼,三分之一的土地给开发商商业开发,以此收益为农民盖房,剩下的三分之一政府自

---

① 见国土资源部《关于土地开发整理工作有关问题的通知》(国土资发〔1999〕358号)。

用，比如建开发区招商引资等。按照天津市有关部门的说法，这种操作模式，政府既给农民提供了住房，又获得了城市发展空间。在这个过程中，由于城市化过程中农村土地的增值，政府不仅无需为农村居民迁居改造支付财政资金。目前，天津被列为全国"宅基地换房"试点城市。而北京等地区都在准备学习天津的宅基地换房试点。

实际上，天津市上述对农村宅基地乃至非农建设用地改造和拆迁的操作模式在全国并非最早，也不是涉及范围最广的。在推进"城乡一体化发展"进程中，作为我国"城乡综合改革试点"的成都市从2003年就开始探索实施"三个集中"的统筹推进，即工业向集中发展区集中，农民向城镇集中，土地向规模经营集中。按照成都市政府的解释，"三个集中"是一个环环相扣的整体：工业向集中发展区集中，以工业化带动城镇和第三产业发展，创造转移农村富余劳动力的条件；农民向城镇集中，为城镇聚集人气、创造商机，农民向二、三产业转移，为土地规模经营创造条件；土地向规模经营集中推动了现代农业发展，促进农民增收和新农村建设，进而推动农业现代化。成都市的目标是，力争到2011年，工业集中度达75%以上，农村劳动力向非农产业新增转移就业60万人以上，农民向城镇转移60万人以上，土地规模经营占总耕地面积的60%以上（北京大学国家发展研究院综合课题组，2009）。

另外一个有较大影响的改革，是浙江嘉兴一个名为"两分两换"的土地流转实验。"两分两换"是指宅基地和承包地分开，搬迁与土地流转分开，以宅基地置换城镇房产，以土地承包经营权置换社会保障。按照嘉兴的发展规划，2020年嘉兴市年均新增建设用地指标为1.68万亩，与每年3万亩以上用地需求相比，至少存在1.32万亩的巨大缺口。但嘉兴地处平原水乡，农民大多分散而居，平均户均宅基地占地1亩以上。为获得土地利用指标，嘉兴开始了大规模的农民集中居住试点改革。在首个试点镇七星镇，原来散居的农民已整村迁往政府集中修建的联排公寓，流转出的宅基地面积多达1 700多亩。力度之大，全国亦属罕见。从2008年5月开始，嘉兴"两分两换"在13个乡镇开始试点。一些试点镇经验证明，"两分两换"可以节约大量宅基地，而宅基地复耕可弥补非农用地不足。通过宅基地（房产）置换，13个试点乡镇的土地节约率都在50%以上，仅一期实施至少可节约土地7 000亩。目前，嘉兴还有50%以上的农民居住在农村。置换到城镇住房后,别墅的安置户平均占地只有 0.5 亩,公寓式安置则在 0.3 亩左右。节地效果明显。嘉兴市已经提出,力争到 2012 年,全市有三分之一以上的农民实现向城镇和中心村集聚。目前,嘉兴土地使用制度改革实验正在长三角渐次推广。

到底应该怎样评价上述列举的各地改革试验?不可否认,在改善农村基础设施和居住条件、节约用地方面,这些对农村建设用地、特别是农村宅基地进行统一规划和农民集中安置的做法确有一定的改革探索意义。但从我们这两年对相应地区的实地调查来看,无论是天津的"宅基地换房",还是嘉兴的"两分两换"、抑或是成都等城市推进的"三个集中",本质上都是地方政府通过推动农民宅基地拆迁、复垦和农民集中居住来获得建设用地指标的行动。不同地区的改革措施有所差别,但主要还是在拆迁补偿水平和集中居住标准上有所不同,一些地区条件比其他地区要更优惠些而已。但总体来看,无论是宅基地拆迁补偿水平,还是集中居住标准,都基本上还是由地方政府部门主导制定。虽然各地在出台的政策上也一再强调要充分尊重农民意愿,但实际操作中却往往难以实现。在政府为获得土地指标来推动城市和工业发展的强烈激励下,很难相信"搬、还是不搬"对拆迁涉及农民能够构成一个真正的问题,缺乏足够发言权的农民"被"集中居住的性质很强。以天津为例,华明镇的操作将 12 个村的 1.2 万亩耕地和宅基地,然后通过集中建造公寓式住房安置被拆迁农民,一个农民获得住房补偿只有 37 平方米。而被征收 1.19 万亩地,市政府拿走 4 000 亩,区政府 2 000 亩,镇政府 2 000 亩,只有 3 900 亩用于安置农民。由此不可避免地激发了部分群众上访上诉[①]。

目前,一个新的政策动向值得关注。新一轮全国土地利用总体规划纲要(2006~2020)已于 2009 年 10 月通过国务院审批,各地的土地利用总体规划修编正在抓紧编制。在新一轮土地利用总体规划修编过程中,国土资源部提出了一个"屋顶理论",即中央下达到地方的控制性规划指标中增加了一个规划期末(2020 年)城乡建设用地总规模(包括城镇用地、工矿用地和村庄用地),这个规划期末的城乡建设用地总规模不允许被突破,犹如一个房屋的屋顶,一个地区的城乡建设用地空间就取决于"离

[①] 2008 年 3 月开始,天津市宅基地换房的第一个试点——东丽区华明镇贯庄村的 866 户、3 368 名村民委托北京农权律师事务所,起诉华明镇政府、东丽区政府和贯庄村委会。

屋顶的距离"，即现状城乡建设用地总规模和规划城乡建设用地总规模的差距，如果现状已经突破"屋顶"，就必须通过建设用地复垦将总量降下来。这个政策结合"城镇建设用地增加与农村建设用地减少相挂钩"政策就意味着，一个地区城市和工业用地的空间有多大，取决于农村建设用地复垦的潜力有多大。在此政策背景下，可以预见，新一轮针对农村宅基地的"大拆大建"即将开始。

我们认为，考虑到我国农村既有的宅基地配置格局是几十年、甚至上百年逐渐形成的，在方便农业生产和农民生活方面有相当的合理性，通过大拆大建的方式让农民集中居住就可能会带来一系列问题。我们在一些改革试点地区进行的实地调查也表明，由于集中居住力度过大，集中居住速度过快，导致集中居住区距离一些农民耕种的农地距离过远，交通成本相当高，而集中居住小区不仅未配置农作物晒场，甚至连放置农机具的场所也没有。此外，那些被复垦的宅基地，由于原有耕作层在盖房时就被破坏，复垦后的耕地质量值得担忧。

这里，我们无意全盘否认一些地区进行农民集中居住改革试点在节约用地和改善农民居住条件上所可能存在的积极意义，特别是那些宅基地确实过于分散，而农民原有居住条件较差的地区，进行上述改革探索可能是有意义的。但这里的关键问题，是从程序公义的角度看，在这些行动的操作过程中，农民的宅基地发展权（即农民自主处置其宅基地资产并获取收益的权利）是否得到足够的尊重？退一步说，即使一些地区进行的上述改革探索有其积极意义，如果各地也不顾本地条件而大力推广，一窝蜂地搞居民点集中，那么就很可能对广大农民利益造成严重损害。在既有的城市化过程已经导致近郊农民征地过程中"被"严重剥夺的基础上，又进一步使"新农村建设"也成为一场剥夺纯农区农民宅基地发展权的盛宴。

最后，与前面谈到的各种集中居住所带来的具体问题相比，一个更值得学术界和决策部门深思的问题，是上述行动如果被各地所效仿，农民都被集中居住在小区之后，集体建设用地将越来越少，乃至于不复存在。如果真发生这样的情况，那么前文谈到的农村集体建设用地入市的改革将根本无从谈起。这显然与2008年十七届三中全会通过的《中共中央关于推进农村改革发展若干重大问题的决定》的精神背道而驰。在那个文件中明确提出，"在土地利用规划确定的城镇建设用地范围外，经批准占用农村集体土地建设非公益性项目,允许农民依法通过多种方式参与开发经营并保障农民合法权益。逐步建立城乡统一的建设用地市场,对依法取得的农村集体经营性建设用地,必须通过统一有形的土地市场、以公开规范的方式转让土地使用权,在符合规划的前提下与国有土地享有平等权益"。

(三) 农地承包制度

除了征地和农村建设用地改革涉及农村土地之外,我国的农地制度也面临一些基本的挑战。自家庭联产承包责任制实施以来,由于多种原因,尤其是村庄内部不同家庭之间人口的相对变动,中国农村地区农地的行政性调整比较频繁。因村庄内不同家庭间人口相对变动引起的土地行政性调整固然体现了农村土地资源分配上的公平性,但这种土地行政性调整也往往直接导致农地细碎化和分散化,农业经营往往出现超小规模的状况。此外,农地调整也会影响到农户对农地的投资。这是因为地权不稳定导致农户缺乏对农地收益的合理预期,从而降低农户对土地投入、特别是长期投资的积极性,甚至可能带来土地粗放利用、破坏地力、降低土地产出等后果。

从政策角度来看,中央一直希望最大限度地稳定土地承包关系。1984年,中央提出了针对农地的"大稳定、小调整"政策试图解决人口变化所可能引发的问题。1993年,面临不同地区承包期将陆续到期的情况,中央颁布了《关于当前农业和农村经济发展的若干政策措施》,决定在原有耕地承包期到期之后,再延长30年不变,并提出有条件地允许土地使用权转让;同时还提倡有条件的地方在承包期内实行"增人不增地、减人不减地"。1998年前后,中国农村普遍进行了二轮承包。也正是这一年,"土地承包期限30年不变"的规定被写入了新修改的《土地管理法》。自此,稳定土地承包权政策具有了法律的强制约束力。2009年中央1号文件更强调要"现有土地承包关系保持稳定并长久不变。"

尽管中央一直强调要稳定农地承包权,但由村庄内部不同家庭间人口变动而带来的土地调整压力一直存在,并不因中央政策强调稳定而消除。这就使农地承包制度处在两难的境地:要想稳定地权、鼓励对农地长期投资,提高农地利用效率,就要尽可能减少甚至避免调地;但在农村人口相对变动的情况下,农民的地权平等要求却必然带来土地调整压力。在实践中，《土地承包法》往往因为农村内部不同家庭之人口存在持续的变动而难以真正落实。2008 年，我们进行的全国 6 省 119 村的大样本随机调查中发现，1998 年二轮承包以来，虽然承包地的调整频次和幅度都有减少，但仍有超过 42% 的村进行过规模不等的土地调整（陶然等，2009b）。而土地行政性调整的一个主要原因，就是土地在集体所有的情况下，不同家庭之间人口的相对变动超过一定限度后，那些家庭人口增加的农民就会给村两委施加压力，要求调整土地。即使在那些坚决落实土地承包法而不调整土地的村庄，不同农户间的矛盾也开始增加。那些人口增加的家庭因为无法增加土地难以满意，而家庭人口减少的农户，比如家庭有人已经去世，却可以依据《土地承包法》拒绝退出土地。在一些地区，家庭人口减少的一个原因是家里有人因为考学等原因离开农村，并在后来取得了城市户口，但依据《土地承包法》，他们仍然可以保留农村土地，即使他们已经与农业完全无关。这种"增人不增地、减人不减地"政策一旦被切实执行，不仅可能造成不同农户人地比例之间的差别并最后不利于土地利用效率的提高，而且可能在人口增加和人口减少的农户之间造成矛盾。在我们调查的来自于不同家庭的 2 215 位农民中，认为"土地承包期限 30 年不变""合理"的被访者只占 32%，对该政策持保留态度的被访者却高达 63%，回答"不确定"的占 5%。总体上说，从全部样本来看，认为"农地承包 30 年不变"、"增人不增地"和"减人不减地""不合理"的被访者比例均远远高于认为它们"合理"和"不确定"的比例，大部分被访者有调整土地的意愿。上述农民对中央政策合理性的判断显然与中央一直强调的"地权稳定"政策间存在不小矛盾。

【参考文献】

1. 北京大学国家发展研究院综合课题组：《还权赋能：奠定长期发展的可靠基础——成都市统筹城乡综合改革实践的调查研究》，北京大学出版社 2009 年版。

2. 曹广忠、袁飞、陶然："土地财政，产业结构演变与税收超常规增——中国'税收增长之谜'的一个分析视角"，《中国工业经济》2007 年第 12 期，第 13～21 页。

3. 黄季焜、陶然、徐志刚、刘明兴：《制度变迁和可持续发展：30年中国农业与农村》（中国改革30年研究丛书），格致出版社，上海人民出版社2008年版。

4. 黄小虎："当前土地问题的深层次原因"，《经济瞭望》2007年第2期。

5. 林毅夫、蔡昉、李周：《中国的奇迹：发展战略与经济改革》，上海人民出版社1999年版。

6. 陶然、陆曦、苏福兵、汪晖："地区竞争格局演变下的中国转轨：财政激励和发展模式反思"，《经济研究》2009年第7期，第21~34页。

7. 陶然、徐志刚："城市化、农地制度与社会保障——一个转轨中发展的大国视角与政策选择"，《经济研究》2005年第12期，第45~56页。

8. 陶然、汪晖："以系统性改革渐进式实现城乡一体化"，《领导者》2008年第12期（总第25期），第60~70页。

9. 陶然、童菊儿、黄璐、汪晖："二轮承包后的中国农村土地行政性调整研究——典型事实、农民反应与政策含义"，《中国农村经济》2009年第10期。

10. 天则经济研究所中国土地问题课题组：《城市化背景下土地产权的实施和保护》，2007年。

11. 汪晖、陶然："论土地发展权转移与交易的'浙江模式'——制度起源、操作模式及其重要含义"，《管理世界》，2009年9月。

12. 汪晖、陶然："如何实现征地制度改革的系统性突破——兼论对《土地管理法》修改草案的建议"，《领导者》2009年第29期。

13. 王兰兰、汪晖：《走出"小产权房"困境：现状、成因、政策建议及配套改革》，北大—林肯城市发展与土地政策研究中心，工作论文。

14. 于建嵘："转型期中国的社会冲突和秩序重建"，"三农中国"，http：//www.snzg.cn，2006年。

15. 薛志伟："警惕浪费土地的四种现象"，《经济日报》2006年6月28日。

16. 张五常：《中国的经济制度》（简体中文版），中信出版社2009年版，第37~41页。

（原载于《国际经济评论》2010年第2期）

土地制度改革的现状与前景

黄小虎[*]

在坚持土地公有制的前提下,土地如何使用,如何管理,即土地使用制度和土地管理制度的改革问题是我们必须认真研究的问题。现行土地制度一个最大的矛盾,就是政府的土地管理部门既是管理者,又承担了经营国有土地的职能,结果,政府随意圈占农村土地的现象越来越严重,系列弊端日益突显。改革征地制度和建立城乡统一的土地市场,成为长期困扰人们的土地制度改革问题,同时也是全社会关注度最高、寄予期望最大的改革问题。党的十八届三中全会提出了全面转变发展方式的顶层设计,既高度重视各领域的突出现象、问题,更注重探究产生问题的深层次体制、机制原因及各领域之间的内在联系,找出既治标又治本的解决办法。这个方案中关于"所有者与管理者分开"和"一件事由一个部门来管"的改革一旦实施,就意味着土地制度改革的正式启动。

土地具有资源和资产的双重性质,既是人类生存的环境空间,也是重要的生产资料,既有自然特性也有经济特性,尤其是对于社会保障还不健全的中国农村,土地更是农民生存的根本。在坚持土地公有制的前提下,土地如何使用,如何管理,即土地使用制度和土地管理制度的改革问题是我们必须认真研究的问题。

一、我国土地制度改革的历史延续

我国的改革开放事业,是从农业联产承包责任制取得突破,以此为发

---

[*] 黄小虎,中国土地勘测规划院研究员。

端而展开的。联产承包的本质,是农村土地使用制度改革。经过几十年的实践、探索,对农用地改革的市场化方向,全社会上上下下基本形成共识。当然,对具体的路径怎么走,也还存在分歧。

有人认为,农村改革只进行了一半。笔者认为,从土地制度改革的角度思考,这话有道理。除了农用地,农村集体和农民还有不少非农业用地,包括各类企业用地、公益事业用地、宅基地等。从理论上概括,它们都属于集体建设用地。这些土地与农地一样,也都是农民的财产。应该怎么用,怎么管?实践中经历了较大的曲折。

改革开放后大约有十几年时间,总的政策取向是鼓励农民利用这些土地走向市场,发展非农产业。否则,不会有乡镇企业的"异军突起"。而乡镇企业的大发展,又对中国的城市化起了重要的促进作用。不仅催生了大量小城镇,还培育了一些大、中城市,比较典型的是"珠三角"那些城市。例如东莞,改革开放前,县城的建成区面积只有5平方公里。1978年开办了全国第一家来料加工企业之后,以"三来一补"加工贸易为主的乡镇企业迅猛发展,城市的规模也不断扩大。1985年撤县建市,1988年进一步升格为地级市。随着乡镇企业的发展,产业不断集聚,现在已是600平方公里、840万人口的特大城市了。该市市区里至今有70%的土地仍然属于集体所有,因此可以说,这是一个在集体土地上生长起来的大城市。"珠三角"的南海、顺德、佛山等,大体都是这样发展起来的。"长三角"和其他经济发达地区的不少城市,也不无类似的经历。如果进一步缩小观察的尺度,更会发现,全国有为数众多的村庄,走了与东莞类似的道路,在集体土地上自主发展二、三产业,在富裕农民的同时,为国家的工业化、城市化做出贡献。这样的例子不胜枚举,我们耳熟能详的如江苏的华西,浙江的横店,河南的刘庄,天津的大邱庄,北京的郑各庄、新发地等。更多的则是名不见经传,鲜为人知。

我国宪法规定,土地所有权不允许买卖,但土地使用权可以依法转让。农村集体土地使用权进入市场,是符合宪法精神的。本来,按这样走下去,有可能比较顺利地探索出一条符合社会主义市场经济要求的、土地使用制度和土地管理制度的改革路子,农村的经济体制改革也就比较完整了。然而,历史的发展总要经历曲折。1998年修订、1999年实施的《土地管理法》规定:"任何单位和个人进行建设,需要使用土地的,必须依法申请使用国有土地"(第43条);"农民集体所有的土地的使用权不得出让、转让或者出租用于非农业建设"(第63条)。这两条规定意味着,农民不能再像过去那样,凭借自己的土地财产权利,自主地参与工业化、城市化进程了。这两条规定还意味着,此后的城市化进程,不再是政府在台前幕后积极引导,市场在台上发挥决定性作用的自然历史过程了,而是让政府站到台上,大包大揽了。就这样,历史的发展在这里拐了一个不算小的弯儿。实事求是地说,拐这个弯儿,也不是什么人的率性而为。就当时的历史条件,也应当算是一种理性的选择。从20世纪80年代后期开始,土地管理部门推行城市土地有偿使用制度改革,但进展并不顺利。直到90年代后期,历经10年,也没有在全国全面确立国有土地有偿使用制度。1998年国家机构改革,成立国土资源部,土地管理升格了,问题才有望得到解决。这期间还发生了不少事情,例如分税制改革以后,地方财力紧张,与事权不匹配;中央提出城市化发展战略;国企改革需要土地管理的配合以及乡镇企业改制、重组等。再加上干部的选拔任用始终是以GDP为主要标准,各种因素叠加,1998年修改土地管理法时,有关决策层的主要关注点,一是加强土地管理的权威性,推动城市土地有偿使用制度的全面确立;二是为地方政府增加资金来源,落实城镇化发展战略。此外,还有一个重要的考量:改革开放以后,各方面发展大量占用耕地的势头一浪高过一浪,给土地管理的压力很大。而且除了行政手段以外,没有找到什么更好的办法。在这种情况下,担心放开集体土地入市,耕地保护更加困难。在这样的背景下,对土地管理法做这样的修改,也是反复权衡利弊之后的现实之选。新法实施以后,全面确立国有土地有偿使用制度的目标,很快就实现了。地方政府也很快学会了靠征地、卖地获取土地出让收入,形成所谓"土地财政"。进而也很快学会了用土地去抵押融资,形成所谓"土地金融",并以"土地金融"为主体,累积起大量的地方债。有钱好办事,十几年间,城市的基础设施建设和旧城改造风起云涌、如火如荼,城市的面貌日新月异。如果我们肯定中国城市化建设取得了巨大成绩,那么就应该肯定,现行土地制度和新土地管理法的实施功不可没。

二、现行土地制度的矛盾与弊端

凡事有利必有弊，初期往往利大于弊，随着矛盾的运动，会逐渐演化为弊大于利。现行土地制度一个最大的矛盾，就是政府的土地管理部门既是管理者，又承担了经营国有土地的职能，既是"裁判员"又是"运动员"。这样一个体制的形成有其历史的原因，新土地管理法进一步把它强化和放大了：政府利用"裁判员"身份，把集体土地也变成自己的"运动场"。结果，政府随意圈占农村土地的现象越来越严重，系列弊端日益突显。

第一，政府经营土地，是保护耕地的国策和集约利用存量土地的方针得不到落实的最主要原因。保护耕地作为国策，提出多年了，城市存量土地集约利用，也提出多年了，但耕地并没有保护住，各地方的城市建设，均走的是外延扩张和大量消耗土地资源的路子。其中的最主要原因，是政府经营土地的制度，使地方政府严重依赖"土地财政"和"土地金融"，只能靠不断征地、不断卖地，才能筹集建设所需资金。表面上看，是地方政府行为短期化，不顾长远的发展，实际上，是政府经营土地制度下的必然结果。问题出在地方，而根子却在国家的制度安排上。制度不改，保护耕地、节约集约利用资源的目标很难落实。

第二，恶化了政府与人民群众特别是与农民的关系。站在农民和农村的角度，通往工业化、城市化的道路有三条：在自己的土地上发展转型；进城打工；国家建设征用土地。前两条路是主动参与城市化进程之路，第三条则是"被城市化"之路。过去，这三条路都可以通行。东莞等地的经验表明，在经济区位比较好的地方特别是城郊结合部，第一条路可以依托既有的经济基础，充分发挥农村土地和劳动力资源的优势，是一条比较顺畅的道路。但是新土地管理法却把这条路堵死了，三"车道"变为两"车道"，"交通"自然拥堵。剩下的两个"车道"又都不太顺畅，政府与农民的矛盾因而日益凸显、激化。城市里普通市民的利益也受到损害。即使符合规划，也不允许集体建设用地开发房地产，使开发商处于自然垄断地位。在投机、投资需求拉动和政府拍卖土地推动下，房价虚高，大大超出了中、低收入人群的支付能力，自住性需求根本无法满足。老百姓为了买房而节衣缩食，是普遍的现象，由此产生严重的民生和社会问题。

第三，透支未来，孕育着政府信用危机和财政、金融风险。政府出让土地，用地者（企业或个人）要透支未来收益，才能购买几十年的土地使用权。就是说，政府出让土地所获得的每一笔收入，都有若干企业或个人的负债与之相对应。因此，政府用卖地收入搞建设，本质上是全社会"寅吃卯粮"，加大了用地企业的市场风险，降低了用地个人的生活水平。同时，也隐含了相当的金融风险。"土地金融"，则是政府直接负债经营，用未来收益逐步偿还，本质上也是"寅吃卯粮"。目前"土地金融"的规模已经远远超过了"土地财政"，所谓"地方债"，绝大多数属于"土地金融"。有的一届政府的负债，下届甚至下几届政府都不一定能够偿还。许多地方政府的偿债能力严重不足，于是靠借新债偿旧债来拖延。这种局面如不制止，难免会发生类似美欧那样的债务、金融危机。

第四，导致政府行为扭曲、失控。政府经营土地，为腐败分子提供了较大的寻租空间；政府经营土地制度，使不同层级政府的职能发生错位，降低了行政管理效率，使社会对政府行为的监管出现盲点，政府行为失控，不能及时得到纠正。

三、土地制度改革的前景预测

以上矛盾和弊端的发展和显现，引起了社会广泛的关注，土地问题越来越成为社会舆论的焦点、热点，各界对土地制度改革的呼声日益高涨。媒体和有关方面的讨论、建议，主要集中在征地制度、集体建设用地使用权进入市场、"土地财政"、"土地金融"与地方债、地价与房价等。这些问题，也引起党和政府的高度重视。至少从21世纪初开始，几乎年年都有中央文件或国务院文件，提出要改革征地制度，要探索集体建设用地使用权流转的办法等要求。一些政府部门和地方政府，也按中央精神开展相关改革试点，有的省甚至制定、颁布了全省范围内集体建设用地进入市场的管理办法。特别是2008年党的十七届三中全会，明确提出要逐步建立城乡统一的建设用地市场，各地更加广泛地开展土地制度改革的探索、试验，取得不少成果。然而，改革的决定性突破，必须是由国家修改相关的法律、制度和政策。可惜，这方面却未能取得任何实质性的进展，土地管理法的修改迟迟不能完成，相关的配套办法即使拟定了，也不可能出台。而国家层面的制度不改，部门和地方的试点，也很难深入下去。一时间，土地制度改革步履艰难，陷入胶着状态。

早在20世纪90年代初，政策理论界就有人开展相关研究，提出改革征地制度和建立城乡统一的土地市场，党的十七届三中全会以后，这两个问题更成为全社会关注度最高、寄予期望最大的改革问题。但却终究是"只闻楼梯响，不见人下来"。仔细研究，应当不难发现，征地问题和土地市场问题，是现象而不是本质。本质的问题是政府经营土地的职能定位，形成了依靠"土地财政"和"土地金融"的利益格局和发展方式。改革征地制度，会减少政府的收入；允许经营性项目使用集体土地，政府就无地可卖了，无异于"自废武功"。所以说，不从根本上改变发展方式、转变政府职能，征地问题和土地市场问题的改革，也就不可能推得动。党的十七届三中全会《决定》，是关于农村改革的决定，不是全面改革的决定，所以未能触及转变政府经营土地职能的问题。因此，虽然提出了建立城乡统一的土地市场的改革任务，实践中却难以贯彻落实，也是符合逻辑的结果。

长期困扰人们的土地制度改革问题，终于在党的十八届三中全会上得到破解。与党的十七届三中全会《决定》相比，党的十八届三中全会《决定》是一个全面改革的决定，在继承各个领域以往改革成果基础上，提出了全面转变发展方式的顶层设计，既高度重视各领域的突出现象、问题，更注重探究产生问题的深层次体制、机制原因及各领域之间的内在联系，找出既治标又治本的解决办法。党的十八届三中全会《决定》在第三专题"加快完善现代市场体系"中的第11条，专门论述建立城乡统一的建设用地市场问题。单看这一条的文字，与十七届三中全会决定的有关论述相比，似乎并没有太多新意。但是，在第十四专题"加快生态文明制度建设"中的第51条提出："健全国家自然资源资产管理体制，统一行使全民所有自然资源资产所有者职责。完善自然资源监管体制，统一行使所有国土空间用途管制职责。"习总书记在全会上专门对此做了说明，概括为"所有者与管理者分开"和"一件事由一个部门来管"。这是国家治理思路的极其重大的调整，是转变发展方式的关键性举措。这项改革一旦实施，意味着国有土地的所有权将由专门的机构来行使，政府的行政管理部门不再承担经营土地等自然资源资产的职能了。这样一来，征地制度改革和集体土地进入市场改革的主要障碍就消除了，有关改革任务自然能够顺利推进、完成。另外，现在政府在土地问题上既是"裁判员"又是"运动员"的局面，是财税体制、投资体制、户籍制度、干部制度等多种因素叠加下形成的，《决定》在各相关领域也都做出了全面的改革部署。这些部署，又可以为实施"所有者与管理者分开"，减轻阻力、创造条件。

土地制度改革与其他领域的改革互为条件，互为因果。可以想见，党的十八届三中全会《决定》摆的是变幻有序的"八卦阵"，打的是刚柔相济的"太极拳"，下的是谋篇布势、边角通吃的大"棋局"。其中所体现的，则是大智慧。经过30多年"摸着石头过河"，我们党对社会主义市场经济，对中国特色社会主义的认识越来越深入和成熟。党的十八届三中全会以后，按照部署，中央迅速推出许多重要的改革措施。速度之快、力度之大，超出许多人预期。与土地制度关系比较密切的财税制度、户籍制度、投融资制度、干部制度的改革，都已推出。土地制度改革的新一轮试点，也已展开，并且授权试点地方可以突破现行法律。2015年9月，中共中央、国务院又发布了《生态文明体制改革总体方案》，这个方案中关于"所有者与管理者分开"和"一件事由一个部门来管"的改革一旦实施，就意味着土地制度改革的正式启动。从这样的工作安排中，我们切实感受到中央抓改革的坚定决心，也切实感受到改革是按照明晰的"路线图"稳步推进。因此，我国未来土地制度改革的前景是光明的！

【参考文献】

1. 蔡继明、邝梅主编：《论中国土地制度改革》，中国财政经济出版社2009年版。

2. 《中华人民共和国土地管理法》，中国法制出版社2013年版。

3. 中共中央、国务院：《生态文明体制改革总体方案》，人民出版社2015年版。

4. 黄小虎：《土地与社会主义市场经济》，中国财政经济出版社2008年版。

5. 黄小虎：《新时期中国土地管理研究》，当代中国出版社 2006 年版。

（原载于《资源导刊》2016 年第 2 期）

第二篇

关于土地制度改革的观点交锋

中国的土地制度，特别是近年来越演越烈的土地财政制度，存在诸多重大缺陷，亟待全面改革。然而，土地作为外部性极强的特殊资源，在市场经济条件下的配置有其特殊的规律。即使在发达的市场经济国家，土地的用途界定和建设使用，并不是如其他资源和商品那样，由产权人自己或他们之间的自由市场谈判决定。而这一点是过去引进市场经济的教科书中并没有说明的。因此，误以为一般资源或商品市场的规律可以套用到土地资源配置上来，将会犯极大的错误。十八届三中全会以后，政府主管机构采取叫停小产权房发展等措施没有结束进而引起了不同的反响和更多争论。这种情况反映了人们对政策的认识和解读仍然有很大的分歧，也说明了土地制度改革的高度复杂性和挑战性。

关于当前土地制度改革的争论

蔡继明[*]

近些年来,随着我国城市化的快速推进,原有的城乡二元结构和城市内部农民工与市民新的二元结构之间的矛盾在土地这个领域日益凸显,土地制度改革引起社会越来越普遍和密切的关注,相关问题的争论也越来越激烈。

一、市场是否在土地资源配置中起决定性作用

党的十八届三中全会决定指出,全面深化改革的重点是经济体制改革,而经济体制改革的核心问题是处理好政府和市场的关系,使市场在资源配置中起决定性作用和更好发挥政府作用。然而,有一种观点认为,在土地资源配置中市场不能起决定性作用,而是规划和用途管制起决定性作用[①]。这种观点是值得商榷的。首先,使市场在资源配置中起决定性作用,最重要的就是要通过让要素市场配置经济资源。党的十八届三中全会决定强调的市场起决定性作用的领域是全覆盖的,土地作为最基本生产要素之一,要实现其有效配置,毫无例外也应该让市场起决定性作用。其次,强调市场在土地资源配置中起决定性作用,并非完全否定政府的作用。因为即使是完全市场经济国家,当由于信息不完全以及外部性和垄断导致市场失灵时,政府这只看得见的手就要进行必要的调节,更何况土地的利用还要符合规划和用途管制。但土地利用规划和用途管制也是以尊重

---

[*] 蔡继明,清华大学政治经济学研究中心教授、博导。
[①] 陈锡文认为:"至少在土地利用这个领域,至少在农地规划这个领域,市场不能起决定性作用"(见陈锡文:市场在土地利用中不能起决定性作用,http://business.sohu.com/20131120/n390476605.shtml)。

市场规律和保护产权主体利益为前提的。鉴于我国以往在土地资源配置中往往是用计划指标取代市场供求关系，以长官意志修改土地利用规划，用所有制歧视取代土地用途管制①，用政府单方面确定征地补偿标准取代公平的按市价补偿原则，以至于不仅造成城市建设用地粗放使用、供不应求、房价居高不下，而且造成对农民土地权益的严重侵害，激化了城乡矛盾和官民矛盾。所以，要强调在土地资源配置中也必须让市场起决定性作用，政府只有尊重市场规律和土地产权主体的利益，才能通过制定科学合理的规划和平等的用途管制政策更好地发挥辅助作用②。

二、有关土地法律法规的修订是否涉及宪法

国土资源部部长姜大明在解读党的十八届三中全会后土地制度的发展方向时指出：建设用地城乡统一需先修正相关法律，其中包括《中华人民共和国物权法》《中华人民共和国土地管理法》《中华人民共和国担保法》《中华人民共和国城市房地产管理法》等法律法规。同时，加快推进建立统一建设用地市场的相关制度建设。抓紧研究出台农村集体经营性建设用地流转条例、农村集体土地征收补偿安置条例。姜大明部长列举的有关土地制度一系列需要修改的法律中，唯独没有提到宪法。然而上述这些法律之所以禁止农村集体所有土地的使用权出让、转让或者出租用于非农建设，禁止农村集体建设用地抵押，之所以规定任何单位搞建设必须申请使用国有建设用地，集体土地只有通过征收为国有建设用地才能出让，根本原因在于宪法中存在着城市土地国有制和公益性征地原则的二律背反。

一方面，《宪法》规定城市的土地归国家所有，农村的土地归农民集体所有，这就意味着凡是城市化和工业化新增的土地需求，无论是公共利益的需要，还是非公共利益的需要，都必须通过国家的征地行为（即把农村集体所有的土地转变为国有土地）来满足；而另一方面，《宪法》又强调，国家只有出于公共利益的需要，才能对农地实行征收或征用。很明

---

① 同一块土地，如果是以农民集体所有制名义报建设规划绝不会得到政府批准，而一旦被征收为国有土地，就会立即获得批准。
② 参见郑振源：《土地资源配置谁起决定性作用，是市场还是规划》，2014年1月10日在民进中央参政议政务虚会上的发言。

显，要满足前一种要求，就会违反后一种规定；而要坚持后一种规定，又不能满足前一种要求。

正是由于宪法中存在着上述二律背反，因此，《土地管理法》一方面规定国家为了公共利益的需要可以依法征收或征用农村集体土地并给以补偿，另一方面又规定凡是列入城市规划圈的土地都要征收。这显然是用城市规划偷换或取代了公益性征地原则。而《土地管理法》中上述两个规定无论去掉哪一个，都会与现行宪法相矛盾。要消除上述宪法中的二律背反，必须在坚持公益性征地原则（这是市场经济国家通行的一般原则）的前提下，允许城市国有土地和集体所有土地并存，从而在禁止非公益性征地的同时，允许农村集体建设用地进入市场，与国有建设用地同权同价。要贯彻党的十七届三中全会和十八届三中全会"建立城乡统一的建设用地市场"的精神，《宪法》中有关城市土地所有制的规定，应修改为"城市的土地以国有制为主体，多种所有制并存"。或者将《宪法》第10条第1款改为"城市规划区域内的土地，除由法律规定属于国家所有外，属于集体、企业或个人所有"。至少要将《宪法》第10条第1款修改为：城市的土地实行公有制，包括国家所有和集体所有。考虑到近期尚不具备修宪的可能，可以由全国人大常委会对《宪法》的相关条款做出新的解释：所谓城市的土地实行国有，仅仅是就1982年《宪法》公布时城市存量土地而言的；此后城市建设需要占用农村土地，只有公益性用地才能征收为国有土地，非公益性用地可以通过市场使用集体土地。

经过上述对《宪法》的修改或重新解释，就与党的十七届三中全会和党的十八届三中全会关于建立城乡统一的建设用地市场、允许农村集体建设用地进入市场并和国有建设用地同地同权同价的精神相一致了，《土地管理法》等一系列下位法的修改也就顺理成章了。

由此可见，现行的《宪法》不做必要的修改或解释，《土地管理法》以及其他一系列有关土地制度的法律法规的修改都很难推进。我国土地制度已经到了必须进行系统思考、顶层设计和全面深化改革的时候了。

三、农村集体经营性建设用地是否应做动态调整

党的十八届三中全会决定指出："建立城乡统一的建设用地市场，在

符合规划和用途管制前提下,允许农村集体经营性建设用地出让、租赁、入股,实行与国有土地同等入市、同权同价。"中农办主任陈锡文在解读这段话时说:农村的集体建设用地分为三大类:宅基地、公益性公共设施用地和乡镇企业用地。只有过去的乡镇企业用地才算作经营性用地,才可以在符合规划和用途管制的前提下,进入城市的建设用地市场,享受和国有土地同等权利[①]。

问题在于,农村集体建设用地中绝大部分是宅基地,真正属于经营性建设用地即乡镇和村办企业用地所占比例很小。随着大量农村人口向城市转移以及新村建设和旧村改造,农民自住性宅基地所占比例会逐步缩小,公共设施用地也会相应减少,应允许由此节省出来的建设用地调整为经营性建设用地,从而逐步扩大农村集体经营性建设用地进入市场的规模,以满足工业化和城市化对土地的有效需求。即使是列入城市规划圈的农地,只要不是出于公共利益的需要,也不必再采取征收的方式变成国有建设用地,而应该允许农民集体所有的农地直接变成建设用地进入市场。也就是说,随着公益性用地范围的确定以及相应的征地范围的缩小,应该根据新四化协调发展的需要适时调整农村集体建设用地结构,实现经营性建设用地动态管理,才能构建起全国城乡统一的建设用地市场,使土地资源在全国范围内得到合理有效配置。

四、农村集体宅基地使用权能否转让、出租、抵押和担保

按照现行的《土地管理法》《城市房地产管理法》《物权法》《担保法》以及国务院有关政策,农民的住房虽然是私有财产,农民拥有占有、使用、收益和处置的完整产权,但其宅基地所有权是集体的,不能出租和转让给集体成员之外的人使用,这实质上是限制了农民住房财产权抵押、担保和转让,从而堵塞了农民增加财产收入的渠道。党的十八届三中全会决定指出:"保障农户宅基地用益物权,改革完善农村宅基地制度,选择若干试点,慎重稳妥推进农民住房财产权抵押、担保、转让,探索农民增加财产性收入渠道。"然而,陈锡文在解读这段话时却说:宅基地不等于

---

① 参见陈锡文:"不是所有农村土地都可以入市",《人民日报》2013年12月5日。

农民住房财产权。宅基地是我国的特有概念，简单来说就是"自有的土地、自用的建筑"，即只能由本集体经济组织的成员申请，用于自住，不能建商业住房。农民对宅基地只有使用权，建在宅基地上的住房才是农民的私有财产，土地则属于农民集体所有①。

不错，农村宅基地是属于集体所有，但既然同样属于国家所有的城市土地可以有偿转让给包括外国资本家在内的私人使用，为什么农村集体所有的宅基地不能有偿转让给集体所有制成员之外的人使用？不仅如此，财产权是一种权利束（property rights），农民私有的住房是财产权，农民集体宅基地的使用权同样是农民住房财产权的组成部分，正如同城市国有的宅基地使用权是城市居民住房财产权的重要组成部分一样。党的十八届三中全会决定中所说的"农民住房财产权"从前后文来看，明明包括了集体宅基地使用权。陈锡文的解读显然是一种误读。

农村目前现行一户一宅政策，且宅基地大都无偿使用。随着农民收入水平的提高和人口向城市的转移，宅基地的分配应在保证一户一宅的基础上，允许一户两宅，从而至少允许非自住性宅基地使用权担保、抵押和转让。要建立进城落户农民宅基地有偿退出机制，赋予其农村宅基地使用权出租、担保、抵押和转让的完整产权，允许进城落户的农民用宅基地使用权换房（通过城乡建设用地增减挂钩），对于符合享受公租房条件的农民工，不能强迫无偿放弃原宅基地使用权。

五、城乡建设用地增减挂钩能否在农村集体之间实现

近些年来，为了缓解城市建设用地的紧张状况，国土资源部在一些省市推行了城乡建设用地增减挂钩试点，基本做法是离城市偏远的农村将粗放使用或闲置的宅基地复垦为农地，然后将其建设用地指标平移到相关的城市，由政府将城市周边相应数量的农地征收为国有城市建设用地。这种增减挂钩一方面缓解了城市建设用地的供求矛盾，另一方面也使偏远农村的农民在一定程度上分享了工业化和城市化的成果。但是，这种做法并不符合《宪法》有关公益性征地的原则，因为其中绝大部分被征土地并非

---

① 参见陈锡文："不是所有农村土地都可以入市"，《人民日报》2013年12月5日。

用于公共利益的需要。

建议改变以往城乡建设用地增减挂钩的方式，按照城乡建设用地市场一体化的构想，允许农村集体建设用地指标在农民（集体）之间流转，具体说，就是允许偏远地区的农民（集体）在将其节省的建设用地（包括宅基地）复垦后得到的建设用地指标，转让给城市周边的农民（集体），后者可以直接将其相应的农地转变为建设用地，或自主开发利用，或通过城乡统一的建设用地市场进行交易。

六、小产权房该不该合法化

小产权房是否违法，该不该合法化？官方的态度很明确：小产权房是"三违"建筑，即违法占地、违章建设、违规销售。

何为违法占地？《中华人民共和国土地管理法》第四十三条规定："任何单位和个人进行建设，需要使用土地的，必须依法申请使用国有土地。"所谓小产权房恰恰是指村民在农村集体土地上建设并向城市居民销售的商品房。从这点来看，小产权房的确违反了我国的《土地管理法》。但是我们首先要问，《土地管理法》上述规定符合《中华人民共和国宪法》吗？我国《宪法》虽然规定城市的土地归国家所有，农村的土地归农民集体所有，但国家只有出于公共利益的需要才能依法征收或征用农民的土地，这就意味着诸如住宅建设等非公共利益用地不必通过政府征收而转变为国有土地，从这点来看，农民在自己的土地上兴建商品房并不违反我国《宪法》，倒是现行的《土地管理法》的上述规定不符合《宪法》的精神而应该修改。当然，无论是城市国有土地还是农村集体土地的使用，都应符合国家的城乡统一规划和土地用途管制，那些占用耕地建设的小产权房的确违法了国家的《耕地保护法》。但据有关部门介绍，占用耕地建设的小产权房只占20%，而80%原本就是在农村集体建设用地上建设的小产权房似乎不存在非法占用耕地的嫌疑。当前国土资源部、农业部以保护耕地为名对小产权房兴师问罪，似乎有些师出无名。问题在于，现行的土地管理法规定，农村集体建设用地只能用于建设农民自住的房子、公共设施和乡镇村办企业，不得用于商品房等房地产开发。

这里我们要指出，《土地管理法》的上述规定有诸多不合理之处。首先，农民个人或集体通过旧村改造、新村建设或提高容积率，可以节省出大量宅基地，如果禁止将其中至少一部分用于商品房开发，不仅不利于农村集体建设用地的集约和节约使用，而且也堵塞了新村建设的资金来源，因为很多新村建设和农民居住环境的改善都是以这些商品房的出租出售来弥补建设资金缺口的。其次，国家在法律上之所以设置农村集体建设用地，除了前述为了满足农民居住和公共设施的需要外，无非是想让农民通过发展非农产业增加收入。既然农村集体建设用地可以用来建乡镇企业，如果乡镇企业破产倒闭或兼并重组，或经营状况恶化，为什么不能允许通过房地产（包括小产权房）开发使农民增加更多的收入呢？至于说小产权房没有经过规划部门批准，那恰恰是因为小产权房是建设在农村集体土地上的，政府有关部门是不可能批准的——而一旦由政府把相关的土地征收为国有，规划自然就会被批准，当然，小产权房也就变成大产权房了。

由此可见，现行的《土地管理法》明显存在着对农村集体土地所有权的歧视，相关条款必须修改。那么，何为违章建设？从调查中了解，许多小产权房的建设在容积率、绿地、楼间距、消防等方面不符合国家建筑标准，存在着很多"握手楼""拥抱楼""亲吻楼"。这固然属于违章行为。但之所以长时间存在大量违章建筑，恐怕和政府监管不力或根本不作为直接相关。比如，深圳"国有土地"上之所以近50%的住房都是"违章建筑"，显然在一定程度上是地方政府"报建不批、违建不究"造成的。千百年来，农民世世代代在自己的土地上和村落里建造住宅，绝大多数都是中规中矩的，之所以出现如此多的"违章建造"，恰恰是在他们的建设行为不被官方认可而私搭滥建又无人追究的情况下发生的。如果法律承认农民拥有在集体建设用地上从事房地产开发（包括小产权房）的权利，并将小产权房的开发纳入城乡统一规划，同时加大政府对土地用途管制的力度，上述大量的违章建筑自然就会消失。最后，何为违规销售？所谓"违规销售"是指农民把集体土地上建设的商品房卖（或租）给了集体所有制以外的成员，从而违反了国务院三令五申禁止城镇居民到农村买房或租地建房的规定[①]。

[①] 1999年，国务院办公厅《关于加强土地转让管理严禁炒卖土地的通知》第2条第2款规定："农民的住宅不得向城市居民出售"。2004年国务院《关于深化改革严格土地管理的决定》规定："加强农村宅基地管理，禁止城镇居民在农村购置宅基地"。

中国土地改革向何处去

笔者理解国务院之所以做出上述规定,主要是担心城镇居民到农村购房会助长非法占用耕地的行为,但保护耕地不能因噎废食,禁止农村集体建设用地上的小产权房进入市场。特别是农民住房只允许卖给本集体土地所有制成员,禁止城镇居民到农村买房或购买宅基地建房,这一方面限制了居民居住和迁徙的自由,另一方面也不利于城乡融合与城乡一体化的发展。

有人认为农民的宅基地是作为集体所有制成员享受的一种福利,城镇居民到农村买房或租地建房,会损害农民的利益。这显然是一种误解。农民向城市居民出售小产权房,其中只涉及农村集体宅基地使用权的转让,而且这种转让是有偿有期的,转让双方是平等互利的,何来损害农民的利益?国有土地的使用权可以有偿转让给私营企业甚至外资企业使用,这丝毫没有改变国有土地的性质,为什么集体所有的宅基地(或更一般的建设用地)不能有偿转让给集体所有制成员以外的个人或企业使用呢?不仅如此,禁止城镇居民到农村买房,也堵塞了农民增收的一条渠道,这不符合政府增加农民财产收入的惠农政策。

小产权房利大于弊、功大于过,应该合法化。小产权房的买卖,既是农民对城乡二元土地产权的积极抵制,又是城市居民对城市住房价格居高不下的无奈选择。

首先,建设小产权房的村镇集体和村民都可以通过小产权房的建设在房地产市场的发展和城市化进程中分得一杯羹,也使得大量集体土地进入市场流转起来,创造了更大的收益。其次,城市居民可以购买到价格相对合理的住房,在一定程度上缓解了住房难的问题。甚至许多公务员、领导干部和社会名流都购置了高档小产权房(其中许多是大宅院和别墅),大大改善了住房条件。再次,在政府保障性住房供给严重不足的情况下,对大量进城务工农民以及外地务工人员来说,小产权房实际上发挥了保障性住房的作用,这无疑有助于加快我国的城市化进程。

当然,小产权房的存在无疑会减少了地方政府土地出让金收入,但随着小产权房进入市场,城市大产权房的价格会趋于合理,从而使部分中低收入居民也能买得起或租得起,这就会减轻政府提供保障性住房的压力,从而减少政府的财政支出,同时会降低农民工进城落户的住房门槛,有助于提升真实的城市化水平,从根本上缓解民工荒的压力。

所以，既要看到小产权房违规违法违章的一面，也要看到小产权房增加农民财产性收入、为城市低收入居民和农民工及外来人口提供廉价住房的合情合理的一面。所以，对小产权房的整治，既要尊重其历史，也要正视现实，更要立足长远，要本着改革的精神，标本兼治。可行的选择是在立即叫停在建在售的小产权房的同时，按照上述党的十八届三中全会的精神修改和完善相关的土地法律法规和国务院政策，使已建成的、在建的和以后新建的小产权房在符合规划和用途管制的前提下合法入市。对于城中村也应按照党的十八届三中全会的精神，在不改变集体土地所有权和符合城市规划及用途管制的前提下，允许农民自行改造。

七、确保粮食安全的长效机制

保证国家粮食安全的成本应该由全体国民承担，而不能只由农民承担；压低粮价、限制农地转用、种粮补贴低微，是既要"马儿跑得好，又要马儿不吃草"的政策，不可能确保国家粮食安全无忧。

如果从制度上限制农地转用，就应该从政策上保证种粮的农民不低于土地转用后的收益。因此，建议不仅要对新增建设用地征收耕地占用税，而且要对新中国成立以来所有占用的耕地，都要征收耕地占用税。由此形成耕地保护基金，用这个基金的收益，按照比例补贴给承担了耕地保护的地区和农民。总之，既然民以食为天，既然粮食安全如此重要，就应该让种粮农民的收入不低于从事其他产业和职业所获得的收入。

建议加大农业补贴力度，完善农业补贴政策，确保用于农业的投入每年有较大幅度的增长，建立国家公共财政对农业投资稳定增长的机制，增加对重要农产品和"菜篮子"产品的生产性补贴，加快健全粮食主产区利益补偿机制，使主产区的大县、大市、大省的财政收入和水平逐步达到全国平均水平。对河南、黑龙江、吉林、江西等产粮大省和700个产粮大县，在农业补贴方面予以特殊倾斜。较大幅度提高粮食价格，对种粮的补贴要和粮食产量、粮食的商品化率挂钩，进一步调动粮食主产区政府和广大农民生产的积极性。同时，完善与农资价格挂钩联动的农资综合补贴动态调整机制，增强农民对农资价格上涨的承受力。各级人民法院，要无条件地受理违法占用耕地的案件，对于农民保护耕地的举报、上访和诉讼行为，

中国土地改革向何处去

要给予保护和奖励。只有这样,确保国家粮食安全的目标与粮农致富的目标才能一致;中央政府保护耕地的政策与地方政府保护耕地的自觉行为才能一致。

(原载于《河北经贸大学学报》2015年第2期)

论土地制度改革的六大焦点分歧

华 生[*]

在今天的西方发达国家，尽管普遍实行土地私有制和市场经济，但"建筑不自由"早已是深入普通公民头脑的法治观念。

土地的所有权与开发建筑权分离，土地的开发使用是公权力而不是私权利，才是发达市场经济国家土地开发权分配和实施的真实情况。如果我们以为市场经济和私有产权就是"我的土地我做主"，并以此来指导我们的土地改革制度设计，那就完全走错了方向。

中国的土地制度，特别是近年来越演越烈的"土地财政"现状，存在诸多重大缺陷，亟待全面改革。然而，土地作为外部性极强的特殊资源，在市场经济条件下的配置有其特殊的规律。即使在发达的市场经济国家，土地的用途界定和建设使用，并不是如其他资源和商品那样，由产权人自己或他们之间的自由市场谈判决定。而这一点是过去引进市场经济的教科书中并没有说明的。因此，误以为一般资源或商品市场的规律可以套用到土地资源配置上来，将会犯极大的错误。党的十八届三中全会以后，政府主管机构采取叫停小产权房发展等措施没有结束进而引起了不同的反响和更多争论。这种情况反映了人们对政策的认识和解读仍然有很大的分歧，也说明了土地制度改革的高度复杂性和挑战性，有必要对土地制度改革的几个焦点问题展开进一步讨论。

---

[*] 华生，东南大学教授。

一、土地的开发建筑是产权人的私权利还是社会的公权力

在这个问题上产生的混乱是当今在土地非农开发使用上所有分歧的根源。现在很多人，包括许多有影响的学者或官员都认为，在真正产权明晰的市场经济中，在自己土地上搞开发建筑是所有者的权利，或者至少认为，只要符合大的区域用途规划，房子怎么建和建多大就是自己的事。有相当一部分人包括从西方学习回来的学者都在强调，给农民以财产权，直至私有产权，核心是给他们在自己土地上的建设权包括改变土地用途的权利，否则所谓的财产权也是空的。

那么，当代世界土地的产权乃至私有产权包括开发建筑权吗？回答显然是否定的。不错，在工业化之前的早期农业社会中，在乡村土地上盖房子确实曾是所有者的自然权利。但其实在古代城市中就开始存在着不同形式的建筑管治。近代以来随着工业化城市化的发展，土地非农开发使用的社会性和外部性日益凸显。在这种情况下，如果将土地的开发建筑仍然界定为产权人的权利，会造成巨大的社会负外部性。同时由于这种外部性影响的广泛分散和相互叠加，过高的交易成本使得市场失灵。因此，至少从20世纪初开始，西方各国都通过立法形式将土地开发建筑的权利与土地所有权分离。分区管治（Zoning Regulations）就是土地使用规划管理的一种主要形式。在分区管治中，土地被分为不同的用途或功能区，建筑的高度、密度和容积率都有相应的规定。私有土地所有者既不能随意改变土地用途，也不能在给定的用途下随意建设或改变现有建筑物的结构，进行加建改建。我在《城市化转型与土地陷阱》一书中，曾专列两章对法治的市场经济国家土地开发权与土地所有权分离的历史和法律实践进行了详细介绍。

总起来看，西欧如德、法等国的城市化起步较早，而且人口相对美洲新大陆来说明显稠密，故土地使用规划出现也早，并且相关法规在中央到地方各个层级间衔接完整，执行力很强。英国是严格实行开发规划许可的国家，这个只有5 000万人口的国家，就有421个地方规划当局，负责每一个小区域的土地使用规划管治。美国土地规划管治的特点是地方性的。1916年纽约市率先实现分区规划管治。1924年美国商务部颁布了首个《土地使用分区规划标准授权法案》，推动了各个地方普遍建立了自己的分区规

划。由于土地使用的用途规划管治是对土地私人财产权的严重限制,因此在美国最初也曾遇到尖锐的挑战。1926年美国俄亥俄州克里夫兰市郊区的欧几里德村为了防止工业向本村的蔓延而做出了本地的分区规划规定,一块由一个叫安布勒的私人企业拥有的68英亩土地恰好被规划为3种不同使用用途以及有相应的建筑高度等限制。由于当时每英亩工业用地的市场价格为住宅用地的4倍,土地所有者起诉地方政府的分区规划管治侵犯了其财产权,降低了其土地价值,违反了宪法对私人财产权的保护,要求判决地方政府取消分区规划,或对其由于规划管治的损失做出赔偿。这个诉案最初在地方法院得到支持,但最终美国最高法院裁定,土地包括私人土地的规划使用权是地方政府维护公共安全、公共卫生、公共道德与公共福利的治安权又称警察权(Police Power)的一部分,并同时否决了土地所有者因土地使用受限而要求补偿的要求。这个在美国历史上被认为具有里程碑式的判例奠定了分区规划的法律基础。现在美国各地通行的分区规划一般是将土地分为住宅、商业、工业、农业、空地等不同用途的地块,在地图上将之标为不同的颜色(这也是分区一词的来历)。同时分别用途和功能有建筑高度、开发强度、空地比例等规定。美国各地方基层政府的分区规划管治条例通常厚达好几百页,对每一块土地的开发许可范围、标准做出详细说明。如在住宅这个大类分区之下又有很多种细类分区,即依不同的建筑规划要求的农村住宅区和各类不同面积和规格标准的城市独幢住宅区、联排住宅区和公寓住宅区,对不同分区的住宅高度、容积率、离开道路的距离、室外的各种附属物设置等均有详细规定。美国、澳大利亚和欧洲国家的许多地方规划部门网站上还详细公布那些不需规划许可房主可自行开发的项目,如室内的小改造,室外符合一定标准和要求的天线、信箱和家用空调室外机,以及农村多大面积的土地上可以养家畜、家禽,什么样的情况下可以有多大的鸡窝或鸟笼等。看到这些,使人不得不惊叹这些国家法治的严密和周全。

　　故时至今日,在今天西方发达国家,尽管普遍实行土地私有制和市场经济,但建筑不自由早已是深入普通公民头脑的法治观念。几乎每个人都知道,对于自己购买拥有的私有土地和房屋,自己无权加建改建,即使是在花园里搭一个临建式的阳光房,也要经过严格的申请和批准程序。未经批准的加建改建,一旦被投诉或发现,就会被要求拆除,同时还得承担法院判决的其他赔偿责任。违反规划标准的申请不可能被许可自不必说，即使你的建筑按该地块用途和规划规定的标准还多少有一些改建扩建的空间，也不意味着你一定能申请到规划许可。因为条例中往往明确申明其规定的只是最低要求，任何改建扩建还要考虑环境的、文化的、观感上的因素，考虑各个更小社区的自治规定乃至左邻右舍的意见。所以我们看到，在多年来被评为世界排名第一的自由市场经济体的中国香港地区，最高行政官员特区行政长官在自家院子里由于没有也拿不到许可，私挖地下室也要被强制拆除，美国影星随意改变自己购得豪宅的外墙颜色也被判违规并恢复原样。故土地的所有权与开发建筑权分离，土地的开发使用是公权力而不是私权利，才是发达市场经济国家土地开发权分配和实施的真实情况。从这个角度看可以肯定地说，现在西方国家土地资源的一级配置，是规划决定，而不是市场决定，只是规划也不能脱离市场和社会需求的基础作用。因此，如果我们只知道羡慕发达国家城乡建筑美丽的外观、整洁的环境，却完全不知道这其后的财产权和开发权分离的制度安排，以为市场经济和私有产权就是我的土地我做主，并以此来指导我们的土地改革制度设计，那就完全走错了方向。

应当指出，在土地规划建设成为公权力的现代社会，规划本身的科学性、合理性和执行规划的严肃性、公平性自然成为关键所在。由于规划就是钱，因此规划的公众参与和监督、政府经济利益与规划的明确分离都变得极其重要。故在法治的市场经济国家，规划首先是代表民意的机关即议会的权力。议会有决策权，法院又有独立裁判权，政府只能在法治框架内行事。像我们今天这样，政府独掌规划权，而且经常长官意志随意修改规划，包括利用规划权征地卖地，政府自己变成倒腾土地的生意人，这当然是与法治的市场经济格格不入的。但是，如果我们因此就走到另一个极端，不是沿着法治轨道去规范政府和官员行为，去约束公权力，而是指望借助私权利的逐利动机去替代公权力的作用，用西方市场经济国家中也根本不存在的土地开发的自由市场竞争去达到土地资源配置的优化，并误以为这就是市场经济的真实和惯例，中国的土地制度改革就会走上更大的弯路。其实，我们在许多经济落后、社会混乱的发展中国家已经看到这种图景：土地开发公权力的滥用与荒废并存，私权又成为若干强势利益集团抢夺瓜分社会资源的通行证，土地的开发建设利用混乱失控，贫民窟与豪宅并行扩张，国家长期陷入发展陷阱。这显然绝不是我们所要选择的道路。

二、何为同地同权同价与集体土地入市

集体土地入市现在是一个流行的口号，很多人有这个主张。但是，集体土地有农地、宅基地、经营性建设用地、农村公益用地，都入城市房地产的市显然不可能也不应该。况且城市国有土地也是分为不同用途的，国有工业用地等也不能入房地产的市。如果不管什么农村集体土地都能入房地产的市，那么集体土地就不是与国有土地同权，而是享有特权了。

这样我们就必须回到什么是同权同价的前提即同地。应当说，在现代用途与规划管治的条件下，所谓同地是也只能是位置相近而用途与规划条件相同的土地，否则用途和规划不同的土地其建设权利和市场价格相差十万八千里，哪里会有什么同权同价呢？相同用途和规划条件的土地不因所有制差别而有不同权利，这是合理的要求和制度安排。这样定义，那就是农村集体农地应与国有农场土地同地同权，农村集体经营性建设用地即乡镇企业用地应与城市国有工业用地、开发区用地同地同权，农村宅基地由于取得方式和价格、产权年限、规划条件都与城市商品房有了很大区别，这二者要同地同权还需要一系列条件，需要专门讨论。

因此，泛泛地讲集体土地入市就不对了，而是要不同的地入不同的市。即使集体经营性建设用地即乡镇企业用地也只能入工业用地的"市"而不能入房地产的"市"，否则就不是同地同权而是越权超权。从土地用途与规划看，土地使用的最大差别是城乡而不是所有制，因为城乡土地使用方式的巨大不同是客观稳定的，而所有制是主观和易变的。

我国目前实行的城乡两种土地所有制（其实这个说法也并不准确，其一是农村也有国有农场等国有土地所有制，其二所谓农村集体土地所有制也是名义上的，因为实际权力是在国家而非集体手中），使一些人误认为所有制差别高于土地用途和规划的不同，这给我们改革带来了特殊困惑和困难（在国外城乡均有私有土地的情况下人们就不会有这样的混淆）。有人认为，无人规定城市就是从事工商业、农村只能从事农业，否则"像华西村这样的农村大力发展现代工商业也是错误的且应该被制止的"。其实，城市从事工商业、农村从事农业恰恰就是人类社会探索出的合理自然分工。我

国历史上"村村冒烟"的乡镇企业发展模式只是一种特殊条件下环境代价不菲的尝试和过渡,后来很快就被要求向城镇和工业开发区集中了。至于其中的若干典型被保留和得到扶持,并不代表这是一条成功的和值得仿效的道路,而恰恰反映了他们只是由于历史原因的特例乃至特权,因为广大农村所有其他的村庄并不被允许改农田为建设用地去"大力发展现代工商业。"这种不允许农村随便搞开发建设的制度当然可能也阻止或扼杀其他个别或许也会成功的典型,但对一个国家的生态资源和环境保护却是绝对必要的。

三、小产权房是否应当合法化

小产权房现在一般指农民在集体土地上建造的用于出租和出售的住宅。在中国,主张让小产权房合法化的声音很响。其理由一般为:

1. 小产权房打破了政府对土地的垄断,是推进土地市场化的积极因素。

2. 小产权房价格低廉,满足了市场需求,既解决了一部分中低收入者的住房问题,又增加了农民收入,不应打击而应鼓励。

3. 城市国有土地可以建商品房,农民集体土地就应当也可以建,这是土地平权的要求。

4. 小产权房数量巨大,如果强行全部拆除会引起社会动荡,因此妥善解决让其合法化也是积极求实、化解社会矛盾和风险的唯一可行之道。

从上节讨论我们知道,土地用途和使用规划是政府治安警察权的一部分,是一种公权力,只存在如何贴近市场和社会的真实需求、正确预测和判断未来需要,从而依照民主程序做好科学规划的问题,不是市场化的范围。在西方国家也不存在打破政府对土地使用规划的垄断、由市场决定土地用途的事。至于在自己土地上建商品房出售并非现代法治社会的所有者权利,农民这么做从一开始就不可能得到"规划许可"。因为农民的绝大部分土地是农地,是规划用于农业耕种生产的,肯定不能用来建房,更谈不上出售。农民的宅基地,按照规划用途是用于农民自己居住和农具、农作物储存之用,它与一般的商品房用地的规划性质也相当不同。因此中外的农舍,相对于城市居民商品住宅,一般而言占地面积较大,但均为低层住宅有限高要求,通常不超过两层,作为农民自用。以美国的农村分区规划为例，通常开篇就声明农村规划的主要目的就是保护农地和农业活动免除不相关的非农使用。因此农村分区规划中特别强调土地的使用用途，明确规定建有一户住宅的最小农田耕作规模；农村住宅即农舍的限高和大小及辅助农业设施的规格；一户农宅与邻近其他建筑的最小距离，以致每一户农家住宅中所容许的最多留客住宿的客房数等。由于美国农民一般居住在自己的农场中，因此美国农民的财产转让广告中农场和农舍的出售从来是混为一体的，你不能想象只买农舍不买农场，那样的话，买下来的住所在别人的田中间，买了也回不了家。因此，像中国城中村和城郊村的许多农民那样，在宅基地（更不要说农地或公益用地）上放手建造许多层乃至几十层的商品住宅楼，根本不可能是什么"土地所有权人行使自己权利的应有之义"，而是破坏规划和践踏法治的违法违规行为，这在法治的市场经济国家是绝对不可想象的。

由此可见，从真正法治的眼光来看，只有合法建筑与违法建筑之分，而没有什么小产权房与大产权房之别。从法治的角度看，无论农民在集体土地违规自建的住宅，还是居民在城市国有土地上违规自建的房子，都是违章建筑，从而都是不合法的。试想如果农民建的所谓小产权房可以合法化，那么，居民在大商品房用地上的加建、搭建、扩建不是更应当合法化吗？如果违建都可以合法化，人们可以随意自建、扩建，那就必然出现公地悲剧，即每一个人都为了自己的私利扩建，使整个城市或社区的环境质量直线下降而不宜人居。这种情况我们在部分法治缺失的发展中国家确实见过，但这绝不是法治的市场经济国家所能容许的，也显然不是国人所希望出现的前景。

当然，由于种种历史的而主要是法治残缺的原因，中国城市中的违建特别是热点城市城郊的小产权房违建已经相当严重，其中的因素和责任错综复杂，因此也不是今天一个简单的拆违就可以解决的，需要区分情况，分类处置。但是，这种处理的原则和目的，是要在考虑和尊重历史的情况下重建法治的权威，使得所有违建关联方都付出相应的代价，得到相应的处置，使违法者不得利、守法者不吃亏，从而以儆效尤，真正遏制今后城乡违建的再生蔓延。这就像对违法犯罪也要区别情况处理，而不能统统枪毙一样，但你永远不能说让违法犯罪合法化吧？否则社会就会成为犯罪的天堂。

在某些人所设想的建筑自由的世界里，不存在违建概念，小产权房天然合法。每个产权人可以自己决定和改变土地用途，市场会去平衡供求并达到资源的合理配置，随着级差地租的不断降低，城市建筑的扩展自然会达到边界。但是需要说明的是，这种产权人建筑自由的市场经济，只是他们自己的想象，与现代社会的建筑规划严格管治、城市扩张被绿化带、限制发展区缓冲隔离的法治实践直接矛盾，并不存在于地球上已知的任何发达的市场经济国家。

城镇化用地制度改革的主要方向并不是在如何大幅度增加城郊失地农民的收益（他们合法权益当然应当受到保护），而是如何保障占总人口比例更大得多的进城农民和其他移居就业者的安居权利。

借鉴东亚模式成功现代化城市化的经验，中国城镇化用地制度改革最需要的并非是从政府尽揽卖地收入的这一极端，走到城郊农民和开发商坐享土地收益的另一极端，而是要以低成本安置移居就业人口为重心，实行用地成本公开透明、财务平衡的新体制，使政府既从债务泥潭也从利益纠葛中解脱出来。

如果农民这种抓住市场需求的逐利行为可以允许并得到鼓励，那规划事实上就会不复存在，从而出现公地悲剧。因此，所谓自主城镇化不存在，只能是全国广大农民和公民利益均沾的统筹。

四、什么是我国城镇化用地制度的主要问题

这些年来我国城镇化扩张、土地改变用途和规划走的是政府主导的"土地财政"道路，即政府统一向农民征地和在城市收储工业企业土地，然后用土地质押贷款并推出商住用地拍卖，获取资金用以城市建设和补贴工业用地推动招商引资等。这种"土地财政"模式在长期内被认为是低成本推进工业化城镇化的有效途径，因而成为城镇化用地的主导形式。近年来，随着农民权益诉求上升、社会舆论支持、征地摩擦冲突不断，各地政府为了维稳被迫不断提高征地补偿。这样，越来越大的建设摊子和攀升的土地补偿成本使一些地方政府陷入了严重的债务危机。同时，依靠卖地和土地抵押的发展模式使地方政府不断加深了对高地价从而高房价的依赖，房地产市场在一定程度上绑架了国民经济和宏观经济政策，孕育着中

国经济和金融不断增大的风险。

对于现行"土地财政"模式，应当说社会各界虽出发点各异但普遍持强烈的批评态度。主流的意见认为，"土地财政"的主要问题是政府垄断了土地供应，并拿走了土地增值收益的大头，对失地农民利益保护严重不足。因此改革的方向是除了最必要的公益用地之外，政府退出征地，让农民成为受益主体和市场决定土地供应。政府至多是做好规划并监督执行就行了。这个意见迄今并没有被政府接受，应当说首先是经济原因。因为如果政府放弃土地收入，还要再花大钱进行公益土地征收，投巨资搞基础设施建设，那政府的财政缺口和负担就更会成天文数字。这靠今后新增税收来弥补并不现实，靠政府更多发债也只会拖延而不是解决问题。不过，政府尽管可以顶住批评，坚守"土地财政"，然而在商住用地公开拍卖收取的土地出让金与征地成本存在巨大差额的情况下（这被形象地描绘为"拉走一头牛，补农民一只鸡"），"土地财政"的实行不能不遭遇极大阻力和冲突，从而迫使政策在社会普遍的道义谴责中不断退却和让步。这次十八届三中全会的决定在这方面的主要内容，就是增加失地农民补偿和通过允许集体经营性建设用地入市来缩小征地范围。显然，增加征地补偿的成本支出和缩小征地范围减少收入，会从收支两方面进一步增加地方政府的财政负担压力。这固然体现了中央政府改革的决心，但在"土地财政"基本维持的大格局下，可以预见它既不能真正解决征地过程中的利益冲突与房地产市场对政策的绑架，也不能消除各方面的批评，还缩小了我们处理人口城市化各种更大问题的政策选择空间。

那么，为什么政府在"土地财政"问题上陷入了四面楚歌、进退两难的尴尬境地？特别是如果政府确实在拍卖土地上赚了大钱，为什么各地政府又都普遍陷入了严重的债务危机？政府后撤、农民自主是城市化用地的成功道路吗？要回答这些问题，首先要搞清我国城镇化用地制度的主要问题究竟是什么。

从比较的角度看，我国现行的城镇化用地模式的主要问题并非是政府垄断。因为在当今世界普遍实行的土地用途和规划管治下，发达国家的建设用地供给也不是市场而是由立法和行政当局的规划和许可决定，成功现代化的日本、韩国、新加坡、我国台湾在高速城市化阶段建设用地供应也都是政府垄断的，而城市化现代化发展受阻的多数东南亚国家倒普遍是政

中国土地改革向何处去

府缺位、地主豪强控盘；也并非是政府拿走土地增值的大头，因为与日韩新和我国台湾一样，这些土地增值主要用于了基础设施建设即土地开发本身；甚至也并非农民利益普遍受损，因为在确有大量远郊区农民利益严重受损的同时，城郊和城中村的很多人相反都因土地致富。

因此，与很多人简单推断的不同，中国城镇化发展用地模式的真正问题在于，与日韩和我国台湾城市化过程中大部分农民自由迁徙进城、土地制度分配优先考虑进城农民和移民的安居不同，也与新加坡、我国香港这两个城市经济体政府为广大中下层居民普遍提供保障房不同，我们的特色恰恰是土地城镇化与人口城镇化脱节，城市化发展和土地利益分配中基本不考虑进城农民和移居就业者这个城市化的主力军。旧城区、城乡结合部和棚户区改造也不是安置而是赶走移居者。进城农民工普遍居无定所、妻离子别，老小在家乡留守。离乡不离土的半吊子城市化成为经济发展、人力资本积累和农业现代化的主要瓶颈，也成为社会稳定的主要威胁。因此，如果将城市化快速转型期人口转移的主体纳入视野，那么，城镇化用地制度改革的主要方向并不是在如何大幅度增加城郊失地农民的收益（他们合法权益当然应当受到保护），而是如何保障占总人口比例更大得多的进城农民和其他移居就业者的安居权利。

我国城镇化用地制度的第二个主要问题是政府的裁判员与运动员身份不分，将规划权包括规划变更权和土地变性收益权混在一起，土地收益与土地自身的必要基础投入支出账目不独立，卖地收入在形式上完全进了政府的口袋。因此政府自己在瓜田李下，缺乏执法的独立性和公正性。在这种情况下，尽管政府在土地基础设施建设以及公益、绿化用地等方面投入很大，但人们只是看到了政府公开拍卖的那部分商住用地的暴利所得。这样，即便地方政府因城市化发展负债再多，并得不到社会的同情支持，相反被认为是掠夺了土地收益大头在自肥和搞政绩工程。与此同时，依赖土地升值为进一步发展筹措资金和还债还息，政府客观上又成为地价及房价不断攀升的推手。这样，"土地财政"就从最初为了降低工业化城市化成本的制度安排走向自己的反面。

日韩与我国台湾的城市化用地则与我们明显不同，日本和韩国都是用国家设立的公益性的公团和公社去从事基础的一级土地开发，用基础地价提供国民住宅用地，这些机构本身并不盈利，而政府的利益绝不沾边。与我们很多地方靠卖地收入盖起了政府自己豪华的楼堂馆所不同,他们政府本身用地也要支付包含了土地和基础设施费用的全成本去购买。我国台湾地区虽然政府直接征地从事城市化建设,但每一区域的土地开发均实行财务平衡方针,政府并不从中获利。这样的制度安排就使政府处于一个具有社会公信力的执法地位,可以为社会整体利益,特别是城市化转型期迁徙务工落户的农民和其他移居人口,有力调节各既得利益集团的不当得利,降低城市化成本。因此,借鉴东亚模式成功现代化城市化的经验,中国城镇化用地制度改革最需要的并非是从政府尽揽卖地收入的这一极端,走到城郊农民和开发商坐享土地收益的另一极端,而是要以低成本安置移居就业人口为重心,实行用地成本公开透明、财务平衡的新体制,使政府既从债务泥潭也从利益纠葛中解脱出来。

最后,我国城镇化用地制度第三个主要问题是偏重于失地农民的一次性货币补偿而不考虑对其长期生计影响。由于在一次性货币补偿中所谓土地增值分享没有也不可能有客观标准,除非将卖地收入全部返还农民(这并不可能,因为还要摊销公益用地和大量基础设施投入的成本),这样一次性货币补偿无论多高,并不能使失地者都满意,这就必然助推土地补偿从而使城镇化用地的成本不断攀升。实际上,在许多村庄的征地冲突中,我们看到农民并非漫天要价,只是希望他们习惯的生产生活方式不被改变,或在必须改变时,他们的长期生计有保证和改善。所以我们看到,在日韩和我国台湾城市化的用地模式中,并没有多少一次性补偿(在东亚乃至西方发达市场经济国家,不动产征收若采用和接受货币补偿方式将被视为自愿出售而要交纳资本利得税,而保留或购买为同类资产则可递延交税),主要是采取考虑农民长期生计的留地安置开发的方式。在日韩和我国台湾城市化用地至今还在采用的"替地"模式中,需要征用一块农地时,往往调剂另一块农地去补偿给农民,称为"替地"以保证农民继续务农。在这种用地方式中,农民可以说与城市化的土地增值毫无关系,但这并不被认为是侵害,相反被认为是真正保护了农民利益。因此,与缺乏客观标准的所谓土地增值分享相比,在城市化用地中用留地或替地安置的方式保证农民短期生活有改善、长期生计有保障是更明确、更具操作性的尺度,可以显著减少纷争和降低移居就业者的城市化安居成本,而最不可取的反而是像今天这样,既坚持政府自由裁量权最大的"土地财政"

不放，又在各种压力下被迫不断提高城郊失地农民的一次性货币补偿，结果是财政债务负担和房价地价等城镇化、市民化成本循环飙升。这样，中国城镇化的道路就会越走越艰难。

五、农民能否在自己土地上自主城镇化

很多人对政府主导的城镇化抱有警惕，推崇市场导向的、农民自主的城镇化。从一定角度上说也不无道理。城镇化就是农民进城，当然要农民自主，主观造城而无人进来，或农民想进的城又不让进，显然都不是市场导向。因此，农民自主首先是进城农民自主，其核心就是人的自由迁徙，是户籍制度改革。所以，国外的农民自主城市化都是进城农民自主占地落户。在这里最错误的，就是把人的迁徙自由这个城镇化的核心偷换为本地农民土地的开发自由。试想，如果各地农民都用自己的土地来个自主城镇化的尝试，就会造成土地资源极大浪费，生态环境极大破坏。所以，法治国家都有用途和规划管治。那么，在符合或按照政府规划，在城镇规划区范围内，是否可以由农民自主城镇化呢？这是一个有意思的问题，值得辨析清楚。

在这方面，国务院发展研究中心课题组推荐了北京近郊的几个典型，其中最突出的是距离天安门仅20公里的郑各庄。他们专文介绍了郑各庄如何规划先行，全村1 502人将该村4 332亩土地几乎全部用于城镇化开发建设，不仅办了几十家企业，还开发兴建了大规模的高层住宅楼，自主地开具村里的收据大量出售。不用说，这个村子里的原有千余农民肯定都富了，经济也壮大了，总资产据称达60亿元，以至媒体上报道村里用直升机去给高尔夫球场上的人送早点。至于他们介绍的北京郊区的其他典型，由于土地一般都已被征走大半，只是利用余下的土地自主城镇化，其富裕程度自然就远比不上郑各庄。

城郊更不用说，北京这样特大城市近郊农民自主城镇化可以致富，这当然毫无疑问。只是城郊之所以能够开发，其一，它是以其他广大农村的土地继续保持农用而不能城镇化为前提的。规划就是钱。其他广大地区的农民包括农民工服从规划作了贡献，城郊规划改变从而农用地转为建设用地的土地增值自然就不能由恰巧在城郊的农民自得，就如城郊某个地区被规划为绿化隔离带，其生计损失也不能由绿化带上居住的农民自己承担。

其二，城市化是农民进城，没有农民进城就没有城市扩大、城市化率提高，进城务工农民作为城市建设的新兴力量和财政税收创造者的双重身份，理当拥有安居从而分享农地转用的权利。其三，现在农民自主城镇化的典型，只是做了自己村庄内小市政的配套，并没有承担城区大市政基础设施投入。而没有这些大市政和交通的投入，村庄本身的自主城镇化也是搞不起来的。换句话说，一个村庄的自主城镇化并没有覆盖城镇化的真实成本。这样不该得的收益全自己得了，该负担的支出又没有负担，这种富裕当然不具有普遍性，相反还会成为扩大财产和收入差距的不公平因素。

那么，我们能否在农民自主城镇化的基础上，像一些人建议的那样，用税收去调节这种分配不公呢？问题在于税收调节的有效性与税率高低及税收标的物的透明度高度相关。土地改变用途的最高增值往往可达几倍几十倍，边际税率低了，达不到调节作用；边际税率很高，征税成本会直线上升而效率很低。如我国台湾地区曾在1954年按照孙中山"平均地权""涨价归公"的思想，推出《都市平均地权条例》，既在城市规划区内限制每户持有土地上限，又对土地涨价实行高额累进土地增值税，土地增值3倍以上，税率即达90%，4倍以上税率为100%。由于阻力和摩擦很大，效果存疑，20世纪60年代后期就开始逐步降低，到1977年城市化完成大半后最高边际税率就降到60%，即调到与大陆地区今天的土地增值税率相当的水平。而我们自己的经验更说明，尽管只是面对为数有限的开发商，还不是面对广大农民，60%的土地增值税也是基本上征不来的，纳税人会想出种种办法规避隐藏，政府也投鼠忌器，结果只按销售额百分之几预征了事。这是为什么东亚包括后来我国台湾更成功的经验，都是主要用实物即土地比例征收来替代货币税收的原因。

"农民自主城镇化"口号的另一吊诡之处是这里"农民"的含义。就如这个农民并非全体而只是城郊农民一样，这个农民其实也并非是农户。因为与一些人设想的农民自主城镇化会强化农民个人和农户的作用不同，我们看到被推荐的华西村、郑各庄等农民自主城镇化的典型全都大大强化了集体组织和村干部的作用。其原因也很简单，农民自主城镇化不可能以农户为单位进行。因为规划中任何一个项目如住宅区、商务中心、绿化带或车站、桥梁等公共工程，都不是单户农民能够处理的，而需要很多户常常是跨组跨村农民的共同协调。让正好落在商住规划区的农户发财，让处于公益用地的农户自认倒霉显然是行不通的，因此这就需要在全村乃至更大范围内统筹成本和收益。这种情况下，靠所有这些农户之间交叉和相互依赖的市场谈判去满足规划要求和完成利益分割，并同时达到市场出清的交易成本就太高了。这时民主或集权的集体决策的优越性就会显露出来，从而会大大强化乡村干部、现集体经济组织乃至强势家族的作用，而根本不可能是一些人浪漫设想地通过确权颁证、产权明晰，每户农民就可以"自主城镇化"。

更进一步，如果处于城镇规划区内的农民不可能接受规划带来的或者暴富或者倒霉的命运，而必须进行利益统筹再分配，那么，正巧处在城镇规划区边缘一路之隔的农民当然也不会接受他们正好隔在规划区外只能务农的不利经济地位。实际上这正是现今城乡结合部违建小产权房普遍泛滥的经济原因。如果我们认为农民这种抓住市场需求的逐利行为可以允许并得到鼓励，那规划事实上就会不复存在，从而出现公地悲剧。如果他们的逐利行为不被允许而必须保证规划的严肃性，那么，如规划区内的利益统筹均沾一样，规划区外农民的类似要求也就应当得到满足并以此作为他们守法的激励。从城镇规划区边缘的村庄向外依次类推，规划区内幸运农民的自主城镇化的利益必须要与规划区外一个一个攀比的村庄进行利益的统筹分配。但这样一来，所谓自主城镇化就不复存在，而只能是全国广大农民和公民利益均沾的统筹。这恐怕就是日韩和我国台湾在城市化转型期没有农民自主城市化，而普遍实行各种不同程度"涨价归公"的城市化用地制度的内在逻辑原因吧。

六、城镇化转型期是能具体区分公益、非公益用地，还是只能把一个区域的开发视为整体

我认为在城镇化快速发展期，所谓严格区分公益性和非公益性征地，缩小征地范围，是脱离实际的空谈。但也有人认为，一块土地的开发是否属于公益性，可以通过独立和代表民意的机构这样程序正义的办法去认定。先不说这样的机构从何而得，他们显然还不明白城市化发展中新城区的开发实际上并不能也不应区分每个具体地块或项目去谈公益和非公益，而只能把一个大区域作为整体来考虑，从而平摊公益非公益的成本。因为

新城区建设中如道路、桥梁、绿化和公共设施用地比重不小，星罗棋布，与其他用地包括商住用地犬牙交错，因而根本不可能让恰好落在商住用地的农户自己开发，而只隔几步之遥的农户其土地"不幸"被规划为道路就强制征收。因此日韩和我国台湾在城市化转型期从来都是全区域打包收购征收，所谓"区段征收"这个从西欧传到东亚的词就是这个意思。美国城市化发展时间长、完成时间早，但偶尔发生的旧城区改造也会涉及这个问题。1954年美国华盛顿哥伦比亚区决定对其落后衰败的区域进行更新改造。改造后将有三分之一的住宅建为廉租房，其他部分作住宅和商业开发。一位伯尔曼先生因在改造区域拥有一个设施完好的百货店要被征收而提起诉讼，认为自己的百货店并非破旧房，征收他的房子违反了美国宪法第五修正案对私人财产的保护。结果他虽在地区法院获胜，但却在美国最高法院被一致判定败诉。美国最高法院认为，更新改造不是基于一个一个的建筑，而是必须把这个区域作为整体来规划。既然一个区域的更新改造在整体上被立法机构认为符合公共利益，房主就不能以自己的财产还崭新完好而拒绝征收[①]。

这一点，实际上从上述被推崇的农民自主城镇化的典型中也可看出，无论华西村还是郑各庄，当他们在自己村子里自主城镇化时，这些村庄就得组织规划得像政府一样，也得留出相当多的土地来做公益的道路、绿化等使用，但根本不能区分公益非公益去对农户给不同补偿；也是必须在村庄内将土地统一调配使用（相当于村庄内部全部征收），综合成本和收益平均后，所有农户分摊。可见，无论以谁为主体进行城镇化，严格区分公益非公益用地的征收补偿都是不可行的。这也是韩国和我国台湾地区在城市化转型期，笼统地将所有土地改变用途和新城区建设均列为公益用地范围的原因。因此，防止公权力的滥用，不能靠想当然地不要政府，让市场解决问题，还是得釜底抽薪，硬碰硬地断掉地方政府"土地财政"的利益瓜葛，厘清政府职能，因为在土地利用上世界上没有一个甩掉政府、市场自己决定土地用途的捷径。

（原载于《上海证券报》2014年5月）

---

① 美国最高法院卷宗，第348卷，Bermanv. Parker, 261954。

当前中国土地制度问题三大争议

李远行[*]

一、集体化抑或私有化：利益攸关者

对于当前这场硝烟味甚浓的土地制度的争论，论辩双方有一个共同点，即互指对方为某利益集团的传声筒。无论指控是否属实，最起码道出其中奥妙——集体化抑或私有化，到底是动了谁的奶酪？

持集体化论者强调土地对农民的保障功能。农民中国，必须"耕者有其田"，有田了，即使发不了财，但肯定饿不死人。因此，中国就不会乱，西方列强对我中华也只能干瞪眼。

持私有化论者也说"耕者有其田"，只不过强调"田"的财产性质。有田了，就是有产了，就可以交易了。因此，农民就不必祖祖辈辈守着农民身份过着下里巴人、低人一等的生活，成为自由的公民。

都是"耕者有其田"，但是"有"的内涵和方式不同：

从内涵上讲，集体化"有"的是在土地上耕作的权利，只要你出身农民，你就必须"有"土地，实际上也就是必须有在某一块土地上耕作的权利。换句话说，如果你不是出身农民，也就没有这一"优先权"。所以非农民出身的城里人理应"羡慕"农民——到城市打不着工，还可回家种田，旱涝保收。私有化"有"的当然是私有权利，我当农民已很不公平，拥有一份田产，就权当作身份卑微的补偿吧，也好作为将来转换身份的资本。

---

[*] 李远行，中央财经大学社会发展学院社会学系教授。

从方式上讲，集体化是强制"有"田。只要是出身农民，你就必须在某块地上耕作，尽管也可以外出打工，地也可种可不种，总之不能随便转让，更不能拿到市场上交易。因为一旦允许交易，"素质低"或"经不住消费主义诱惑"的农民们就有可能随时卖地，变成"耕者无其田"了。接着推下去就是由有业者变成无业者，由无业者变成流氓无产者，由流氓无产者变成潜在的暴民甚而成为革命的温床……所以农民必须圈起来养着。

私有化是天赋"有"田。有一块地就有一份家业，怎么说也是有产者了，如何营生是自己的事，千百万小农有产者在市场的大潮中奋力弄潮，成就现代中国自由公民社会。此谓放养也！

两厢比较，持集体化论者是站在他者（国家）的立场看"你"（农民），而持私有化论者是站在"我"（农民）的立场看他者，利益攸关主体一目了然。

如果将新中国建立后的中国历史按集体化过程来分，基本上可分成前集体化时期（1949~1957年）、集体化时期（1958~1980年）、后集体化时期（1981年至今）。从土地制度上看，分别对应于土地私有制、土地集体所有制和土地使用权和所有权分离体制。集体化过程，无论其设计者意愿如何，实际上都是以一种国家主义现代化诉求对农民予取予夺。集体化时期的价格剪刀差成就了工业化，建立了"国家工业体系"，原因很简单：只有将农民缚束于土地，剪刀差才能最大限度放大，由此积累的国家资本效率最高。即使是后集体化时期，剪刀差仍逾趋增大，不过，这次不仅通过工农业产品价格剪刀差来剥夺农民，而且通过人力资本价格剪刀差将农民人力资本贬值，使之成为用之不竭的廉价劳动力，以达到经济增长和某些特定利益集团积聚财富的目的。土地集体所有制使广大农民沦为中国社会的最底层是有目共睹的事实。持集体化论者通过赞扬国家工业化的成功，用农业机械化、大型水利建设、"农民翻身当家做主人"等论证集体化的合法性，与事实对照，其立场立判。

而私有化论者之农民立场，因其原教旨自由主义，无视土地私有化的前提（即土地均分是革命的成果），在土地私有和自由公正等抽象概念之间直接划等号，将国家和农民对立起来，导致其所要增进的农民利益成为他们口中一连串华丽的辞藻。

从利益攸关者来看，集体化的主体是国家（政府），私有化的主体是农民。而现实中，国家与农民是一种相互博弈的互动关系，尤其是对于中国这样的后发现代化国家。国家主义的现代化诉求与农民利益的增进是一种动态平衡，而非一定要东风压倒西风。现行的农村土地制度的基本设计是家庭承包制基础上统分结合的双层经营体制，是历史形成的结果。其绩效虽有不尽如人意之处，却是博弈双方都能接受的选择。它实际上是搁置了所有权争论，将意识形态的公有与私有转化为可操作性的统分结合问题，以图在集体化和私有化两个极端之间找到一个平衡点，从而使在发展中解决问题成为可能，以达致多方利益攸关者共赢的结果。

二、"左"与"右"：稳定与改革

古今内外，关于土地制度的讨论中，持集体化论者一般自认为左派，而持私有化论者一般被左派称为右派，无论被贴标签者自己是否承认。有趣的是，传统左与右的划分标准用于区分当下两派失效，甚至正好倒个个儿。

左派认为，不能实行土地私有化，理由是土地一旦私有化，强势者一定会张开血盆大口进行土地兼并，中国就一定会重蹈覆辙，引起新一轮流血革命。再看看所谓右派的观点：土地私有化可以有效制止官商勾结的强势集团对农民利益的侵占，同时可以增加农民财产，促进农民流动，甚或强化农民的自由和民主意识，并自下而上推动宪政改革，实现公民社会。

实际上，右派也有左派的担忧，左派也赞同右派的宗旨。问题是各自诉求的落脚点是什么。从上述各自的观点中自然明了：一个是为了维护稳定，另一个是强调变革。依照左派的逻辑，农民众多的国家，无论其现代化走向如何，农民必须受到控制，否则就会危及政权安全进而破坏社会稳定。如果将控制理解为有序引导农民参与现代化的城市化和工业化，倒也不失一定的合理性。可惜的是，绝大多数左派是将控制理解成用土地将农民圈起来，或自食其力，或借力国家喂养。即使是主张城市化中国论者，也是强调政权主导的优先性，以此论证农民为国家现代化作出牺牲的合法性：你们农民就是天生的愚民，没人训导你们或领导你们，轻则饥寒交迫、流离失所，重则沦为暴民，死无葬身之地。圈养你们就是为了保护你们。外面的世界再精彩，与你们也没关系。如此视农民为刍狗，岂非有天地不仁之嫌？

与左派观点不同，右派的逻辑是，参与现代化进程就是购买了一张单程火车票，车上可以有软卧、硬卧、座位甚或无座（站票）等级别划分，关键是要能乘上车。土地私有化就是农民搭上这班车购买车票的本钱。这本是丛林法则——适者生存嘛，也是所谓自由主义的基础法则。问题是土地私有化换来的本钱是否用来或是否有机会购买车票（哪怕是一张无座的站票）。因为车上的载客量是有极限的。左派正是在此点上击中右派的命门。私有化论者用自由主义的个体自由掩饰市场主义的缺陷，看似体现了底线公平，实际上却陷入道德自渎的窘境。

记得邓小平在世时曾表达过这样一种观点：改革，在左与右的问题上，紧要的还是防左。但现在的左派和右派都往往误读邓公的话，认为邓公所谓防左就是反革命，就是改良主义。所以左派设计出以改良促公平的改革方案，右派设计出以改良促效率的改革方案。改革不同于革命，也不同于改良。改革是制度层面的自我修正，无论是体制还是具体政策，都不是天经地义。改革的对象是遵循路径依赖的现实，无论是公平还是效率，都只能在相互作用的现实中获得平衡。而左与右从一开始争论起，就没打算在解决实际问题上下功夫，为了各自的立场走向了对方都不愿意接受的悖论：以激进为基色的左派声称稳定，而以保守为基色的右派声称改革。

三、"羊的门"：乡土中国的乌托邦

土地私有化或集体化的争论，如果祛除其意识形态色彩，焦点仍是一个中国农村发展路径选择问题。持集体化论者主张圈养，持私有化论者主张放养。此前相当一段时间，后者是主流，现在看来，前者似乎正成为主流。

圈养的好处是没有风险，就像牧羊，有一块相对固定的草场，牧羊人用手中的鞭子随时敲打那些不合群的羊，既防止羊儿走散混入其他羊群，也可以用鞭子驱逐那些试图混入自己羊群的僭越者，以保护共同体的集体福利。大邱庄是，南街村是，华西村也是……。从国家与农民的关系看，最保险的做法就是想办法给农民戴个"紧箍咒"——让你在能有其他选择的时候，别忘了自己的群属（身份）。这样，即使不种田，你还是农民；即使成为廉价的劳工，只能认命，还美其名曰"心理耐受性强"。否则，农村如何成为工业化的人力资源贮水池？如何为经济增长做贡献？

可圈养的坏处是草场生态并非一成不变，水土流失，过度放牧（所谓内卷化是也），造成生态失衡。羊们的福利就会下降，甚至生计都成问题。最可怕的还是牧羊人的贪心和独断。牧羊的目的是为了羊肉或羊身上的毛，牧羊人绝对不会出于动物保护主义律令而心存仁慈。按照土地集体化论者的观点，土地既然带不走，你们农民就死活守着吧。通过先知先觉者的新乡村建设或政府带有慈善色彩的新农村建设，土地或许会成为金不换。

私有化的放养也绝非良策。不要羊儿们的毛和肉了，有草就抢着吃吧，公平合理且有效率。孰不知草场上既有羊也有豺狼甚至虎豹，羊可以和豺狼虎豹竞争吗？难怪农民喜欢多生孩子！

建立在土地集体化基础上的乡土中国论者们确实富有想象力。只是田园牧歌式的和平景色难掩乡土社会中人们的无奈和凄凉。也许它可以满足一些"小资"们的浪漫情怀，尽可以从中体验怀旧或故作忧伤，但总归是"羊的门"之外的感伤。

四、结语

现行土地政策是以家庭承包为基础的统分结合的双层经营体制，核心是所有权与使用权分离。此制度设置是国家与农民利益博弈的结果。是国家主义的现代化诉求与农民自身发展诉求平衡的结果。所有权与使用权分离，既保证了土地合理流转的合法性，也减小了农民失地的风险性，使稳定与发展取得最低层次上的平衡性。之所以发生失地农民利益受损现象，原因并非现行土地制度本身的问题，而是相关政策被刻意歪曲抑或更高层面上体制问题造成的。即使是土地私有化了，谁敢说就一定能保证农民的利益不受损？而土地集体化的全民所有难道就不会演变成全民没有吗？

更重要的是，土地所有权与使用权的分离使改良和变革都有了可操作的空间，可以加以利用的旧制度、旧遗存就去改良，失去合理性的制度和政策就去变革。稳定只能是变革中的稳定，变革也是稳定中的变革。

（原载于《中国改革报》，2015年9月）

中国土地市场化改革为何迟缓？

杨俊锋[*]

在中国，资源配置市场化也已是基本的主流共识。中共十八届三中全会更提出要"让市场在资源配置中起决定作用"，并且把土地制度改革纳入到"加快完善现代市场体系"部分中，其言下之意显然是：土地配置也应由市场起决定性作用。而且，土地市场化，不仅是推进中国市场化改革的关键，也更是落实农民土地权利最为核心和根本的问题——因为如果农村集体土地不能直接开发、交易，其价值也无法充分变现。

但奇怪的是，作为基础性资源的土地，在中国事实上却一直沿袭着政府计划配额控制模式，至今仍难见实质性改革。例如，倍受关注和称道的党的十八届三中全会《决定》虽然取消了十七届三中全会决定将集体建设用地入市限定于"在土地利用规划确定的城镇建设用地范围外"这一重要的限制条件，但同时又限定只有"农村集体经营性建设用地"才可入市——详言之，这包含两重限制：第一，并非所有的集体土地都可以入市，只有集体建设用地才可以入市；第二，并不是所有的集体建设用地都可以入市，只有经营性建设用地才可以入市。

就第一重限制而言，其实只要被城乡规划划定为建设用地的集体土地，其实都应该允许自主入市。因为既有农业用地被无偿、一刀切地限定为农业用途，本身就值得讨论。而且，如果出于建设需要而要占用农村土地的，自然应先改变规划，而既然规划变了，那么农村土地的用途也被变更为建设用地，为何不可以入市呢？而第二重限制则似乎既不合理、也无必要，而且监管成本很高，从而难免导致这一要求和限定流于形式。

---

[*] 杨俊锋，中国人民公安大学法学院。

中国土地改革向何处去

而据最新报道，2015年2月25日，十二届全国人大常委会第十三次会议审议国务院关于提请审议《关于授权国务院在北京市大兴区等33个试点县（市、区）行政区域暂时调整有关法律规定的决定（草案）》的议案，拟在北京市大兴等全国33个试点县（市、区）行政区域，允许集体经营性建设用地入市。

此消息旋即引来一片热评和欢呼。不过，这其实无非是对党的十八届三中全会决定迟来的执行性举措。而且，若仔细分析《决定（草案）》内容，会发现其中又进行了极其审慎的限制性规定：第一，只允许存量农村集体经营性建设用地使用权出让、租赁、入股，与国有建设用地使用权同等入市。这意味着农村其他建设用地（包括公共设施用地、宅基地以及新增村镇企业用地都不能入市，列入城市规划范围内并拟用于非公共利益的农地也不能入市；第二，只允许进城落户农民在本集体经济组织内部自愿有偿退出或转让宅基地，这意味着外来社会资本还是无法下乡，小产权房不能入市。由此也可见，相比十八届三中全会决定，该《决定（草案）》并无新意，甚至还要更为保守。

一方面，我国现行的土地配置模式是政府财政收入、基础设施建设以及房地产业快速增长和发展的重要奥秘，可谓是"中国模式"的重要内容；但另一方面，也引发了诸多极为严重的负面后果，如：既导致住宅与商业用地限量供给而造成房价高企和财富分配的不公平，又导致土地浪费严重（特别是各种权力部门用地，以及能直接提升政绩的城市基础设施用地和工业用地），损害经济长远发展；土地管理的行政成本极高、用地效率低下，并滋生了严重的腐败和公共资产的流失，又损害土地权利、引发社会冲突。

总之，中国现行土地配置制度已成为问题和麻烦的渊薮；如不进行根本性改革，那么深化市场化改革、保障土地权利以及经济可持续健康发展等改革目标，都无疑会大打折扣。

那么，为何本无需讨论土地的市场化改革，却如此裹步难进？眼下"两会"召开在即，进一步厘清土地制度改革的争议和障碍，对于推动中国土地法律制度改革多少都会有所帮助——而只有法律修改先行，方才能做到"重大改革都要于法有据"、以法治的方式推进改革。

在我看来，中国土地制度市场化改革的主要障碍在于：

一是传统农本思维的牢固影响。其主要表现几乎每个中国人都耳熟能详：一是保护耕地，以防止饥荒即保障粮食安全；第二，避免土地流转自由导致土地集中，造就流民。这两种担忧在中国整个社会上下都极为牢固和普遍。这种担忧在传统的农业时代，当然有些道理。

但人们往往忽略的是，现代社会由于工商服务业大为发展，从而对农业尤其是耕地的温饱与就业依赖，都已巨大地、实质性地缩减，并还会随着经济和技术的发展而进一步减小。保护耕地不被随意用于开发建设，以及防止土地过度集中，大致上有其合理性，但因此而几乎完全否定社会对于农地自主开发、交易的权利，则断无道理。对此笔者之前曾多次撰文探讨过，不再赘述。

二是对政府控制的迷信。中国现行法规定凡土地用于开发建设都必须由政府控制（即国有）的立法理由，一言蔽之，是为了防止对土地的各种不合理利用，即防止市场失灵。其潜在的逻辑显然是，政府直接控制资源要比市场配置更为可靠。

应当承认，就实现特定的政治目标而言，政府直接掌控资源的确是最为便捷的方式。但市场当然会失灵，政府更会"失灵"，政府直接控制的副作用往往更大，从而导致更为严重的经济与社会后果。因而，直接的国有控制只应是应对市场失灵最后的、迫不得已的手段。同理，避免土地不合理利用，大多数情况下都可以在尊重市场机制的前提下，通过政府从外部的规划管制来应对，而无需政府直接掌控土地产权。

但迄今为止，在许多国人的潜意识中，"国有"却仍是不证自明的正面、积极的概念；而作为市场机制基础的私人产权和交易，则仍很容易被自觉不自觉地与不择手段地自私自利联系在一起。这正是导致传统中国无法发育出成熟的市场经济及当年选择全面公有制与计划经济模式的重要观念原因。

而且，土地的确有其特殊性，主要如作为资源的基础性、物理上不可置换性最强以及土地利用的外部性极强——这在现代城市中体现得尤为明显。这就决定了土地领域，市场的确更容易失灵一些。从而，信赖政府控制的思维定势就表现得更为突出和牢固，并显然难以在短期内有根本性地扭转。

三是行政控制模式的路径依赖。中国土地利用不仅主要由政府配置，而且还设置了繁复、严格的各种中央计划审批和指标配额制度。不消说，这种政府控制尤其是中央计划控制模式，显然难以做到"因地制宜"地适应土地的动态需求，并因为权力集中诱发腐败，成本高昂、效率低下，而且也会失灵。

而理论上，最为理想的模式自然是，土地配置应以市场为基础，政府仅在应对市场失灵意义上对于土地利用进行外部的规划管制。这种理论推演并不算困难，而要在中国落实这一理想化的制度模式则难上许多。

这是因为：理想意义上的土地利用规划应是地方自治下各个地方的立法行为——唯此才能做到因地制宜，也才具有合法性。而要通过规划来规范土地利用，就要求规划不仅要能有效约束社会主体，更要能约束公权力随意更改规划。也即，规划不仅对于社会有刚性的约束效力，而且也要能有效地约束公权力。

然而，中国现行体制是一个典型对上负责的集权模式。根本上讲，当代中国的治理模式尤其是对于权力系统的约束，主要并非通过法律机制，而更习惯并依赖于上下级的指标考核、人事控制等内部行政控制方式，质言之即人治模式。这就导致本该、也可以通过法律机制解决的问题，只能通过传统的行政系统内部控制方式。

进而，在当下体制下，如果不靠上下级间的层级控制，恐怕难以有效地约束地方政府。这就决定了，当下这种从中央到地方层层分解的计划配置模式，相对更为有效。

因而，中国上述土地管理模式，表面上当然是计划思维的典型体现，而更根本上讲则是中国固有治理模式的表现。此模式虽弊病重重，但又沿袭已久、驾轻就熟并行之有效。这种路径依赖短期内恐难以打破。

进而言之，要废除中国土地政府控制尤其是中央计划控制模式，代之以通过规划有效地管制土地利用，根本上依赖于国家有着较高的法治程度——而这也正是检验一个国家治理现代化的重要指标。由此也可见，市场化改革离不开法治的推进。但很显然，中国的法治化进程又不会短期内一蹴而就。

还有一点就是"土地财政"难以破除。中国现行的政府控制土地配置并实行有偿出让制度，是在改革开放后迫于原有无偿划拨体制难以为继的情况下，借鉴香港地区的批租制"先进经验"而形成的。但香港的例子却无法完全并一直照搬。香港房价高企的重要根源即是这种批租制。而香港在通过批租收取高价出让金的同时，经济之所以还能得以发展，则还有赖于简明且税负极低的税制、良好的法治环境（特别是金融制度）优势。

而中国内地在一次性收取高额土地出让金的同时，税负等其他方面却和香港不可同日而语。这不仅引发公众不满，也损害经济持续发展；而且，一次性收取土地出让金以及其必然导致的房地产价格高企，也使本可以、也应该课征的公平分配土地增值、调节收入分配并抑制房地产价格不正常增长的增值税或保有税，失去开征的合理性和民意基础。

更根本上，这种模式违背了政府最为根本的特性即公共性，而是：政府一手以公共管理者的身份征地（且只有通过政府征地才可以将农地变成建设用地），一手又作为土地总批发商的身份收取地租——这正是中国土地领域社会矛盾极为频发的最根本原因，同时也导致土地无法通过市场得以合理配置。

按理说，最为合理的制度模式是：废除"土地财政"模式，以合理的土地增值税或保有税取代之。然而，尽管废除的呼声汹涌，但事实上要落实却同样难度不小。而根本原因则在于政府尤其是地方政府对"土地财政"的高度依赖。相比于税收，通过"土地财政"来钱不仅显然远为快捷，花起来也更为方便，而且分税制导致地方政府的事权与财权不相匹配。这也是为何中央政府早已多次申明土地市场化制度的决心、但又迟迟无法兑现的现实原因。

从更为宏大的视野观之，政府收入主要靠税外渠道，如卖地，各种收费，设立国企与专卖等，其实是国家欠缺现代化的一个标志。因为这决定了政府敛取财富难以受到有效约束，政府管理难以精确和明细化（借用历史学家黄仁宇的说法即"数目字的管理"）。就当下中国而言，如何从税外财政转型为税收财政，显然仍是一个非常重大而又困难的课题。

市场与计划孰优孰劣，本已无需复言。但在土地领域计划体制及其思维却仍然极其牢固。可见，在土地领域，仍亟待观念的革新或曰思想解放，同时，更有赖于国家治理的"转型升级"。由此可以预见，中国土地领域的市场化改革尽管极为必要，但其过程却必然又相当漫长、艰难。

（原作出自 FT 中文网，2015 年 3 月）

第三篇

"土地财政"如何转型

"土地财政"是我国的一种特殊现象,是在土地公有制(所有土地属于国家所有或集体所有)和经济市场化背景下产生的。工业化、城镇化、住房商品化快速推进,土地在其中扮演了一个极其重要的角色,发挥出了无可替代的杠杆作用,在地方政府招商引资发展经济、融资搞基础设施和市政公共设施建设、扩大政府可用财力等方面,到处都有土地的身影。探讨土地财政转型问题,单纯从"土地财政"的角度研究"土地财政"问题还是远远不够的,关键是要运用马克思主义政治经济学地租理论和现代西方经济学地租理论,从土地资产的价值入手,进一步厘清"土地财政"的有关利弊问题,探究地方政府的事权和财权方面的相互关系,核心问题是明确各级政府之间支出责任和收入划分,防范财政、金融和社会风险,促进公共财政提供更多的公共产品。

"土地财政"的功过是非

周其仁[*]

我国 1988 年的宪法修正案,所修订的重要内容之一就是土地的所有权不得买卖、租赁、转让,土地的使用权可以依照法律的规定转让。这一句话打开了中国的土地市场化之门。

中国只有两种土地:政府手里的国有土地,农民手里的集体土地。宪法所规定的土地使用权可以转让,没有特别强调只针对国有土地。

为符合宪法的要求,同一年《土地管理法》也得到修订,明确了国有土地和集体土地都可以依照法律的规定流转、转让,但后面它加了一句话,叫"具体办法由国务院制定"。

这个"肠梗阻"就一下卡到了今天。

虽然今天大家都批评"土地财政",但实际上它是功不可没的。在改革开放的过程中,如果没有"土地财政",如果不把地变成钱,我们今天好多东西都是没有的。但是令人遗憾的是当时的改革改了一半,政府的地市场化了,农民的地不行,只能按照老办法,征用以后变成国有土地才进入市场。等于有一个现行法律给政府的空间,这只手去征,另一只手去卖,中间的差价是如此之大,带来了一系列的问题。

两年后,《城镇国有土地使用权出让和转让暂行条例》(以下简称《条例》)姗姗出台。至此,城镇国有土地转让有了依据。然而,农村集体土地转让的办法直到今天也没制定出来。一征求意见地方就不同意:不能让集体土地进入市场,否则,征地的难度就大多了。改革为什么那么难?原因在于"半拉子改革"。再拿土地问题来说,如果当年直接彻底市

---

[*] 周其仁,北京大学中国经济研究中心教授。

场化，那好办多了，因为谁也没有从半拉子市场化当中尝到过甜头。当初只改了一半，再加上甜头这么大，后来再想改另一半时，当然就改不动了。

可以肯定"半拉子改革"是不行的，哪个口子都可能出大问题。土地改革在20世纪80年代初就已经提出，至今已经30多年了。1987年，土地使用权拍卖第一槌在深圳敲响。半年以后，上海拍出第一宗地。但直到1988年全国人大才修改了法律。巨大的利益再加上分歧，使集体土地入市问题就搁置下来了。

在一些人看来，农民土地不能市场化。农民把地和房都卖了，住到哪去？甚至有人担心，土地一旦流转了，农民就会拿着卖地的钱去赌博了。但如果这个逻辑成立的话，那大家都不应该领工资，应该发肥皂、发馒头、发毛巾，以防止人们领了钱乱花。现实之中如果确实有人卖了土地去赌博，是不是要因为这个个案就把大部分不赌钱的人的权利剥夺掉？在我看来，这都不是不让农民土地入市的理由。

一、如何打破僵局

现在有这样一个现象：在全国范围内不能形成统一的政策意见，政府也下不了决心，于是就有了"试验区"。这些年来，我和我的同事还有同学，去看过不少"试验区"。它之所以存在，是因为在中国，需要完全靠经验去说服人，这是有不少局限性的。如果没有希腊民族的抽象思维能力，几何中很多概念就很难定义出来。比如，直线就是两个点之间最短的线，平行线就是两条永不相交的直线。这样简单的几句话，就可以把世界上各种各样的线都推导出来。但显然，中国人不是这样思考问题的，一定是经验先行的。比如刻舟求剑，读过这个故事的人一辈子忘不了，其实故事中的道理也完全可以用抽象语言表达出来。

推此及彼，让农村土地进入市场进行流转会有什么结果？我后来到成都去看，到重庆去看，到长沙去看，到嘉兴去看"两分两换"，也到深圳去看。看过以后就会知道，中国改革的希望是在地方。有的人面对难题，可能会说，算了，这个事改不了，认命吧。但终会有人不善罢甘休，开始想办法解决。一个办法不行，试另外一个，再不行就打擦边球，更厉害一点的在法律的缝隙里找到实践机会。

像在台资集中的昆山，早年时，10万台湾商人在那里定居，生意很好，但厂房不够用。由于开发区需要国家批用地额度，跟不上需求，商人们就拿着钱同周边的村庄商量：你把土地变成厂房，我就付你租金。眼看着钱送上门来，一个支部书记开始研究法律，发现农民办企业是可以的，跟其他主体联办企业也是可以的，于是就向国土局打报告说要跟台资联办企业，并跟台商签署房屋租赁合同。后来当地土地紧张了以后，新的土地政策下来，明确了可以建厂房，但需要找出耕地来占补平衡。村里想出了应对的办法，将村里的零散土地复垦，变成耕地，腾出一定的亩数，这样既盘活了土地，又符合政策。

我访问过一个村支书，是村里的领袖人物，他跟我讲的话我今天还记得。他说钱就在门口，地在我们脚下，怎么就弄不来这钱？

但是严格按照法律细究起来，这种做法是违规的，集体土地是不能出租的。集体土地只有收归国有后，国家才能把它批租出去。

到2007年，国家批准成都设立改革试验区时，情况就好了一点，政策允许在土地和金融方面先行先试。试验区成立的第二年，就发生了汶川大地震，当时都江堰很多农户的房子垮塌了，这种情况下逼出一个新的政策，中央要求成都用城乡统筹改革的方法做好灾后重建工作。随后，成都出台了灾后农房联建政策。地震虽然让房子塌了，但土地还在，城里人看中这个地方，愿意投资。于是，农村的人出宅基地，城里的人出钱，联合建房，占地面积不能超出宅基地。市政府要求，城里人必须先把农民的房屋建好，才能建自己投资的房。

成都夏天很热，但都江堰的青城山非常凉快，很多城里人到夏天时就把父母送到山里避暑，但城里人并不喜欢农民的房子，所以有联建的意愿。我们后来帮着计算了一下，农民的宅基地40年使用权转让给城里的投资者，一亩地折合164万元，普通农民过去哪见到过这么多钱？

最初的尝试成功了，后来就举一反三，当地发现不光可以一对一，还可以一对多、多对一，最多的时候，12户人家一起来联建。案例多了起来，成都还成立乡村规划机构，下乡帮助联建者做规划。

钱是城市人投资，却不是完全援助，投资者从中也获得了利益。发展到后来，通过这种方式建起了乡村酒店和开发园。对于投资者不愿意去的

中国土地改革向何处去

那些土地,当地人则想了一个办法,把盖在上面的房子拆了,剩下的土地复垦成耕地,把原来盖房子的权利抽出来到城里去卖,买到这个权利的人就可以住到城市里。

大家都知道,土地、房屋是不动产,但经过这样的设计,它们都变成动产了。所以说,基层真是有办法。

重庆更厉害,每年两三万亩"地票"卖给城市。城市的好处在于地票不占用地指标。具体操作是:先把地票腾出来,比如卖价是22万元人民币,其中减去3.7万元整理土地的成本,剩下的部分85%归农民,15%归集体。用地人买到地票后,就有权在城市规划区内落地,如果落在农业土地上要给使用权所有者补偿,之后可以搞建设。

重庆为什么可以这么做呢,因为它的35个区市县中,偏远地区的农民很穷,大多外出打工,十室九空,房子缺乏维护后变得很破败。地票制度施行后,几万户农民受益。

在地票制度中,谁都得到了利益,农民、村集体直接从土地获得了收益。而企业也可以使用土地,比如一家民营企业想建个加油站,有个地票市场就有了可能。而政府可以通过征收个税和交易税,把土地增值收益中应该归公的一部分拿回来。

再看深圳,虽然已经全部是国有土地,但农民连夜盖楼,他们叫"种楼保地",这种房屋没有规划,存在消防等隐患。但是政府跟农民谈不拢,政府说这个地是国有土地,农民说地上盖的房子是我的,最后的结果是这块地谁也不能合法利用。

借着土地改革,深圳成为全国第二轮土地改革试验区。一块土地拿到深圳土地交易中心去卖,卖出来10多亿元,政府拿70%,农民拿30%。农民觉得很吃亏,要求在这基础上,再从地上开发形成的物业中分得两成,政府同意了。三成的土地收益加两成的物业,可以年年收租金,对很多农民来说是拥有一个永久资产的收益。后来农民还觉得吃亏,就向政府提出要求,土地要定向拍卖给某家有潜力的公司,他们可以用三成的现金买它的股票,跟公司一起上市。从这件事情上可以看出来,农民的水平其实都不低。

这样一来,各种利益寻找到平衡点,又是皆大欢喜。去年底,这套做法尝试成功后,又开始扩大试点。

二、及时吸纳底层经验

什么叫作改革的逻辑？首先是只要现实中生产关系、上层建筑不适应生产力，一定有人会行动。行动中有愚蠢的，但是也有聪明的，甚至有妙不可言的，这都是中国改革的资源。但是，这些底层的行为，能不能上升为政策，上升为法律？还有一个改革环节是必不可少的，就是要完成合法化。这时候，舆论、理论、推理、完善、领导者的判断都非常重要。

在改革的逻辑中，改革永远是两层，底层和上层。底层出现了不适应一定会想办法，不论是记者、研究者，还是观察者，一定要眼睛往下看。不要急急忙忙想什么救国大计、战略，一旦贴近地面去看，肯定会有收获。

中国的改革将会一步步走下去，停不下来。过去土地不值钱，现在可以筹资了，这是挺好的一步，但是迈的步子不一样大，有的地可以卖，有的地为什么就不可以卖呢？土地如此，国企如此，垄断行业如此，只要坚持改革开放，就没有一个领域是例外。

现在的问题是，改革的两个层次往往碰不到一起。在很多情况下，是底层有行动，上层没有吸纳，或者是政策挺好但不中用。因此，不论是执政者，还是理论界，需要有基本的共同信念：不能把多数老百姓放到非法的位置上去，底层的经验要及时地吸纳进来，变成体制的组成部分。

应该看到，一些现实情况法律还不能承认，但是它无害。不但无害，还有正面贡献。我在上海调研时，曾有官员问我，上海的黑车很严重，已经有跟正规出租车差不多的数量了，应该怎么办。我注意到一点，地铁和公交车都是晚上11点停运，这样一来，居民下了地铁，却没法乘公交车回家了。有需求没有供给，黑车就这样产生了。与其抱怨它乱，不如将它纳入法律规范内，要求它守秩序。这说明一个道理，如果一件事情明明有市场，却不加承认，又清理不了，最终可能把更多的人推到法外世界去。所谓好的治理，关键在于及时把合理的需求吸纳入正常轨道。比如，当年的包产到户是非法的、到香港打工是非法的、开厂雇人是非法的，在及时加以合法化以后，不但没有乱，反而对经济起到了非常积极的作用。

所以，只需把实际经济生活中阻碍生产力发展的因素加以疏解，生产力就可以解放出来。如同中国的城市一样，美国纽约也曾经为路边的小摊贩困扰。有意见认为，摊贩们扰乱市政公共通道，提议宣布街上摆摊违法。当时的市长布隆伯格认为这样不行，取缔3 000个摊贩，将影响到3 000个家庭。最后的处理办法是规范摊贩的行为，比如，规定每条街在不影响交通的情况下可以有多少个摊位，同时要有牌照，要具备卫生条件等。这就是社会服务一个正确的方向，把人们纳入到合法的框架里，来让他们堂堂正正挣钱，给社会增加福利。

三、牵一发未必动全身

在现在这个发展阶段，中国的矛盾和问题体现在各个层面，给人的感觉是千头万绪，牵一发而动全身，不知道从何处下手。这是现实存在的情况，但我认为没有那么严重。我们在深圳学到一个做法，比其他很多地方都高明，那就是城市更新，其实就是一块块地改造现有的城市。

要相信一个道理，社会制度不能毕其功于一役，而是要从多个层面入手，这里改一点，那里改一点。当然，这种改革也需要一个整体部署，比如像党的十八届三中全会那样，有一个整体的安排。

现实中确实也存在这样的情况，一项改革不动，其他的改革就推进不了，但仔细研究一下，其实未必有那么强的联系。现在社会上都说这些年教育问题严重，但要看到一些民营学校越办越好。这说明把教育当成事业来做，真的能办出一批优秀的学校。所以贴近地面永远有很多机会，不仅有生意的机会，也有改革的机会。我们要有一个系统的考虑，要有顶层设计，但更重要的是要往底下看。包括媒体在内，许多人把改革难度渲染得很大，既得利益严重。但如果深究下去，往往没有那么严重。"半拉子改革"是很让人焦虑的，但是也要相信，我们民族有5000年的历史，经得起这种检验。

改革这件事还是要有韧性，东方不亮西方亮，今天不行，明天可能又推得下去了。很多改革的试点、试验，有失败的，但也有意义，它探了路，给社会留下了一些有效信息，别人会吸取里头的经验教训。渐进改革理论就是这个道理，从猿到人是怎么站起来的，就是经历了漫长的岁月，一步一步慢慢站起来的，改革也是一个类似的过程。

这里再举一个例子：温州在十八届三中全会以后，开始农房入市试点。乐清先制定了一个地方法案，"农房放开，供本县人买卖"。这种交易在房屋中介那里就可以完成。和房屋中介聊天，中介说农业户口人根本不来买农房，全是外地人来买，因为乐清是一个工业基地，大量外来人口在这里站住脚了，需要买房。交易手续很简便，中介提供合同样本，写明某人经财产共有人就是老婆同意，把房子自愿卖给买房者，一套协议写在上面，双方签字画押生效。房屋中介向买卖双方各收 1%，交易就完成了。

什么叫改革，人家底下做的试验就是改革，而且已试了很多年，至少 1998 年之前就流行。我称之为民间试验区。所以不要轻易说牵一发动全身。

中国的法制目前还不健全，这意味着很多事情还没有一个固定的条条框框，很多条道路可以在一个时期内并存，实际上形成了社会实验室，产生了对照组的效果。

不可否认，有好多改革是互相联系的。20 世纪 80 年代，专门有一批人研究改革的程序，先改什么后改什么。弗里德曼曾经讲过，中国的问题为什么难改，实际就是一篓子螃蟹，你咬着我，我咬着你，没办法走出来。你说改汇率，他说利率没法改，你说改利率，他说汇率没法改，一环一环都套着。但是要认识到，有很多联系是强联系，有些则是弱联系，先把一些弱联系切开，强联系的部分就可以下手了。

（原载于《财经界》2014 年第 9 期）

正确认识"土地财政"

刘尚希[*]

"土地财政"不是一个正统的学术概念,也不是一个规范的政策用语,而是社会舆论对于我国土地出让及其由此带来大量政府性收入这种现象的一种俗称。

"土地财政"是我国的一种特殊现象,是在土地公有制(所有土地属于国家所有或集体所有)和经济市场化背景下产生的,工业化、城镇化、住房商品化快速推进,土地在其中扮演了一个极其重要的角色,发挥出了无可替代的杠杆作用,在地方政府招商引资发展经济、融资搞基础设施和市政公共设施建设、扩大政府可用财力等方面,到处都有土地的身影。

在我国特有的体制背景和特有的发展阶段,土地承载着多重复杂的利益关系,牵动着不同群体的利益神经,也带来了显性和隐性的各种风险,受到社会各界的严重关切。"土地财政"的说法不胫而走,就是社会关切的集中表现,并把聚光灯投射到了政府及其财政身上。

土地的多维性、多功能和复杂性,对"土地+财政"的看法和观点五花八门,也实属正常,存在一些偏颇认识也是探索过程中的正常现象。要正确认识"土地财政",追本溯源,需要从土地自身的公共性说起。

土地是人类安身立命之本,其公共性是与生俱来的。随着人口的增多、集聚以及人类活动方式的改变,土地的公共性在不断扩展。这与土地公有制还是有私有制,没有任何关系,是人类发展过程中的一种"自然"属性。

世界各国,无论私有制国家还是公有制国家,基于公共性的土地用途

---

[*] 刘尚希,中国财政科学研究院党委书记、院长、研究员、博导。

管制都是国家治理中的重要内容。例如号称最自由的美国，对土地实行"分区制"管制，对各类土地用途做出规划和限制。

即使是私人土地，其开发建设和交易都必须符合法律规定的土地空间规划，如生态绿地、建设用地、农用地，以及土地具体用途规划，如商业区、工业区、居民区。如果在规划许可范围内改变土地用途，通常需要政府审批同意，并向政府交纳相应的费用，以保护土地的公共性——合理利用土地资源、保护土地自然属性和避免土地过度开发破坏环境。

土地作为重要的生产要素，也是经济社会主体重要的资源和资产，但世界上没有把土地完全交给市场来自由调节的，也没有完全交给社会自治来解决的。土地的公共性需要法律和政府来保护，也就是对私人土地的使用进行限制。

我国是实行土地公有制的国家，我国的土地承载着公共职能，这是不言而喻的。这既是土地的天然公共性在我国的表现，也是宪法、法律规定的土地制度的基本要求，也是与我国作为发展中大国的基本国情根植在一起的。

土地实行国家所有与集体所有，是我国土地公有制的基本结构。这既是拓展我国土地公共性的一种方式，也是保护土地公共性的基础制度安排。与土地私有制国家一样，我国同样要对土地进行用途管制，如农业地、工业用地、商业用地之间不能随意转换。不同的是，集体土地被限制直接交易，须经政府征用变为国有土地之后才能转让。政府由此取得土地转让收入，同时对征用土地进行经济补偿和前期开发。

集体土地之所以被限制直接交易，与土地产权制度的缺位是联系在一起的。任何所有制，都难以与市场经济直接对接，私有制如此，公有制也是如此。土地直接入市，直接关联的是土地产权——如使用权、经营权、租赁权、转让权等具体产权形态，而不需要土地的终极所有权。传统的土地所有权观念抑制了我们转向现代土地产权制度的构建，也使我们在"土地财政"问题上产生了许多误解。

面对复杂的"土地财政"问题，我们需要深入反思和认真总结，防范化解其中的经济社会风险，但不能以个人偏好来做简单化的批判和轻率的否认。从理论上看，"土地财政"是我国公有制基础上产生的财政问题，这是中国财政理论发展绕不开的一个重大问题。所有制及其产权制度，与财政的联系是根连的，因而是深层的，看不到这一点，对政府财政问题的判断就会产生严重偏差。

我们认为，要了解"土地财政"的真实面目，必须先厘清土地出让收入、地方财政收入的涵义及其他们之间的关系。

广义的土地出让收入是指"毛收入"，2007年起纳入地方基金预算管理。2014年，地方土地出让收入42 605.90亿元，其中80%左右属于成本补偿性费用，不能完全由地方统筹安排使用，只有扣除成本性费用后约20%的土地出让收益，才是地方可以统筹使用的资金。但这并不等于说，那80%的土地出让收入作为成本补偿性费用就一笔勾销了，而是发挥着重要的土地优化配置的作用。从预算管理的角度来看，也只有把"毛收入"纳入，才能实现全口径预算管理，真正把政府收支管住。

狭义的土地出让收入是指扣除成本费用后的土地出让收入，也可称之为"净收入"。2014年，地方土地出让净收益为8 653.51亿元，主要用于城乡基础设施建设、农业农村发展以及保障性安居工程建设方面支出。这与地方一般公共预算形成互补的关系，相应减轻了地方一般公共预算的压力。

例如，2014年地方土地出让收入用于城乡基础设施建设、农业农村发展以及保障性安居工程建设方面支出达到6 810.69亿元，相当于减轻了地方一般公共预算收入用于这些方面的支出，对于地方一般公共预算收入起到了重要的补充作用。在这个意义上，土地净收入更接近于地方一般公共预算收入的性质。

目前，我国政府预算收入包括一般公共预算收入、政府性基金预算收入、国有资本经营预算收入、社会保障基金预算收入。由于社会保险基金预算收入只是政府代管的社会公众资金，而且其部分预算收入来源于一般公共预算收入的支出安排，因此，从严格意义上讲，不宜将其作为通常意义上的政府财政收入。

广义的地方财政收入是指地方一般公共预算收入、地方政府性基金预算收入、地方国有资本经营预算收入。

狭义的地方财政收入是指地方一般公共预算收入，包括地方一般公共预算本级收入、中央税收返还和中央转移支付。

从公有制基础来考察财政，应当是广义的，基金预算收入和国有资本经营预算收入都是与公有制基础上的公共产权收益相联系的。不考虑公有制问题,仅仅从税收来看财政,那就只是一般公共预算。

从土地的公共性出发,不难推出这样的结论:土地出让收入承担着公共职能。

土地是政府的重要资产。从资产的意义讲,土地收入甚至不应计入政府财政收入。按照国际货币基金组织《政府财政统计手册2001》的定义,国有土地出让收入只是资产形态变换,不应计作财政收入。

但中国的土地出让收入不只是一个会计学概念,不仅仅是从政府实物资产向货币资产形态的转换,而是承担着重要的公共职能,如转移农民、转换土地用途、建设公共设施等等。在这个意义上,也可以把土地收入视为政府的财政收入看待。社会舆论和学界的一些分析也是从其实质内涵来考虑的,纳入财政收入范畴。

一、地方财政收入的不同口径有不同的研究意义

地方财政收入则有两个口径:一是包含土地"毛收入"的地方财政收入,二是只包含土地"净收入"的地方财政收入。由于毛收入与净收入的差距很大,地方财政收入规模也会因口径的不同而相差不小。

又因为地方财政收入有广义与狭义之分,则有如下口径的地方财政收入:

一是不含土地收入的狭义地方财政收入,即地方一般公共预算收入。以2014年为例,地方一般公共预算本级收入75 859.73亿元,加上税收返还和中央转移支付,狭义地方财政收入即一般公共预算收入为127 464.18亿元。以地方土地毛收入来比较,分别相当于地方一般公共预算本级收入和狭义地方财政收入的56.2%和33.4%。"土地财政"不可持续的说法大概也是基于这样的比较,发现土地出让收入占据了"半边天",故而才有了这样的看法。

从2015年开始,根据国务院有关统筹一般公共预算收入与政府性基金预算收入的要求,地方从土地出让收益中计提的教育资金、农田水利建设资金调入地方一般公共预算收入统筹安排,剩余其他土地出让收入仍然纳入地方政府性基金预算管理。这意味地方财政收入广义与狭义区分的实

质意义越来越弱化。

二是包括全部土地净收入的广义地方财政收入，即一般公共预算收入、基金预算与国有资本经营预算范围内的地方财政收入。2014年，这个口径的地方财政收入为145 475.83亿元，土地净收入在其中占比为5.9%。

三是包含土地毛收入的广义地方财政收入。2014年，这个口径的地方财政收入规模为179 428.20亿元，土地毛收入在其中的占比为23.7%，接近四分之一。

上述不同的统计口径，有不同的用途。从地方预算管理和地方财政能力的角度看，应用第三个口径。从地方政府可统筹使用的"活钱"角度看，可用第二个口径。第一个口径适合于国际货币基金组织关于财政收入的定义，符合国际通行做法，但不一定适合于公有制基础上的中国财政。

二、土地出让的"毛收入"具有公共性

不同的地方财政收入口径是用来分析研究的，但不能无视一个事实，那就是土地出让收入都具有公共性，承担着一定的公共职能。土地收入看似是交易的结果，但不是纯粹的市场交易行为，也不是单一的政府筹资行为，而是从一开始就预置了公共目的和相关政策目标。征收一块土地、出让一块土地，都包含着公共政策目标，如促进经济建设、完善社会基础设施、推进城镇化等。

按照现有的分类法，土地收入有两个用途，其中一部分是用于称之为成本补偿性支出，如支付给被征地农民的补偿、被拆迁居民的补偿、开发企业的征地拆迁补偿、土地出让前期开发费等支出。

在会计意义上，这部分支出是"成本性支出"；在预算意义上，这是政府的预算支出，纳入基金预算管理，与其他支出的管理程序和要求一样；在实质意义上，这是政府的建设性支出，是因开发建设而发生的支出。忽视其开发建设的内涵，仅仅视为成本费用是不恰当的。在地方的预算管理观念中，也由于这种认识，放松了对这部分支出的管理，有不少漏洞。

土地收入的另一部分，即通常说的"净收入"纳入一般公共预算和

基金预算，统筹用于城乡经济建设和公共服务支出。虽然在使用范围和具体用途上有差异，但土地收入的两部分存在共性，即都具有公共性，承担公共职能，不仅为公共责任的履行提供财力支撑，而且形成了一种不同于正统财政意义上的"土地财政"制度安排，尽管这个制度仍不完善。

近年来，社会上有一种相当流行的观点，认为土地出让收入规模大小与中央财政集中度有关，即实行分税制后地方财政收入少了，不能满足地方建设需要，于是地方政府就多卖土地、抬高地价增加收入，造成土地出让收入大增，并建议通过调整财政体制，降低中央财政集中度来解决土地出让收入规模过大问题。

如果进一步降低中央财政收入比重，这不但与党的十八届三中全会强调的保持中央与地方财力基本稳定的改革原则相悖，而且会导致国家治理能力下降，反而带来全局性风险。在这个问题上，千万不可一叶障目。

其实，进一步分析发现，地方的土地出让收入与中央集中度之间并无逻辑上的直接关联。2008～2014年，中央一般公共预算收入年均增长11.5%，占全国一般公共预算收入比重从53.3%降至45.9%（这一比重明显低于发达国家，也低于发展中国家），地方一般公共预算收入所占比重不降反升。而同期土地出让收入规模反而年均增长26.3%。这表明，土地出让收入规模大小与中央财政集中度没有直接的逻辑关系。

因此，不能说中央拿多了（实际上中央还不到一半），地方拿少了，地方政府就依靠"卖地"来增加收入。同样，也不能说中央少拿，地方土地出让收入就会减少。极端地说，把全国所有财政收入都给地方，中央一分钱不拿，地方土地出让收入也不会因此而改变。把地方"卖地"直接归之为中央集中度高，显然属于牵强附会。

在现行土地制度下，每年仍然会有相当规模的土地出让收入，这是国有土地的市场化配置方式带来的。决定地方土地出让收入规模及其增长变化取决于两个因素：一是土地市场需求，二是可供土地规模。可供土地规模又与土地空间规划、城镇化程度、征地制度等联系在一起。在这两大因素中，市场需求的短期性作用更大。这与经济状况，尤其是房地产市场更紧密地联系在一起。

当前，地方土地出让收入快速下降，即是经济增速趋缓，市场需求减弱而导致的。2008年国际金融危机冲击，土地出让收入急剧下滑；当前

中国土地改革向何处去

经济增速放缓，土地出让收入降幅明显，这表明土地收入的增长变化更多地与经济相关联，而不是中央财政的集中度。

按照党的十八届三中全会精神，当前开展土地制度改革试点，缩小征地范围，允许农村集体经营性建设用地出让、租赁、入股，实行与国有土地同等入市、同权同价。

随着土地制度改革的全面推开，国有土地的增量减少，其出让收入也会随之变化。与此相应，集体土地的出让扩大，集体土地出让收入增加，政府需要用于补偿性的那一块支出也就会相应地减少。这意味着地方"土地财政"将会发生重大的结构性转换，同时也会产生更复杂的治理问题。

前几年，政府的土地出让收入使用是"三七"开，70%是用于农民补偿、拆迁补偿、土地出让前期开发整理等方面，30%是净收入；而现在变成了"二八"开，用于补偿的份额提高了10个百分点，土地净收入只有20%。这说明政府承担的征地拆迁补偿、出让前期开发整理等成本越来越高，让集体经营性建设用地直接入市，则可相应化解这方面的压力。

国有土地和集体土地都以市场方式来配置，既可以缓解越来越尖锐的利益矛盾，也可为经济社会建设，尤其是城镇化的健康发展探索一种新的方式。

国有、集体土地都是公共土地，其在利益上的公共性程度有差异，但一旦纳入城镇化之中，其用途上的公共性程度则无差别。这面临公共性与市场化及其利益分配的复合治理问题。从这个角度来观察，"土地财政"问题依然存在，而且更为复杂。

当然，同时也要看到，特别是当前地方债务存量规模较大，还本付息的资金来源收紧，而土地的金融杠杆效应下降，经济增速放慢，多重因素叠加在一起，地方财政压力与日俱增，要高度警惕区域性风险的扩散。

要以改革的办法来强化地方财政风险管理，避免系统性风险的发生，防止财政风险给经济风险雪上加霜。根本的办法是鼓励创业、创新、优化结构，增强地方经济增长后劲，扩大税源，财政与经济形成良性循环，只有这样，才能避免发生危机。而"土地财政"在其中如何发挥作用，则是当前需要探讨的一个重大课题。

（原作见于财政部网站，2015年5月）

"土地财政"：历史、逻辑与出路

赵燕菁[*]

"土地财政"为城镇化融资做出了巨大贡献，但也推高房价，如不改革，将使城镇化和高房价走向畸形，拉大收入差距，绑架政策。出路何在？

计划经济遗留下来的这一独特的制度，使得土地成为中国地方政府巨大且不断增值的信用来源。不同于西方国家抵押税收发行市政债券的做法，中国土地收益的本质，就是通过出售土地未来的增值（70年），为城市公共服务的一次性投资融资。

改革就是一系列选择。但真正改变历史的选择，当时并不一定看得清楚。"土地财政"就是如此。从诞生到形成，它并没有一个完整的设计，甚至"土地财政"这一名词，也是后来才想出来的。但正是这个来路不清、没人负责甚至没有严格定义的"土地财政"，前所未有地改变了中国城市的面貌，成为全球经济成功与问题的根源。

"土地财政"是否可以持续？是否还能改进？还是必须全盘放弃？乃是攸关国家命运的重大抉择。由于"土地财政"被"房价"、"腐败"、"泡沫"等敏感的社会话题所绑架，摒弃"土地财政"，几乎成为学界和舆论界一边倒的共识。本应客观、专业的学术讨论，演变成了指责"土地财政"的竞赛。

"土地财政"之所以抗风而立、批而不倒，就在于其有着不为学术界所知的内在逻辑。"土地财政"背后的经济含义，远比我们大多数人知道的深刻、复杂。

---

[*] 赵燕菁，厦门大学教授，曾任厦门市规划委员会主任。

中国土地改革向何处去

本文试图以"信用"为主线，重新评价"土地财政"的功过，思考"土地财政"改变可能带来的风险，探讨改进"土地财政"的可行路径。

一、信用：城市化的催化剂

城市出现了几千年，有兴有衰，但为何到了近代却突然出现了不可逆转的"城市化"？绝大多数研究，都认为城市化是工业化的结果。这一表面化的解释妨碍了我们对城市化深层原因的认识。

城市的特征，就是能提供农村所没有的公共服务。城市不动产的价值，来源于所处区位；不同区位的价值，取决于公共服务的水平。公共服务是城市土地价值的唯一来源。无论城墙，还是道路，或是引水工程，公共服务都需要大规模的一次性投资（fixed cost）。但由于传统的资本获得方式，主要是通过剩余的积累，大型工程建设往往需要成年累月的建设。巨大的投资，限制了大型公共设施的建设，成为制约城市发展的主要障碍。

突破性的进步，来自于近代信用体系的创新。信用制度为大规模长周期的设备和基础设施投资提供了可能。

信用制度的关键是如何获得"初始信用"。工业化和城市化的启动，都有赖于获得跨越原始资本的临界门槛。只有资本才能为资本作抵押。一旦原始资本（基础设施）积累完成，就会带来持续税收。这些税收可以再抵押、再投资，自我循环，加速积累。

城市化模式的选择，说到底，就是资本积累模式的选择。不同的原始资本积累方式，决定了不同的城市化模式。历史表明，完全靠内部积累，很难跨越最低的原始资本门槛。强行积累，则会引发大规模社会动乱。因此，早期资本主义的原始资本积累，很大程度上是靠外部掠夺完成的。几乎每一个发达国家，都可以追溯到其城市化早期阶段的"原罪"。

传统中国社会的差序格局中，基于熟人社会的民间借贷，只能是小规模和短周期的。近代中国被打开国门后，不仅没有积累下原始资本，反而成为列强积累原始资本的来源地。1949年后，中国重获完整的税收主权，但依靠掠夺实现原始资本积累的外部环境已不复存在，中国建立了计划经济模式。

所谓"计划经济",原理上仍然是通过自我输血,强行完成原始资本积累的一种模式。在计划经济条件下,经济被分为农业和工业两大部类,国家通过工农业产品的剪刀差,不断将农业的积累转移到工业部门。依靠这种办法,中国建立起初步的工业基础,却再也没有力量完成城市化的积累。超强的积累率,窒息了中国经济,使生产和消费无法实现有效地循环。改革开放前,中国城市化水平一直徘徊在百分之二十以下。

二、中国城市化的"最初的信用"

中国城市化模式的大突破,起始于 20 世纪 80 年代后期。当时,农业部门已经无力继续为中国的工业化提供积累。深圳、厦门等经济特区开始尝试仿效香港,通过出让城市土地使用权,为基础设施建设融资。这开创了一条以土地为信用基础,积累城市化原始资本的独特道路。这就是后来广受诟病的"土地财政"。

1994 年的分税制改革,极大地压缩了地方政府的税收比例,但将当时规模很小的土地收益划给了地方政府,从此奠定了地方政府走向"土地财政"的制度基础。

随着 1998 年住房制度改革("城市股票上市") 和 2003 年土地招拍挂(卖方决定市场) 等一系列制度创新,"土地财政"不断完善。税收分成大减的地方政府不仅没有衰落,反而迅速暴富。急剧膨胀的"土地财政",帮助政府以前所未有的速度积累起原始资本。城市基础设施不仅逐步还清欠账,甚至还有部分超前(高铁、机场、行政中心)。

的确,如果没有"土地财政",今天中国经济的很多问题不会出现,但同样,也不会有今天中国城市化的高速发展。中国城市成就背后的真正秘密,就是创造性地发展出一套将土地作为信用基础的制度——"土地财政"。可以说,没有这一伟大的制度创新,中国特色的城市化道路就是一句空话。

为何中国能走这条路?这是因为计划经济所建立的城市土地国有化和农村土地集体化,为政府垄断土地一级市场创造了条件。"土地财政"的作用,就是利用市场机制,将这笔隐匿的财富转化成为启动中国城市化的巨大资本。

"土地财政"并非中国专利。从美国建国至1862年近百年间,美国联邦政府依靠的也是"土地财政"。同土地私有化的欧洲大陆不同,美洲的殖民者几乎无偿地从原住民手中掠得大片土地。当时美国联邦法律规定创始十三州的新拓展地和新加入州的境内土地,都由联邦政府所有、管理和支配。公共土地收入和关税,构成了联邦收入的最主要部分。土地出售收入占联邦政府收入最高年份达到48%。对比中国"土地财政",就可以想象当年美国的"土地财政"规模有多大。

2012年,中国国税收入11万亿元,如果按土地收入占48%计算,就相当于5万亿元,而2012年"土地财政"总收入只有不到3万亿元。中国"土地财政",就是从20世纪90年代初算起,迄今也不过20余年。

而美国从建国伊始,直到1862年《宅地法》(Homestead Act)规定土地免费转让给新移民,联邦政府的"土地财政"才被地方政府的财产税所代替,这一过程前后持续近百年。所不同的是,美国"初始地权"的获得,靠的是对北美印第安人的屠杀和掠夺,而中国则是通过计划经济的制度设计。

三、"土地财政"的本质是融资而非收益

土地私有的城市,公共服务的任何改进,都要先以不动产升值的方式转移给土地所有者,然后政府通过税收体系,才能够将这些外溢的收益收回。

因此,税收财政的效率几乎完全依赖于与纳税人的博弈,交易成本极高。而在土地公有制的条件下,任何公共服务的改进,都会外溢到国有土地上。政府无需经由税收"过滤",就可以直接从土地升值中获得公共服务带来的好处。

相对于"征税"的方式,通过"出售升值土地"来回收公共服务,外溢漏失小、交易成本低。其积累效率如此之高,以至于城市政府不仅可以为基础设施融资,甚至还可以以补贴的方式,为有持续税收的项目融资。

计划经济遗留下来的这一独特的制度,使土地成为中国地方政府巨大且不断增值的信用来源。不同于西方国家抵押税收发行市政债券的做法,

中国土地收益的本质,就是通过出售土地未来的增值(70年),为城市公共服务的一次性投资融资。如果把城市政府视作一个企业,那么西方国家城市是通过发行债券融资,中国城市则是通过发行的"股票"融资。

在中国,居民购买城市的不动产,相当于购买城市的"股票"。这就解释了为什么中国的住宅有如此高的收益率——因为中国住宅的本质就是资本品,除了居住,还可以分红。不仅分享现在公共服务带来的租值,还可以分享未来新增服务带来的租值。

因此,中国的房价和外国的房价是完全不同的两个概念。在这个意义上,"土地财政"这个词,存在根本性的误导——土地收益是融资(股票),而不是财政收入(税收)。在城市政府的资产负债表上,土地收益属于"负债",税收则属于"收益"。

对"土地财政"本质的认识,还有助于解释困惑经济学家的一个"反常"——为何中国经济高速增长,而股票市场却长期低迷不振。

如果你把城市土地市场视作股票市场的一部分,就会发现中国股票市场的增长速度和中国经济的增长速度完全一致,一点也不反常。由于土地市场的融资效率远大于股票市场,因此,很多产业都会借助地方政府招商,变相通过土地市场融资。这也间接反驳了那些认为"土地财政"抑制了实体经济的指责。

"土地财政"相对税收财政的效率差异,虽然很难直接观察,但我们仍然可以通过一些数据间接比较。

近年来,中国 M2 持续高速增长,但并未引发经济学家所预期的超级通货膨胀。一个重要的原因,就是 M2 的规模是有实际需求支撑的。现在有一种流行的做法,就是拿 M2 和 GDP 作比较。2012 年 M2 余额 97.42 万亿元。2012 年 GDP 约 51 万亿元,M2 与 GDP 的比例达 190%。有人认为,M2/GDP 数据逐年高企,说明资金效率和金融机构的效率较低。更有人担心通胀回归和房价反弹。

但实践表明 M2 和 GDP 并不存在严格的对应关系。1996 年是个分水岭。从这一年开始 M2 超过 GDP,但此后却长期保持了低通胀,甚至局部时期还出现通缩。而改革开放后几次大通胀都出现在此之前。

这是因为,合理的货币发行规模,取决于货币背后的信用而非 GDP 本身。如果说税收财政信用与 GDP 存在正相关关系,"土地财政"提供的信用与GDP的这种相关性就可能比同样GDP的税收财政成倍放大。

1998年住房制度改革虽然没有增加GDP，但却使"城市股票"得以正式"上市流通"，全社会的信用需求急速扩大。如果我们理解房价的本质是股价的话，就会知道，通货膨胀之所以没有如期而至甚至出现通缩，乃是因为房价上升导致社会信用膨胀得更快。

四、理解"土地财政"的问题与风险

虽然"土地财政"给中国经济带来了诸多好处，但同任何发展模式一样，"土地财政"模式也有其自身的重大问题。这些问题不解决好，很可能会给整个经济带来巨大的系统风险。其后果，不会小于税收财政曾经带来的"大萧条"、"金融风暴"、"主权债务危机"。

首先的一个问题，就是"土地财政"必定要将不动产变成投资品。政府打压房价的政策之所以屡屡失效，就是没有按照资本品的市场来管理住房市场。

"土地财政"的本质是融资，土地乃至住宅就必定是投资品。买汽车公司股票的人，并不是因为没有汽车。同样，买商品房（城市股票）的人，也并非因为没有住房。只要是"土地财政"，不动产就无可避免地成为资本品。无论你怎样打压住房市场，只要其收益和流动性高于股票、黄金、储蓄、外汇等常规的资本渠道，资金就会继续流入不动产市场。

第二，拉大贫富差距。"土地财政"不仅给地方政府带来巨大财富，同时也给企业和个人快速积累财富提供了通道。靠投资不动产在一代人之内完成数代人都不敢梦想的巨额财富积累，成为过去十年"发财致富"的最好注脚。

但与此同时，没有机会投资城市不动产的居民与早期投资不动产居民的贫富差距迅速拉开。拥有不动产的居民，即使不努力，财富也会自动增加；而没有拥有不动产的居民，即使拼命工作，拥有不动产的机会也会越来越渺茫。房地产锁定了不同社会阶层流动的渠道，造就了令人绝望的社会壁垒。

第三，占用大量资源。如果说中国经济"不协调、不平衡、不可持续"，房地产市场首当其冲。同虚拟的股票甚至贵金属不同，不动产为信用基础的融资模式，会超出实际需求制造大量只有信用价值却没有真实消费需求的"鬼楼"甚至"鬼城"。

为了生产这些信用，需要占用大量土地，消耗掉本应用于其他发展项目的宝贵资源。资本市场就像水库，可以极大地提高水资源的配置效率，灌溉更多的农田。但是，如果水库的规模过大并因此而淹没了真正带来产出的农田，水库就会变为一项负资产。

第四，金融风险。既然"土地财政"的本质是融资，就不可避免地存在金融风险。股票市场上所有可能出现的风险，房地产市场上都会出现。2012年全国土地出让合同价款2.69万亿元，虽然低于2011年的3.15万亿元，与2010年的2.7万亿元基本持平。但这并不意味着土地融资在全资本市场上比重的缩小。

截至2012年底，全国84个重点城市处于抵押状态的土地面积为34.87万公顷，抵押贷款总额5.95万亿元，同比分别增长15.7%和23.2%。全年土地抵押面积净增4.72万公顷，抵押贷款净增1.12万亿元，远超土地出售收入的减少。这些土地抵押品的价值实际上都是通过房地产市场的价格来定价的。打压房价或许对坐拥高首付的银行住房贷款产生不了多少威胁，但对高达6万亿元以土地为信用的抵押贷款却影响巨大。一旦房价暴跌，如此规模的抵押资产贬值将导致难以想象的金融海啸。

五、没有准备的税制转型

鉴于"土地财政"带来的一系列严重问题，主流观点几乎一边倒地要求抛弃"土地财政"。谈论抛弃很容易，如何找到替代的融资渠道？一个简单的答案，就是仿效发达国家，转向税收财政。

当年美国"土地财政"切换到"税收财政"，靠的是联邦政府放弃土地收益、同时地方政府开征财产税。今天中国，土地在地方，税收在中央。如果仿效美国，中央政府就必须大规模让税给地方政府。现在，中央税收刚刚超过11万亿元，要想靠退税弥补近3万亿元的土地收入和占地方财政收入16.6%的1万亿元的房地产相关税收几乎是不可能的（更不要说还有6万亿元的土地抵押融资）。

中国土地改革向何处去

如果国税不变，按照某些专家的建议，可以通过直接增加财产税等新的地方税种来补偿土地收入。那么，能否靠增税弥补放弃"土地财政"的损失？中国的税负水平并不低，其增速远超 GDP。2012 年完成税收达到 11 万亿元，同比增 11.2%。在此基础上，继续大规模加税的基础根本不存在。

在中国，"土地财政"的本质是"融资"，其替代者必定是另一种对等的信用。而要把税收变为足以匹敌土地的另一个信用基础，就必须突破一个重要的技术屏障——以间接税为主的税收体制。

数据显示，2011 年，我国全部税收收入中来自流转税的收入占比为 70% 以上，而来自所得税和其他税种的收入合计占比不足 30%。来自各类企业缴纳的税收收入占比更是高达 92.06%，而来自居民缴纳的税收收入占比只有 7.94%。如果再减去由企业代扣代缴的个人所得税，个人纳税不过占 2%。个税起征点上调后，个人直缴的比例还会更低。这就是税收高速增长，居民税负痛感却不敏感的重要原因。

任何一种改革，如果想成功，前提就是纳税人的负担不能恶化。1862 年，美国的税改取消联邦土地收入，改征地方财产税，纳税人的负担没变，收入在不同政府间切换。但在中国这样的税收结构下，就算是中央真的可以下决心减税，也不过是减少了企业的负担，减税并不能直接进入居民个人账户。因此，对居民个人而言，增加财产税就是支出净增加。

有人也许会质疑，难道应该让中国企业忍受如此高的税负？我们可以用另一个问题回答这个问题，为什么中国边际税率如此之高，全球投资还要蜂拥进入中国？答案是"土地财政"。

借助土地的巨大融资能力，地方政府可以执行无人能敌的税收减免和地价补贴。其补贴规模之大，甚至使如此高的税率都变得微不足道。也正是由于地方政府的补贴远大于税负的增长，中国企业才保持了相对竞争对手的优势。

同样的道理，中央政府之所以可以保持如此高的税收增长，很大程度上是仰仗地方政府更高的土地收益。没有"土地财政"的补贴，企业根本无法负担如此沉重的税收，中央政府的高税率就不可持续。

六、"土地财政"的升级与退出

中国未来几年最大的战略风险，就是在还没有替代方案之前，轻率抛弃"土地财政"。

没有一成不变的城市化模式。"土地财政"也是如此，不论它以前多成功，也不能保证其适用于所有发展阶段。指出直接税开征的风险，并非否定直接税的作用，而是要发挥不同模式在不同阶段的优势。同时，当城市化进入新的发展阶段后，为不同模式的转换寻找可行的途径。

最优的城市化模式，就是根据不同的发展阶段、不同的空间区位，组合使用不同的模式。一旦原始资本积累完成，城市化进入稳定阶段，其历史角色就会逐步淡出并最后终结。不同模式的过渡，没有简单的切换路径，必须经过复杂的制度设计和几代人的时间。

正确的改革策略应当是：积小改为大改。把巨大的利益调整，分解到数十年的城市化进程中。要使每一次改革的对象，只占整个社会的很小部分。随着城市化水平的提高，逐渐演变到直接税与间接税并重，乃至直接税为主的模式。成功的转换，是"无痛"的转换。时间越长、对象越分散，社会承受力就越强，改革也就越成功。

具体做法是，当把城市分为已完成城市化原始资本积累的存量部分和还没有完成的增量部分。在空间上、时间上把不同的利益主体区分开，分别制定政策，分阶段逐步过渡到更加可持续的税收模式：

（1）企事业单位和商业机构，可率先开始征收财产税；

（2）永久产权（如侨房、公房等），可以开征财产税；

（3）小产权房、城中村可以结合确权同时开征财产税；

（4）有期限的房地产物业，70年到期后开征财产税同时转为永久产权；

（5）老城新增住宅拍卖时就规定要交缴财产税；

（6）老城区及附近新出让的项目可以缩短期限，如从70年减少到20年或30年，到期后，开征财产税；

（7）所有已经有完整产权的物业，需以公共利益为目的，才可以强制拆迁，物业均按市场价进行补偿；

（8）愿意自行改建的，在容积率不变且不恶化相邻权的条件下，允许自我更新；

（9）愿意集体改造的，自行与开发商谈判条件。个别政府鼓励的项目（如危旧房），可以容积率增加等方式予以奖励。

财产税可以有不同的名目，直接对应相关的公共服务。通过区别不同的政策对象，按照不同的阶段，将完成城市化的地区渐进式地过渡到可持续的"税收财政"，同时，建立与之相对应的，以监督财税收支为目的社区组织。

城市新区部分则应维持高效率的"土地财政"积累模式。但维持，并不是意味着无需改变。其中，最要紧的，就是必须尽快将住房地产分为投资和消费两个独立的市场。现在的房地产政策之所以效率低下，一个很重要的原因，就是我们希望用一个政策同时达成"防止房地产泡沫"和"满足消费需求"两个目标。要想摆脱房地产政策的被动局面，就必须将投资市场和消费市场分开，并在不同的市场分别达成不同的经济目标——在投资市场，防止泡沫破裂；在消费市场上，确保居者有其屋。

市场区分后，就可以组合利用价格和数量两个杠杆，使政策的"精度"大幅提高。在投资市场（商品房），控制数量（比如，将供地规模同其空置率挂钩）放开价格，避免不动产价值暴跌触发的系统性危机；在消费市场上（保障房），控制价格增加数量，满足新市民进入城市的基本消费需求。

在这里需要特别指出的是，"土地财政"下，中国货币的信用的"锚"就是土地。在某种意义上，人民币是"土地本位"货币。中国之所以没有产生超级通货膨胀，关键在于人民币的信用基石——"土地"——的价值和流动性屹立不倒。一旦房价暴跌，土地就会贬值，信用就会崩溃，泛滥的流动性就会决堤而出。

七、"人的城市化"

真正用来满足需求并成为经济稳定之锚的，是保障房供给。这部分供给应当尽可能地大。理想的状态，就是要做到新加坡式的"广覆盖"。所谓"广覆盖"就是除了有房者外，所有居民都可以以成本价获得首套小户型住宅。只要不能做到"广覆盖",保障房就会加剧而不是减少社会不满,"寻租"行为就会诱发大规模腐败。

而要做到"广覆盖",首先必须解决的问题就是资金。中国金融系统总体而言,资金非常丰沛,关键是如何设计出足够的信用将其贷出来。目前的保障房不能进入市场。这种模式决定了保障房无法像商品房那样利用土地抵押融资。依靠财政有限的信用,必定难以满足大规模建设的巨额资金需求。

如何既能与商品房市场区隔,又可以进入市场流通以便于融资?一个简单的办法就是"先租后售"——"先租"的目的是与现有商品房市场区隔;"后售"则是为了解决保障房建设融资。举例而言:假设50平方米保障房的全成本是20万元(土地成本2 000元/平方米,建安成本2 000元/平方米)。一个打工者租房支出大约500元/月,夫妻两人每年就是1.2万元,10年就是12万元,15年就是18万元。届时只需补上差额,就可获得完整产权。

这个假设的例子里,各地的具体数字可能不同,但理论上讲,只要还款年限足够长,辅之以政府补助和公积金(可分别用来贴息和政府物业费),即使从事收入最低的职业,夫妻两人也完全有能力购买一套完整产权的住宅。

由于住房最终可以上市,因此土地(及附着其上的保障房),就可以成为极其安全有效的抵押品。通过发行"资产担保债券"(Covered Bonds)等金融工具,利用社保(3.11万亿元)、养老金(1.92万亿元)、公积金(2万亿元)等沉淀资金获得低息贷款,只需政府少许投入(贴息),就可以一举解决"全覆盖"式保障房的融资问题。

"先租后售"模式,看似解决的是住房问题,实际上却意味着"土地财政"的升级。这一模式同以往的"土地财政"一个重要的不同,就是以往"土地财政"是通过补贴地价来直接补贴企业,而"先租后售"保障房制度,则是通过补贴劳动力间接补贴企业。2008年以后,制约企业发展的最大瓶颈已经不是资金,而是劳动力。新加坡和香港这两个城市的对比表明,住房成本可以显著影响本地的劳动力成本,进而增强本土企业的市场竞争力。

"土地财政"另一个后果,就是"空间的城市化"并没有带来"人的城市化"——城市到处是空置的豪宅，农民工却依然在城乡间流动。现在很多研究都把矛头指向户口，似乎取消现行户籍制度就可以一夜之间消灭城乡间的差距。取消户籍制度，如果不涉及其背后的公共服务和社会福利，等于什么也没做；如果所有人自动享受公共服务和社会福利，那就没有一个城市可以负担得起。

户籍制度无法取消与"土地财政"密切相关。由于没有直接的纳税人，城市无法甄别谁有权利享受城市的公共服务，就只好以户籍这种笨拙但有效的办法来限定公共服务供给的范围。户籍制度取消，就必须先改间接税为直接税。而改变税制，就必须面对前文所述的制度风险。

但就算能够用财产征税取代户籍，也还是解决不了农民转变为市民的问题——今天因为缺少财产而拥有不了户籍的非城市人口，明天也一样会因为缺少财产而无法成为合格的纳税人。因此，研究怎样让农民可以获得持续增值的不动产，远比研究如何取消户籍来得更有意义。

"先租后售"的保障房制度，使户籍制度变得无关紧要。它为非农人口获得城市资产和市民身份，直接打开了一条正规渠道——新市民只需居住满一定时间，就可以通过购买保障房，成为城市的正式市民。

八、"土地财政"重建个人资产

现在的财政学界，有一种普遍的看法，认为中国现行的税制结构，已经到了非调整不可的地步。理由是间接税使每一个购买者都成为了无差别的纳税人，无法像直接税那样，通过累进使高收入者承担更多的税负来调节贫富差距。

但现实中，真正导致贫富差距的深层原因，是有没有不动产。不动产成为划分有产阶级和无产阶级的主要分水岭——有房者，资产随价格上升，自动分享社会财富；无房者，所有积累都随房价上升缩水。房价上升越快，两者财富差异就越大。财产不均是因，收入不均是果。用税收手段只能调节贫富的结果；用不动产手段才能调节贫富的原因。

要缩小社会财富差距，最主要的手段，不是税收转移和二次分配，而是要让大部分公民能够从一开始就有机会均等地获得不动产。"土地财政"向有产者转移财富的功能，是当前贫富差距加大的"罪魁祸首"，但通过"先租后售",这一功能马上就可以变为缩小贫富差距的有力工具。

"现代人"的特征,就是拥有信用。"土地财政"通过"先租后售"保障房,帮助家庭快速完成原始资本积累,为劳动力资本的城市化创造了前提。由于保障房的市场溢价远远高于其成本,因此,保障房房改就相当于以兑现期权的方式给所有家庭注资。

家庭的经济学本质乃是从事"劳动力再生产"的小微企业。将土地资本大规模注入家庭,可以快速构筑社会的个人信用,使经济从国家信用基础拓展到个人信用基础。保障房"广覆盖",为城市化的高速发展提供了一个巨大的社会稳定器。它在利益急速变化的发展阶段,极大地增加整个社会的稳定性,扩大执政党的社会基础。

"先租后售"保障房可以显著地提高配置家庭效率。国外的实践表明,同储蓄形态的养老金相比,住宅更加容易保值、增值。高流动性的住宅可以在家庭层次将社保和养老金资本化。

"先租后售"保障房对中国经济的意义,乃是借助"土地财政"作为融资工具为启动大规模保障房建设并将住房转化为城市化的人口的原始资本,从而为城市化完成后转向税收财政创造条件。1998年房改的成功,推动了中国近十年的快速增长。保障房在规模上远超当年的房改(甚至美国的《宅地法》),可以预见,这一改革一旦成功,中国经济至少还可以高速增长20年。

近代以来,中国一直都在模仿、追赶,鲜有能真正称得上"有中国特色"的制度创新。而"土地财政"就是这样一个伟大的制度创新,其经济学意义远比大多数人的理解来得深刻、复杂。

"土地财政"只是一种金融工具。工具本身无所谓好坏,关键是如何使用。"土地财政"之所以广受诟病,并非"土地财政"出了问题,而是如何使用"土地财政"出了问题。随着城市化阶段的演进,"土地财政"用来解决的问题也应当及时改变。

(原载于《城市发展研究》2014年第1期)

我国"土地财政"转型问题探讨

赵俊杰　赵鹏宇*

"土地财政"的形成与我国的国情和制度密切相关，现行土地管理制度、地方政府的财力与事权不匹配、唯GDP的政绩考核体系等均是"土地财政"形成的原因。我国现行"土地财政"存在过度依赖土地出让金、过分倚重土地税费和房地产及相关产业、以政府信用作为支撑的"土地财政"模式以及地方政府违法用地滋生腐败等问题。针对我国现阶段形势，提出"土地财政"转型的对策与建议：

（1）建立事权和财权相匹配的财政体制；

（2）开征不动产税；

（3）转变对地方政府政绩考核标准和体系；

（4）建立地方债务风险防控机制；

（5）深化土地使用制度改革。

我国"土地财政"是在土地需求扩张与土地资源供给约束的条件下，在市场配置土地资源的过程中，伴随着土地使用制度改革、财税制度改革、住房商品化制度改革等一系列改革举措的推进以及近年来房地产业的迅猛发展，日益成为社会各界和人民群众关注的热点和焦点问题。探讨"土地财政"转型问题，单纯从"土地财政"的角度研究"土地财政"问题还是远远不够的，关键是要运用马克思主义政治经济学地租理论和现代西方经济学地租理论，从土地资产的价值入手，进一步厘清"土地财政"的有关利弊问题，探究地方政府的事权和财权方面的相互关系，核心问题是明确各级政府之间支出责任和收入划分，防范财政、金融和社会

---

* 赵俊杰，国家土地督察局上海局；赵鹏宇，四川大学工商学院教授。

风险，促进公共财政提供更多的公共产品。

一、我国"土地财政"的现状及作用

改革开放以来，随着我国工业化、城市化和农业现代化进程的不断推进，各类建设用地需求量越来越大，土地这一生产要素的商品和资产属性日益显现，越来越发挥着极其重要的作用。

（一）"土地财政"的概念及内涵

土地是财富之母，也是不可再生的稀缺资源，支撑各行各业，关系千家万户。财政不仅是国家统治的基石和有力支柱，是国家或政府的理财活动，而且是优化资源配置、维护市场秩序、促进社会公平、实现国家治理能力和治理体系现代化的制度保障。所谓"土地财政"就是地方政府依靠土地出让金以及涉地相关税费收入的一种财政模式。实际上是地方政府预算外收入，主要是指地方政府依靠土地使用权出让、相关税费、抵押融资等获取收入来维持地方财政的收支行为，一般俗称为"第二财政"。

国家以土地所有者的身份将国有土地使用权在一定年限内出让于土地使用者，土地使用者一次性交付若干年限的地租之和简称为土地出让金，是地方政府财政收入的重要来源。土地出让金收入基本包括四类：一是招拍挂和协议出让国有土地使用权收取的土地价款；二是划拨国有土地使有权而获取的具有补偿性的收入；三是原有土地用途的改变而补缴的土地价款；四是国有土地使用权租赁或出租等方式获取的土地价款。这四类收入中第一类规模最大，大多占比达90%。土地出让金的高低与土地的用途、位置和土地出让年限紧密相关。

我国"土地财政"的收入来源主要有三个方面：一是与土地有关的税收收入，如耕地占用税、城镇土地使用税、土地增值税和契税等，以及涉及房地产业的增值税、营业税、建筑税等。有的地方政府此类税收已达到税收总收入的30%~40%。二是与土地征收、转用、出让有关的政府非税收费，如土地出让金、新增建设用地有偿使用费、耕地开垦费、新菜地建设基金、土地租赁费等。三是地方政府将征收和储备的土地，通过土地融资平台进行抵押融资等。目前土地出让收入占地方政府性基金收入的比重高达 80%，占地方公共预算本级收入比重的 60%。

我国"土地财政"支出方向主要有三个方面：一是用于支付土地征收、拆迁补偿等前期开发费用；二是用于城市基础设施建设等相关配套费用；三是从土地出让收入中提取的农业土地开发、农田水利建设、教育、保障性安居工程、国有土地收益基金等专项资金。

（二）"土地财政"的现状

一是土地出让金已日益成为地方政府非税收入的主要来源。2003 年以来，土地出让金收入的整体规模保持了稳步上升的增长态势，土地出让金收入占地方政府财政总收入的比重逐渐上升，已成为地方政府财政非税收入和经济社会发展最为依靠的资金来源。数据显示，2003 年到 2014 年间，我国土地出让金占地方本级财政收入的比例平均为 50% 以上。2014 年我国国有土地使用权出让收入为 4.26 万亿元，同比增加 1 340 亿元，增长 3.2%。其中，2014 年北京市共出让包括住宅地块、商业地块和工业地块在内的各类土地 141 宗，全年累计土地出让金达 1 916.9 亿元，较 2013 年的 1 821.81 亿元上涨 5.2%；2014 年上海全市 17 个区县共出让 164 幅经营性用地，总成交面积为 662.45 万平方米，土地出让金为 1 575.53 亿元。

二是房地产相关税费收入对地方财政收入贡献进一步提升。近年来，房地产相关税费收入显著地影响着地方财政收入。据财政部数据显示，2014 年地方一般公共财政收入（本级）7.59 万亿元。就是说，地方卖地收入已超过地方公共财政收入的一半。其中，契税 3 986 亿元，同比增长 3.7%；土地增值税 3 914 亿元，同比增长 18.8%；耕地占用税 2 059 亿元，同比增长 13.8%；城镇土地使用税 1 993 亿元，同比增长 15.9%，几项数据相加达 1.2 万亿元。另外，2014 年全国房地产营业税收入 5 627 亿元，房地产企业所得税 2 961 亿元。

三是地方政府打造土地融资平台以获取贷款来缓解财政收支不足成为常态。近年来，地方政府受经济下行压力影响，加之房地产市场的不确定性，非税收入占比过高，财政收入的不稳定因素增加，商品住宅交易环节税费减少以及土地出让金收入下降等方面，外加政府债务风险将在最近或今后几年集中出现，地方财政收支面临较大压力。地方政府通过打造土地融资平台等方式来获取贷款支持,以确保地方经济发展和各项建设及社会事业项目支出。据国家审计署两次审计结果显示,2010年底至2013年6月,短短两年半时间内,省、市、县三级地方政府负有偿还责任的债务余额从67 110亿元增加到108 859亿元,累计增长62.21%。据国土资源部2010~2014年《国土资源公报》数据显示,在2010年末,我国84个重点城市处于抵押状态的土地共有12.94万宗,涉及土地面积25.82万公顷,抵押贷款额3.53万亿元。而截至2014年,84个城市土地抵押融资额达8.7万亿元。且现有融资模式过度依赖土地出让金,用于抵押的土地净增面积和抵押贷款净增额持续增长,个别地区的融资规模甚至超过当地财力许可,存在较大债务、金融和社会风险。

四是地方政府依靠"卖地生财"利益机制根深蒂固。在现行土地制度和"土地财政"制度利益分配机制下,地方政府往往把土地当成生财之道,热衷于通过土地"招拍挂"不断推高土地价格,从而获取最大的土地出让收入来增加财政收入。一方面,通过调整土地利用总体规划,积极争取新增建设用地指标,将集体土地征转为建设用地。另一方面,政府通过大量出让国有土地使用权,换取今后若干年限的高额土地出让金。这种"卖地生财"的利益机制,不可避免地出现地方政府以不断增加土地出让面积而获取土地出让金的行为,建设用地呈不断扩张的趋势,导致一些地方违法违规征地侵害农民权益事件时有发生,大量耕地非农化、非粮化,土地闲置等粗放利用现象严重,并对区域资源、环境和生态产生巨大影响。

(三)"土地财政"的作用

我国"土地财政"吸附、积聚了大量城市建设资金,给各级地方政府带来了相当丰厚的财政收入,已成为促进经济社会发展的有力支柱,其制度绩效是巨大的。

1."土地财政"为城市基础设施建设提供了资金支持。现阶段,"土地财政"对我国城镇化、工业化和农业现代化快速发展起到了积极的推动作用。土地资产所形成的国有土地增值收益,是地方政府可以动用的较大规模的建设资金。我国很多城市进行旧城改造、新城建设、公共基础设施的改善,其所需的大量资金正是地方政府通过土地出让收入、涉地税费收入、土地抵押贷款和市场融资等方式筹集解决的。没有"土地财政"的支撑，我国大部分城市的基础设施和民生项目建设不可能在短短的十几年时间里得到改善和提升。

2. "土地财政"为地方经济发展创造了条件。根据发展经济学的原理，在一个产权清晰的社会，当交易成本为零时，土地作为一种生产过程所投入的生产要素，在经济增长中的作用是逐步降低的。而我国土地产权制度还处于不断完善的过程中，土地资本化带来的"土地财政"资金还是制度改革的红利，可以充当经济发展的启动资金，甚至是较长时期内发展的土地政策红利。各级政府正是通过土地制度的改革，为地方工业化、城镇化注入了巨额资金和资本，缓解了地方政府公共财政职能所需的资金压力，为促进地方经济发展创造了有利条件。

3. "土地财政"为土地资源的优化配置起到了促进作用。我国通过实行国有土地有偿有期限使用，建立健全土地市场，运用市场化手段配置土地资源，不仅优化了土地资源配置效率，发挥了市场在土地资源配置中所起的决定性作用，还使土地所有者与使用者得到了最佳经济组合，促使土地资产的价值得到进一步显化。同时，在充分体现国家的土地所有者权益的基础上，更好地发挥了政府与市场的作用，使土地政策参与宏观调控得到有效落实，确保了国家各类建设用地的及时供应。

二、我国"土地财政"的形成原因与存在的问题

我国"土地财政"的形成既有经济发展的主观原因，也有社会发展的客观原因，绝不是任何一类经济行为主体和行政主体的主观愿望所能实现。也就是说，"土地财政"是由经济发展和社会发展所驱动，与我国的国情和制度密切相关，集中反映了发展阶段的客观经济规律。

（一）形成原因

1. 现行土地管理制度安排是形成"土地财政"的原因之一。国家作为土地所有者，应当在土地资源的市场配置过程中收取一定的地租（地价），实现土地资源的自主流动和土地利用效率的最大化，并确保土地资产的显值、保值、增值。这不仅因为地租作为土地的价格，是土地所有权

和使用权在货币上的重要表现形态,更重要的是土地供应还是国家进行宏观经济调控的方式和手段。通过反思我国土地管理的制度安排,可以看出,随着土地有偿使用制度改革的推进,虽然法律赋予中央和省级(自治区)政府对土地进行统一管理和利用的职责,但在实际管理活动中却主要是通过土地用途管制、土地年度计划指标、耕地占补平衡、土地审批监管等方式进行宏观管理。而各级地方政府对土地的管理和利用负有直接责任,既对土地进行资源管理,维护良好的土地管理秩序,又进行资产、资本管理,可以说是集"裁判员"与"运动员"于一身。土地作为地方政府拥有的最大资产,土地资产的保值增值,追求土地收益最大化也是地方政府的现实选择。地方政府通过有组织、有计划的土地供应,参与土地市场的国有土地使用权出让和转让活动,更好地体现土地资产的价值,客观上为各级地方政府成为土地市场招拍挂的主体创造了条件,这是"土地财政"形成的主要制度基础。这些年出现的"土地财政"问题,其原因大都是由此演化而来。

2. 地方政府的财力与事权不匹配是"土地财政"形成的原因之二。我国"土地财政"的形成源自于1994年实行分税制度改革,由于一些税源稳定、税基广泛、易于征收的税种大部分划归了中央政府,而地方政府事权和财权搭配不合理,承担了大量政治、经济、文化、社会保障事务,财政压力较大,在这种情况下地方政府开始积极谋求其他方式来增加财政收入。截至2011年,地方财政收入占比规模从1993年的78%逐渐下降为2011年的52.1%,而地方财政支出规模从1993年的72%上升到2011年的84.8%,出现了与以往的中央和地方政府财政收支状况不相符的现象。因此,地方政府不得不"借地生财",通过土地出让和开发来"经营土地"获得财政收入,形成事实上的"土地财政"依赖行为。从本质上来说是一种超出未来社会发展,设法获取眼前既得利益的短期行为。

3. 唯GDP的政绩考核体系是"土地财政"形成的原因之三。无论从我国土地和财政体制机制设计来看,还是从政绩考核体系来看,"土地财政"是一种必然现象,甚至是一种非常合理的状态。一方面,我国政绩考核体系偏重于经济指标,地方政府要提升辖区内的经济活力,必定会依赖土地来招商引资,通过项目建设、改善基础设施来发展经济。另一方面,地方政府还要应对因财政分权导致的地方税源不足问题,承担城镇化、工业化进程加速带来的改善地方基础设施建设和民生项目的刚性支出。这两方面因素导致地方政府面对"钱少事多"的现实难题，只能将目光转向预算外收入，必须依靠将自身掌控的土地资源转化为土地资产，高度依赖土地出让收入的经济增长和城市发展格局，"土地财政"逐步成为地方经济发展的一个重要手段，也成为地方财政收入的主要来源。

（二）存在的问题

1. 过度依赖土地出让金，容易造成土地粗放利用和闲置问题，透支未来发展动力。我国经过多年的土地制度改革，逐步形成了以土地"招、拍、挂"出让方式为主、一次性收获一定年限国有土地使用权的土地出让制度。尽管地方政府通过"经营土地"以收缴土地出让金在短期内获得了一定的发展资金，但土地资源的有限性和稀缺性，决定了地方对"土地财政"的依赖不可能长久，其土地出让收入受宏观经济形势影响也不稳定。地方政府为了增加财政的可支配能力，往往通过建设各类开发园区、工业园区来招商引资，扩大土地市场规模"卖地生财"。在这个过程中，由于地方政府急功好利或者为求政绩，出现随意圈占扩展土地，出台各种优惠政策，导致开发区泛滥、大量圈地、土地闲置、土地资源的破坏和耕地资源的流失，进一步加剧了我国土地供需矛盾，透支了地方未来经济发展的动力。

2. 过分倚重土地税费和房地产及相关产业造成地方产业结构畸形。土地税收通过调节利益机制，不仅作为国家宏观经济调控的重要手段，而且能够构建科学、合理的土地税收体系，达到提升土地资源利用效率的目的。由于地方政府过分倚重"土地财政"，直接致使地方政府经济发展导向房地产业、建筑业，因为这些产业能够快速促进 GDP 增长，带动劳动力就业，增加财政收入。这种单一、畸形的产业结构导致钢铁、水泥、电解铝、平板玻璃、装饰建材、民用五金等产业生产能力严重过剩，也间接推高了房价，引发了一系列社会问题。

3. "土地财政"模式在一定程度上增加了地方政府的财政和金融风险。地方政府不仅对土地出让收入依赖度较高，而且还往往会把农征转、政府储备的土地通过设立土地融资平台等方式进行抵押贷款，从而实现土地融资，保持地方经济高速发展和各项投资项目支出。这种融资模式实质上是以政府信用作为支撑,将其贷款风险转嫁到了今后地方政府的财政风险上,积累了庞大的融资利息和债务规模,既增加了地方政府的财政风险,也加大了银行的金融风险,还会带来执政风险、社会风险和生态保护风险。

4. 诱发地方政府违法用地,容易滋生腐败。基于土地成为地方政府的"摇钱树"、"钱袋子"这一利益动机,特别容易造成地方政府在土地出让金收支、土地征收、土地储备、土地供应等方面出现违法违规行为。一些地方党政主要领导在加快工业化、城市化旗号下,纷纷将目光投向以土地为资源的所谓城市资产经营,通过"土地储备中心"、开发区、工业平台等名义大肆"圈地",不断炒高土地价格。事实上,这几年地方政府受"土地财政"利益驱动的违法占地案件占有很大比例,土地领域发生的权力寻租和腐败现象也很严重。中央巡视组在2013年、2014年巡视的31个省份中,发现每个省份都不同程度存在涉房地产腐败现象,土地领域已成为腐败重灾区,占比高达95%,其中不少高官落马与房地产业密不可分。

三、我国"土地财政"转型的对策与建议

当前,我国正处于经济增长速度换挡期、结构调整阵痛期、前期刺激政策消化期的"三期叠加"阶段,经济发展已进入从高速增长转为中高速增长的新常态,"土地财政"也到了非转型不可的攻坚阶段。党的十八大和十八届三中、四中全会对全面建成小康社会、全面深化改革、全面推进依法治国、全面从严治党做出了一系列战略部署,对土地制度和财税体制改革也提出了明确的改革目标和方向。

(一)建立事权和财权相匹配的财政体制

"土地财政"的重要功能是筹集资金,提供公共产品。要在中央确定的深化改革的大框架下,改革地方"土地财政"的运行体制和机制,科学界定中央和地方政府的事权和财权,强化地方政府支出责任与财力的匹配度。要合理调整中央和地方政府财政分配格局,厘清上、下级政府财政关系,适时改革和调整土地制度和财税体制以及各方面的利益,建立

"扁平化"的财政层级框架，明确中央财政转移支付尤其是专项转移支付的比例，构建地方政府财政收支以及收支绩效评价体系，减少地方政府单纯依靠土地来筹集资金而引发的"土地财政"问题。

（二）开征不动产税

随着 2015 年 3 月 1 日《不动产登记暂行条例》的正式实施，确立了国家对不动产权归属权利的法律保护，为不动产税的开征打下了坚实的基础。要进一步明确地方政府财税体制改革目标，改革和完善以税收收入为主、非税收入为辅的财税体制体系，核心是要实现由"土地财政"向"税收财政"的转变。要规范地方政府土地出让金征收模式，改革耕地占用税和城镇土地使用税的计税依据，转变传统意义上的从量计征方法，开征不动产税，将现行土地出让金、土地闲置费、土地增值税、房地产税等各种税费合并，转化为统一征收保有环节的不动产税，使其成为地方政府主要财力来源。并将部分中央与地方的共享税划拨比例向地方倾斜，确保地方政府财权与事权相统一，增强中央政府调控能力和平衡地方财政的能力。

（三）转变对地方政府政绩考核标准和体系

当前，中央对地方政府的考核在很大程度上还是针对经济发展指标的考核，哪个地区的 GDP 增长快、财政收入高，哪个地区的地方官员就升迁的快，反之，则机会较少。应树立正确的政绩观、发展观，逐步转变以经济发展为唯一考核标准的政绩体系，加大对地方政府公共服务、民生保障、社会建设、生态保护等方面职能考核的比重。与此同时，要完善土地出让金管理制度，健全资金使用和收支审查机制，发挥好各级人大以及审计、监察部门监督职能作用，加大"土地财政"资金的审查、监督、检查和执法力度，防止违法用地和腐败现象的发生。

（四）建立地方债务风险防控机制

如果脱离国家财政单纯来考虑"土地财政"问题，容易产生"土地财政"收入与"土地财政"支出的脱节，导致财政资金的使用效率低下。要充分发挥各级人大对地方政府财政预算的监督，完善土地出让金等"土地财政"资金的审计，强化地方政府财政责任和预算约束。推行公共财政法案，建立具有可操作性的地方举债融资办法，赋予地方政府发债权（一般债和项目债），允许地方政府通过举债操作等多种方式拓宽城市建设融资渠道，使地方政府在财政预算公开、纪律监督和定价制约机制的前提下，土地融资方式更加透明和规范。

（五）深化土地使用制度改革

在现代中国，土地承载了太重的负荷，它既担负着经济发展功能，又担负着社会保障功能。必须从土地出让制度改革入手，尽快改变目前这种"饮鸩止渴"的"土地财政"模式。要本着"既要治标又要治本"的原则，切实做好土地规划管控与土地供应的宏观调控，克服地方政府对"土地财政"的"情有独钟"，努力从源头上破解"土地财政"的弊端。要按照党的十八届三中、四中全会确定的改革目标，在符合土地规划、用途管制和不侵害农民合法权益的前提下，深化土地使用制度改革，彻底打破"城市土地国有、农村土地集体所有"的城乡二元土地结构，建立健全城乡统一的建设用地市场，推进农村土地征收、集体经营性建设用地入市、农村宅基地制度改革。同时，要实行土地出让期限弹性制度，更大程度上发挥市场配置资源的决定性作用，转变以往以获取土地出让收入为目的的市场化模式，确保土地出让的规模、时序合理平衡，有利于管控建设用地的增量，优化土地资源配置，从而降低占用耕地的经济驱动，保持经济持续健康发展与社会和谐稳定。

总之，"土地财政"是在土地需求扩张与土地资源供给约束的条件下，从市场配置土地资源的过程中，地方政府以土地资产收益、土地税收、行政事业收费等其他形式筹集资金的阶段性现象。这就需要进一步厘清"土地财政"的利弊，科学界定中央和地方政府的事权与财权格局，开征新的税源，转变对地方政府政绩考核标准和体系，建立地方债务风险防控机制，构建完整的地方财政约束和激励体系，为全面建成小康社会提供资金支持，最大化的提供公共产品。

【参考文献】

1. 马克思：《资本论》（第三卷），人民出版社 1975 年版，第 693 页。

2. 杜新波："加快土地财政转型，促进土地资源可持续利用"，《中国国土资源经济》，2011年第6期，第20~22页。

3. 钟骁勇、王永生、岳永兵："地方政府'土地财政'模式的危害、成因及破解路径"，《中国国土资源经济》2013年第10期，第49~52页。

4. 刘随臣："推进土地调控的理论和实践创新"，《中国国土资源经济》2010年第2期，第4~6页。

5. 林燕："土地财政的形成、危害及改革措施"，《中国国土资源经济》2011年第2期。

6. 杜新波、陈彦渊："运用土地财政工具参与宏观调控的传导机制研究"，《中国国土资源经济》2008年第3期，第28~30页。

7.《中共中央关于全面推进依法治国若干重大问题的决定》辅导读本编写组：《中共中央关于全面推进依法治国若干重大问题的决定》，人民出版社2014年版。

（原载于《中国国土资源经济》2015年第12期）

第四篇

我国土地制度改革几个重大问题

党的十八大以后开展的新一轮改革,把"问题取向"作为基本原则。农村土地制度改革作为重要的改革选项,必定是这一制度在执行中已经出现问题,而且是很大的问题,非修改法律不可的问题。改革农村土地制度,主要是基于以下四方面需要:第一,是缩小城乡差距,推进城乡发展一体化的需要;第二,是维护农民权益,保障社会公平正义的需要;第三,是增添发展动力,促进经济平稳发展的需要;第四,推动资源节约,保障长远可持续发展的需要。改革的必要性毋容置疑,但改革的方式、力度、路径、步骤却需要精心选择、慎重权衡。结合农村土地制度改革的试点实践,应当全面评估改革经济上是否可承受、政治上是否有保障、社会上是否可接受、实践上是否可操作。

为什么要改革农村土地制度

董祚继[*]

根据《关于农村土地征收、集体经营性建设用地入市、宅基地制度改革试点工作的意见》，从 2015 年初开始，全国 33 个县市开展了农村土地制度改革三项试点，全部试点工作将于 2017 年 12 月底前完成。这项改革意义重大、影响广泛，在全面深化改革总体部署中属于"四梁八柱"改革。对于改革的目的、重点、困难与出路，各方面十分关心、疑虑颇多，但相关研究却不够充分，理性的声音似更少。有鉴于此，笔者择其要点，以问答方式逐一评析，以推动相关研讨，助力改革深化。

一、改革农村土地制度的必要性和紧迫性

党的十八大以后开展的这一轮改革，把"问题取向"作为基本原则。农村土地制度改革作为重要的改革选项，必定是这一制度在执行中已经出现问题，而且是很大的问题，非修改法律不可的问题。

一般论及农村土地制度改革需要解决的问题，大抵上包括征地范围过宽侵害集体权益、征地补偿标准偏低影响农民生计、经营性建设用地流转受限影响农民增收、建设用地管制导致新增宅基地取得困难、农民进城造成宅基地大量闲置、宅基地不能流转致使土地财产价值未能显化、圈占宅基地隐形利益大导致非法交易普遍等。这些问题无疑都是存在的，但大多只是表象。只有在更深层面找准问题、找到病根，才能聚焦主要矛盾、确立正确方向，才能凝聚改革共识、激发改革动力。

---

[*] 董祚继，国土资源部调控和监测司巡视员。

笔者认为，改革农村土地制度，主要是基于以下四方面需要。

（一）缩小城乡差距，推进城乡发展一体化的需要

这一轮改革有许多动因，但解决贫富差距过大、促进社会和谐稳定无疑是最大动因之一。自党的十一届三中全会开始的改革开放，极大地解放和发展了社会生产力、极大地解放和增强了社会活力，开辟了一条大国崛起、迈向复兴的正确道路。如果说改革开放带来了哪些负面影响，那么贫富差距快速扩大应该是最大的负面影响。中国基尼系数 1978 年为 0.317，2000 年越过 0.4 的国际公认警戒线后逐年攀升，2008 年达到最高点 0.491，之后有所回落，但 2013 年仍达 0.462。世界银行曾有报告显示，美国 5% 的人口掌握了 60% 的财富，而中国则是 1% 的家庭掌握了全国 41.4% 的财富，中国的财富集中度甚至超过美国，成为两极分化最严重的国家之一。

而在贫富差距扩大问题中，最突出的就是城乡居民收入差距的扩大。不过，这一问题并非改革开放一开始就有，事实上，改革开放之初城乡居民收入还呈缩小态势。得益于农村土地承包经营制度改革和乡镇企业蓬勃兴起，在 20 世纪 80 年代中期，城乡居民收入比一度缩小到 1.86∶1。之后，改革的重点转移到了城市，城乡居民收入比开始逐年扩大，到 2010 年达到 3.23∶1。"十二五"期间，在各种支农惠农和扶贫攻坚措施的推动下，城乡居民收入比有所缩小，2015 年为 2.73∶1，但差距仍然偏大。

城乡收入差距不断拉大的直接原因是城乡经济二元结构。最初，城乡经济二元结构主要由工农产品价格"剪刀差"政策造成，后来则主要受城乡分割的户籍制度和土地制度的影响。

城乡分割的户籍政策导致城镇化发展滞后，发展质量不高。改革开放以来，随着工业化推进，城镇化进程开始加速，1978～2015 年，以常住人口计算的城镇化率由 17.9% 提高到 56.1%，但市民化进程仍然滞后，大量农业转移人口难以融入城市社会，目前尚有两亿多进城农民工及其随迁家属受城乡分割的户籍制度影响，未能在教育、就业、医疗、养老、保障性住房等方面享受城镇居民的基本公共服务，城镇内部出现新的二元矛盾，与此同时，农村留守儿童、妇女和老人问题日益凸显。

城乡分割的土地管理制度则阻碍了城乡一体化发展。农村土地在取

得、使用、收益、处分等权能设置和管理制度上与城市土地显著不同,由此形成城乡用地二元结构,进一步固化了业已形成的城乡利益失衡格局。特别是农村集体土地权能不够完整,用益物权没有充分保障,转让、出租、抵押等权利受到限制,制约了土地资产的价值实现,影响广大农民平等参与现代化进程、共同分享城镇化成果;对进城落户农民是否放弃原有土地权益的法律政策规定不尽一致,权益预期不明确,制约着农业转移人口市民化;土地供需紧张导致农村新增人口的宅基地需求得不到保障,建房用地成本增加,加重农民负担。

城乡收入差距不断扩大的问题显然不能任其恶化下去。党的十六大提出"统筹城乡经济社会发展",解决城乡二元结构问题开始进入国家战略层面。十七大进一步提出,"统筹城乡发展,推进社会主义新农村建设"。党的十八大明确提出"实施城乡一体化发展战略",统筹城乡发展的战略内容由此得到实质性提升。

随着城乡统筹发展理念和战略的深化,从解决制度这个根本性问题入手、着力突破制度藩篱成为必然。在农村户籍制度改革加快推进的同时,农村土地制度改革逐步提到重要日程。十七届三中全会《决定》提出:"完善农村宅基地制度,严格宅基地管理,依法保障农户宅基地用益物权";"改革征地制度,严格界定公益性和经营性建设用地,逐步缩小征地范围,完善征地补偿机制";"逐步建立城乡统一的建设用地市场,对依法取得的农村集体经营性建设用地,必须通过统一有形的土地市场、以公开规范的方式转让土地使用权,在符合规划的前提下与国有土地享有平等权益"。十八届三中全会《决定》进一步明确:"建立城乡统一的建设用地市场。在符合规划和用途管制前提下,允许农村集体经营性建设用地出让、租赁、入股,实行与国有土地同等入市、同权同价。缩小征地范围,规范征地程序,完善对被征地农民合理、规范、多元保障机制。建立兼顾国家、集体、个人的土地增值收益分配机制,合理提高个人收益。赋予农民更多财产权利";"保障农户宅基地用益物权,改革完善农村宅基地制度,选择若干试点,慎重稳妥推进农民住房财产权抵押、担保、转让,探索农民增加财产性收入渠道"。至此,推进农村土地制度改革的顶层设计初具雏形,改革取向直指城乡二元用地结构,改革目标就是"建立城乡统一的建设用地市场",最终目的是缩小城乡差距、推进城乡发展一体化。

（二）维护农民权益，保障社会公平正义的需要

市场经济发展给中国社会带来的突出变化，是利益关系分化、权利意识觉醒，这又反过来推动甚至左右着市场化取向的改革。可以说，公民的权利意识、平等精神增强在很大程度上正在决定着中国改革的进程和方向。这一点在土地制度改革问题上表现尤为明显，农民由起初对征地补偿分配的关注，发展到土地产权观念的普遍强化，正在倒逼农村土地制度改革的提速。

从总体上看，当前城乡居民收入差距中很大一块就是由城乡居民占有财产的不均所造成。特别是城市实施土地有偿使用和住房商品化的制度与农村宅基地仍然执行不能流转的制度，更是快速拉开城乡居民的财富占有。有专家计算，2002年我国城市人均房地产财富是农村人均房地产财富的4.5倍，随着城市房地产价格上涨，到2007年这一比例已迅速扩大到7.2倍，明显超过城乡居民收入比。如果考虑到近些年来城市房地产价格的大幅上扬，这一差距只会更大。可见，城乡居民财富差距的过度拉大，还需要从改革本身找原因，尽快补上农村土地制度改革滞后的短板。

具体从法律制度上分析，导致城市国有建设用地与农村集体建设用地在权利上的差异主要有以下方面：

其一，根据《土地管理法》第43条规定，除兴办乡镇企业、村民建设住宅、乡（镇）村公共设施和公益事业建设外，"任何单位和个人进行建设，需要使用土地的，必须依法申请使用国有土地"。这一规定不仅扩大了公共利益征地的宪法授权，还意味着集体经济组织不能将集体土地自主提供社会资本进行经营性开发，严重限制了集体土地开发权。

其二，根据《土地管理法》第47条规定，"征收土地的，按照被征收土地的原用途给予补偿"。由于经营性建设开发在土地规划用途与原用途之间一般存在巨额的增值收益差异，按照土地的原用途给予补偿就意味着将增值收益全部收归政府所有。这一规定实际上剥夺了集体经济组织和农民参与增值收益分配的权利，也因此受到普遍诟病。

其三，根据《物权法》第143条规定，"建设用地使用权人有权将建设用地使用权转让、互换、出资、赠与或者抵押，但法律另有规定的除

外"。而根据《土地管理法》第63条规定，除依法取得建设用地的企业因破产、兼并等情形致使土地使用权依法发生转移外，"农民集体所有的土地的使用权不得出让、转让或者出租用于非农业建设"。农村建设用地使用权与城市建设用地使用权的权利差距显而易见。

其四，根据《物权法》第135条规定，"建设用地使用权人依法对国家所有的土地享有占有、使用和收益的权利"；第152条规定，"宅基地使用权人依法对集体所有的土地享有占有和使用的权利"。农村宅基地用益物权与城镇住宅用地用益物权相比，缺少收益权。

其五，根据《土地管理法》第62条规定，"农村村民一户只能拥有一处宅基地，其宅基地的面积不得超过省、自治区、直辖市规定的标准。"城镇居民购买商品房则没有上限规定。站在用益物权的角度，城市国有建设用地的权能高过农村集体建设用地的权能是不言而喻的。当然，如果就此简单推定立法有意歧视农村集体建设用地也未免武断。公允地说，现行法律的价值取向主要放在保证农村土地分配的公平性、福利性上，以保障农民不失所、"居者有其屋"为基本宗旨，同时防止城市资本大举到农村圈地建设，维护农村社会稳定，其中一些规定至今并未过时，或者在部分地方仍然适用。同时也要看到，其中也有一些规定确实已经落伍于时代，说得更准确点，一些意在保护农民利益的法律规定实际保护了"落后"，已经异化为农民利益的对立面，也就是异化为公平正义的对立面，当然就有必要加以调整。必须看到，一个时期以来，一些地方政府强征强拆、造成官民冲突，低价征地、高价卖地，过度倚重城市房地产开发、造成资产泡沫和资源浪费，土地收益过多用在城市、较少用在农村，既孕育经济金融风险、威胁经济平稳健康发展，也侵犯农民合法权益、背离社会公平正义，并加剧社会矛盾、阻碍社会进步，确实到了该改变的时候了。

（三）增添发展动力，促进经济平稳发展的需要

近年来，国内外发展环境发生重大变化，我国经济发展进入新常态的特征日益明显。新常态是一个客观状态，是我国经济发展到现阶段必然会出现的一种状态，没有好坏之分。但新常态下如何稳中求进，既保持经济增速在合理区间，又促进经济结构优化、质量效益提升、更多转向创新驱

动,对我们而言无疑是新的巨大挑战。其中,如何寻找到新的经济增长点、培植发展新动力,更具有决定性意义。农村土地制度改革的初步实践就充分展现了这一潜力,值得高度重视。

农村土地制度改革发端于近年来的一系列农村改革尝试,包括农村土地整治、城乡建设用地增减挂钩、农村产权制度改革、承包地"三权分置"等。一些地方以镇、村为单位,以农村土地整治为平台,以增减挂钩为杠杆,统一规划、聚合资金,统筹推进农村建设用地整治、高标准农田建设、承包地流转等,不仅提高了耕地综合生产能力,改善了农村人居环境,也盘活了农村土地资源,激发了农村市场潜能,带动了农村投资和消费,为农村农业发展增添了强大动力。以成都市为例,近年来通过农村土地综合整治,不仅新增耕地42万余亩,高产稳产农田比率达到整治面积的80%以上,还建成230个标准化规模化农产品生产基地,建设农民新居1 500多个,改善了60余万农民群众的居住环境和生活条件,并为汶川、芦山地震灾区筹集到重建资金124亿元,为城镇建设提供用地约10万亩。

去年开始的农村土地制度改革三项试点,在促进农村发展方面已取得初步成效。入市不仅为一批符合产业政策的工商业项目搭建了土地平台,解决了发展空间,还促进了转型升级、激活了民间资本、活跃了农村市场。三是推动了城乡要素流动,搭建了城乡统筹发展新平台。特别是对于湄潭这样的中西部农村,集体经营性建设用地入市更利于发挥后发优势,加快就地工业化、就地城镇化进程。

我国农村发展历史欠账多,基础设施滞后、公共服务欠缺,近年来随着人口城镇化加快,在一些地方出现农业萎缩、农村凋敝现象,但这也为扩大农村投资提供了空间。到2020年,农村人口仍有6.6亿以上,补上农业农村发展短板,意味着巨大的投资和消费需求。从这个意义上看,农村土地制度改革有望释放出巨大的经济发展潜力。

(四) 推动资源节约,保障长远可持续发展的需要

推动土地资源节约集约利用,是农村土地制度改革的应有之义,也是重要目标。概括来说,主要体现在以下方面:

一是,改革土地征收制度,有利于推动城市节约集约用地。缩小土地

征收范围,不再按原农业用途价格低价征地,将推动土地使用者节约用地,新城新区过度扩张将受到抑制,鬼城、空城将因此减少。同时,改变政府垄断建设用地供给状况,实行多渠道供地,有利于盘活城市闲置低效用地。

二是,允许农村集体经营性建设用地入市,有利于盘活农村存量建设用地。一方面,通过就地入市、调整入市等途径,目前的5 000万亩左右农村集体经营性建设用地有望投入利用;另一方面,通过规划调整,大量闲置、空闲的农村宅基地也有望加以利用,从而显著提高农村建设用地利用效率。

三是,改革农村宅基地制度,有利于提高宅基地利用效率和效益。农村宅基地自愿有偿退出、超占有偿使用、有条件流转等改革,可望释放大量的土地资源,既能有效解决农户新增宅基地取得难问题,又能有力抑制宅基地违法圈占、减少新增用地,还能盘活宅基地"死资源"、"死资产"。目前全国村庄用地达2.5亿亩,人均达229平方米,可整治利用土地1亿亩左右,盘活利用潜力巨大。

我国人多地少,土地资源禀赋存在先天不足,工业化、城镇化发展的用地需求长期居高不下,土地供求矛盾始终突出。我们要守住耕地红线、把13亿中国人的饭碗牢牢掌握在自己手上,守住生态红线、留下更多绿水青山,就必须始终高举资源节约大旗,坚持节约优先战略,落实最严格的节约用地制度。在此方面,农村土地制度改革同样肩负历史重任。

二、农村土地制度改革的条件和时机是否成熟

任何一项重大行动,总是既要对行动的必要性进行审慎分析,又要对行动的可行性进行充分评估,农村土地制度改革自然不能例外。

我们在前面讨论了这项改革的必要性,接下来要分析改革的可行性。

但是,回答农村土地制度改革的可行性问题,困难要大得多。土地制度是国家的基础性制度,事关国家经济发展、政治文明、社会稳定和生态改善,事关广大人民群众的切身利益和长远生计——这也决定了土地制度改革的复杂性和艰巨性。改革的必要性毋容置疑,但改革的方式、力度、路径、步骤却需要精心选择、慎重权衡。实际上,目前在农村土地制度改

革的所有重大问题上几乎都存在争议。这也提示我们，必须对改革的条件和时机进行充分论证。

结合农村土地制度改革的试点实践，笔者认为，应当全面评估改革经济上是否可承受、政治上是否有保障、社会上是否可接受、实践上是否可操作。

（一）经济可承受性

以经济建设为中心是兴国之要，经济发展仍然是解决中国所有问题的关键。因此，农村土地制度改革对经济发展将产生哪些直接和间接的影响，包括政府财力能否承受得起，仍然是首先需要考虑的问题。

应当看到，经过革命、建设特别是改革开放30多年来的实践形成的以公有制为基础，以用途管制、土地征收、产权保护为主要内容的中国特色土地制度，有力保障和促进了经济社会发展。现行土地制度经济可承受性纵有百般不是，但在城乡繁荣发展、综合国力增强中所作出的历史性贡献不容抹杀。所以，即使对这一制度持严厉批评态度的学者，也肯定"地方政府通过获得大量土地出让收入弥补了地方财政不足的问题……通过行政手段征地，避免了土地买卖双方之间的讨价还价，避免了很多投资项目久拖不决，它起到的作用能够保证基础设施建设投资快、见效快"。一些严谨的学者则给予了很高评价。比如："好在中国的土地制度是一条'拦水坝'，所以我们要保持土地制度的基本稳定，这是应对机动化和城市蔓延非常重要的关键政策"。又如：在工业化、城镇化、住房商品化快速推进中，土地"扮演了一个极其重要的角色，发挥出了无可替代的杠杆作用，在地方政府招商引资发展经济、融资搞基础设施和市政公共设施建设、扩大政府可用财力等方面，到处都有土地的身影。再如，没有"土地财政"，"不会有今天中国的城市化的高速发展。……没有这一伟大的制度创新，中国特色的城市化道路就是一句空话"，因此"土地财政"是"中国和平崛起的制度基础"。

因此，对于现行土地制度，改革要维持什么、改变什么，改变的部分对未来中国经济发展，特别是工业化、城市化、区域发展、基础设施建设等将带来哪些重大影响，确实需要冷静分析、审慎决策，避免"瞎折腾"。在此略加分析：

第一,缩小征地范围,理想的状态当然是把所有带有经营性质的建设用地都排除在土地征收之外,让其直接向农村集体经济组织和农户协商购地,但是,即使我们能够区分出公益性用地与经营性用地,仍然有许多难题待解。比如,这样严格限定征收范围后会对工业化、城镇化进程造成多大影响,会不会导致工业化、城镇化进程"断崖式"跌落?又如,包括实体经济在内的产业发展用地,直接向集体经济组织和农户协商购地,会增加多少制度性交易成本,会不会导致负重前行的实体经济雪上加霜?再如,同一区域内,公益性用地实行征收,经营性用地直接入市,农民是否接受这种"双轨制"安排,"双轨制"下农民与政府之间的博弈对征地成本和时间效率究竟会产生多大影响?

第二,政府土地收入方面,倘若把所有带有经营性质的建设用地都排除在土地征收之外,由此会减少多少土地出让收入(2011~2015年全国地方政府国有土地使用权出让金收入分别是 3.15 万亿元、2.89 万亿元、4.13 万亿元、4.29 万亿元、3.25 万亿元,其中一半左右是征地拆迁补偿等成本性支出,但征地补偿却构成了农民的当前收益)?会减少多少新增建设用地土地有偿使用费收入(2015年中央新增费收入是 252 亿元,地方新增费收入是 561 亿元)?

第三,提高征地补偿标准,理想的状态当然是按照土地规划用途,参照市场价格给予被征地农民补偿(征收一定比例的增值收益),由此政府需要增加多少征地补偿支出?当然,征地范围缩小后,征地补偿支出也会相应减少,增减是否平衡(2011~2013年全国征地补偿支出分别是 1.5 万亿元、1.4 万亿元、2.2 万亿元)?

第四,政府土地出让收入将大幅减少,征地补偿支出却未必减少,政府财力因此会受到多大影响?原先由国有土地有偿出让收入提取并用于社会保障、廉住房建设、教育、农业发展、农田水利、农业土地开发、生态补偿等基金,以及新增费支持的土地整理、基本农田建设等资金将由何处补上?未来的城市建设资金将如何筹集(2010~2013年全国城建支出分别是 7 621 亿元、5 565 亿元、3 049 亿元、3 775 亿元)?

第五,集体经营性建设用地直接入市和宅基地流转,将促进农村经济发展,增加集体经济组织和农民土地财产性收入,对于 GDP 的增加和农民人均收入水平的提高会有多大贡献等。

显然，只有对上述影响进行整体测算和综合对比后，才能判断改革对经济增长和政府财力的影响。否则，改革设计就可能陷入"盲人摸象"。

（二）政治可保障性

对于农村土地制度这样一项关系亿万农民切身利益的社会基础制度的改革，政治上有保障是前提。按照社会主义民主政治制度建设和政治文明的要求，政治上有保障至少包括三层含义：一是在政治目标上，必须坚持和完善中国特色社会主义制度；二是在政治过程上，必须符合坚持人民主体地位、充分发扬人民民主的基本原则；三是在政治观念上，必须符合社会主义核心价值观，特别是社会公平正义。

农村土地集体所有制与城市土地国有制共同构成社会主义土地公有制，这是与我国基本国情、社会文化和根本制度相适应的土地公有制形态。旧中国长期实行土地私有制导致无法摆脱贫困落后和周期性社会动荡，以及人民公社时期农村政治可保障性社会生产力遭到极大破坏的教训都充分说明，农村土地既不能重回私有制的老路，也不能落入国有化的陷阱。一些人寄望农村土地制度改革能够促成农村土地私有化，一些人把农村土地"还权赋能"的改革措施误读为土地私有化，这是我们要高度警惕的。正如马克思在《资本论》第三卷和《论土地国有化》等著述中抨击的，土地私有制是"荒谬的东西"，"在农村，土地私有制是合理农业的最大障碍之一；在城市，则会引起土地投机"。我们重温马克思主义经典作家的重要论述，对农村土地集体所有制的进步意义就不能有任何怀疑，并将其作为改革必须牢牢守住的底线。

农村土地制度改革的另一个政治逻辑，就是要充分尊重民意诉求，充分吸纳主流民意。中国共产党在革命时期的土地改革主张，深得亿万农民拥护，成为革命成功的关键。新中国成立以来，什么时候土地制度和政策顺应民意、符合民情，什么时候农村社会生产力就得到解放和发展。新形势下改革农村土地制度，主线仍然是处理好农民和土地的关系，前提仍然是充分尊重农民意愿。农民土地能不动就不动，要动也要把选择权交给农民，不能搞强迫命令，不能刮风，不能一刀切。值得注意的是，由于缺乏表达意见的管道，大多数农民的真实看法在现实中很难得到反映，社会上某些偏狭观点反而成了"主流民意"。对此，我们要善于甄别。不同于国家建设强制性征收土地，对于集体土地入市和宅基地流转，要给农民更大自主权，原则上只要直接利益关系人不同意，就不能动土，可以按此划出一条改革红线。

从政治文明的维度考察农村土地制度改革问题，核心还在于是否有利于维护社会公平正义。如果改革结果不能使大多数人受益，却导致大量土地增值源源不断落入少数人囊中，那是有违社会公平正义精神的，也是与改革初衷背道而驰的。中国地域广大，不同地区农村发展差异很大，改革需要兼顾效率与公平，体现发展差别化。有专家近年来一直奔走呼号，强烈质疑某些改革的正当性，认为是让沿海地区违法用地者得利，却使广大内地合法用地者受损；造就了大城市郊区5%的土地食利者阶层，却剥夺了广大农区95%的农民发展权利；迎合了少数人的不合理要求，却加剧了国家征地的整体困难，影响社会整体利益。有专家对纵容城市资本下乡表达担忧，认为不受节制的资本好比"一匹野马"，需要装上"辔头"，因为资本本身的趋利性和流动性，决定了其内在的"非理性繁荣"。这些质疑并非没有道理。显然，一个放任资本逐利、违背公平正义的制度，不可能得到大多数人民拥护，也不可能保障人民安居乐业、实现社会长治久安，因而就不是一个政治上可靠的制度。不加分析、一味盲从，或钳制舆论、一边倒鼓而呼，对改革未必是好事。

（三）社会可接受性

社会对改革是否接受，也是农村土地制度改革必须深入研判的问题。既要吸取过去的经验教训，也要考虑社会大众的观念变化，更要重视改革主体——农民是否接受。

如实说，留存在我们大脑中的农村土地制度改革印记并非总是那么美好。前有山东德州农村宅基地有偿使用制度改革的戛然而止，后有21世纪初年南方诸省集体经营性建设用地入市试点的无疾而终，改革失败的原因虽然多种多样，但都离不开农村社会的复杂性，特别是农村土地所承载的东西太多太多。即使像广东这样集体经营性建设用地流转坚持最久、效果最好、赞许也最多的改革，都免不了给人留下很多疑问。比如，跨世纪到来之前珠三角地区乡村建设一度几近失控，大量高产农田被吞噬（估计有数百万亩之巨），留下大片"三旧"土地（数量同样有数百万亩之巨），以及大量非法土地（超过"三旧"土地的三分之一）。这样的"改革"样式显然不能复制，新的改革之路又是否找到了呢？目前关于农村土地制度的观念分化严重，这里仅就宅基地制度改革问题略作比较。比如，对于宅基地取得，支持无偿取得者认为，我国农村宅基地使用权法律制度是以居住保障为基础建立的，权利的取得、权利的内容、权利的行使都必须符合这一价值取向，这也成为宅基地使用权无偿取得的正当性基础；支持有偿取得者认为，宅基地有偿取得不仅能够约束居民多占、超占宅基地行为，而且"使用者付费"才能体现宅基地的集体性质，并为培育宅基地流转市场创造条件；也有人主张，有偿还是无偿，应由当事人协商，不应由国家统一规定。又如，对于宅基地流转，支持者认为，禁止宅基地流转不符合"土地的使用权可以依照法律的规定转让"的宪法规定，不能以宅基地无偿取得为由限制流转，只要不是重复享受，无偿取得的权利也可以有偿转让；反对者认为，农村宅基地使用权是以自用为目的，以身份为前提，不得以买卖、抵押、租赁、赠与及其他方式转移给集体经济组织以外的自然人和法人，开禁宅基地交易，作为社会弱势群体的农民必定是最终的受损者；也有人认为，应当渐进式允许宅基地使用权流转。对于宅基地退出、宅基地抵押等，也都众说纷纭，分歧严重。

在理论界改革共识一时难以形成的情况下，我们应该更多倾听农村土地制度改革的主体——农民的心声。这里我们需要引用一些数据。宁夏平罗是33个改革试点县市之一，近年来农村产权制度改革有声有色，形成了所谓"平罗模式"，他们的一条重要经验就是注意收集民意。这次在制定宅基地制度改革实施方案之前也开展了民意调查，共发放问卷调查表9 000份，重点就新增宅基地有偿取得、自愿有偿退出、原有宅基地超占面积有偿使用，以及新建大社区、集中安置区的选址、修建、农民住房保障权利如何落实等，广泛征求村民和乡村干部的意见。在收回的8 900余份问卷中，拥护和支持改革的农户达到80%以上；60%的农户建议将现有宅基地和房屋打破界限在全县范围内转让，支持符合条件的农户可跨乡镇、跨村申请使用宅基地。在此基础上，平罗对全县宅基地占用现状进行了全面调查摸底，调查数据进一步佐证了农民意愿，从而为改革决策提供了扎实基础。

另据中国人民大学课题组2014年7~9月对冀、鲁、豫三省九县市

779个农民问卷调查，4.5%受访者家庭曾有过宅基地交易经历，愿意把自家宅基地"卖掉"的比例为45.9%，对于宅基地抵押贷款持支持态度的比例达到71.4%。课题组由此得出，农民对农村土地的依赖程度已经变弱，农民对宅基地有不同的权利权能主张，也表明当前"渐进式"赋权的农村土地制度改革（而不是更激进的私有化）符合农民意愿。

上述调查当然不能反映全国农村的全貌。应该看到，沿海农村与内地农村、城市近郊与农村腹地、二三产业发达地区与传统农区情况各不相同，农民对改革的意愿、承受能力等都会存在差异，具体改革方案还应该结合各地实际确定。

（四）实践可操作性

实践是检验改革的基本标准，也对改革条件提出了很高要求，包括经济发展形势、集体经济组织管理能力、土地管理基础、相关工作进展等，都对改革推进产生重大影响。

当前我国经济下行压力大，土地市场分化明显。从土地征收制度改革来看，政府要把主要精力放到稳增长、扩内需上，这将使缩小征收范围、提高征收补偿标准面临更大困难。从集体经营性建设用地入市来看，经济趋缓、需求不旺、投资风险增大，将导致集体建设用地进入市场的内生动力不足，降低土地所有权人参与入市的积极性。对于宅基地制度改革来说，经济活动降温，不仅导致有偿使用、抵押流转活跃度降低，而且退出储备、前期工作等将面临筹资困难。

各地农村集体经济组织总体比较薄弱，这对入市主体作用的发挥将产生明显影响。作为集体土地所有权主体的农村集体经济组织，在农村土地制度改革中承担着关键角色，但目前农村集体经济组织的法律性质和地位缺乏统一的法律规定，集体经济组织自身建设不健全、主体地位不明晰、产权归属不明确、管理能力和水平低是较为普遍的现象。这在改革前尚不足以构成重大障碍，而随着改革的推进，集体土地资产管理、土地收益分配、农民自主管理等将明显增多，要求大大提高，相关问题都将浮出水面。

从农村土地制度改革试点情况看，农村土地管理基础不够扎实、科学性不强的问题普遍突出，制约了改革的推进。各种历史遗留问题错综复

中国土地改革向何处去

杂,土地及农房产权资料缺失、权属争议、违法违规等情况大量存在,过去私下交易行为问题丛生、尾大不掉。土地调查不实问题比较突出,调查成果与实际现状不少存在差异。多数地方乡镇土地利用总体规划论证不够、编制不详,村级土地利用规划更是空白,改革普遍面临规划依据不足的难题。

农村改革具有整体性和系统性,农村土地制度改革更是与产权、规划、投资、财政、金融、税收、社保等相关领域改革密切相关。实际中,相关改革不配套问题相当突出。显然,单兵突进式的改革难以肩负起历史重任。

以上从经济、政治、社会、实践四个方面分析了农村土地制度改革的环境条件和影响因素,着重指出了面临的重大制约、困难和挑战。总体而言,改革的有利和不利因素并存,牵引与羁绊作用都有;改革的底线和方向已经明晰,但改革的重点、力度和方式还需要进一步实践探索。当前试点已进入下半场,任务仍很艰巨,应尽量给试点多一些空间、少一些约束,让大家大胆尝试、大胆探索。惟其如此,改革才能深化,才能如期交出一份令人满意的答卷。

(原作连载于《国土资源》2017年第1期、第2期、第3期)

农村土地"三权分置"改革：要点与展望

王亚华*

我国正在全面推进农村土地所有权、承包权、经营权三权分置的改革。三权分置改革对于促进农业农村现代化影响重大、意义深远，使农村经济统分结合的实现形式发生了重大变化。它在坚持农地集体所有制的前提下，旨在加快放活土地经营权，实现农地规模经营的"效率"目标，同时稳定农户承包权，兼顾为农民提供社会保障和生计兜底的"公平"目标。"三权分置"改革实施的重点是在法律和实施办法上清晰界定所有权、承包权和经营权三者之间的权利关系，建立健全土地产权制度和利用制度，有效落实中央文件和改革精神。

土地制度是农村经济的根基，土地制度的选择是关系农民生计、农业发展和社会稳定的重大问题。伴随我国的工业化、信息化、城镇化和农业现代化进程，农村劳动力大量流向城镇，发展农村土地的适度规模经营成为必然趋势。为顺应这一潮流，2014年11月，中办和国办发布《关于引导农村土地经营权有序流转发展农业适度规模经营的意见》，提出坚持农村土地集体所有，实现所有权、承包权、经营权三权分置，正式提出了"三权分置"的改革思路。2016年10月，中办和国办又印发了《关于完善农村土地所有权承包权经营权分置办法的意见》（简称完善"三权分置"办法），旨在落实集体所有权，稳定农户承包权，放活土地经营权。

---

* 王亚华，清华大学国情研究院副院长，教授。
① 本文系国家社会科学基金重大项目成果，批准号为：15ZDB164。

中国土地改革向何处去

农村土地的"三权分置"改革是新时期中国农村改革的重大举措,对于促进农业农村现代化影响重大、意义深远。

一、中国国情与农村土地制度选择

小规模农业是中国农业生产的基本国情,集体经营与农户经营是中国农村经济绕不开的重大关系。中国农村土地的基本国情是人多地少,耕地资源稀缺,人均耕地1.4亩,仅为世界人均耕地面积的40%。相比欧美国家,中国户均耕作土地面积狭小,2亿多个农户户均土地经营规模不足10亩。就单个农户经营的农地面积来看,欧盟是中国的几十倍,美国是中国的几百倍,澳大利亚是中国的上千倍。资源禀赋也决定了中国农业小规模生产的特性。目前在全球贸易一体化的条件下,中国的农产品价格普遍高于国际市场价格。这固然与农业生产成本的不断提高相关,但根本原因是人多地少的资源禀赋决定了我国农产品在国际市场上土地密集型的农产品中不具备比较优势。

随着我国快速城镇化的推进,大量的农民进城市打工或迁入城市。2015年,全国农民工总量达到2.77亿人。农村人口则呈持续下降趋势,已经从1980年的7.96亿,下降到2015年的6.03亿。人口分布的这一变化,使得农村人口的人均占有耕地面积上升,为农村土地的规模经营提供了契机。近年来,涌现出的一批种粮大户、家庭农场、农民合作社、农业社会化服务组织、龙头企业等新型经营主体,就是在这一背景下产生的。但是,对于中国农村农户经营土地规模的上升,我们又不能做过于乐观的估计。预计到2050年,中国的城镇化达到80%,农村将仍然有3亿人口。即使我们保持了18亿亩耕地,农村人口人均耕地面积仍只有6亩,人多地少的资源禀赋并没有多大改观。届时,万亩以上经营规模的现代农场会在更多的地区出现,但是就全国整体而言,单个农户家庭平均经营的土地规模估计还在百亩左右,小规模农业的基本国情不能从根本上改变。

小规模农业有一系列的弊端:家庭分散经营不利于机械化耕作,抗御自然灾害和市场风险能力低,且缺乏规模收益和经济效率[①]。为了克服小

---

① 于金富、徐祥军:"实践邓小平'两个飞跃'思想坚持发展集体经济",《马克思主义研究》,2010年第10期,第34~41页。

规模农业的缺点，需要重视村社层次的集体统筹经营，这是中国坚持农村土地集体所有制的重要原因。但是，过于强调集体经营又不利于调动农民的积极性，容易产生农户个体激励不足的问题。因此，在中国国情条件制约下，如何在集体统筹经营与农户家庭经营之间找到平衡，兼顾农地经营的规模收益与农户家庭经营的积极性，是中国农地制度设计和改革面临的基本问题。同时，受中国"均平"传统的影响，以及大规模城镇化稳妥推进的考虑，农村土地制度还必须高度重视公平性的问题。

二、中国农村土地经营的"统"与"分"

在新中国六十多年的农村发展历史上，从计划经济时代的农村土地集体所有制，到改革开放之后农地集体所有权和家庭承包经营权的"两权分离"，再到目前农地集体所有权、农户承包权、土地经营权的"三权分置"，中国农地制度经历了一系列重大制度变迁。其核心主线是在人多地少的小规模农业的国情制约下，探索集体经营的"统"与农户经营的"分"恰当结合的制度形式。

回顾计划经济时代，在当时特定的历史条件下，农村土地制度过于强调"统"，忽视了"分"。新中国成立初期农业集体化的推行，废除了农地私有的个体农业经济，构建了集体所有、统一经营的农村经济制度。经过 20 世纪 50 年代的农业合作化运动，农业生产的集中度不断提高，农业生产合作社的发展经历了从初级社到高级社再到人民公社的过程。由于农业合作化运动的推进速度过快，农业生产的集体行动单元过大，农户的生产积极性受挫。同时，过大的农业生产单元，也增加了对成员劳动计量和监督的困难[1]，导致农户劳动投入激励不足、农业生产效率低下。农业合作化运动过于强调农业集体经营，造成了粮食大量减产的严重后果。20 世纪 60 年代的政策不得不进行调整，缩小了农业生产的集体行动单元，实行"三级所有、队为基础"的农村生产资料所有制形式。

改革开放以来，农村土地制度调整的一个主线，是在不放弃"统"的前提下，重视和强调"分"。20 世纪 80 年代家庭联产承包制的推行，

---

[1] 李江、孙京洲："新中国农地制度的变迁分析与启示"，《求是学刊》2016 年第 2 期，第 69～78 页。
杨华："论中国特色社会主义小农经济"，《农业经济问题》2016 年第 7 期，第 60～73 页。

中国土地改革向何处去

落实了农户的承包经营权,激发了亿万农户的种粮积极性,粮食生产不断创新高,有效解决了温饱问题。中国农村形成了以家庭承包经营为基础、统分结合的双层经营体制,在坚持基本生产资料为集体所有的前提下,农户与集体签订了承包经营合同。这一制度设计旨在把农村集体统一经营和农户分散经营结合起来,并允许各地区探索适合各自区情的双层经营体制,宜统则统,宜分则分,实现统分结合。①

经过30多年的改革开放,农村的政治经济环境又发生了深刻变化,土地制度在实践运行中片面强调"分","统"的作用日渐式微的问题日益凸显。特别是进入21世纪以来,随着农村税费体制改革推进,农户种粮比较收益下降,城镇化促使大量农民进城务工,土地撂荒、非粮化、非农化等新问题日益突出,过于强调农户分散经营的弊端更加凸显。"两权分离"的制度设计,已经不能有效应对农村土地流转、扩大土地经营规模的现实需要。全国很多地区开展了土地流转的试点和试验,2014年,全国农村承包耕地流转面积达3.8亿亩,占承包耕地总面积的28.8%。在此背景下推出的"三权分置"改革,在进一步重视"分"的基础上,强调利用市场机制加强"统",这是新时期实现农村土地经营统分结合方针的创新举措。

随着"三权分置"改革的深入推进,中国农村经济统分结合的实现形式正在发生重大变化。在"统"的层面,集体经济被赋予了新的内涵,合作社、社会化服务组织、龙头企业等新型经营主体不断发展壮大;在"分"的层面,传统承包农户逐步向普通农户、家庭农场、专业大户等多元经营主体共存转变。"统"与"分"的实现形式在新的国情条件下不断丰富,中国将会加速构建以农户家庭经营为基础、以合作与联合为纽带、以社会化服务为支撑的立体式复合型现代农业经营体系。长远来看,中国农地的规模经营的发展,不可能单纯依靠单个农户占有耕地面积的上升;立足小规模农业的基本国情,大力发展农业专业化服务,可能是中国特色农业现代化道路的重要特征之一。

---

① 陈锡文:"构建新型农业经营体系刻不容缓",《求是》2013年第22期,第38~41页。阮建青:"中国农村土地制度的困境、实践与改革思路——'土地制度与发展'国际研讨会综述",《中国农村经济》2011年第7期,第92~96页。

三、"三权分置"改革的意义和思路

"三权分置"改革有利于促进土地适度流转,实现农地规模经营,为农村发展更快注入现代要素,这是顺应国情条件变化的重大制度创新。通过实施推进"三权分置"的农村改革,逐步建立归属清晰、权能完整、流转顺畅、保护严格的农村土地产权制度,将为发展现代农业、增加农民收入、建设社会主义新农村提供坚实保障。

党的十八届三中全会提出赋予农民更多的财产权利,进一步深化农村土地改革。"三权分置"改革是在这方面迈出的重要一步。土地是中国农民的重要资产,由于所有制障碍难以进入市场变现。将土地经营权从农户承包经营权中分离出来,丰富和拓展了农户的土地承包权权能,有利于农民土地权益的保护和实现。同时,强调严格保护农户承包权,有助于进一步加强家庭经营的基础性地位。家庭作为农业经营的基本单位,是世界范围内农业现代化的基本经验,也是我国将会长期坚持的农村政策[①]。

"三权分置"改革旨在加快放活土地经营权。农户的土地承包权或承包经营权,根据法律规定只能在本集体经济组织内进行。将土地经营权从农户承包经营权中分离出来,为土地经营权实现更大范围的流转提供了制度条件,有利于按照市场的规律配置土地资源。如果说稳定农户承包权的政策,有为农民提供社会保障和生计兜底的功能,更多是出于保障公平的考虑;那么放活土地经营权的政策,旨在提高土地利用效率和优化资源配置的功能,则主要是出于提高效率的考虑。鼓励土地流转,推进规模经营,这是当前我国农村土地政策的基本取向。

"三权分置"改革重申坚持农村集体所有权的根本地位,对农村集体所有权的权能做出明确规定。改革开放以来,"分田单干"伴随的集体所有权虚置现象,制约了土地集体所有制优势的发挥。如何在新的历史条件下落实集体所有权,加强集体在土地统筹经营管理上的作用,这是改革需要着力解决的问题。土地私有化不是中国农村土地制度改革的方向,集体所有制将是中国长期坚持的农村土地制度。农村土地制度改革的底线之

---

① 郭强:"中国农村集体产权的形成、演变与发展展望",《现代经济探讨》2014 年第 4 期,第 38~42 页。

一，就是要坚持农村土地集体所有，不能把农村土地集体所有制改垮，更不能把农村集体经济改垮。

四、"三权分置"改革实施的要点和展望

"三权分置"改革涉及多方利益，是一个渐进过程和系统性工程，完善"三权分置"办法已经提出了确保"三权分置"有序实施的改革意见：扎实做好农村土地确权登记颁证工作；建立健全土地流转规范管理制度；构建新型经营主体政策扶持体系；完善"三权分置"法律法规。通过有序推进改革，逐步形成"三权分置"格局，三权各安其位、各得其所。

"三权分置"意见出台，已经把土地所有权、承包权与经营权各自的权能以政策文件的形式解释清楚。下一步的重点是如何落实文件和改革精神，在法律和实施办法上清晰界定所有权、承包权和经营权三者之间的权利关系，建立健全土地产权制度和利用制度。

第一，厘清所有权与承包权的权利关系。法律上集体概念内涵的模糊，导致集体经济组织虚置，村干部常借集体的名义侵犯农户承包权益，并且以行政手段强制使农户承包权遭到过多外部干涉，农户只拥有承包权的部分权能，土地流转工作在推进过程中受阻[1][2]。为此，我们需要厘清集体所有权与农户承包权的关系，在改革推进中强调农村土地为农民集体所有，充分维护农民集体对承包地发包、调整、监督、收回等各项权能。同时，为了防止以集体的名义侵害农户的权益的情况出现，必须建立健全集体经济组织民主议事机制，切实保障集体成员的知情权、决策权、监督权。

第二，明确承包权与经营权的权利关系。随着我国城镇化的加速推进，流转到新型经营主体手中的土地比例不断提高，如何平衡好承包户与经营主体之间的权利义务关系，平衡好承包农户与第三方经营者的利益成为改革的实施要点。

---

[1] 李伟伟、钟震："维护承包者权益还是经营者权益？——保护耕作权以放活土地经营权的日本经验与启示"，《管理世界》2016年第2期，第174~175页。
[2] 刘同山、孔祥智："参与意愿、实现机制与新型城镇化进程的农地退出"，《改革》2016年第6期，第79~89页。

土地经营权流转不得违背承包农户意愿、不得损害农民权益。但有些地方原承包农户合同意识、契约精神不强，随意撕毁合同，损害了经营主体权益[①]。于程序不规范导致农地流转后存在不稳定性，承包农户和经营者都有可能发生违约行为。所以，法律要对农户承包权、土地经营权在土地流转中的相互权利关系做出详细解释，加大对违规者的惩处力度，建立健康有序运转的土地流转市场。

第三，稳定农户承包权与引导承包权的有序退出。为了更好地保护农户的权益，清晰与合法化土地承包政策是必要的，在政策上应维持农户的承包权长期不变。近年来推进的农村土地确权登记颁证工作，在政策上认可农户拥有独立的承包权，有助于进一步稳定土地承包关系。稳定承包权是当前土地产权制度改革的主基调之一。但是农民之间的利益诉求并不是一致的，有些农民在工业化、城镇化的进程中，已经在城镇安家落户，有意愿退还承包地。同时，土地承包权的退出也具有重要现实价值，有利于避免产生新时期的"不在地主"，加速农民的市民化进程，促进农业规模经营。在"三权分置"改革推进中，探索农民承包地有偿退出机制，实现农村部分承包权的有序退出，对于城镇化的健康推进具有长远的战略意义。

第四，加强土地利用的用途管制和市场监管。"三权分置"改革中必须坚持和完善土地用途管制制度，改革不能把耕地改少了，不能把粮食生产能力改弱了。农村土地经营权流转政策的放开，为工商资本下乡提供了更多机会。工商资本下乡有利于土地的规模经营，提高农业的生产效率。但是，由于资本的逐利性和种粮比较效益的低下，有些地方农地流转之后出现非农化、非粮化的现象。因此，在鼓励工商资本下乡的同时，必须完善工商资本租赁农地监管和风险防范机制，严格准入门槛。农地利用和市场监管的重点，是坚守土地用途管制制度，维护农民的利益，保证国家的粮食安全。由于农村土地法律制度体系尚不完整，"三权分置"改革实施过程中面临着一些不确定因素。应当从法律上明确界定所有权、承包权和经营权之间的权利关系，在发生权属纠纷时能够有法可依。积极开展土地承包权有偿退出、土地经营权抵押贷款、土地经营权入股农业产业化经营

---

① 韩俊："推进中国特色新型农业现代化若干问题"，《当代农村财经》2014年第9期，第6~11页。

等试点，总结形成可推广、可复制的做法和经验，在此基础上完善法律制度。此外还需认真研究农村集体经济组织、家庭农场发展等相关法律问题；加快农村土地承包法等相关法律修订完善工作，完善承包权退出的法律机制；研究健全农村土地经营权流转、抵押融资等方面的具体办法。总之，必须将"三权分置"改革纳入法治轨道，积极完善农村土地的各项法规制度和实施机制。

（原载于《人民论坛·学术前沿》，2017 年第 3 期［下］）

建设用地使用权期满续期问题探讨

陈建良[*]

近年来，住宅土地使用权到期续展问题曾引发广泛争议，备受全社会关注。我国国民土地法制意识淡薄，普遍没有把土地使用期当真，无偿收回千家万户省吃俭用倾其所有购买的到期土地使用权（房地产），或重交巨额土地出让金，在相当长时期内无法也不应该实施。因此，续期是必须的。李克强总理在2017年3月15日的全国"两会"记者会上明确表示，70年住宅土地使用权到期"可以续期，不需要申请，没有前置条件，不影响交易。国务院已经责成相关部门就不动产保护相关法律抓紧研究提出议案。"总理的表态直面问题，回应了广大人民的关切，对于稳定社会、稳定人心起到至关重要的作用。

诚然，关系不动产保护的土地问题极为复杂，相关法律必须适当调节各方面的不同权益，妥善处理土地使用制度改革探索过程中产生的系列矛盾。至少下列矛盾是不可绕开的：

其一，70年住宅用地使用权期满的续期，实行有期有偿还是无期无偿，关系全民潜在权益和特定群体既得权益，是整体与部分的矛盾。在这里，整体即全民权益是间接的，隐性的，没有切身感受的。特定群体即国有住宅土地使用者的权益是直接的，显性的，有重大切身感受的；

其二，存量国有住宅土地有不同的出让期，存在不同的权益诉求。诸如曾被媒体炒得沸沸扬扬的温州"20年到期房"现象，在全国许多地方类似存在，而且量大面广，仅温州市区就有上千宗。土地出让年限直接关系地价，年限越短，地价越低。如果让低于70年期的住宅土地使用者一

---

[*] 陈建良，浙江省永嘉县政协主席。

次性足额（或大比例）补交土地出让金，这部分群体在经济上和心理上都不可承受。但不缴任何费用予以续期，势必使70年期土地使用者感到吃亏，产生利益不平衡；

其三，出让土地与划拨土地存在巨大的权责反差。在经营性土地招拍挂政策确立之前，相当部分城镇居民住宅用地是通过行政划拨供地的，无需缴付土地出让金，也没有规定土地使用期限，可以理解为永久使用权。相反，出让土地必须交足可观的土地出让金后方可供地，却只获得70年及以下的土地使用权。其他经营性土地和工业用地也存在类似情况。从本质上看，出让土地与划拨土地所享有的占有、使用、收益和有限处分的权利，除了使用期限反差以外，并无太多区别。国家规定，划拨土地使用权未经批准不许买卖、租赁、抵押，但事实上和出让土地一样，普遍存在频繁的交易等行为，交易者不愿补交土地出让金的，国土部门可以象征性收取土地收益金后给予办理过户手续；

其四，国有建设用地和集体建设用地存在权益不平等。现行法律禁止农村住房及宅基地入市，城镇居民不得购买农村宅基地，导致守法农民的资产长期沉睡，限制了农民的财产收入。相反的情形是，在经济发达地区特别是城中村和城市近郊，或明或暗的农房交易、租赁普遍大量存在，农民无偿取得永久的宅基地使用权建房租售，获得巨额收入，却无需支付任何税费，房前屋后的配套基础设施全由政府投资建设。这种集体土地使用权的实际获利与有期有偿的国有土地使用权之获利显失平衡。

其五，非住宅建设用地使用权期满的续期问题，同样涉及国家、集体和个人的权益矛盾，关系公平和效率，关系经济发展和社会稳定，必须权衡利弊，统筹兼顾，在法律层面进行系统的顶层设计。

上述矛盾的核心是存量建设用地使用权期限与偿费问题，这是关系社会公平的重大问题。笔者试图从70年住宅土地使用权续期入手，为建立公平有序的统一建设用地市场提供方案。

70年住宅土地使用权期满可以续期的原则和方向已经明确，现在需要研究的是操作层面的具体法律规范。在我看来，续期的办法有四个选项：无期无偿、无期有偿、有期无偿、有期有偿。权衡利弊，无期无偿续期办法不可取，它虽然可使特定群体最为满意，但弊端是多方面的。首先，动摇土地公有制以至社会主义制度之根基。无期无偿续期将使土地使用权人事实上享有完全的对土地占有、使用、收益和处分的权利，使用权无异于所有权。其次，为未来的政治和社会稳定埋下祸根。无期无偿续期将导致土地不断向少数富豪集中，放大马太效应，加剧两极分化。再次，进一步吸引社会资本脱实入虚，涌入房地产市场。因为无期无偿续期将提高房地产保值增值预期，增强民众的投资投机冲动，进而促使建设用地需求无限扩大。最后，影响财政收入，削弱政府调节经济、保障民生功能甚至影响国家机器的正常运转。此外，还直接冲击市场竞争的公平规则。土地使用权期限是市场竞价的关键考量因素之一，无期无偿续期客观上损害原有潜在竞争对手的权益。总之，无偿无期续期将在过分照顾特定群体既得利益的同时，偏废国家利益和全民利益。有期无偿续期和无期有偿续期同样存在前述某些弊端，只是程度不同而已，都不是满意选项。

现在留下的唯一选择是有期有偿续期。这里又涉及续展期限和如何有偿两个层面的问题。先说续展期限。根据现行土地招拍挂政策确立时的技术水平，一般建筑使用寿命60年左右，从前期工作到建房竣工需要若干年，因此，把住宅土地使用期定为70年不无道理。为在继承中创新，稳定中发展，续展期限也可定70年。同一宗土地可以连续续期，但不得超过2次，加上初次取得的使用权，总使用期限可达210年。这样做技术上应该可行。倘若在初始取得使用权的土地上所建房屋，70年后拆建成高楼，随着技术进步，平均寿命可达100年左右或更长一些，两次使用权续期与之基本吻合。同时，经过140年至210年，社会巨大进步，财富空前增加，全民法制意识和文明程度极大提高，到那时候收回使用权或进一步改革建立符合全民利益的土地制度，将会水到渠成。

有了续展期限的思路，我们再来探讨续期偿费问题。综合考量多方面因素，在续展期间，可规定附加在房地产税上每年征收一定的土地租金，年租标准可定为基准地价30%的七十分之一加按人民银行公布的同期按揭贷款利率计算的利息。以基准地价30%为基数（补交出让金），是兼顾全民潜在权益和特定群体既得利益，实行三七开，然后按续期70年分摊，每年应支付的利息等于剩余未付土地出让金乘利率。有闲置资金的，根据自愿原则可一次性缴纳基准地价的30%，无需加计利息。第二次续期时，按那时候的基准地价，以相同公式计收年租。假定我们有一套基准楼面地价5 000元/平方米、建筑面积150平方米的住宅，年租金为75万元乘以

中国土地改革向何处去

30%除以70等于3 214元加上相应的利息（未考虑减免政策）。为了调节贫富差距，减轻低收入家庭负担，在上述规定基础上，再实行土地租金减免政策。以户为单位，人均住房（城乡住宅合并计算）建筑面积36平方米（目前全国平均水平）以下的，全额免收，人均住房36平方米以上、60平方米（美国等发达国家水平）以下的，超过36平方米部分减半收取，人均住房60平方米以上的，超过60平方米的部分全额征收。

70年住宅土地使用权续期方案可为解决其他相关矛盾提供可复制的"钥匙"。原有住宅用地出让期少于70年的，先按前述原则有偿续期至70年，再按70年期土地进行续期；原有非住宅建设用地使用权期满后，在符合国家产业政策的前提下，不同用途按不同年限参照住宅用地予以续期，租金基数（被除数）仍为基准地价的30%，除数为现行政策规定的相应用途土地的最长使用年限，如工业50年，商业40年，相除之商加按按揭贷款利率计算之利息即为土地年租，与住宅不同的是原则上不实行减免政策；原有以划拨方式取得的住宅、工业和经营性土地使用权一律改为出让，初次出让期为国家规定的相应用途土地的最长出让年限减去从划拨之日起已使用的年限，到期后按规定续期。不愿改为出让的，严禁买卖、租赁、抵押、拆建，有关部门不得给予办理过户登记等相关手续，国家建设需要收回划拨土地使用权时，原则上不予赔偿。为减少阻力，拟降低划拨改出让的出让金收取标准，最低标准可把现行标定地价的40%改为基准地价的10%；农村存量合法宅基地视同国有划拨土地，按不低于基准地价（基准地价覆盖不到的边缘农村，以所在地耕地年租金的70倍为基数）10%的标准补交出让金后允许上市，与国有出让土地同地同权，并可保留集体所有权。出让金所得依法纳税后留归村级集体。农民转让宅基地后，不得重新申请。

需要指出的是，上述续期办法均未考虑城乡规划变动因素。因规划调整不可续期的，按国家拆迁安置政策结合有期有偿续期办法办理。

在解决存量建设用地权益矛盾的同时，必须从完善法制包括坚持和完善土地招拍挂制度入手，尽量避免或减少产生新的矛盾。几年来，土地招拍挂制度饱受质疑，"价高者得"被认为是推高房价、社会资金脱实入虚的罪魁祸首。这种论调有失偏颇。试想，如果摒弃招拍挂制度，回到福利分房或行政批租土地的做法，必将为政府官员寻租权利促进腐败提供沃土，必将导致土地利用效率降低，背离最严格的节约集约利用土地政策，必将导致地方财政收入断崖式下降以至陷于崩溃。有人提出采用年租制代替一次性交付土地出让金的办法以平抑房价，也是不切实际的幻想。那样会无限增加非理性房地产投资投机需求，增加资源浪费和社会资本脱实入虚，最终必将导致经济社会全面倒退。因此，必须更加严格地执行土地拍招挂制度，并从三个方面完善相关政策：

1. 严格限定划拨土地供地范围。所有工业和经营性用地包括收费公路、铁路、机场、码头以及营利性教育、医疗、养老、金融、保险等用地，都必须按照公开、公平、公正原则实行招拍挂出让。不得以任何理由违规设置排他性条件，量体裁衣，搞萝卜招拍挂。违者结果无效，并严格进行责任追究。

2. 调整土地出让年限。住宅、办公、商贸以及其他需要建设高质量建筑物的，土地出让期可定为140年（大体满足高端建筑物寿命包括建设期时间要求），到期后土地使用权无偿收回，建筑物残值按评估价予以补偿。需要继续使用的，可参加公开招拍挂重新获取土地使用权。使用年限未满建筑物倒塌或成危房，业主同意提前放弃土地使用权的，根据剩余年限按相应比例退还土地出让金。这些规定在招拍挂公告、须知、土地出让合同、房屋销售合同、不动产产权证等文件均予以明确，并严格执行。工业和适用简易建筑物、构筑物的服务业用地，实行招拍挂弹性出让制度。根据国家产业政策，产品生命周期和企业经营水平，设定使用权弹性时间（如10年至100年），不明确具体年限，出让金以年租方式缴付，首次缴付约定的至少使用年限的租金。租金标准在不低于基准地价（测算到年）的前提下，与亩产税收、吸纳就业、科技含量、节能减排等指标挂钩，按一定权重建立反比关系，并在招牌挂文件和土地出让合同中予以明确，严格执行。

3. 允许集体建设用地公开出让。集体建设用地可先征为国有后出让，亦可不征收直接出让，但非公益项目必须委托政府公共资源交易平台实行招拍挂。出让金所得政府依法征收所得税、基础设施配套费、耕地垦造费、建设用地指标费等税费，剩余部分划归村级集体，主要用于被征地农民相关补偿、生活保障以及农地建设和保护奖励等方面的支出。税费标准应足以调节国家利益和集体利益，尽可能使两种出让方式不致村级组织获利差距过大。允许集体建设用地上市后,在严格土地用途管制的同时,实行建设用地(特别是宅基地)总量和人均面积双控。宅基地实行一户一宅、严格限额、约定期限、有偿使用、有偿退出、节地奖励。并实行农地补贴,以调节种粮与"种楼"的收益差距。

不可否认,依靠市场机制不能遏制房地产投资投机行为,无法调控房价剧烈波动。为了避免泡沫破裂,经济动荡,需要尽快出台实施房地产税收法律制度。"房子是用来住的,不是用来炒的,"亦即住宅是耐用消费品,不是投资品。根据这一理念,税率不宜过低,应足以调控房价过快上涨。综合考虑住宅投资本金及利率、市场租赁价格等因素,年税率拟定为1%~3%,以房地产市场评估价为税基。人均住房 36 平方米(城乡住房合并计算)以下的免税,超过 36 平方米的,超过部分按累进税率分段计征。与此同时,完善并严格征收住宅(含农房及宅基地)保有环节的遗产税、交易环节的所得税、营业税、契税等。运用税收、信贷、利率等经济杠杆和法律手段辅之以必要的行政手段,纠正市场"失灵"。加强廉租住房建设,保障贫困群体住房供给,促进房地产市场长期健康发展。

(原载于《浙江国土资源》2017 年第 5 期)

国有建设用地使用权到期处置研究

唐 健 王庆日 谭 荣[*]

20世纪80年代末,深圳和上海开启了土地有偿使用制度的先河。1988年的宪法修正案明确,在坚持城市土地国家所有的前提下允许土地使用权可以依照法律的规定转让。随着《城镇国有土地使用权出让和转让暂行条例》、《土地管理法》等一系列法律法规的颁布实施,我国基本确立和逐步完善了国有土地有偿出让制度。

作为国有土地出让制度的一项重要内容,出让期限以及到期处置问题备受关注。尽管相应法律法规明确了不同用途的土地使用权出让的最高年限,并对土地使用权到期处理的原则做出了一些规定,但这些规定大多比较模糊,回避了续期是否需要缴费、缴费标准和方式如何等核心问题,造成了当前和未来一段时期国有建设用地使用权到期管理面临无法可依的局面,进而影响到土地使用者未来预期和土地利用行为。

因此,开展国有建设用地使用权到期处置问题研究,一方面,当前国有土地管理的迫切需要。目前,一些在土地出让最高年限规定出台前出让的土地已经到期或者濒临到期,由于缺少统一规则,地方政府在与使用者协商谈判时,引发了矛盾;与此同时,20世纪90年代出让的综合用地、工业用地也将在10~20年内到期,国有土地使用权到期的处理办法已经到了必须明晰的时候。另一方面,研究国有建设用地到期处置问题对于完善制度、促进经济社会可持续发展也具有重要意义。不仅有利于实现可持续的土地出让收益制度,更具有3个方面的深远意义:一是进一步推进和完善土地有偿使用制度的需要,国有土地到期后续期费用的明确是对现行

---

[*] 唐健、王庆日、谭荣,中国土地勘测规划院。

有偿出让制度的补充和完善；二是避免国有资产流失、实现保值增值的需要，国有土地出让制度的建立大大提升了土地资产的价值，到期续期或按规定收回将有效保证土地作为国有资产的性质并使其保值增值；三是持续推进新型城镇化发展的需要，土地出让收益为城镇化过程中各类基础设施建设和公共服务配套提供了必要保障，形成合理的到期收回制度和对续期收费制度是新型城镇化发展的重要支撑。

一、现行适用的相关政策法规

我国涉及国有建设用地使用权到期处置的法律法规有：《城镇国有土地使用权出让和转让暂行条例》（1990）、2004年修正的《土地管理法》（2004）、2007年修正的《城市房地产管理法》（2007）、《物权法》（2007）、《国有建设用地使用权出让合同示范文本》（2008）。上述法律法规政策含义和主要观点为：

第一，对土地使用权人续期使用土地的权利保障逐步深入。1990年的《城镇国有土地使用权出让和转让暂行条例》把国家无偿收回到期使用权放在了更加突出的位置，只是表明使用权人有申请续期的权利，但没有规范国家对其续期申请是否予以批准的原则；2000年的《国有土地使用权出让合同示范文本》和2007年修正的《城市房地产管理法》则要求国家除根据社会公共利益需要收回到期土地外，应当批准使用权人的续期申请；2007年的《物权法》更是直接规定住宅建设用地使用权到期后自动续期，也即政府不能无偿收回到期的住宅建设用地使用权。从法律法规的变更来看，国家越来越重视对公民合法财产权利的保护，逐步限制政府权力。

第二，坚持了国有土地有偿使用的原则，但对于未来如何缴纳续期使用费用没有明确的态度。续期缴纳费用的用语经历了"出让金——土地有偿使用费——出让金"的变动，这个变动实质上反映了规则的不明确。土地出让金是一次性缴纳一定年限的费用以使用国有土地，应该说它属于土地有偿使用费的一种。然而，土地有偿使用费除了可以像土地出让金那样一次性缴纳，还可以实行按年分期缴纳，这个用词的变动实质上反映了制度设计上的非明确性。

第三，国家为了公共利益的需要可以无偿收回到期的住宅建设用地外的其他国有经营性土地，但需要对其上不动产按照其残值予以补偿。自2000年《国有土地使用权出让合同示范文本》出台后，对于国家收回土地使用权时、地上建筑物及其他附着物应当根据收回时的残余价值给予受让人相应补偿的规定得到明确。

二、国有建设用地使用权到期处置的目标和原则

（一）设计目标

第一，明晰和统一规则，稳定预期。国有建设用地使用权到期处理方案必须弥补已有法律法规中缺失和回避的部分，在全国范围内形成一套基本统一的处理规则。这将有效防止各地政府随意处置造成的日益复杂和各不相同的产权情况，以至于越来越难以解决；同时也能够稳定土地使用权人以及潜在受让人的预期，使其更合理地做出决策。

第二，减少对新增土地依赖，支撑可持续的城镇化建设。近些年我国依靠大规模的农地非农化和由此产生的大量土地出让金为城镇化建设提供了土地载体和资金支持。但是，由于我国土地资源十分紧缺，城市新增土地潜力十分有限，既有发展模式不可持续，因此，存量建设用地的持续性收益必将成为我国可持续的新型城镇化建设的重要支撑。

第三，合理收益分配，维护社会稳定。土地及其上房屋具有明显的保值升值特征，其价值的保持和增长离不开作为所有权人的国家转让使用权并提供基础设施和公共服务，同样离不开使用权人投资进行的土地开发、房屋修缮以及后续保有。因此，完全实现"涨价归公"是不现实的，让使用权人无偿放弃其最重要的资产容易激发强烈的社会矛盾。到期处理方案的设计必须做好土地收益在所有权人和使用权人之间的分配，维护社会稳定。

（二）设计原则

首先，坚持国有土地有偿、有限期、依法续期。一方面必须坚持"城市土地国家所有"的基本土地制度，另一方面必须坚定不移地对国有

中国土地改革向何处去

土地使用权实行有偿、有限期、依法出让。新增出让的国有土地、国家收回后重新出让的国有土地,其土地使用权出让的最高年限依照土地用途不得超过相关法律法规的规定;出让到期但申请续期的国有土地,其使用者在续期期限内应当向土地所有者缴纳国有土地续期使用费。

第二,保障公民的合法财产权利。2007年通过的《物权法》对保障公民的合法财产权利提供了有力的法律支撑。公民依法取得国有土地上的合法建筑物、构筑物和其他附着物等不动产,其财产权利受到法律保护,任何单位和个人不得非法占有。由于公民的不动产依托在国有土地之上,其财产权利也依附于国有土地使用权。为了保障公民的合法财产权利,国家应当赋予国有土地使用权人在使用权到期后优先使用该土地的权利,以保障其合法财产权利能够得以实现。国家为了公共利益的实现,可以在国有土地使用权到期时收回满足一定条件的国有土地,但应根据国有土地上的合法建筑物、构筑物和其他附着物的价值予以补偿。

第三,优先保障住有所居,严格住宅用途管制。国家应当把保障住宅建设用地使用权人的财产权利摆在更加突出的位置,在未经住宅建设用地使用权人同意的情况下,国家不得以国有土地使用权到期为由强行收回。非住宅建设用地上修建的住宅应严格按照其土地出让类型进行管理,不享受住宅建设用地的特殊保障,其续期使用费征收比例原则上应高于住宅建设用地。国家在重点保障居住用地使用权的同时,严格住宅用途管制,国家应严厉查处擅自将居住用地上的住宅用于其他盈利用途的行为。

第四,尊重历史、结合实际处理遗留问题。对于1990年5月19日《城镇国有土地使用权出让和转让暂行条例》公布前后出让的土地,实行差别化处理。该日期之前的出让土地,其出让年限未达到规定的最高出让年限,可以进行国有土地使用权续期。续期年限不得长于该土地用途最高使用年限与已使用年限之差,并且不得超过2060年5月19日。相关土地在进行国有土地使用权续期时,应当一次性补缴地价,缴纳标准由当地政府根据实际情况制定。该日期之后签订的国有土地出让合同,应严格按照国有土地出让合同、国有土地使用权证和(或)房屋所有权证上载明的国有土地使用权年限执行。

三、国有建设用地使用权到期处置方案设计

(一) 土地使用权到期自动续期类

1. 适用条件。为了切实优先保障公民的居住权利,保持设计方案与已有政策之间的连续性,本设计遵循《物权法》,对住宅建设用地到期自动续期。

2. 续期期限。住宅建设用地使用权到期后可自动续期。从这个角度看,只要使用权人不主动放弃或者因不可抗力不得不放弃土地使用权,续期年限不是重点。但是考虑到续期费用的缴纳方式,若采用按年缴费则不受续期期限的影响,若一次性缴纳,则长时间的续期年限将会产生较大的缴费压力。同时考虑到续期导致的行政成本,过短的续期期限将增加续期次数,从而造成无谓的行政成本,并且续期期限较短也无法充分发挥住宅类房屋的效用。见本文附表1。

附表1　　自动续期类不同续期期限的利弊分析

续期期限	利弊分析
短(以10年为例)	增加续期次数,加大行政成本 较小成本获得完整产权,剩余使用年限较短,和现行情况不匹配,房屋市场价值难以估计
长(以70年为例)	土地使用权人若选择一次性缴纳续期费用,则缴纳金额较大

综合考虑,为了和现行出让年限对接,并考虑到房地产市场的基本稳定,住宅建设用地的续期年限可设定为目前普遍采取的50年。

3. 续期费用缴纳方式。理论上,续期费用可以按年缴纳和一次性缴纳,其利弊如本文附表2所示。为了切实保障住宅建设用地能够实现自动续期和公民的居住权利,续期费用的缴纳不应一刀切,应当赋予土地使用权人根据自身需要和能力灵活选择的机会。借鉴深圳经验,设计按年缴纳和一次性缴纳续期使用费两种方式。

对于按年缴纳续期使用费,暂不发放完全产权的土地使用权证,不允许进入商品房市场进行产权转让,仅能根据已缴纳的续期使用费出租房屋,同时也不允许进行抵押。此种缴纳方式实现了房屋居住功能,但不能

附表 2　　自动续期类续期费用不同缴纳方式的利弊分析

续期使用费	利	弊
按年缴纳	缴纳金额较小，居民压力较小	不能获得完全的土地产权 不允许进入商品房市场进行产权转让，仅能出租 不能进行抵押
一次性缴纳	可以获得完全产权，并随时进入商品房市场转让和进行抵押贷款	缴纳金额较大，部分居民较难承受

体现房屋的资产性质。

一次性缴纳50年的续期使用费，应当发放完全产权的土地使用权证，并允许上市交易和抵押贷款，此种方式体现了房屋的资产功能。

对于按年缴纳续期使用费的土地使用权人，若需要在商品房市场上进行房屋转让，或者利用房屋进行抵押贷款，可以在一次性补缴清剩余年限的续期使用费后获得上述权利。若需要进行土地抵押款，则所有相关的土地使用权人应当一次性补缴清剩余年限的续期使用费。

4. 行政程序。居住用地或含有住宅的综合用地土地使用权到期，自动续期。国土部门审核到期土地出让合同的签订时间和出让期限。分为以下两种情况：

（1）1990年5月19日之前（含当日）且原出让期限不足最高期限。首先，自动续期年限为该土地用途最高年限与已使用年限之差；第二，国土部门在土地到期后的一个月内与土地使用权人当面签订国有土地使用权续期出让合同，土地使用权人应交回原有产权证，合同应载明双方约定的续期使用费缴纳方式、标准和时间；第三，土地使用权人应当在约定时间前一次性补缴续期使用费，缴纳标准由当地政府根据实际情况制定，缴清后国土部门颁发新产权证；第四，无力补缴地价的土地使用权人，可以将房屋转让给他人；第五，约定时间内尚未补缴地价的土地使用权人，应当按日缴纳滞纳金，拒不缴纳者主动放弃国有土地使用权和与之关联的房屋所有权，国家在补偿其房屋价值后予以收回。

（2）1990年5月19日之后，或者出让期限已为最高期限。第一，自动续期年限为50年；第二，国土部门在土地到期后的一个月内与土地使用权人当面签订国有土地使用权续期出让合同，土地使用权人应交回原有产权证，合同应载明双方约定的续期使用费缴纳方式、标准和时间；第三，续期年费标准（元/平方米）由政府根据土地类型、区位等因素确定，一宗土地上的同一种土地类型执行同样的续期年费标准（元/平方米）。政府应当向社会公示续期年费标准，并根据经济和社会发展情况定期予以调整；第四，土地使用权人应当在约定时间前缴纳续期使用费，可自愿选择一次性缴纳或者按年缴纳；第五，一次性缴纳续期使用费的使用权人，缴纳后获得国土部门颁发的新产权证；第六，约定时间内尚未补缴地价的土地使用权人，应当按日缴纳滞纳金；拒不缴纳者主动放弃国有土地使用权和与之关联的房屋所有权，国家在补偿其房屋价值后予以收回。

（二）土地使用权到期申请续期类

1. 适用条件。住宅建设用地以外的其他国有经营性土地，使用权届满前一年，其使用权人若需继续使用该土地，应向国土部门申请，除根据社会公共利益需要收回土地的，国土部门应当予以批准。

2. 续期期限。一般来说，工业、商业和其他用地与住宅用地相比，重新开发和调整的频率较高，且企业生命周期有限，在住宅建设用地自动续期的前提下，应当保证地方政府为了建设公共设施、落实城市规划、提高土地利用效率的需要，在必要的时候能够收回部分非住宅类经营性土地。因此，非住宅类国有经营性土地到其续期期限应短于 50 年，建议定为 30 年，以实现住宅类和非住宅类用地续期年限的差值与现行最高出让年限差值匹配。其利弊分析如本文附表 3 所示。

附表 3　　　　申请续期类续期不同期限的利弊分析

续期期限	利弊分析
短（以 10 年为例）	增加续期次数，加大行政成本 较小成本获得完整产权，剩余使用年限较短 和现行情况不匹配，房屋市场价值难以估计
长（以 50 年为例）	土地使用权人若选择一次性缴纳续期费用，则缴纳金额较大 由于工商业的特点，容易造成土地利用低效率 政府较难收回土地用于实现公共利益

3. 续期费用缴纳。续期使用费的缴纳与住宅建设用地原则上保持一致。

4. 行政程序。非住宅类国有经营性用地土地使用权届满前一年，土地使用权人若需继续使用该土地，应向国土部门申请；国土部门审核到期土地出让合同的签订时间和出让期限，分以下两种情况：

（1）1990年5月19日之前（含当日）且原出让期限不足最高期限。第一，国土部门同意予以续期，续期年限为最高年限与已使用年限之差；第二，国土部门在土地到期前与土地使用权人当面签订国有土地使用权续期出让合同，土地使用权人应交回原有产权证，合同应载明双方约定的续期使用费缴纳方式、标准和时间；第三，土地使用权人应当在约定时间前一次性补缴续期使用费，缴纳标准由当地政府根据实际情况制定，缴清后国土部门颁发新产权证；第四，无力补缴地价的土地使用权人，可以将房屋转让给他人；第五，约定时间内尚未补缴地价的土地使用权人，应当按日缴纳滞纳金；拒不缴纳者主动放弃国有土地使用权和与之关联的房屋所有权，国家在补偿其房屋价值后予以收回。

（2）1990年5月19日之后，或者出让期限已为最高期限。第一，国土部门决定是否批准其续期请求，除根据社会公共利益需要收回土地的，国土部门应当予以批准；第二，续期年限为30年；第三，国土部门在土地到期前与土地使用权人当面签订国有土地使用权续期出让合同，土地使用权人应交回原有产权证，合同应载明双方约定的续期使用费缴纳方式、标准和时间；第四，续期年费标准（元/平方米）由政府根据土地类型、区位等因素确定，一宗土地上的同一种土地类型执行同样的续期年费标准（元/平方米）。政府应当向社会公示续期年费标准，并根据经济和社会发展情况定期予以调整；第五，土地使用权人应当在约定时间前缴纳续期使用费，可自愿选择一次性缴纳或者按年缴纳；第六，一次性缴纳续期使用费的使用权人，缴纳后获得国土部门颁发的新产权证；第七，约定时间内尚未补缴地价的土地使用权人，应当按日缴纳滞纳金，拒不缴纳者主动放弃国有土地使用权和与之关联的房屋所有权，国家在补偿其房屋价值后予以收回。

（三）土地使用权到期收回类

1. 适用条件。国家可以在一定情况下收回到期的非住宅类国有经营性土地使用权：第一，为了建设公共设施、落实城市规划、提高土地利用效率等公共利益实现的需要，不予批准土地使用权人的续期申请的；第二，土地使用权人未按规定提出续期申请的；第三，出让土地闲置时间超过国家规定的。

2. 行政程序。第一，国土部门在相应土地到期前下达《国有土地收回决定书》，向原土地使用权人详细解释收回土地的原因；

第二，土地使用权人有权对决定书提出质疑，并在规定时间内提出行政复议；

第三，国土部门与土地使用权人就地上物的补偿进行协商，原则上应按照残余价值进行补偿；

第四，国土部门按协商结果向使用权人支付地上物补偿，同时土地使用权人交回土地使用权证。

四、相关政策建议

为了做好国有经营性建设用地的到期处置工作，现阶段亟须在以下几方面进行改进和完善：

第一，尽快出台《国有经营性土地使用权到期处置条例》，为到期处置办法奠定法规基础。出台国家统一的政策法规或指导性意见，是使用权到期处置工作的前提。当前，已有一些地区的使用权到期或者濒临到期，但因为没有国家统一的政策法规而暂时搁置了到期处置的问题。

第二，进一步完善和调整规划，为到期处置方案的选择指引方向。最早到期的国有土地大都出让于20世纪80年代，其土地利用用途、规模等情况可能与现在的城市发展不相协调，国土管理部门应该尽快抓紧实际地块的调研，按照实际需要对规划进行调整。高质量的城市规划和土地规划是政府处置到期土地使用权的必要保障。

第三，重视土地权属和使用情况的调查评价，为到期处置提供必要的支撑信息。摸清土地权属、利用现状是使用权到期处置工作的基础。当前需要各地开展土地权属调查、土地使用情况调查和评价，重点关注权属纠纷的提前解决、土地利用效益评价等。

第四，加强土地利用监管，为到期处置提供行政保障。不同土地用途在出让和续期年限规定、出让金和续期使用费的缴纳标准上存在较大差异，要防止土地使用权人擅自更改土地用途进行违法经营的行为，特别是要加强对住宅用地上从事经营活动、非住宅用地上违法修建住宅等行为的监管。

第五，及时开展土地使用权到期处置的制度研究。对比国内外土地使用权到期处置的经验和案例，结合现有土地产权理论方法，总结并分析我国土地使用权到期处置的特点，为到期处置实践提供科学参考。

资料：建设用地使用权到期处置方法参考

1. 我国香港地区。

香港地区的到期土地续期处理主要来自《政府租契条例》、《新界土地契约（续期）条例》等法律规定。目前香港地区土地以拍卖、招标或协议的方式批租土地，但租约期限最长只能到2047年，土地承租人可以一次交清地价外，也可以按年缴纳新地税。

对于到期的土地，1997年7月1日以前期满的土地契约可以续约；1997年7月1日到期的土地契约可以自动延长至2047年；租赁期限超过1997年7月1日的土地契约依然有效。

续期方式是土地自动续期，期限同上一次土地批租年限，并在土地注册处登记簿上注明。续期不需补交地价，仅需每年缴纳新地税，标准为年度"差饷"（土地税）的3%，大致约为房产年租租金的1.5‰，所以香港土地续期按年度缴纳的新地税在很大程度上仅具象征意义。

为此，香港地区专门有《收回土地条例》，规定因卫生欠佳、不适合人居住或危害健康或为军事利用以及"为行政长官会同行政会议决定为公共用途的任何类别用途"，政府就可以把官地"收回作公共用途"。政府收回官地，要给以"公正的补偿"。原租用业主有异议，也可要求独立的"土地审裁处"裁决。但拒绝迁出者，政府可以"占用官地"的罪名起诉、强制执行。

2. 德国。

德国模式，即土地使用权到期后，使用权人丧失使用权，但拥有要求所有权人按照合同约定或其他惯例对其上建筑物进行补偿的权利，即补偿请求权。土地所有权人在补偿使用人以后收回土地使用权，如果土地所有权人暂时不愿意进行补偿，则可以要求使用权人继续免费使用该土地，即延期请求权，使用权人可使用到期土地，直到所有权人做出补偿为止。

（成稿时间：2016年3月）

农地"三权分置"怎样与现行法律衔接

陈耀东[*]

"三权分置"政策在根本原则和权利逻辑方面与现行法律制度具有相容性,这是政策转化为法律的前提。政策转化为法律无需寻求政策语言与法律规范术语的一一对应,而应侧重法律与政策本意的契合。"三权分置"与现行法律制度衔接时,应保留现行法律制度确立的"土地承包经营权","承包权"只是一种理论框架下的权能描述,无独立成权的必要,"经营权"作为区别于土地承包经营权的权利应当被法律所肯定。

"三权分置"(即农地之上土地所有权、承包权、经营权分置)是针对"两权分离"(即土地承包经营权与土地所有权分离)而言的一种概括性政策表述。从我国改革开放以来农业用地变迁的纵向演变来看,无论是"三权分置",还是"两权分离",本质上都是农业生产经营模式发展和农地利用模式转变的过程中对农地权利表达和权利结构发展的历史性要求,是法律适应社会经济发展需要而产生变化的过程性表达。整个过程循着实践发展需要——政策表达引导——法律修正的路径。

目前,以十八届三中全会精神为指导,中央层面出台的一系列政策文件对"三权分置"均提出了要求。例如,2015年11月2日中共中央办公厅、国务院办公厅印发的《深化农村改革综合性实施方案》,2016年10月23日中共中央办公厅、国务院办公厅印发的《关于完善农村土地所有权承包权经营权分置办法的意见》等,均对"三权分置"的贯彻落实提

---

[*] 陈耀东,南开大学法学院教授、博导。
① 本文系北京市社会科学院一般课题"农村宅基地集约利用的法权构造"(项目编号:2016C3479)的阶段性研究成果。

出了明确要求。国家政策多次强调，现有农村土地承包关系保持稳定并长久不变，落实集体所有权，稳定农户承包权，放活土地经营权，实行"三权分置。坚持家庭经营在农业中的基础性地位，创新农业经营组织方式，推进家庭经营、集体经营、合作经营、企业经营等共同发展。"对此，需要进一步思考的是："三权分置"的政策要求是否与我国现行法律制度相容，政策设计的"三权"应如何理解，涉及对现行法律制度的调整和完善未来将如何进行？这些应是贯彻落实"三权分置"过程中需要回应的问题。

一、"三权分置"政策与现行法律制度具有相容性

中央出台的一系列有关"三权分置"的政策文件中明确要坚持和完善农村基本经营制度，坚持农村土地集体所有，坚持家庭经营基础性地位，坚持稳定土地承包关系，这与我国现行农地法律制度的根本原则是相一致的。同时，"三权分置"政策所坚持的权利生成逻辑与我国现行农地权利制度也具有一致性。首先，"三权分置"政策主张在土地所有权框架下，权能分离而独立生权是其权利生成的一般逻辑——这与现行农地权利的制度逻辑是一致的，如此，在以土地所有权为权利基础和源点而形成的倒金字塔权利结构中，更容易界定相关权利的边界和权利关系。其次，"三权分置"的核心思想是打破土地局限于集体经济组织成员细碎化，传统自耕农式的农地经营状态，将土地流转于集体组织之外的第三方经营主体进行经营。对此，《物权法》和《农村土地承包法》是允许土地承包经营权以此种对外开放的方式流转的。无疑，现行法的规定为权利流转及其流转过程中的经营模式创新预留了足够的空间。

"三权分置"政策与现行法律制度具有相容性是政策具有正当性的要求，也是政策上升为法律的前提。但需强调的是，政策转化为法律并不等同于将政策表述完全照搬照抄于法律规范之中，更无需寻求政策语言与法律规范术语的一一对应。法律规范术语表达自有其规范的逻辑体系要求。比如"权利"名称的既定性和内涵的规范性。特别是在"物权法定原则"下，特定的权利表达有其法定的内涵。而政策表达则相对灵活一些，政策文件出台前，也未经过严格的立法程序，其用语的规范性、逻辑性和严谨

性相对法律规范而言都不在同一维度和层次之上。因此，我们认为对于"三权分置"相关政策文件中所提出的"所有权""承包权""经营权"这三权，无需拘泥于从字面形式和表达上去一一对应或寻其一致的表达落实在现行法律制度完善过程中，更多地应该考虑政策文件的实质精神，侧重从逻辑贯通性和一致性方面寻求法律与政策的耦合，进而对相关法律规范予以完善。

二、"三权分置"中"三权"的实质意义

《关于完善农村土地所有权承包权经营权分置办法的意见》中明确要"将土地承包经营权分为承包权和经营权，实行所有权、承包权和经营权分置并行"。这"三权"究竟如何理解和界定？我们认为，相关政策文件只是对"三权分置"理论及其指导精神的表达，并非在"三权分置"体系下权利结构的固化性要求。《关于完善农村土地所有权承包权经营权分置办法的意见》中同时也明确要"妥善处理三权的相互关系，正确运用三权分置理论指导改革实践，不断探索和丰富三权分置的具体实现形式"。因此，应侧重于从"三权"关系中分析其权利表达的本质，而非对其能够成为一项法定的、独立的权利的形式表达予以肯定或界定。

"所有权"是"三权分置"的基础和根源。农村土地归农民集体所有，集体土地所有权人对集体土地依法享有占有、使用、收益和处分的权利。应当肯定一切权利的分置从根本上都是土地所有权权能分离的产物，甚至可以说，"三权分置"是农村集体土地所有权的一种实现形式。在"两权分离"体制下，虽名为两权，但由于集体土地所有权存在主体虚置等问题，实质上权利结构的设计天平早已偏向于土地承包经营权这一用益物权，甚至将其按照"准所有权化"进行改造，而不是传统理论中所述的，强调所有权的权源和基础性地位。但实践证明，土地承包经营权这一所谓的"准所有权"在运行中无论如何还是会受到集体土地所有权这一法律上真正的"所有权"的影响，土地产权混乱不清的局面仍然存在，农地资源也未能实现理想的优化配置。我们认为："三权分置"的意义一方面是提出了经营权流转，另一方面则是要重塑集体土地所有权在农地产权结构中的基础性法律地位。相关政策文件中也强调要"坚持农民主体

地位，维护农民合法权益，把选择权交给农民，发挥其主动性和创造性"。

重塑集体土地所有权在农地产权结构中的基础性法律地位的关键在于解决集体所有权的主体虚置问题，国家政策提出的"承包权"恰恰契合了解决这一问题的关键——成员权。承包权是集体成员以其独立的个体身份主张其成员权实现的权利表现形式。集体成员在集体土地所有权行使和实现中有双重身份，一是作为集体的组成部分，二是具有独立的个体身份。作为集体的组成部分，要求各成员行为必须具有统一性，而作为独立的个体，其意志、行为和利益又具有一定的独立性。应当肯定的是，集体成员在集体土地所有权限下虽无权以独立的个体身份直接对集体土地进行占有、使用和处分，但却是以个体身份分享集体土地所有权收益。

成员行为的统一性与成员利益的独立性之间必然存在一定的矛盾冲突，这种统一性与独立性的矛盾冲突最典型的表现就是人民公社时期过度强调集体统一性，而忽视了对成员个人积极性和个体利益的保护，最终导致集体生产力下降。而家庭承包责任制正是在这二者之间寻求一个合适的张力，既能维护好农民集体的利益，也能调动农民个人的积极性。因此，"承包权"并不是农地流转后土地承包经营权的剩余性权利，农民基于集体组织成员身份而享有的承包经营集体土地、分享其土地收益的专有资格。可以将承包权界定为是集体成员分享集体土地收益的成员权能特定化和分割化的权能表现形式，其可以特定化在不同的权利之中。比如，承包权可以特定化在"土地承包经营权"中，在具体分割的某一地块之上得到实现；也可以在集体土地统一经营模式下，通过确权确股的方式，确认其特定的股份收益份额的形式得到实现。

经营权是对土地所有权中的占有、使用、收益权能以特定的模式分离、组合形成的一类独立的权利的总称。经营权具有以下特征：第一，经营权本质上是来源于土地所有权中的权能分离；第二，经营权与现行法律制度框架下的土地承包经营权最大的区别在于经营权去除了土地承包经营权中的集体成员身份性限制和要求；第三，经营权的权利内容取决于设定经营权的合同约定，换言之，对占有、使用、收益权能的不同实现形式和组合形式可以构成经营权的不同权利内容。

对于经营权的权利属性，学界有不同的认识观点。有学者认为，物权性经营权违反了一物一权原则，在物权法逻辑思路下，无法独立成为物权；也有学者从次生性权利的角度为经营权独立成物权提供理论上的支持。我们认为，无论经营权独立生成物权的权能是从所有权分离而出，还是从土地承包经营权分离而出，分离后的权利必然对原权利产生定限作用，在权利边界清晰约定的情况下，是不会产生一物之上多重权利冲突的问题，从根本上也不违背"一物一权"的原则。考虑到稳定经营权，充分调动经营权人的积极性，优化土地资源配置的需要，我们赞同将经营权定性为物权。借此，经营权人可以将其经营权再次流转，可以将其抵押，也可以将其以入股等方式流转，这些都从根本上有利于优化土地资源配置。

三、"三权分置"与现行法律制度衔接

"三权分置"的目标是为了实现党的十八届三中全会决议提出的构建新型农业经营体系的要求，坚持家庭经营在农业中的基础性地位，推进家庭经营、集体经营、合作经营、企业经营等共同发展的农业经营方式创新。实现农业经营方式创新的权利路径在于集体土地所有权中特定经营性权能的分离。在现行法律制度框架下已经形成了土地所有权与土地承包经营权的"两权"。"三权分置"并非摒弃当前的"两权"体系，而是在"两权"的基础上拓展集体土地所有权的实现形式。具体而言，如果是家庭经营的话，就是集体土地所有权权能分离产生土地承包经营权；如果是集体经营的，就是集体经济组织代表集体直接行使集体土地所有权；如果是合作经营，就是土地承包经营权权能分离产生经营权交予合作社统一经营；如果是企业经营，就是所有权权能分离产生经营权交予特定的企业或土地承包经营权权能分离产生经营权交予特定的企业进行经营。

概括来说，"三权分置"的实现路径有两条。第一条路径是在不存在土地承包经营权的土地上，所有权权能分离直接设立经营权。此时设立的"经营权"与"土地承包经营权"有两点根本的区别：一是权利主体不同，经营权的权利主体为集体成员以外的其他经营主体，而土地承包经营权的权利主体为集体成员；二是权利对价不同，取得经营权须支付的对价要高于土地承包经营权，因为经营权对价中包含了集体成员的承包权收

益。第二条路径就是在土地承包经营权既存的情况下，土地承包经营权在其权利范围内部分权能分离设立经营权。《物权法》第 128 条规定和《农村土地承包法》第 32 条规定均肯定，土地承包经营权人，有权将承包的土地在承包期限和承包权限范围内，将特定的经营权能转让给第三人。彼时存在的问题是：是否在土地承包经营权人设定并流转经营权后，土地承包经营权就此消灭并变更为"承包权"呢？我们认为，流转后的土地承包经营权仍然是土地承包经营权，只是其权能受限，仅保留了"承包权"这一权能表现而已。保留下来的"承包权"是代表了土地承包经营权的身份属性，也是为土地承包经营权权能分离后恢复弹力的本源所在。

综上所述，农村土地所有权—承包权—经营权三权分置与现行法律制度衔接中，应继续保留并完善现行法律制度确立的"土地承包经营权"这一用益物权。"承包权"更多的只是一种理论框架下的权能描述，无独立成权的必要，"经营权"作为区别于土地承包经营权的权利应当尽快被法律肯定并界定为一种物权。

【参考文献】

1. 罗瑞芳："我国农地产权制度改革思路的调整与突破"，《安徽农业大学学报（社会科学版）》2015 年第 2 期。

2. 楼建波："农户承包经营的农地流转的三权分置——一个功能主义的分析路径"，《南开学报（哲学社会科学版）》2016 年第 4 期。

（原载于《人民论坛》2017 年第 11 期）

第五篇

中国土地制度改革向何处去

党的十八届三中全会通过的《决定》要求大家"紧紧围绕使市场在资源配置中起决定性作用深化经济体制改革,坚持和完善基本经济制度,加快完善现代市场体系、宏观调控体系、开放型经济体系,加快转变经济发展方式,加快建设创新型国家,推动经济更有效率、更加公平、更可持续发展"。这里用了"紧紧围绕"和三个"加快",表明任务的紧迫和形势的严峻。既然通过了历史性的《决定》,就要拿出历史的担当。今后经济体制的主要改革方向不应再零零碎碎,而应知难而上。

土地制度改革亟需新思维

文贯中[*]

要素市场的建立和良好运转，涉及市场经济的最核心部分。要素配置由政府主导到由市场主导，将在中国的民众和企业中引起翻天覆地的变化，涉及到所有阶层的经济决策方式的转变、所有企业行为方式的转轨，以及所有政府部门的角色定位的转换，必然是一项最艰难，也最具全局性的改革，至今仍然是中国无法回避的最艰巨的经济改革任务。

这项任务的主要动力和思路必然要来自顶层，其成败与否的责任也必然由顶层肩负。而且，这项任务的成功完成，也必然是中国经济改革大功告成的主要标志。作为三大要素之一的土地，由于承载了一切经济活动，直接涉及人类本身的生存，土地制度必然是一种全局性的制度，其改革无法由基层的零零碎碎、互相割裂的改革所替代。

从中国改革的历史看，只有当顶层基于世界上主要市场经济，以及本国悠久历史中所积累的丰富经验，在一些重大原则问题上指出方向，并公开表态之后，地方才能真正放胆解放思想，尽情发挥地方的积极性。

回顾中国近40年的改革经验，就能看到，在涉及全局性的问题上，每次都必须有顶层的重大思想突破，例如对包产到户的态度的转变，对民营企业合法性的全面认可，对计划经济弊端的逐渐深化的认识，对市场经济体制的最终接受，以及对加入WTO的坚强决心的公开表达等等，都是在顶层达成重大共识之后，地方和民间才能合法地积极响应，探索落实的途径，并迅速引起新一轮的经济发展高潮。要素由政府配置改为市场配置代表重大的制度性转轨，在笔者看来，也有赖顶层的新的共识和决心，无

---

[*] 文贯中，上海财经大学高等研究院农研中心研究员、美国三一学院经济系教授。

法依赖地方上仅仅有局部意义的实验。

一、土地制度改革的实质

在阅读各地试验点材料时,笔者最重要体会是,地方性的局部试验无法解决全局性问题的。

例如,重庆市巴南区人民政府的代表在发言中,呼吁对各种不同用途的土地尽快作出划定。这样的呼吁自然是有道理的。可是,划定土地的分类有两种办法:一种是继续用已经被证明十分失败的数量指标,即中央政府每年决定全国的土地总指标,然后分解到各省、各市、各县,并对指标内的土地用途进行分类。这种计划经济的办法,由于没有供与求的准确信息,造成严重问题,例如土地使用的低效,地方债的居高不下,房屋库存的难以消化,巨量农民工的难以定居,"鬼城"、"空城"和城中村同时蔓延。这种配置方法已经为党的十八届三中全会的《决定》所否定。

另一种办法就是落实上述《决定》,用市场去决定性地配置不同用途的土地。所谓用市场配置土地,就是用价格配置土地,包括用价格确定土地的总量供应,用价格决定土地的不同用途之间的相对比例,两者是同时完成的。举例来说,多少土地用于农业,多少土地用于城市扩张,是由不同用途的土地的相对价格的变动来同时决定的。从概念上说,似乎可以单独决定农业用地的数量,或城市用地的数量。

其实不然。要获得均衡,两者必须同时决定,这也是市场配置的优点。在土地可以自由交易的市场经济中,只要某种类别的土地供应的量无法和需求的量达成均衡,价格就会波动,或者暴涨,或者暴跌,迫使区划和城规部门做调节,增加价格暴涨类型的土地供应,减少价格暴跌类型的土地供应。

为了让价格能够发挥配置作用,就要允许所有的土地,不管它们被划为农业用地,还是非农用地,都是可交易的,因而是有价的。

进一步说,即使非农用地,又可以细分为工业用地、商业用地、住宅用地和公共用地等,它们互相之间的合理比例也要通过土地交易,通过由此产生的价格波动,通过允许的套利机会,允许土地从价格低的用途流向价格高的用途,才能完成土地在不同用途之间的均衡配置。

由此看来，用价格决定所有土地在不同用途上的配置比例，是一件极为复杂的、无法回避的任务。同时，只有在全国统一的土地市场才能同时完成土地总量的配置，以及土地在不同用途之间的配置。

如果将各地的土地市场割裂开来，各地的土地价格无法互相影响，无法传递，无论是土地的总量供应，还是土地用途的分类就必然失去了客观的基础，必然依靠"拍脑袋"的方法，配置的结果必然偏离长期均衡，因而没有可持续性。中国越来越深地融入全球化，不但国内的各种经济和非经济因素，而且国际的经济和非经济因素都会经常变动，而这些变动必然会影响到中国各地不同用途的土地使用成本，因而影响到它们的配置比例。

例如，随着改革开放，许多三线城市人口减少，那里的农业用地比例基本不变，甚至上升；而像深圳、东莞、浦东、天津滨海新区这样本来的沿海农村地区却迅速城市化了，那里的农用土地的比例急剧降低。

一般来说，任何地方的非农用地比例的上升，必然会影响到其他地方非农用地比例的变化。因此，我们需要全国统一的土地市场，才能比较准确地知道土地的总量供应，以及在各地配置不同用途土地之间的比例。

然而，迄今为止，中国土地制度改革试点不但局限在某些孤立的地方，而且在每一个局部试点又进一步限制单项土地用途（例如宅基地，或集体经营性土地，或山坡地）入市。这样做，完全是用计划经济的老办法去试验土地市场的发育，严重违背了土地市场配置土地的内在规律。

很明显，这些地方得出的试验结论即使对当地都没有意义，更谈不上有全局的意义。各地土地制度的试验如果真是市场导向，最关键的就必须允许所有的土地入市，才能找出当地各种类型土地（编按：本文所说的"土地价格"，实为土地使用的价格，而不是所有权买卖价格；土地"交易"，一般也指其使用权的交易）的真实价格，并允许相对价格波动，达到各类土地的供求平衡。这就必然要求该地的所有不同用途的土地都可交易，并且允许通过对不同类型的土地差价之间的套利，才能确定每一种特定用途的土地之间的合理比例。

所以，土地可交易问题不解决，所谓市场导向的土地制度改革试验就是一句空话。

例如，重庆在试验地票制度时，规定每亩地票的价格是10万元。若要问重庆地票价格每亩10万元是如何确定的，以后会如何演变，谁都回答不了。在我看来，由于不存在全国统一的土地市场，重庆的地票说到底是由当地政府单边确定的，因而并不真正反映土地市场的供与求，不反映土地真正的机会成本。重庆地票的价格是死的，不会随全国乃至世界的各类因素的变化而上下波动。如果匆匆推广到全国，由各地政府随心所欲地决定当地地票的价格，结果必然是加剧二三线城市住宅库存的过剩，引致地方财政恶化。

二、切割土地的获得与村人口变动的联系

所谓价格，其产生必然来自供需双方的自愿交易。所以，交易涉及物品的产权一定要明晰界定，以免纠纷。但是，在现行土地制度下，农户对土地继承权的获得，取决于各个农户在村总人口中的份额。只要土地的获得与全村人口变化的内在联系没有切断，则农地的配置就不可能由市场决定，只能由农户的相对人口比例的变化来决定。

如果切断土地的获得与全村人口变化的联系，土地的集体所有也就不再存在。

可是，只要土地（特别是宅基地）和全村人口的变化之间的联系没有切断，在城市化率不断提高的同时，农村宅基地的面积也在扩大，农地则在不断细零化，为世界城市化史上所亘古未有。

同时，集体所有制要求定期根据村人口变化进行地权调整，地权的界定必定难以明晰化和固定化，各户的宅基地和承包地的面积必定在变化之中，它们流转和抵押的合法性存在极大的不确定性。由于难以成为好的抵押品，通过土地抵押向农民提供金融服务的银行业务就迟迟难以发展起来。

最后，各地关心的是自己边界之内的农民如何实现城市化，并不关心自己边界之外的农村人口。如此一来，纯农区的人口如何实现城市化就为大家所忽视。

刘易斯拐点到来并未使城乡收入差收敛，中国不但急需建立全国统一的土地市场，而且急需建立全国统一的劳动市场，不然后果严重。例如，虽然十几年前起，一些专家已经证明刘易斯拐点的到来。如果是真的，中

国应该进入城乡收入差收敛的过程,因为劳动的边际产品价值为零的农村劳动力已经吸收完毕,接下来城市只能吸收劳动的边际产品价值越来越高的农村劳力。

这意味着农村应该留下劳动生产力越来越高,人数越来越少,生产规模越来越大的农户,直到他们的劳动边际产品价值接近城市,城乡收入差完全消失。但是,中国的现实是农村剩下的劳动力基本是老弱病残妇,农村户口的人口总数(包括农民工)仍占人口的60%以上,其中有将近6 000万留守儿童,预示着"农二代"人力资本和对城市生活的适应性难以提高。

与此同时,由于城乡的收入差仍在扩大,城乡二元结构呈现固化状态,农业则逐渐丧失内在活力,在国际市场上越来越没有竞争力。

党的十八届三中全会通过的《决定》要求大家,"紧紧围绕使市场在资源配置中起决定性作用深化经济体制改革,坚持和完善基本经济制度,加快完善现代市场体系、宏观调控体系、开放型经济体系,加快转变经济发展方式,加快建设创新型国家,推动经济更有效率、更加公平、更可持续发展"。这里用了"紧紧围绕"和三个"加快",表明任务的紧迫和形势的严峻。既然通过了历史性的《决定》,就要拿出历史的担当。今后经济体制的主要改革方向不应再零零碎碎,而应知难而上。完成这一任务就能青史留名,造福于中华民族的子孙万代。

为什么呢?因为只有实现要素配置的市场化,在全球化进程日益加深、世界市场竞争日益加剧的历史大潮中,中华民族才能获得最强大、最可靠的竞争力,这种竞争力来自亿万民众基于自利之上的最灵活的反应力,被释放出来的亿万民众的智慧和内在活力才能形成永恒的创新力。

除了劳动要素和人力资本要素存在于劳动者的肉体之中,其他两大要素资本和土地本身都是物,并不可能基于自利的考虑,决定自身的流动方向。其自我价值的实现必须借助于其所有者和使用者。资本和土地如果集中在少数人的手中,必然形成最坏的权贵资本主义。所以,产权必须分散。如此,才能由自由博弈形成均衡价格。

为此,我提倡农民要有自由退出现有集体,另组新的集体的权利。至少可列举出以下五个理由:

1. 如果只允许政府一家买卖土地,必定形成最坏的垄断市场。如果在政府之外，实行身份和地域的限制，只准许每个地方数目有限的集体组织有权向本地政府和企业提供土地，收购者依旧为政府一家，土地市场仍将沦为寡头垄断。

2. 如果土地集体所有基于农民自愿，则农民自然有退出自由。不准农民退出，说明这种集体所有必然是强制性的，因而违反党的自愿原则。这个错误为何就不能改正？

3. 生产关系必须符合生产力，在生产力最为落后的农村，应该允许土地所有制的多元化。其实中国的耕地只占领土的很小部分，土地是国有的，所以，中国的土地所有其实是以公有为主，没有担心的必要。

4. 30多年来的实践雄辩地证明，现行土地制度正是使中国陷于各种结构性扭曲的主要制度性原因。

5. 如果中国的土地制度和世界接轨，本国历史上和世界各国所积累的典籍和法规立即可为中国借鉴，避免巨大浪费和弯路。中国现行独一无二的土地制度完全违背市场经济的内在要求，使中国只能在黑暗中摸索，而制定出来的政策效果却越来越差。

三、土地制度改革的新思路

为了迅速有序地建立全国统一的土地市场，不妨把全国的土地分为三大种类：一类是远离城镇的纯农区土地；一类是已有的城市用地；第三类是两者之间，紧邻城镇的，目前尚为农田的所谓郊区农田。这三类土地目前都不由土地市场配置。首先，农田本身的配置，在现行土地制度下，取决于每个家庭在各自所在村的总人口中的份额，而不是其使用土地的效率。这是中国的农田配置根本区别于市场经济的地方。不仅在农户之间，而且在农村集体之间都不准交易农田。农村人口和土地要素结合的低效，是中国农业逐渐丧失比较优势的主要原因。由于没有土地的交易和兼并，无法知道中国究竟还有多少剩余劳动，使刘易斯模型的预言在中国的制度条件下无从实现。

其次，城市土地的配置完全取决于政府。根据现有宪法第十条，已有的所有城市土地都归国家所有。在这种安排下，没有人操心城市内的每片地块是否已经实现了其价值的极大化。土地的所有既然属于全民，如何通过频繁的交易，也就是试错的过程，寻找每一地块的最高价值呢？我们不仅看到"空城"和"鬼城"的蔓延，还看到许多城市不断冒出大广场、大马路、大公园、大绿地，内容空洞。各地还有很多工业园区，长期处于沉睡之中。然而，将近3亿外来打工者却居无定所，往往拥挤在城中村的小产权房中。

最后，郊区土地的配置也为政府垄断。这部分土地有转为城市用地、获得升值的潜力，因而其配置存在更为严重的问题。不要说个别农户无权决定，连农村集体都无权决定哪一块土地可以入市，转为城市用地。但是，根据宪法第十条，只有为了公共利益，政府才能征收农民的土地。

所以，目前各个城市政府无论是否为了公共利益，在需要城市用地时，一律将郊区土地征收，禁止农村集体自由交易土地。

由上所述，现有的土地制度禁止三类土地中的任何一类自由交易，因而阻止了土地市场的发育和土地价格的形成，使土地无法由价格（市场）配置。这种土地制度使最有价值的土地不断转为国有土地，使土地的所有权越来越高度集中，使城市化变为国有化的过程。这是与劳动和资本两者的所有权在民间日益分散的市场导向的趋势正好背道而驰的。

最关键的一点是，如果所有的土地都不得交易，土地的均衡价格如何产生？土地如何由均衡价格配置呢？

在此，为了转换土地制度改革的思路，提出以下三点建议。

第一，为了使包括农田在内的所有土地变得可交易，对农户承包地块的确权颁证应该坚决进行下去，并建议农村集体停止宅基地的无偿划拨。

第二，在尽快完成上述措施后，回到宪法规定的轨道上来，除了公共利益用地外，政府不得征收农民的任何土地；同时，在不改变所有类别土地的现有用途的前提下，开放所有类别土地的自由交易。

第三，因为基于不同用途的土地比例长期失衡，它们的价格将出现波动。授权区划和城市规划部门根据价格差表现出的信息，微调已有的区划和规划，以便增加价格暴涨类别土地的供应，减少价格暴跌类别土地的供应，以满足对不同类别土地的需求，实现不同类别土地的比例合理。

这样的思路既满足尽快发育全国统一性的土地市场的要求，又满足有序配置土地的要求，因而有助于实现土地改革的终极目标。同时，地方税收也能转到更能持续的物业税的轨道上来。所有的土地立即变得可交易，能很快产生各类土地的相对价格,符合"土地制度改革必须是全局性"的要求。

其次,明确规定所有交易的前提是不改变土地的现有用途,因而交易是有序的,特别是不会立即影响纯农区和已有城区的土地供应。

再次,在这种改革思路下,郊区农业集体获得了对自己的大部分土地的支配权和入市权,由于不能随便转为非农用土地,他们会立即减少土地供应。这正好防止了对现有土地市场和房屋市场的无序冲击。区划和城市规划部门可以根据当地城市用地价格变化的幅度,掌握将郊区土地转为各类城市用地的审批速度。

一般来说,各地的工业用地以及二三线城市商住用地的价格会下跌,从而导致这类土地供应的良性减少;一线城市的商住用地的价格会上升,导致更多的土地流入市场,缓解土地供应的瓶颈,缓解房价上升的压力,解决长期以来土地的供求失衡,也有助于农民工及其家属、子女的就地团聚和定居。

如此,至少农田的配置和城郊土地这两大类的土地配置将立即由土地市场扮演决定性的角色,土地市场由此可以迅速发育起来。

将来,除了用于公共设施的土地外,城市土地也可以逐步向企业和社区出售。这样可以逐步回收目前超发的货币,增加地方政府的财政收入,改善当地的公共服务。

(原载于《财经》2016 年第 9 期)

我们需要什么样的土地制度？

华 生[*]

在农业社会中，土地的基础功能是维系人的基本生存。由于生产率水平低下、剩余农产品有限，城市化的非农业人口必然不能多，通常都在总人口的百分之几。农村的土地也不能过于集中，否则"富者田连阡陌，穷者无立锥之地"，以致流民遍野，通常就是民变四起的王朝末年了。因此农业社会中农民的最高理想就是"均田地，轻徭赋"。但是由于中国传统农业社会不能摆脱地主与农民的经济结构，以及君主皇权必须依靠皇粮国税来维持庞大的官僚机器和奢侈性支出，这个理想在中国几千年的农业社会中都可望而不可即。

我国自改革开放开始的农村土地家庭承包，实质上是自20世纪50年代初土地改革之后中国历史上又一次最平均主义的"均田"，因而极大地调动了农民的生产积极性。2006年国家又完全取消农业税，并开始大规模地反哺和补贴农业、农村，因而可以说中国农民几千年来的理想王国已超出想象地完全实现。而能做到这一点，除了社会主义性质的平均地权以外，还要归功于工业化、城市化的发展，使得政府不必再依靠农业税赋来维持。

但是，工业化、城市化的迅速进展也带来了新的问题。这最主要的就是原本主要只是依土壤肥沃条件不同而差异的土地价值结构发生了根本变化和调整。由于人口的快速集聚和社会公共产品的巨大投入，在广大非城郊土地价值变化不大的同时，城市中和城郊用于非农建设的土地惊人地升值。只占全部国土不到1%、占耕地面积不足5%的城市开发用地成为国

---

[*] 华生，东南大学经济管理学院名誉院长，教授。

民财富的主要载体。而城市化又恰恰是原本占全国人口多数的农民的绝大部分不断迁移进城市重新定居的过程。大部分人离开乡村乃至小城镇，移居到他们并不拥有土地的大中城市。这种人口和财富同时向城市土地集中、但人口又不能自动分享他们所移居城市的土地财富的矛盾，构成了城市化转型过程中的"陷阱"与土地制度安排的特殊挑战。这也是众多发展中国家城市化、现代化进程受阻的主要原因。

从市场导向的改革发展的趋势来看，土地制度改革的目标模式应当是在农民耕者有其田、市民居者有其屋的基础上，城市居民可以自由地下乡置业，农村居民可以无障碍地进城落户。但是我们首先要面对的是，农村的户籍人口尚占全国人口三分之二的几亿农民工妻离子别、居无定所的现实。显然，不解决这个城市化转型的主要挑战，留在农村的农民在现代技术条件下耕者有其田的规模经营，市民居者有其屋并享受均等的公共产品服务，以及若干有钱有"闲"的城市居民逆城市化的"归农"耕作或回归大自然的退休养老，就都会显得过于奢侈而不真实。

因此，在城市化转型期，一个公正的土地制度的安排就与传统的农业社会的均田轻赋不同，需要有利于以农民工为代表的外来人口市民化的城市安居和享受公共产品的平等服务，有利于在大部分人口转移后农村留守农户的规模化和现代化经营，并最终实现城乡人口安居、择业的自由流动。显然，在这个转型中，庞大的农民进城移居家庭的市民化安居是基础和前提。

什么是城市化转型期有利于人转（即以进城农民为主体的城市移居人口市民化）的土地制度安排呢？

一、城市化土地升值社会分享有利于人转，城郊土地所有人自己开发受益有碍人转

在快速城市化的过程中，一国的土地价值结构发生急剧变动，在非城郊土地价值变动有限的同时，城郊特别是大城市郊区的土地会巨幅升值。这时，由社会（主要来源只能是税收）来负担城市公共产品的投入，而由城郊土地所有人收获土地增值的收益，就会造成巨大的社会不公正。因为所谓"土地转用开发照常纳税、收益归己"的模式，实际上是把城郊

土地升值完全等同于一般财产收入或劳动收入，而否定了其收益的外部性和公共性。一个相当流行的说法是，如果允许城郊农民自主转让土地，由于土地供应量大大增加，土地从而住宅价格会显著降低，从而有利于农民移居人口的落户。这个判断的假定前提是城市的整体规模与占地范围可以随意扩大的，并用土地供应的增加来抑制房价。其实相对于任意一个给定的人口规模，城市大小都有一个适度范围。城市范围扩大需要产业的发展特别是基础设施投入的延伸，并非是简单盖住宅就能降低房价、有利移民。发展中国家的许多大城市、特大城市占地规模已经惊人，但城区的土地和房价在全球都属于高位。可见并不是城市郊区可以自发无限蔓延就可以降房价。而且恐怕恰恰相反的是，如果城区扩大的土地收益主要归原住民地主，公共设施用地和城市基础投入的巨大成本就得额外地筹措和分摊在城市建设的成本上，从而推升土地价格，加大进城迁移人口的安居困难。关于这一点，我们在许多土地开发失控的发展中国家的例子中看得很清楚。

从一般经济学角度说，城市化土地的增值也可以用税收来调节。但是，城郊土地在改变用途和规划后往往是数倍、数十倍乃至更高幅度的增值，这就严重制约了采用税收杠杆的有效性。如我国台湾地区在城市化转型早期曾对土地转让4倍以上的收益征收100%的土地"增值税"，但实际效果并不理想，后来只能不断降低。我国大陆现在的二手房交易所得税率只不过20%，但规避税收的"阴阳合同"在各地都极为普遍。土地开发增值的税收就更加困难。因为单纯土地或房屋转让价值相对还容易计量，而土地开发盖房后由于各种成本的进入，其增值征税就复杂得多。

我国房地产开发行业长期以来实行的是增值超过2倍以上边际税率为60%的土地增值税，但由于计算复杂，开发商又将开发周期搞得很长乃至不断交叉滚动，实际上长期并未征收。近年加强对土地增值税的计税征缴，一般也只是开始按开发合同额预征百分之几交差，最后的清缴往往仍因遥遥无期而不了了之。

城郊土地自由转让开发还面临另一个主要障碍，这就是现代城市建设的整体性和外部性。因为当一大片乡村土地全部转为城市开发之后，其中能够用于市场价值最高的商业性开发的土地也是有限的，往往不超过三分之一，其余土地使用的市场价值则要低很多，特别是要有大约25%的土

中国土地改革向何处去

地用于道路、桥梁、公用等公共设施，另有25%左右要用于公共教育、公共卫生和政府机构及公营事业单位。由于信息和交易成本过高，市场本身不能解决：在存在严重外部性的情况下土地开发的城乡边界划分问题；转为城市建设的区域，哪些人的土地做商业性开发，哪些人的土地用于公共设施使用；即便是用于商业开发的土地，能够建多高、多密的建筑容积率问题。因此，代表社会整体利益的城市规划的作用不可避免。有人说，可以在给定规划之后，由土地所有人按照规划自主转让开发。这其实并不可行。因为任何规划实施必然造成现有土地所有人巨大的不同的损益，因此不对规划造成的土地所有人利益变动进行调整和再分配，任何规划都不可能被接受和实施。

要成功地实现人转即城市化转型，城市内部的公共产品和服务的均等化，中心城市与卫星城市乃至不同城镇相对于人口的服务均等化，最后到全国城乡人均公共产品的均等化，恐怕是一条不可避免的发展道路。

所以，既考虑受规划影响而损益不等的土地权利人，又考虑社会其他利益相关者的土地收益再分配，是现代规划实施的必然步骤和前提。

东亚模式中具有代表性的城市化土地增值分享办法，就是日本从德国学来的近旁类地的补偿原则和"减步法"。所谓近旁类地原则就是用被征购土地旁边的类似用地作为参照进行征地补偿。由于日本的各类土地都有相应的固定资产税，因此各种不同类型和用途的土地的价格相当透明。对农业用途的土地有时是用另一块同样的农用耕地来补偿，被称为"替地"。这个办法在韩国和中国台湾地区也被广泛使用。减步法则是在近郊和旧城区改造中，涉及土地用途和规划改变时，土地所有人必须交出相当部分土地用于公共设施用地和弥补建设成本，以换取规划改变，称为减步。减步的原则是土地所有人所持土地的价值在改造前后保持不变。由于改造后环境改善、土地升值空间提高，故土地所有人仍然接受这种区划整理事业和改造。可以看出，日本模式其实是用难以规避的土地实物税的形式来进行土地增值的社会再分享，这既大大降低了交易成本，同时"替地"和留地开发的方式又避免了土地所有人的失地或一夜暴富。替地法或减步法的另一大好处是其土地增值社会分享的原则透明，具有可操作性，因而既可以是政府主导征地补偿，也可以土地产权人主导减步交地后自己留地按规划开发，不存在征地与留地自己开发之间的绝对对立。我国台湾地区的区段征收和市地重划就是减步法的另一种形式。这些做法共同的本质就是土地所有人在规划改变前原用途下的土地市场价值是其在规划改变后获取土地或货币收益的基础和准绳。由此可以看出，东亚模式的经济体成功实现农民的市民化和城市化转型，与他们选择了合理的城市化土地社会分享方式是分不开的。我国的城市化用地制度的改革中，鉴于过去出现过许多侵害农民利益的情况，很多人主张否定按规划改变前原土地用途的市场价值补偿，这就走到了另一极端，会导致土地收益分享尺度的丧失，从而使改革误入歧途。

二、农地转用收支平衡与人地挂钩有利人转，卖地财政与城乡土地增减挂钩有碍人转

在城市化过程中，必然要有相当大量的农地转为城市化开发之用，这部分土地总体上也必然因此升值。特别是这其中商业化开发的那一部分，增值幅度巨大，吸引了所有人的眼球。上面讲到，这种增值如果主要任由市场力量支配，会造成一部分原住民土地权益人和眼光长远、实力雄厚的土地投资投机集团的暴富，而给社会留下城市建设、规划管制及分配失调的一大堆烂摊子，就如我们在发展中国家经常见到的那样。但是，由政府主导的社会分配模式，如果做不到公开、透明、公正，也极易引起各方猜疑误读，走向歧途，陷入困境。

我国现行的一手征收农地、一手卖出开发用地的"土地财政"模式就属于这种情况。本来由政府出面组织农地转用的"招、拍、挂"是消除土地转用暗箱操作、舞弊严重的重要手段。但是，土地出卖价格公开透明了，出卖以后的净收入又全部进了地方政府的腰包，可用于地方政府的各项不明不白的开支。其中也确有政府和官员利用"土地财政"膨胀的腰包为追求政绩搞形象工程，有官员们铺张浪费中饱私囊。这样，尽管土地出让收入也支持了城市建设必不可少的基础设施工程，然而由于缺乏监督和制约，社会各界并不领情，政府自己也有嘴说不清。反对政府干预、支持失地农民的观点和舆论，又有意无意地用那其中一部分商业化用地的巨幅升值来计算政府的暴利（所谓"牵走一头牛，补回一只鸡"），更使政府的"土地财政"问题多多。而更真实的画面则是：城市基础设施建

设投入的沉重负担与不断飙升的土地补偿成本，迫使地方政府普遍陷入了债务危机。各地政府为了还本付息、筹措建设资金，只能竭力维持和推升地价房价。这样既孕育了房地产市场和国家的财政金融的风险，更严重阻碍了农村移居就业人口的进城安居。这种状况进而又造成那些无法得到满足的低端住房需求累积，反过来刺激了管制松弛的城乡结合部各种违建（包括小产权房）的发展，这就使情况更加错综复杂和积重难返。

因此，这种"土地财政"模式，无论过去发挥过何种积极作用，现已完全过时、弊大于利，应当果断放弃和转型。作为替代方案，东亚经济体城市化转型中的土地开发财政收支平衡模式值得我们借鉴。在这种模式下，农地转为开发使用的成本和用途完全透明。土地所有人可以用"替地"和"减步"的办法保证自己的合法权益，但也不能漫天要价，凭借地理垄断优势抢占城市公共品投入的溢价。公用事业用地和公共设施支出的费用公开透明，全部摊入土地成本，形成基础地价。基础地价是建造主要为移居就业人口的保障性住房和各类非商业性开发的用地价格。部分商业性用地的拍卖只是用于弥补基础设施建设支出成本，补齐为止，不是卖地收入多多益善。这样，政府既不能挪用土地收益，也不会有土地本身的基础设施投入的负担，可以实现土地城市化开发使用的收支平衡。至于对过去的历史欠债，无论有多大也只是一个死数，可以采用中央和地方综合治理的办法逐步消化处理。另外应当指出的是，在"土地财政"之外，城乡建设用地增减挂钩是近些年来搞得动静很大的改革。它的主要功效就是在传统的自上而下的中央统一分配农地转用的计划指标以外，开辟了地方政府自己可以合法增加城镇建设用地指标的途径。由于农地转用后其市场价值大增，指标就是钱，因此这项措施自2004年实行以来就受到地方热烈欢迎，挂钩搞得如火如荼，各种进一步的创新如地票等不断出现。可见政策只要和利益挂钩，就可以不推自广。

城乡建设用地增减挂钩以乡村建设用地减少，去挂钩城镇建设用地增加，这一减一增，耕地和城乡建设用地总面积都没有变，但却变出了钱来，看起来是皆大欢喜的好事，故学界也有不少人推波助澜，称其为改革的重要方向。其实大大不然。乡村地区的建设用地主要是村庄用地，随着城市化发展、人口不断减少，本来迟早不是要复垦就是要用作乡村现代化的公共建设用地，加上近些年来我国粮食连年丰收、库存充足，这些衰败的村庄用地即便部分闲置，也是一种储备，并无大碍。现在为了要用这个建设用地指标抢着先腾空复垦，必然要人为驱赶村庄里尚未迁移、正常居住的农村居民，拆毁正在使用的住房（包括许多新建不久的房屋），造成不必要的财产损失。特别是在城市化过程尚在前中期，城市户籍制度改革并未真正启动，赶走的农民并不能前往城镇，大量的农民只是在乡村以新农村社区的名义另行集中居住，这样的一拆一建，必然造成巨大的财产损失和浪费。"上楼"集中居住的农民离农田距离变远，住宅楼区不适合农户的生产生活需要，特别是以后随城镇化发展也还要再次迁移，从而形成新的二次浪费和折腾。更不要说许多验收过后的村庄用地指标，是为了拿指标拼凑出来，复垦条件很差，实际并未真正耕种。

换个角度看，所谓挂钩新增的城镇建设用地指标，不过是我们人为控制设置的行政指标，本来如果需要增加的话，并不需要花一分钱就可以大量制造。实际上每年巨大的建设用地计划指标也就是年年这样产生和无偿划拨下去的。因此，为了一个表面上的建设用地和耕地面积没变，硬搞出这样一个把拆迁闹到农村去的折腾，实在没有必要，应当尽早废止。

很多人支持城乡建设用地增减挂钩的主要原因，是说这个政策符合市场化改革的方向，这实在是一个极大的误解。城乡建设用地增减挂钩完全是我们自己生造出来的行政指标相互挂钩，与市场经济相差十万八千里。市场经济中土地开发奉行的是"位置为王"，偏远乡村的村庄用地在市场上本来就不值钱，其市场价值一般还要低于耕地（因为复垦还要成本）。没有我们行政性的挂钩扭曲，它本身并不产生财富。同时我们的城乡建设用地增减挂钩只是在行政性无偿分配计划用地之外的一个补充，它完全是由政府安排和操盘的。哪个村庄纳入挂钩，搞多少试点，节省出来的乡村建设用地指标允许在哪里落地，从而这种指标的价格区间，统统都是政府行政安排的结果。如果任意一个村庄或一户农民自己将村庄用地或宅地复垦，就可拿到需要城镇建设用地指标的城市去出售，这才算是有点市场化。但是这样就根本不是我们今天由地方政府一手操办、严格限制在其行政区内的挂钩，而且会出现我国广大中西部地区偏远农村的建设用地指标大量廉价涌入市场，而沿海大城市可以低价收购建设用地指标侵占周边良田而疯狂扩张，内地中小城市因竞争不过大城市而拿不到建设用地指标，如此等等，这显然根本不可能被政策接受，也不是我们所需要的城市化格局。

　　城乡建设用地增减挂钩实际上偏离了城市化转型和农业现代化的大方向。城市化转型要解决的是几亿农民工及其家属在就业城镇的安居融入问题。而城乡建设用地增减挂钩说到底是土地与土地的挂钩，而丢掉了人这个城市化主体，实际上助长了要地不要人的土地城市化与人口城市化的脱节。这种挂钩的主体和主要推动力是地方政府与开发商。地方政府要城乡建设用地指标和城市建设与经济发展的政绩，地产开发商从中看到了商机，接手乃至操盘协助政府拆并村庄、搞出来建设指标拿到城郊去开发。农民所谓得到的好处就是靠这种指标收益多少解决了在新村集中上楼居住的成本。真要帮助进城农民安居，根本不用这种扭曲和劳民伤财的挂钩，直接允许进城农民转让自己的承包地和宅基地用于在城镇落户，至少也有点见得到的货币收入。

　　当然，由于绝大多数非城郊农民的家乡土地并不值什么钱，转让出售家乡土地对他们在就业地城镇安居帮助往往很小。因此，城市化转型期真正要解决的是移居就业所在地的城镇政府有动力去积极吸纳外来人口并提供当地基本的安居条件。但在目前的制度和政策框架下，各地政府吸纳外来务工人口入户、提供均等化的公共品服务，只有负担和包袱而非强劲动力。在没有动力和财政支持的情况下，所谓放开户籍也就只能流于口号。因此在我国现行户籍和用地管理制度下，实行人地挂钩，即外来务工人口入户与中央自上而下分配的城镇建设用地指标挂钩，作用反而更加直接与有效。在这样的制度安排下，人口流入地的政府吸纳人口入户就相应地可获得更多的建设用地指标，而人口不增乃至负增长的地方就自然减少建设用地指标。城乡建设用地指标的分配可以自动为人口的城市化市民化服务，从而也会自然阻止有城无人的"鬼城"现象出现。实行人地挂钩的激励体制，可以打开移居人口市民化落户的通道，实际上这也才是真正给进城农民在就业地兑现了土地和居住权利。进城务工的家庭在就业城镇安居之后，移居农民在家乡的宅基地的释放就会是一个自然的过程。而进城农民的离家又离土，就为农村经营规模的扩大和农业现代化创造了前提和条件。实际上，没有城乡建设用地增减挂钩去抢夺土地资源和人为抬高农村建设用地的价格，农村土地正常的土地合理化整理才能不受干扰地展开。零散的农田可以整理合并，废弃的村庄和宅基地除了复垦之外，也就可用于农业现代化所必需的农村公共设施使用。

总之,正如我们在成功实现城市化、现代化转型的东亚国家和地区所见,城市化发展和农民的市民化融入并没有也不需要人为地制造城乡建设用地增减挂钩去实现。那么,怎么理解很多人援引的美国土地发展权转移(Land Development Rights Transfer)呢?应当说,迄今这方面的材料存在着很大误导。首先,美国的纯农业用途的土地并没有土地发展权或开发权。其次,美国所称的土地发展权并非我国农民正在使用的宅基地,而是美国基于农田保护和最小农地耕种面积保护所规定的一定面积的农田只准有一处农舍的规定。这样,有的家庭农场面积很大,按规定可以有超过一处农舍时,其多余未开发使用的农舍用地作为具有潜在发展权的土地,在美国部分地方政府的定向安排下,政府机构或环保慈善机构可以购买此发展权,这样这块本来可以建农舍的土地就无权再建,只能永久作为农地使用。同时也有地产商购买此土地发展权以用于在政府允许增加建筑容积率的地区使用,去按照规定适当增加建筑面积或建筑容积率。可见,一是美国的土地发展权转移不是已建住宅的土地而是可建还未建住宅的农地;二是也要有地方政府专门安排,而非完全市场化;三是,并非农村任何建设用地均可调换为城镇建设同等面积的土地,而是可建农房的土地转为永久农地,并用这一发展权在政府允许的其他地区(未必是城镇或城郊)适当增加宅地面积或建筑容积率。因此,美国的土地发展权转移只是出于保护现有绿地的生态目的,与城市化、农民进城无关,更不是复垦一块宅地去到城边再占一块农地绿地,因而根本不涉及要居住在自己房子里的农民或农场主搬家拆迁以节省建设用地指标的问题。很显然,用美国局部地区在特殊背景下的土地发展权转移来为中国大规模的城乡建设用地增减挂钩背书,可谓失之毫厘,差之千里。

顺便指出,许多支持城乡建设用地增减挂钩的人同时也强烈支持给城郊农民以自由的土地开发权。其实这二者之间是完全矛盾的。因为城乡建设用地增减挂钩指标之所以有价值,就是政府能够使用此指标到城郊征地。而如果城郊农民无须任何指标,就可自己将土地转让开发用于城市化建设,那么这个所谓的建设用地指标就因无用和无处落地而一文不值。故城乡建设用地指标增减挂钩与城郊土地所有人自主开发土地,二者必居其一,不可能同时存在。

三、土地国有或私有均有利，强化土地集体所有则有碍

目前，在城市化用地中，主张集体土地应当与国有土地同地、同权、同价的声音似乎成为主流，很多政策也在向集体土地进城这个方向调整。其实这是一个很大的"陷阱"。现在用集体土地说事的人许多实际骨子里最反对集体所有制，他们为集体土地争权完全是一种策略的需要。

应当指出，我国农村的集体所有制，虽然自土地家庭承包以后内涵不断变化、淡化，但集体所有土地不能自由买卖的外壳，客观上对转型社会中防止土地兼并和农民失地起了积极作用。后来实行的"增人不增地、减人不减地"的政策以及正在推行的确权颁证，使农地产权进一步向农户界定，变为一种私有产权但并不急于脱去集体所有制的外壳，可说也符合我国现阶段的国情，有积极意义。但是，为了所谓的同地同权，将集体所有制从农地延伸到城市化建设用地（如现在政策上提出和准备推行的集体经营性建设用地在城镇入市），则弊大于利，会造成不必要的麻烦和折腾。

这是因为中国农村的集体所有制，法律上是定义在村一级（一般是行政村，也有许多土地实际权属在自然村，同时法律也承认部分财产可以自然村或乡镇一级为集体）。因此集体成员一般就是在这个村土地上出生和生活的农民。在农业经济条件下，鸡犬之声相闻，老死不相往来，人们的流动性很低。这种集体所有制不论经济效率如何，确实是一个稳定的经济体。随着工业化城市化发展，大量农民进城务工，许多人举家外出，新生代农民工并不准备或根本不愿意再返回家乡定居，应当说这反映了城市化的潮流，是社会发展进步的自然趋势。要鼓励和配合农民进城落户，原来的集体所有制下自愿离开就自动放弃集体成员权利这一条就要修改。过去一段时间一些地方搞"宅基地换城镇住房，承包地换城镇户口"，后来被批评叫停，因为这种限于本地农民的做法被认为有强迫农民进城和借机剥夺农民土地权利之嫌。故现在的政策是在农民进城落户的同时，仍然允许先保留农村的土地和集体成员身份。但这显然只能是一种临时性的安排。因为这种双重身份既不利于农村土地的规模经营和农业现代化，又不利于这些移居务工人口真正安心定居城市的市民化融入。这种双重身份还成为一种其他城市居民所没有的特殊权利，因而只能是在当前户籍制度改

革起步缓慢现状下的临时过渡办法。现在有关政策文件提出探索移居农民退出农村集体经济组织的补偿措施，这应当是一个方向。城市落户农民可以有偿退出或转让其原集体成员的土地财产等权利，这也就意味着农村集体所有制逐步变为一种可退出的自愿股份合作经济组织。随着务农人口的不断减少，一个村庄的大多数人移居城镇，农村的集体所有就会自然消亡，而变为少量留守农户的土地权利，并在此基础上发展出各种自愿的合作组织形态。

因此，今后农村的土地制度安排应是鼓励农地向留守农户转移集中的制度，既非传统的村集体所有，也非向工商资本手中集中。这样在后城市化阶段的城市居民下乡购地置业务农（韩国人称之为"归农"）也才能没有障碍。否则乡村是一个个对外封闭的集体经济，城里人下乡无立锥之地，就根本谈不上自由购地务农。同时，人们越是能自由地在农村购地务农，农民从农地退出或卖地弃农就越发没有后顾之忧。农业生产和农民将来就越来越成为一种职业而不是身份。鉴于农业生产的特点及其在后城市化经济中的地位，拥有农地的多寡并不会导致贫富悬殊，就如大多数发达经济国家一样，农民或所谓的家庭农场主一般充其量只是中产阶级的范畴（考虑到我国人多地少，高度城市化之后农户家庭拥有的土地会比西方国家少很多，就更是如此了）。

如果集体所有制在农村长期而言也是淡化、消亡的趋势，集体土地进城就更难成活了。一般来说，一个城郊村的土地部分转入城市化建设，就趋势而言，这个村的剩余土地转为开发就大体上只是一个时间问题。而城市天生的属性就是人员的高度流动性和开放性。它与乡村稳定封闭的环境中界定的集体所有制正好相反。试想，当一个农村的村庄变为一个城市社区后，原本按地域出生概念划分集体成员的农村集体所有制如何还能存在？享受这个集体土地权益的是今后不断流动的社区居民还是此前的许多已搬走的老集体农民？特别是在现行农村"增人不增地，减人不减地"政策下将土地一次永久确权颁证给农民之后，土地权利只能归属于这些当时参与了分地的老集体农民，此后的新成员就没有集体土地权利了。几十年后随着老集体成员先后离世，土地权利由子女继承那就是私有制，如果人去世就收回土地权利，那也没法再对已变为城市社区里不断流动的居民分配。故土地集体所有制在城市中是无法延续的。实际上现在城郊进行城市化开发的村集体，都纷纷让大家以土地权利入股，搞成了所谓的股份合作制。而且现已明确，新一轮农村政策改革的重点就是进行农村集体产权的股份合作制改革。其实股份合作制就是股份制。股份制当然有合作。但股份制从来以私有产权为基础和前提。不可量化的集体所有制与私人产权基础上的股份制本来是格格不入的两回事。故集体产权的股份制改造实际上已经是集体所有制的终结，是用股权的形式将土地等财产产权私有化了。农村的集体所有制本来是改革前传统体制的遗产，在社会主义市场经济条件下只是一种过渡形式，对此我们应当有清醒的认识。

因此，农村土地进城之后要么是国有，要么是私有，无法真正长期保留集体所有。我国城市土地国有，居民拥有可使用、可转让、可抵押的土地权利，这与西方市场经济国家土地的地面权交易或租地建筑（leasehold）的权利完全一样，与市场经济完全兼容，在法律上也有充分保障。故土地国有与市场经济的兼容不成问题。但农村土地进城后仍为一部分农民集体所有反而会产生一系列矛盾。因为很显然，或者城市土地像今天这样全部为国有私用，或者将来城乡居民宅地都可以直接允许私人所有权。这二者都是可行和公平的土地权利制度安排。如果原城市居民只能拥有城市国有土地使用权，而农民变居民后既可购买拥有国有土地使用权，又可拥有集体土地所有权，这就带来了同一城市不同居民之间权利的不公平和不平等的问题。因此，与现在许多打着集体土地旗号讲公平权利的道理相反，城市化土地国有私用或居民用土地今后直接私有都有利于城市化转型和人转，而唯独土地的集体所有制从趋势上看无法存活。现行关于集体土地进城的改革政策思路需要重新审视和修正，否则徒然添加折腾和混乱。

要成功地实现人转即城市化转型，城市内部的公共产品和服务的均等化，中心城市与卫星城市乃至不同城镇相对于人口的服务均等化，最后到全国城乡人均公共产品的均等化，恐怕是一条不可避免的发展道路。

四、土地公共投入均等化有利？土地公共投入高低悬殊有碍？

现代城市地租理论的研究认为，在一个最优规模的城市中，总地租等于社会公共品的投入，这一点也符合我们直观的判断：地价高昂的大城市也是公共财政、公共设施、公共服务和公共产品投入最多最集中的地方。

就如2008年北京奥运会之前，随着巨量资金的预期投入，就有知名地产商预计，北京房价地价将会迎来新一轮飙升，结果很快也得到了验证。总之，与肥沃程度及运输成本决定农业社会的地租完全不同，城市地租是由公共品投入决定的。

人们往大城市聚集，是因为大城市能提供更大的规模经济和更好的文化生活。所以我们在一些欧洲小国看到，一个首都往往就聚集了一个国家近半的人口。但像中国这样十几亿人口的世界大国就肯定不行，因为我们遇到了在既定资源和技术条件下城市规模的人文和生态的瓶颈。因此，中国抑制大城市特别是特大城市的发展有其客观合理性。但是，如果我们用各种其中主要是行政手段限制大城市的人口流入，同时又将公共产品进一步向大城市集中倾斜，这样就会造成更大的公共产品提供的落差，导致人们渴望进入的城市其户籍制度是封闭的，无法进入，而政府鼓励人们转移落户的中小城市由于公共产品投入不足，人们并不愿意移往。这样，人转即城市化转型同样会受阻。

其实，发达国家与发展中国家的最大差距不在城市特别是大城市，而在于乡村和小镇。发展中国家的旅行者往往惊叹的是在发达国家的任何一个乡镇角落，其公共产品和服务的水平和覆盖相对于当地不多的人口而言，依然到位。而在我们这样的发展中国家，即便只要离开首都北京城市中心几十公里，公共产品的供给相对于人口比例而言，已经有天壤之别。因此，要成功地实现人转即城市化转型，城市内部的公共产品和服务的均等化，中心城市与卫星城市乃至不同城镇相对于人口的服务均等化，最后到全国城乡人均公共产品的均等化，恐怕是一条不可避免的发展道路。这样就需要对我们今天公共财政与公共品投入的方式进行根本性的反思和调整，首先从中心城市与卫星城市的城市群人均公共服务均等化出发，来设置城市化布局和引导人口的市场化迁移与融入。

当下在我国主张实行土地私有制的理由，我认为有两种：一种是乐观的理由，即私有制可以使土地的配置更有效率，土地的自由交易可以使土地发挥最大的作用；还有一种比较悲观的理由，或称为消极的理由，即土地私有制最大的好处是可以遏制官员圈地。

（本文为作者《新土地：土地制度改革焦点难点辨析》一书序言）

房地产市场要"治本为上"

贾 康[*]

中国房地产市场在 2014 年以后出现明显分化,演变成"冰火两重天"的局面。本文提出了房地产市场基础性制度建设的四大重点,试图探索房地产市场"标本兼治"的方法。

在中国楼市、房市经历十多年多轮调控之后,中央决策层发出最新的关于寻求"治本"的重要指导意见。笔者在此文中就相关问题分几个层次做一些研讨。

一、怎么看待中国房地产市场的现状

经过十多年波动中实际的"单边市",中国房地产市场在 2014 年以后进入了明显分化的状态,演变成冰火两重天的局面,其中"冰"的一边也焦虑,"火"的一边也焦虑。

"冰"的城市很典型:"三去一降一补"作为中央强调的供给侧结构性改革切入点,其中非常重要的一项是要去库存,一般人理解,首先针对的就是我国房地产市场大量的库存。但具体分析,它主要分布在三四线城市,这些地方的房市库存怎么去?做了这么多的探讨和努力之后,2016 年看到的进展其实并不太明显,三四线城市只是降低了几个百分点。

另外"火"的一边呢?早在 2014 年上半年很多人惊呼中国房地产市场要崩盘,要出现一去不回的向下的拐点之后,一线城市已表现了非常明

---

[*] 贾康,全国政协委员,中国财政科学研究院研究员,华夏新供给经济学研究院首席经济学家。

显的抗跌能力，到2015年，北京首先显著企稳，然后深圳迅速升温，再其后一线城市普遍进入升温状态，后面带出的是二线城市、所谓2.5线城市和一直到2016年下半年一大批更多的城市进入升温状态，而且很快就成为火得灼人之势，引出了一系列严重的社会焦虑等问题，各地决策部门不得不在"9·30"前后出手，以行政手段为主做限购限贷。

笔者认为，这样分化的局面摆在眼前，不能只看到"9·30"之后确实遏制了一批城市房价表现的迅速升温势头，必须同时看再往前发展的情形。回顾过去，按照前面十几年演变来看，最大的可能是继续"打摆子"、"坐过山车"式地从一端摆到另外一端：总结下来，前面十余年平均以15个月为期，从一端转到另外一端。现在的限购、限贷过去已屡次出现，但出现后一段时间，新的焦虑转向到经济低迷、房地产市场不振后，就必须再度取消限购、限贷，甚至不惜以地方政府层面不约而同地给予补贴、加强贷款支持等措施，来使房地产市场升温。

如果政策调控都在"打摆子"、都在"坐过山车"，显然需要进一步提出问题，权威媒体已经非常明确挑明此问题：过去这些所谓政策调控，只是治标而没有治本。接着要问的是：应如何考虑体现政府在尊重市场资源配置决定性作用后面更好发挥作用所应有的"标本兼治而治本为上"的调控高水平？

笔者认为，要把原来的治标不治本，转为既治标又治本、综合施治，而且体现中长期的"治本为上"的应有水平，基本认识就是必须使制度建设跟上来。说到制度建设，就必须结合供给侧结构性改革这个战略方针来加以领会："三去一降一补"只是切入点，必须解决整个制度体系的问题，使市场的有效作用加上有为和有限的政府作用，促成一切潜力、活力的释放，在经济社会发展过程中走向长治久安。这方面的制度建设，是治本之策必须解决的攻坚克难的问题。

二、房地产市场基础性制度建设的四大重点

与房地产市场概念相关的制度建设，带有进入改革深水区后"攻坚克难"的特征，至少是四个方面。

（一）土地制度

配套改革视野里看房地产，首先直接关联的是我国城乡结合部还得不断扩大建成区，未来几十年中国的城镇化率还有向上走几十个点的高速发展空间，未来在几十年内还会有四亿人要从农村转到城镇来定居，建成区扩大，进而不动产的建设和开发。相关土地的使用带有自然垄断性质，这种土地的使用权和开发权怎样在一个健康制度之下，可持续地源源不断形成有效供给是根本性的问题。

过去土地制度处理不好，各界听到更多的批评指责是"土地财政"，实际上这种"土地财政"在中国的发生地，主要是沿海和沿海的中心区域，能够把土地卖出个好价钱的地方政府，确实在极高的程度上依赖"土地财政"，而另外大量的中西部地方政府，想依赖也依赖不上，这已经造成了极度的不均衡，带出了一系列的问题。

我们又必须承认，现象有内在的合理性，地方政府靠山吃山、靠水吃水，对地方政府而言当然要在自己辖区之内的国土开发过程中间利用自己的资源禀赋，乘势运用土地使用权，带出可能的财力来源用于支持整个开发和建设过程。笔者稍后会把这方面的制度通过重庆案例进行介绍。

（二）住房制度

住房制度其实思路早已经清晰化，就是必须双轨统筹。在商品房市场这个市场轨的旁边，必须还有保障房供给的保障轨。从1998年开始强调的经济适用住房这个概念切入，到现在已经更清晰地聚拢到了以公租房和共有产权房为主要形式构建这种保障轨的供给机制。

笔者认为，住房制度关键就是怎么把有别于市场轨的保障轨上的有效供给，合理形成源源不断地，真正变成实实在在的人民群众得实惠、落实共享发展的支持要素，使低收入阶层和收入夹心层，包括大量的年轻白领，摆脱在解决住房问题方面的不安和焦虑。其实这是住房制度里最关键的"托底"内容。对于双轨统筹，中央层面已经在总结经验的基础之上，推到了指导方针比较合理清晰的主打公租房与共有产权房的状态，其后的关键就是怎么样落实。

（三）相关投融资制度建设

大量基础设施以及不动产开发，必须配套提供宜居城市民众的"住有所居"条件，包括这么多和住房相关的各种各样不动产的配套，从楼盘、小区、服务网点到城市综合体，到连片开发，到产业新城运营，这些大规模的建设里投融资机制怎样能适应创新的发展，可持续发展，怎样守正出奇都值得思考。

这方面就要特别说到政府和社会资本合作（PPP）概念。近年从管理部门到方方面面对此都高度重视，国务院总理李克强几年之间几十次督导有关管理部门推进PPP的创新，财政部业务部门2015年记录在案的是13次，平均一个月要1次以上。决策层对这个问题的高度关注，带来了值得肯定的进展，但笔者认为这种模式同时还有很多必须解决的问题。

笔者认为，这些问题的解决首先还是必须从制度建设入手，涉及法治化进程、契约精神的培养，规范地设立阳光化的全套作业流程，对全流程现在越来越带有细致特征的同时，怎样删繁就简、提高效率等问题在PPP概念之下，都必须解决好。在政府、企业旁边，还必须要形成健康的专业机构这种力量，并要把一个个项目建设，合理地、创新地与金融市场对接，共同来形成PPP"1＋1＋1＞3"的绩效提升机制。

（四）税制改革

社会成员听到税，都有天然的厌恶，总希望税负越轻越好、最好没有税。但实际上，中国要走向现代化，在房地产这方面又必须提出税制的问题。要按照十八届三中全会明确肯定的"加快房地产税立法，并适时推进改革"来推进相关工作。到底怎样在实际生活中贯彻这个指导精神还需要进一步思考。

三、重庆案例的简要考察

前述四个角度的制度建设，都涉及治本，改革中的配套当然还有其他方方面面，合在一起是个系统工程。在这个认识框架下，可简要地看一下重庆案例：这一段时间，在各个大城市、中心城市无一不对于房地产市场感觉到有沉重压力、有明显社会焦虑的时候，一段时间内，重庆却相对平稳。它的房价，如果按照商品房的交易来看，也有轻微上涨，表现为很低的幅度。但是必须注意到，重庆自己的制度建设从前面所说的四个角度来看，做得可圈可点。

（一）土地制度方面

重庆8年多前在全国首创了"地票"制度的改革试点，一直坚持到现在。远离城乡结合部的农民，在政策引导之下，把宅基地腾出一部分，还有小田变大田腾出田埂的面积，形成复垦农田，在区域内整个农业耕作的田亩数上叫作"占补平衡"。对多出来的复垦田地的产出当量做了核算（要分五级）之后，到地票市场上做量化交易，出钱买到地票指标的主体，实际上其对土地的使用又纳入政府以土地收储制度来协调的流程，使重庆和地票合在一起的土地制度建设，可以相对从容地在城乡结合部对开发主体提供与地票对应的土地使用开发权，带来的是相对有条不紊地推进城镇化建设和产业发展。

这个改革一举多得，实际带来的不仅是土地的供给从容和相对均匀、低成本，而是不会像其他地方普遍发生的城乡结合部只靠讨价还价的征地拆迁补偿机制，能够控制总成本抬升；特别重要的，这种制度更使远离城乡结合部的农民以地票制度作为与市场竞争、政府扶助相结合的机制，而进入了共享发展的大平台，进入了共享改革开放成果的行列。

（二）住房制度方面

重庆是在保障房建设上有明确的量化指标，要形成整个城市住房供给中三分之一到40%的分量是保障房。所以，那里低端人群，包括年轻白领，可以得到相对稳定的有效供给，解决这个收入阶段上住有所居问题。有了共有产权房，大学生毕业不久以后需要谈婚论嫁的时候，过丈母娘那一关就相对容易，因为这个共有产权房是体面的、有产权证的，只是不可以跟一般商品住房那样到市场上随行就市去交易，也就封杀了套利空间。住进去的年轻白领，过几年收入上升了，那么可以根据原定的条款，考虑在新的支付能力下再出一笔钱把它变成完全产权。这是一个值得肯定、值得重视的创新中间的住房供给案例。如果能够把保障轨托好，剩下的中产阶级以上社会成员可以根据自己的消费者主权，相对从容地在商品市场上挑选商品房购买对象，竞争中去交易的问题了，缓解了很多问题。

（三）投融资制度方面

重庆过去的"八大投"（重庆城投公司、高发公司、高投公司、地产集团、建投公司、开投公司、水务控股和水投公司），世界银行曾经给予高度肯定。这些年来，地方融资平台要进一步规范化，这是全国有统一要求的，重庆在这方面值得肯定的是能够把前面阶段上不得不做的这样一些调整中"八大投"式的融资平台，结合整个发展战略，结合结构优化的取向，对应市场机制和政策性资金、市场化运作、专业化管理、杠杆式放大，支持它的通盘基础设施，以及相关的城市建设和它的产业集群的形成。以这种投融资制度的创新对接到PPP，在重庆已经形成了一些比较好的经验案例。这也是非常值得肯定的配套改革。

（四）重庆和上海率先推进了住房保有环节房产税的试点

虽然有声音认为重庆和上海的房产税试点失败了，但笔者作为研究者观察认为，两地试水已形成了非常宝贵的本土经验。当然开始时只能柔性切入，不要光看一些指标变化的幅度大小，要看到它变化表现的效应完全符合经济学分析的逻辑框架，而且在如今在贯彻党的十八届三中全会"加快房地产税立法并适时推进改革"要求的情况下，这种本土经验之宝贵马上就浮现在面前，两地的试点经验可以按照要求在加快房地产税立法的过程中对全体国民做更多的信息披露，促进各界更好地共同讨论立法方案。

四、房地产市场要"治本为上"

笔者认为，上述四个角度的制度改革合在一起，再加上政策调控，就是"标本兼治"，而且可以实现"治本为上"。

如果把这些放在一起考虑，笔者想再次强调，政策调控要跟着制度建设走，政策不仅要"反周期"，还要使政策的作用在制度框架提供长治久安可能的同时，进行合理的区别对待，以"一城一策""一城一案"方式

中国土地改革向何处去

贯彻供给侧结构性改革方针。即使同样都是所谓火起来的城市，情况也各有区别，冰的几百个三四线城市，情况更是有种种不同，那里"去库存"显然不能简单依靠商业信贷，还必须配上政策杠杆，而政策杠杆怎么配，必须"一城一策"。火起来的城市也不能简单限购、限贷，还要赶快组织有效供给。怎么组织有效供给？又回到前面四个重要的制度改革问题。所有这些放在一起，还是要强调标本兼治而治本为上。需要我们来共同探讨，共同努力，解决好这样的重大现实问题。

此外，对备受关注的房地产税改革，虽然有人在这方面表达了反对意见，但毕竟中央文件中，一向是坚持这个改革方向。对这个问题还是要做理性讨论，通过立法过程经受历史考验，让中国社会走向现代化建立现代税制。笔者认为，房地产税最关键的要领之一，就是借鉴国际经验但不能照搬美国的普遍征收模式，必须借鉴重庆、上海给出的经验。而在立法过程中方方面面可以表达自己的建设性意见，做理性讨论，寻求最大公约数。

（原载于《清华金融评论》2017年第2期）

如何重构转型期的农地权利体系

刘守英[*]

中央深改组日前审议通过《关于完善农村土地所有权承包权经营权分置办法的意见》，在第一轮农村改革实行集体所有权与农户承包经营权分离前提下，进一步实行集体成员承包权与耕作者经营权的分离，将为农村人地分离格局下农地权利体系的完善与建构提供制度框架，为农民土地权利保护和农业现代化提供制度基础。

在中国农业转型的关键时期，这一文件将为农地改革的深化提供指引，为正在修订的《土地承包法》厘定基本方向，为未来的农业发展谋篇布局打下制度基础。《意见》对三权分置的原则予以了明确框定，即"农村土地农民集体所有必须牢牢坚持"；"严格保护农户承包权，任何组织和个人都不能取代农民家庭的土地承包地位，都不能非法剥夺和限制农户的土地承包权"；"放活土地经营权，在依法保护集体所有权和农户承包权的前提下，平等保护经营主体依流转合同取得的土地经营权，保障其有稳定的经营预期"。可以说，对"三权"实行平等的、无偏向保护的政策导向是该文件的要义。

一、"三权分置"在现阶段是必须的

观察和思考现阶段中国的农业农村发展，必须放之于不断加深的城市化带来的城乡结构转型大背景下。三权分置的农地制度安排就是要建立一套适应农村劳动力向城市转移、人地分离，以小农为基础的农民大国从乡

---

[*] 刘守英，中国人民大学经济学院教授。

土中国向城乡中国转变背景下的土地权利体系，为中国的城乡融合和农业现代化提供可持续的制度基础，谋篇长远。

三权分置的重头是承包权与经营权的分离问题，这也是目前争议最大的。首先是三权分置权利体系中，是用"承包权"还是继续沿用"承包经营权"表达的问题。我认为在三权分置权利体系中，用承包权替代承包经营权的表达更为准确。理由是：

1. 土地承包法中的承包经营权概念依集体成员承包及经营集体所有土地的法律关系而来，农民与土地事实上的权利关系要大于这一法理内涵，农民作为集体土地的承包者，拥有所承包土地的使用权、收益权、流转权，土地承包权作为农民的财产权，沿着承包权的物权方向完善其权利内涵更加顺理成章，因此，建议在此次改革和土地承包法的修改中，将承包经营权这一一定历史条件下创设、但涵括的权利内容又不完整的名称进行修改，使其更符合农民与集体的土地权利关系事实，适逢其时；

2. 农民获得的承包经营权非常独特，它是基于集体成员身份获得的。如果不进行承包权与经营权的分设，在进一步的土地权利调整中，承包权的身份性与经营权的非身份性就很难处理。如果坚守承包经营权的身份性，村内土地就很难流转到村外耕作者；如果废弃承包经营权的身份性，基于身份的承包权就会打破成员属性。因此，承包权与经营权的分设，既有利于承包权的坚守与保护，也有利于经营权的设权与赋权。

二、本轮"三权分置"重点解决的问题

农地权利的核心是耕作权。一定要让种地的人珍惜土地，有稳定预期，愿意在土地上投资。农地的主要功能是产出农产品，土地用途管制的目的就是保护耕地的这一功能，不能让持有土地的人坐等升值或追求资本收益最大化，也要让种地者对土地有获得感，做不到这一点，农户只能以持有土地消极对待，不在如何提高土地产出和效益上动脑筋，甚至把地撂荒。

我们能否达成一种共识，推动农地改革的经济目的是解决耕作者的权利保障、调动和保持耕作者的积极性。从经济角度看，各国推进土改，都是围绕这个目的展开的。20世纪80年代的中国农地改革，把集体所有制土地发包给集体成员，并在法律上设立农地承包经营权，就是为了发挥农

民作为耕作者的积极性。

我们这一轮的"三权分置",重点也是要解决农村大规模人地分离格局下耕作权的保护与耕作者的农业积极性问题。与自耕农时代的耕作者不同,现在的耕作者既包括持有承包权并继续从事耕作的原集体成员,也包括从村内成员手中转入土地的本村成员,还包括从村内转入土地的村外经营主体,不同的耕作者的耕作权获得方式不一,权利安排有别,权利所受的约束也不一样,现行的以自耕农承包经营权为核心的土地权利体系,难以适应和有效应对人地分离下耕作权的规范和保护,必须根据人地关系变化的现实构建新的权利体系。

三、承包权坐实是"三权分置"的基础

重视耕作者的权利,不是牺牲承包权。对于仍然在承包地上耕作的农户来说,无论是自耕还是村内成员流转,耕作权是以承包权为基础的,不存在耕作权侵犯承包权的问题。要探讨的是,对于以流转方式获得经营权的耕作者,经营权的前景与如何对待承包权关系密切。由于经营权是从承包经营权派生出来的,是由承包者与经营者以合约议定的权利,后者权能的大小和实现受前者约束。因此,经营权的权利得到落实,前提是承包权得到切实保障,承包权得不到尊重或被弱化,经营权也不会受尊重,耕作者也建立不了稳定的预期。

但是,现在一些舆论以及地方操作者把三权分置简单理解为就是推动土地流转,就是造大规模经营主体,把关注点过度片面集中到经营权上,这其实已经"跑偏",容易造出一些对农户的不公平政策。如果不注意经营权和承包权的平衡,后果将不堪设想。扩大经营规模,促进流转,前提应该是彻底坐实承包权,要对农民承包权非常小心的关照。最担心的是,一些地方官员利用公权力,无视农民承包权,利用职能模糊的基层组织,与少数利益相关的企业结盟,分肥各种补贴,以各种好听的名义圈占农地。农地适度规模经营和土地流转,我们不反对,但不能把农民搞得"鸡飞狗跳"。现在尤其要避免农民的承包权被以诸如"退出权"等名义,以适度规模经营、农业现代化的名义给做掉了。

在实际操作中,对承包权的侵犯,可能来自两种力量,一是来自所有

权名义的侵犯，也就是集体经济组织以所有者名义动农民承包权，把不种的地可以任意收回来；一是来自动用行政权扩大经营权，也可能侵犯承包权。必须要提醒的是，不认真落实承包权，以三权分置改革的名义，玩醉翁之意不在酒的把戏，把心思都放到经营权上，这样会造成整个农地体系大乱。一味做大经营权，农村土地改革赋予农民的土地权利，就很可能被少数人利用公权力和资本联手侵占，中国基层的土地权利结构就将大变。因此，我们认为，"三权分置"的基础性工作是，坐实承包权，让改革中获得土地的农民在应对公权力的时候，在城市化过程中，能够扛得住。"三权"要同等保护，不可以偏，不能为了一个权搞掉其他一个，最后很可能是中间的小农最倒霉。所以，制度安排要非常非常小心。

不少实例表明，多年来，承包经营权并没有得到切实、完整的保护。那么，当前应该采取哪些举措来完善对承包权的产权保护？

第一，承包权是集体经济组织的成员权，只有集体经济组织成员可以凭身份无偿获得，集体经济组织之外的人不可以，即便有再多钱也不行。成员承包权是财产权，受物权保护。

第二，锁定成员权。成员权是有时点的，在确定某个时点之后，这之后的人就此切断。成员权不锁定，一直保持动态调整，集体所有制就是无解的，承包权就成不了有稳定预期的财产权。

第三，必须要对现行《农村土地承包法》的承包经营权加以扩权。农户获得的承包权应该是一个完整的承包权，除了已经有的使用权、收益权和流转权以外，也应该赋予抵押、继承、转让权等。最近有地方在搞承包经营权退出试点，如果我们赋予农民转让权，农民自己转就可以，为什么还要设退出权呢？现在需要的是为承包权完整赋权。

第四，在承包权与经营权分置时，承包农户获得的地租是私权，是农民的财产收益，不能是集体的；其次，与经营者的合约主体是农民，真正体现承包权作为财产权的性质。合约安排必须要保证承包者的权利，要得到充分的法律保障。

四、充分释放经营权活力

经营权解决的问题是让种地的人能好好种地。经营权赋权在目前的权利体系中是缺失的,自耕农体系下有承包经营权,但由于其成员身份性,与非身份性的经营权不能自动接续,这也就是为什么要单设经营权。

从权利来源看,经营权是承包经营权获得者以合约方式转租出来的,但从制度需求与权利设置来看,土地经营权应成为一种受法律保护的财产性权利。从权利性质看,土地经营权应具备以下特征:

其一,权利取得的平等性与非身份性。土地经营权的取得不再受制于集体经济组织成员这一特定身份;

其二,独立性。尽管土地经营权以土地承包经营权为客体,但一经设定,即具有物权效力,可以对抗包括土地承包经营权人在内的一切人,土地承包经营权的变动不影响土地经营权的存续;

其三,排他性。土地经营权的行使不受他人干预,受到他人妨害时,权利人可以通过行使物权请求权获得救济;

其四,可处分性。土地经营权的变动依合约一定实现。经过土地承包经营权人的同意,转让人具有转让的自由,转让人享有选择受让人的完整权利,土地经营权存续期间,具有完全的可继承性,经营权人可以在权利之上设定担保物权,实现融资目的。

经营者的耕作权受法律同等保护,经营者的权利与所有权、承包权一样,都是农地权利体系中的重要内容。农地流转关系趋于稳定,土地经营权人追加农业生产投资、提高农业生产效率就有了制度保障。不过,经营者通过合约获得的土地经营权,要受到合约约束,不能想干什么就干什么。

在农地权利权能扩展中,另一项重要的权能扩展是农地经营权可担保可抵押。土地经营权抵押权实现时,直接依据《物权法》第195条的规定处置土地经营权即可。该条规定的处置方式包括协议折价、协议拍卖、协议变卖、强制拍卖、强制变卖。拍卖执行完毕,抵押人丧失其土地经营权,但此时并不影响"农户承包权",因为土地承包经营权仍由农户享有,执行程序中的受让人仅仅只是取得土地承包经营权之上的土地经营权,而且只是剩余使用期限内的土地经营权。

(成稿时间:2016年8月)

集体所有制下的产权重构

——在坚持农村集体所有制与赋予农民
更多财产权利之间寻找平衡点

叶兴庆[*]

一、所有制与产权细分

我国农村集体所有制是20世纪50年代中后期逐步形成的一种公有制形式。1962年党的八届十中全会通过《农村人民公社工作条例修正草案》后,"三级所有、队为基础"的农村集体所有制得以最终确立。这既不是一种有完备的理论和法律基础、事先设计好的制度,也不是在苏联实践过的制度,更不是在经济发展进程中自发形成的制度,而是一种在政治运动中形成的中国特有的制度安排(周其仁,1995;高飞,2012)。经过20世纪80年代前期家庭联产承包责任制改革和90年代中期乡镇企业改制,以及后来的农村税费体制、"四荒"拍卖、草原承包制度、集体林权制度、小型农田水利体制等一系列改革,农村集体所有制的存在范围、实现形式乃至集体所有制下的产权结构都发生了深刻变化(国务院发展研究中心,2014)。

尽管如此,截至目前农村集体所有制的基本特征依然保存完整:集体所有权由成员集体享有,但成员不能以个人身份享有和行使集体所有权;成员子女、配偶等遵循一定规则自动获得对集体所有权的分享权利,取得成员权不需要支付对价;成员权不可交易、继承,若成员死亡或退出其成

---

[*] 叶兴庆,国务院发展研究中心农村经济研究部部长、研究员。

员权自然丧失；土地的集体所有权不可买卖，成员不能请求分割土地集体所有权①。具备这些特征的农村集体所有制，与共有、总有等团体所有权制度并不完全相同，与全民所有、城镇集体所有等公有制也存在很大差异（国务院发展研究中心，2014；小川竹一，2006；高飞，2012）。表1从多个维度对农村集体所有制与其他团体所有制进行了比较。农村集体所有制的这套制度安排，与市场经济条件下的资源跨社区配置、城镇化背景下的农村人口变动不相适应。因此，迫切需要对农村集体所有制特别是土地集体所有制的组织形式、实现方式、发展趋势等重大课题进行研究②。

产权是所有制的核心③，是一组权利。研究所有制的组织形式、实现方式、发展趋势，核心在于研究产权体系的发展变化。同一所有制下，产权可以细分为各种具体权能，包括占有、使用、收益、处分等四大权能；四大权能中的每一项权能，又可进一步细分，如处分权可以细分为出让、出租、转让、转租、抵押、担保、继承、买卖等权能。在人类社会早期发展阶段，所有权与所有权人是紧密结合的，所有者自有自用自营自享。随着经济社会发展，为了提高资源配置效率，所有权的具体权能越来越多地与所有权人发生分离。最典型的是现代企业制度中所有权与经营权分离，经营权演变为法人财产权④。这种分离是基于法律的规定或当事人的约定而产生的，并不导致所有权人丧失其对财产的所有权。

这意味着，在"坚持公有制主体地位"、"坚持农村土地集体所有权"的前提条件下，土地等农村集体资产的占有、使用、收益、处分权能可以部分地让渡给集体成员或其他外部人员。依让渡的程度和方式的不同，可以有多种集体产权制度安排。集体所有制可以与多种集体产权制度安排相匹配，使推进农村集体产权制度改革成为可能，也使探索更有效率的集体

---

① 党的十八届三中全会《决定》的提法是"坚持农村土地集体所有权"，党的十八届四中全会《决定》的要求是"创新适应公有制多种实现形式的产权保护制度，加强对……集体资产产权……的保护"。我们认为，坚持农村土地集体所有权与坚持农村集体所有制是有区别的。现实生活中，土地以外的其他集体资产的所有权是可以买卖的，乡镇企业改制就是这种情形；也可以出售后在集体成员间进行货币化分割，一些地方在撤村改居的过程中有这种操作办法。
② 习近平总书记2013年12月23日在中央农村工作会议上的讲话中首次明确提出了这一要求。
③ 这是党的十八届三中全会《决定》作出的重要论断。
④ 法人财产权是一种非常充分的产权，包括对股东注入的原始出资、公司从事生产经营活动后的增值财产、公司所创造的工业产权、非专利技术和商誉等无形资产在内的公司全部财产享有独立的支配权，即享有占有、使用、收益和处分的权利。伯利和米恩斯（2004）揭示了现代企业的所有权和经营权的"两权分离"，史正富等（2012）甚至提出了资本所有权、资本经营权即企业所有权、企业经营权的"三权分离"。

所有制组织形式和实现方式成为可能。改革农村集体产权制度,不是要改变农村集体所有制,而是要选择一种更有效率的产权制度安排,把农村土地等集体资产的占有、使用、收益、处分等各项实际财产权利界定清楚①。详见表1。

表 1　　　　　　　　集体所有与其他团体所有的比较

	集体所有	共有		总有
		共同共有	按份共有	
定义	农民集体所有的不动产和动产,属于本集体成员集体所有	共同共有人对共有的不动产或者动产共同享有所有权	按份共有人对共有的不动产或者动产按照份额享有所有权	一个团体(如氏族、部落)对不动产或者动产享有所有权,团体成员的增减变化不影响团体的所有权
实例	农村土地等集体资产	夫妻财产、家庭财产、分割前的遗产;改制前的集体所有制乡镇企业	同居期间共同出资形成的财产;合伙制;农民合作社的公共积累;按照十八届三中全会《决定》精神赋予农民对集体资产股份有偿退出权后的股份合作制	德国与瑞士边界附近的一处牧场,源于罗马时代一个将军的封地
成员与团体的权利分割	占有、使用、收益、处分权可以由成员集体统一行使(改革前),也可以在成员集体与成员个体之间分割(改革后)	占有、使用、收益、处分权由共有人共同行使	占有、使用、收益、处分权由共有人共同行使	占有、处分权由团体行使,使用、收益权由成员行使
进入机制	因出生、婚姻等自动成为集体成员,无需支付对价	依法律规定成为共有人,无需支付对价	依约定成为共有人,按照出资额享有份额	因出生、婚姻等自动成为团体成员,无需支付对价
退出机制	成员不得请求分割土地所有权	共同共有人在共有的基础丧失或者有重大理由需要分割时可以请求分割财产	按份共有人可以随时请求分割	成员不得请求分割财产

---

① 甘藏春(2014)认为,权能的配置、权能的分化和细化,是下一步改革的难点(刘守英,2014)。

二、农用地的产权重构：落实集体所有权、稳定农户承包权、保护土地经营权

集体所有制土地的绝大部分是农用地，包括耕地、林地、草地、养殖水面等。据国土资源部第二次全国土地调查，全国农村集体土地总面积为66.9亿亩，其中农用地为55.3亿亩①。这是农村集体资产的主体部分。农村改革30多年来，农用地的产权结构经历了从所有权与使用权高度统一向所有权与承包经营权分离的重大变革，并孕育着承包权与经营权再次分离的萌芽（叶兴庆，2014）。

从1978年安徽凤阳小岗村率先实行大包干，到1983年底全国97.8%的农村基本核算单位实行包干到户，在短短几年间，我国就建立起了统一经营与分散经营相结合、以家庭承包为主要形式的联产承包责任制。在这种制度安排下，农用地的集体所有权与农户承包经营权开始发生分离，但集体所有权的权能仍很完整：一是发包权，通过承包合同对农户加以约束，并保留一定比例的机动地；二是生产经营计划权，集体向农户下达粮食等大宗农产品种植和统派购计划；三是统一经营权，"办好社员要求统一办的事情，如机耕、水利、植保、防疫、制种、配种等"②；四是收益分配权，农户在处分农产品时必须"留足集体的"。此时，农户只是获得有限的生产经营自主权，如自由支配劳动时间、自由处置"上交国家、留足集体"后剩余的农产品及生产经营收益。

从1984年开始，农用地的产权开始在集体所有权与农户承包经营权之间进行新的分割，总的趋势是收缩前者的权能、扩张后者的权能，农用地的各项权能不断由集体让渡给承包户。突出表现在两个方面：一是从承包期限看，在不断延长。1984年中央1号文件明确，集体所有土地可以以15年的承包期承包给农户；1993年中央11号文件规定，在原定的耕

---

① 见《经济参考报》2014年12月2日第二版。关于第二次全国土地调查结果中集体所有制农用地的具体构成未见公开报道。但据媒体报道，全国集体所有制耕地约18亿亩、林地约27亿亩，据此推算，全国集体所有制草原约10亿亩。我国草原总面积约60亿亩，根据宪法和草原法，北方草原属于国家所有，南方草山草坡多属于集体所有。内蒙古自治区人大常委会曾向全国人大常委会请求确认内蒙古自治区草原属于集体所有，未获同意。

② 见1983年"中央1号文件"。

中国土地改革向何处去

地承包期到期之后,再延长 30 年不变;1998 年修订通过的《土地管理法》明确了农民 30 年的土地使用权;2003 年 3 月 1 日生效的《农村土地承包法》延续了这一规定;2008 年党的十七届三中全会《决定》提出,现有农村土地承包关系保持稳定并长久不变。有关政策、法规强调承包期内不得调整或收回农民承包土地,农户获得了承包期内的实际支配、控制权。有专家认为,承包权实质上是对所有权的分割,承包合同越是长期化、固定化,承包权对所有权的分割程度就越高(党国英,1998)。二是从权利性质看,土地承包经营权经历了从债权向用益物权的重大转型。在《农村土地承包法》颁布施行之前,土地承包经营权建立在承包合同的基础上,由合同约定双方的权利与义务,是一种传统民法中的债权;根据《农村土地承包法》,土地承包经营权是国家赋予集体经济组织成员享有的一种支配和排他权利,具有物权的部分特征;《物权法》则明确界定农村土地承包经营权是一种传统民法中的用益物权。在近 30 年的不断分割过程中,土地承包关系实现了从合同约定向国家赋权的重大转变,家庭承包经营实现了从生产经营责任制改革向产权制度改革的重大转变,土地承包经营权实现了从生产经营自主权向用益物权乃至"准所有权"的重大转变,农用地所有权与承包经营权分离的制度框架基本定型。

土地承包经营权是承包权和经营权的混合体。承包权属于成员权,只有集体成员才有资格拥有,具有明显的身份依附性、社区封闭性和不可交易性。经营权属于财产权,既可以附着在承包权上,也可以剥离出去、通过市场化方式配置给有能力的人,具有明显的开放性和可交易性。在人口不流动、土地不流转的情形下,这样两种差异较大的权利可以浑然一体、相安无事。但情况正在起变化,承包主体与经营主体在逐步分离。2013 年全国农民工达到 2.69 亿人,其中外出农民工达到 1.66 亿人,在外出农民工中有 3 400 多万人举家外出。就业结构、就业地点的变化,为土地流转创造了条件。据农业部统计,截至 2014 年 6 月底,全国农户承包土地流转面积达 3.8 亿亩,占家庭承包耕地总面积的 28.8%。随着承包农户外出务工增多、土地流转加快、土地融资需求扩张,承包主体与经营主体分离的情况还会进一步增多,承包权与经营权继续混为一体会带来法理上的困惑和政策上的混乱。

2013 年 7 月,习近平总书记在湖北考察时指出,深化农村改革,完善农村基本经营制度,要好好研究土地所有权、承包权、经营权三者之间的关系。党的十八届三中全会《决定》强调,赋予农民对承包地占有、使用、收益、流转及承包经营权抵押、担保权能,允许农民以承包经营权入股发展农业产业化经营。落实这一改革要求,需要明确流转、抵押、担保、入股的客体究竟是承包经营权、承包权还是经营权。为此,2013年底召开的中央农村工作会议明确指出,顺应农民保留土地承包权、流转土地经营权的意愿,把农民土地承包经营权分为承包权和经营权,实现承包权和经营权分置并行,这是我国农村改革的又一次重大创新;2014年中央1号文件进一步明确指出,在落实农村土地集体所有权的基础上,稳定农户承包权、放活土地经营权,允许承包土地的经营权向金融机构抵押融资。这意味着,把土地承包经营权分设为承包权和经营权,实行所有权、承包权、经营权"三权分置",是农地产权制度演变的大逻辑。实际上,为在维护承包户权益和促进承包地流转之间寻找平衡点,一些专家和基层干部早在20世纪90年代初就提出过"明确所有权、稳定承包权、放活经营权"的提法,2001年中央18号文件也有意识地使用过"承包地使用权流转"的概念。近年来,吉林、山东、云南等地为规避担保法、物权法关于土地承包经营权不能抵押的法律障碍,从土地承包经营权中分离出"国家补贴收益权""经营收益权""使用权""流转权""流转经营权",并以其办理银行质押、抵押贷款。

实行"三权分置",关键是要合理界定农用地所有权、承包权、经营权的权能范围。综合权衡基本国情、路径依赖、改革成本,下一步应按照"落实集体所有权、稳定农户承包权、保护土地经营权"的思路,进一步明确三者在占有、使用、收益、处分方面的权能边界(见表2)。

表2 农用地的产权重构

	所有权	承包权	经营权	
			基于成员权、通过家庭承包获得的原始经营权	通过市场流转获得的继受经营权
占有	监督和管理承包方、经营者,特定情形下收回承包地	70年的排他性控制、支配	70年的排他性控制、支配	合同约定但不超过剩余承包期的排他性控制、支配
使用	特定情形下统一经营	利用承包地从事农业生产经营	利用承包地从事农业生产经营	利用流转土地从事农业生产经营

续表

	所有权	承包权	经营权	
			基于成员权、通过家庭承包获得的原始经营权	通过市场流转获得的继受经营权
收益	特定情形下统一经营获得的收益，参与承包地征收补偿费分配	参与承包地征收补偿费分配、获取有偿退出收益	农业生产经营收益、国家农业补贴、流转收益	农业生产经营收益、国家农业补贴
处分	不得买卖	承包期内自愿有偿退还集体经济组织，不得抵押、担保、继承	承包期内可出租、转让、入股、抵押、担保、继承	合同期内可出租、转让、入股、抵押、担保、继承

（一）落实集体所有权

过去36年来，农用地的集体所有权的权能在全面收缩。在推行和巩固家庭承包经营制度、防范基层干部随意调整和强制流转农户承包地、减轻农民负担、给农民"吃定心丸"的时代背景下，把维护农民土地承包经营权作为主要政策取向是必要的。但对这种农用地产权不断向承包户分割的政策取向，有些人持不同意见，认为限制集体经济组织调整和收回农户承包地、取消土地承包费等做法是错误的[1]。这些人担心，土地承包关系长久不变以后，农用地的集体所有权有名存实亡的可能。也有一些人认为农用地产权向承包户倾斜得还不够，应该实行"国有永佃"，国家只拥有名义上的所有权，农户拥有永久使用权；有些人甚至主张实行农户私有制。

我们认为，农户拥有完整的土地产权，直至私有产权，并非必然有利于土地流转和经营规模扩大，甚至有可能成为土地流转和集中的障碍。日本、韩国和我国台湾地区60多年来的情况足以证明这一点（叶兴庆，2013）。就连一些日本农经学者都认为，在坚持土地集体所有的条件下，中国在规模经营的道路上可能将比日本更顺利，原因在于土地集体所有更

---

[1] 韩松（2009）认为，改革30年来，着力点放在强化承包经营权的效力，集体所有权被极大地虚化和弱化，由此引发了一系列的农村社会治理问题；贺雪峰（2014）也认为，"当前农村出现了普遍的人地分离，而农民耕地规模小、土地细碎，现有农地产权安排导致农民耕作极为不便。从事农业生产的农民最迫切的愿望是整合细碎的土地产权，从而形成小块并大块的连片经营。要做到这一点，最基本的办法是强化村社组织为方便农户耕作而调整土地的权利，而不是无限扩大农户对每块具体土地的权利。可惜当前政策受到周其仁教授的误导，正在农村搞土地确权试点，这样的土地确权将导致当前农村细碎分散的土地产权的整合成本极高，以致于土地根本就无法有效耕作"。

有利于实行耕者有其田的原则,并且在集中离农者耕地方面,比实行土地私有制有更多的办法(张路雄,2008)。问题的关键在于,既不能重蹈以前那种集体所有、统一经营、集中劳动的覆辙,也不能陷入农户占而不用、闲而不租、荒而不让的困境;既不能把集体所有权的权能搞得过大,也不能一味虚化、淡化集体所有权。现阶段落实集体所有权,着力点应是尊重和落实好集体经济组织在占有、处分方面的权能,发挥其在处理土地撂荒方面的监督作用、在平整和改良土地方面的主导作用、在建设农田水利等基础设施方面的组织作用、在促进土地集中连片和适度规模经营方面的桥梁作用。

落实集体所有权需要注意五点:一是应保持土地集体所有权主体的稳定。妥善处理土地集体所有权确权过程中遗留的问题,根据改革前基本核算单位情况将土地所有权确权到村民小组或村民委员会或乡镇范围的农民集体,不宜打乱原基本核算单位的边界,防止不同集体所有者之间土地产权的平调[①]。二是从实际出发确定集体所有权权利主体的组织形式。经济发达地区可普遍成立村经济联合社、组经济合作社,作为土地集体所有权的产权代表。经济欠发达地区可继续由村民委员会代行村级、组级集体经济组织职能,以利于减轻集体负担,但要以土地所有权边界清晰为前提,这类似于目前普遍实行的"村财乡管"。三是现阶段不宜通过扩大集体经济组织调整和强制收回农户承包地的权利来体现所有权,也不宜通过收取土地承包费、参与土地流转租金分配来体现所有权。否则,极易发生侵犯农户承包权的问题。四是在农户承包地被依法征收时,集体所有权可适度参与土地补偿费的分配。五是应重新认识和对待一些地方集体经济组织行使处分权的做法。比如,"反租倒包"。在以前的"反租倒包"中,村集体普遍实行低进高出,以偏低的价格强制性收回农户承包地,再高价发包给部分农户或工商企业,从中截留土地流转费。在现在的"反租倒包"或"委托流转"中,村集体从原承包户手中把土地租过来,经过整理后,再按一定标准连片分包给适度规模经营者,不仅村集体不截留土地流转费,而且地方政府和村集体还要给予流转奖励。上海市松江区发展家庭农场的做法,就是新形势下的"反租倒包",在保护承包户权益、促进粮食

---

① 一些地方在推进"小村并大村""新型农村社区建设"时,尤其要注意这一点。

生产适度规模经营方面取得了明显效果。

（二）稳定农户承包权

在土地私有制国家，为适应所有者与使用者分离的需要，一般实行土地所有权与使用权"两权分离"。我国的特殊性在于，既要适应土地所有者（集体）与所有者成员（农户）分离的客观趋势，又要适应所有者成员（承包户）与土地实际利用者（经营者）分离的一般规律。以成员权为基础，从土地集体所有权中分离出农户承包权，承认农民拥有独立的土地承包权，无论在理论上还是在实践中都具有极其重要的意义。

稳定农户承包权，要把握好五点：一是起点公平只是相对的。承包权是集体经济组织成员平等拥有的一种成员权。承包期长期化与集体成员不断变化是矛盾的，但又不能根据成员变化无休止地调整承包关系。一些地方鉴于二轮承包以来农户之间人地关系变化较大，主张在落实"长久不变"之前，对土地承包关系进行一次调整。是否调整、如何调整，应从实际出发，尊重群众意见。一旦落实"长久不变"，就应当在承包期内实行"生不增、死不减"。家庭承包的本质，是家庭成员共有承包权。"长久不变"后的外嫁女、入赘男、离婚妇、新生儿等家庭新老成员，是该家庭已获得的承包权的共有人，不能再简单地称之为"无地人口"。二是"长久不变"应有具体年限。鉴于承包权并不是一种所有权，应有具体年期。为与国有建设用地使用权、集体林地和"四荒"地使用权年限相衔接，建议家庭承包方式的耕地、林地、草地、养殖水面的承包期为70年。70年到期后，家庭全部成员已离开农村的承包户自动丧失成员权和承包权。三是鼓励探索市场化退出机制。对70年承包期内，举家外出、又没有劳动力返乡务农的承包户，在自愿前提下，引导其有偿退出承包权。宁夏平罗县利用国家移民资金赎买部分进城落户农民的承包权，再分配给需要安置的移民。法国于20世纪60年代建立了土地整治和农村建设公司，收购土地所有者的土地、农场或荒地，经过整治后再转让给中等规模农场。从1963年至1982年，这个公司共收购土地145万公顷，占土地市场的五分之一。法律还规定这个公司对土地享有优先购买权，以避免土地市场投机和保护农场的家庭经营特点。荷兰建有土地管理事务所和土地银行，利用国家资金优先购买市场上的土地，经过整治合并后再卖给有经营前途的农民。国内外的这些做法值得借鉴。四是鼓励创新承包权的实现方式。例如，在农民非农就业比重很高、人均土地面积很小的地方，"确权确利不确地"就是一种较好的承包权实现方式。"确权"，就是确认集体经济组织成员资格，取得资格的人有权享有集体土地承包权；"确利"，就是确定参与土地经营收益分配的具体方式；"不确地"，就是不将具体的地块分割到每家每户。在前些年推进耕地承包到户过程中，北京、上海、江苏等地有这种做法。在近些年推进集体林权制度改革过程中，广东等地也有这种做法。在目前正在进行的农村土地确权登记颁证过程中，应实事求是地对待地方的这类探索，不宜"一刀切"地要求所有地方都必须将具体的地块确权到具体的农户。五是赋予承包权有限的处分权能。承包权建立在成员权基础上，以集体经济组织成员资格为前提，除可以有偿退出即有偿退还集体经济组织外，承包权不能向外部人员流转交易，也不能抵押、担保、继承。

（三）保护土地经营权

在土地私有制国家，对从农用地所有权中分离出来的农用地使用权（经营权）究竟应赋予其多大权能、如何规范农地赁租行为，各国做法并不完全相同。但有一些共同特征：禁止转租，建立农地租金的法定定期调整制度，赋予承租人享有对农地改良获得补偿的权利，规定农地租赁合同的法定最短期限（陈小君等，2012）。其中，有两点值得我们重视：

一是限制农用地使用权再流转。西方国家的民法普遍不允许使用权人转租、转让土地。公元6世纪制定的《法学总论》即罗马私法第五篇中明确规定，"使用权人不能把使用权出卖、出租或无偿让与他人"。《法国民法典》第631条规定，"使用权人不得出租或出让其权利于他人"。《德国民法典》第1080条规定，"用益权不得转让"，"用益权既不得抵押，也不得用作担保或者再设定用益权"（张路雄，2009）。《意大利民法典》区分了自耕农租赁与非自耕农租赁，对于前一种情形，规定承租人未经出租人许可不得转让；对后一种情形，直接禁止承租人再转让其租赁的土地。西班牙法律严格禁止农地转租，主要是基于租赁的人身关系性质，允许承租人将所租赁土地的经营权再转让给其他人将会破坏原租赁合同关系的平衡（陈小君等，2012）。我国台湾地区"土地法"第108条也规定，承租人纵经出租人承诺，仍不得将耕地全部或一部分转租他人（祝卫东，2014）。

二是保护租地农场主利益。西欧、北欧从20世纪50年代开始，通过发展租佃关系来强化租地农场主对土地的占有权和使用权，加速土地流动和集中。美国法律也强调，要使土地占有者有适当的规模和生产潜力，使他们的生产机会达到最佳程度，为土地使用者提供经济机会、安全和稳定。各国鼓励租地农场主的政策包括：（1）延长租期。为增强租地农场主的稳定感，法国的租佃法把租期由第二次世界大战前的不少于3年改为现在的9年，意大利由3年改为15年，荷兰为12年，以色列为不得少于90年。（2）降低租金。荷兰利用土地银行体系从农民那里购买土地后长期低价租给有前途的中农，年度租金只相当于土地买价的2.5%。泰国成立佃户合作社，并由合作社与土地所有者签订20年的租地合同，然后合作社再按同样条件租给佃户，以便维持低租金。比利时、荷兰、法国等国家，租赁价格受国家法律的限制。（3）邻近有先买权和先佃权。不耕种的自有土地，如不出卖，就必须出租，邻近有先买权和先佃权。法国规定，所有农场主都可以要求诉讼法院允许经营邻居2年以上未耕种的地产，在缺乏和解的程序时法院确定租金总额。西欧国家都有类似规定（刘放生，2013）。

对农用地使用权既限制又保护，看似矛盾，实则为了同一个目标：使租地农场主能够长期稳定经营。限制农用地使用权再流转，意在鼓励长期经营、避免土地投机。强化农用地使用权的占有和收益权能，意在稳定租地经营者的预期、降低农业生产的地租成本。国外的这些做法给我们的启示是，界定土地经营权的权能边界虽无一定之规，但要服务和服从于一国农业发展政策目标。就我国目前情况看，从土地承包经营权中分离出相对独立的土地经营权，目的在于：顺应农民保留土地承包权、流转土地经营权的意愿，顺应促进土地流转集中、逐步扩大农业经营规模的趋势，顺应扩大农村有效抵押物范围、缓解农业贷款难的需要。从这"三个顺应"出发，应当在承包权与经营权之间审慎分割农用地的占有、使用、收益、处分权能，既不能引发承包权利人的不满，又要体现对经营权利人的保护。

保护土地经营权需要把握好以下四点：

一是在占有权方面，应鼓励签订长期流转合同，使经营者有稳定的预期,调动其用地养地、增加农田基础设施建设等长期投入的积极性。据浙江省农业厅课题组(2006)2005年对绍兴、金华两市300个大户的调查,在对"当前制约你进一步增加投入的最大因素是哪个"的回答中,回答"土地承包期太短""个人经营能力受限""缺少技术""资金不足"所占比例分别为62.7%、20.0%、9.3%、7.0%,土地承包期平均为6.4年,承包期太短是规模经营农户的最大担心。据河南省统计局2013年对150个种粮大户的问卷调查,普遍反映流转合同期限短影响生产长期投入,70%以上的种粮面积流转期限在6年以下,其中流转期限5年以下的占42.5%,有些甚至一年一签。

二是在使用权方面,应支持经营者对细碎零乱的耕地进行平整,以利于田间管理和机械化作业。很多地方的实践表明,土地整理以后,由于减少了渠道、田埂、道路等占地,耕地面积会"长出"10%以上。国家农业综合开发、土地整治、高标准基本农田建设、农田水利等专项资金,应支持规模经营者进行土地平整和农田基础设施建设。

三是在收益权方面,应围绕提高规模经营者的综合收益,改革农业直接补贴的分配办法、逐步投向实际务农种粮者,鼓励有条件的地方对土地流转费用进行补贴,还应有意识地控制土地租金水平。随着土地有偿流转现象的增多,农业生产的土地成本概念逐渐清晰,租地经营实际支付的土地成本和承包户自营土地的机会成本都在上涨,共同推动农业生产的土地成本快速上涨。以全国水稻、小麦、玉米三种粮食为例,2005~2012年间土地成本年均上涨15.1%,其中流转地租金年均上涨20.8%,自营地折租年均上涨14.4%;同期,亩产值年均增长10.5%,亩利润年均仅增长4.6%,土地成本占产值的比重从11.33%上升到15.04%,利润占产值的比重从22.38%下降到15.24%,地租侵蚀利润的趋势非常明显(叶兴庆,2014)。我国户均耕地面积只有8亩左右,要达到100亩左右的适度经营规模,所经营的土地中90%以上是需要付地租的租赁土地。至于公司制农业经营主体,几乎100%的土地要付地租。在不少地方,靠租地种粮食很难盈利,这是规模经营"非粮化"的重要经济原因。在基层调研中,经常能听到规模经营主体"租金太贵""种不起地"的抱怨。为扶持发展粮食适度规模经营,上海市松江区引导农民将耕地流转给村集体,区政府投资对耕地进行整理、健全配套措施,然后再由村集体发包给部分农户。松江区 2011 年曾规定,"土地流转费以每年每亩不超过 500 市斤稻谷为基数,各镇、村可根据当地实际情况适当下调,但不能低于 400 市斤稻谷实物"(上海松江区农委,2011);2013 年进一步规定,"土地流转费一般以 500 市斤稻谷,按当年稻谷收购价折现兑付,各镇(街道)可根据实际作适当调整,但调整幅度不超过上下 5%,原则上一个镇(街道)土地流转费价格要统一"(上海松江区农委,2013)。这类做法值得我们深思。在我国农业现代化进程中,如何平衡好地租收取者与租地经营者的利益,将是一道难题。必须明确,允许承包户转出土地时收取适当费用,有利于调动他们转出土地的积极性,但不宜把增加承包户的土地租金视作增加"农民"财产性收入的重要渠道。

四是在处分权方面,应允许承包户或经营者以农用地经营权进行抵押、担保、入股,但对经营者再次流转土地经营权应予适当限制。土地经营权可分为通过家庭承包获得的经营权和通过市场流转获得的经营权[①]。前者可称之为原始经营权,后者可称之为继受经营权。对这两种经营权,应差别化地赋予其处分权能:(1)对通过家庭承包获得的经营权,为促进土地流转,应赋予其较大的处分权能。在已经赋予其转包、出租、互换、转让、股份合作等权能的基础上,根据十八届三中全会《决定》精神,还应赋予其抵押、担保、入股权能。由于这种经营权与承包权交织在一起,必须明确,被处分的客体是不超过剩余承包期的经营权,而非承包权;从承包户手中获得经营权,不等于获得了集体经济组织成员资格。(2)对通过市场流转获得的经营权,应赋予其相对有限的处分权能。通过市场流转获得农用地经营权,本意在于从事农业生产经营。因此,政策的出发点,应当是促使这种经营权利人一心一意从事农业生产经营活动,而不应鼓励他们再次流转土地。上海市松江区规定,家庭农场经营者不得将所经营的土地再转包、转租给第三方经营。根据目前我国法律和政策,对通过出让方式获得的国有土地使用权,其再流转也要受到一定限制,如必须完成 15% 的投资后方可再次转让,以防止"炒地皮";房屋租赁者不得转租其所租赁的房屋,以防止出现"二房东"。因此,对通过市场流转方式获得的经营权,在赋予其转让、转租、抵押、担保等处分权能时,应

---

① 云南省提出了"农村土地流转经营权"概念,并颁发《农村土地流转经营权证》(邓道勇,2014)。

附加前置条件。例如，目前一些地方开展的土地经营权抵押，主要受益者是转入土地较多、资金需求较大的租地经营者。为防范经营失败、拖欠土地流转费可能引发的社会风险，有必要建立土地流转风险保障金制度，并把缴纳风险保障金作为抵押的前置条件。

三、宅基地的产权重构：落实集体所有权、划断农户成员权、审慎拓展使用权

截至 2013 年底，全国农村宅基地面积为 1.7 亿亩，约占农村集体建设用地的 54%[①]。这是农村集体资产的重要组成部分，也是农民财产权利的重要来源。农村宅基地制度是我国特有的一种土地制度。新中国成立后一个时期内，宅基地和农房归农民个人所有。即便 1956 年发布的《高级农业生产合作社示范章程》要求社员入社必须把私有的土地转为合作社集体所有，但也同时明确"社员原有的坟地和房屋地基不必入社"。1962 年《农村人民公社工作条例修正草案》首次明确包括宅基地在内的生产队范围内的土地，都归生产队所有。1963 年中共中央发布《关于各地对社员宅基地问题作一些补充规定的通知》，并转发国务院农林办公室整理的《关于社员宅基地问题》，重申"社员的宅基地，包括有建筑物和没有建筑物的空白宅基地，都归生产队集体所有"，并作出新的规定：宅基地仍归各户长期使用，长期不变，生产队应保护社员的使用权，不能想收就收，想调剂就调剂；宅基地上的附着物，如房屋、树木、厂棚、猪圈、厕所等永远归社员所有，社员有买卖和租赁房屋的权利；社员新建住宅占地无论是否耕地，一律不收地价（张红宇，2013）。

在 1963 年以来的 50 多年间，虽然"集体所有、农户使用"的农村宅基地制度框架保持了基本稳定，但深入分析可以发现，农村宅基地使用权制度还是发生了一系列调整：

一是获得宅基地使用权的资格在逐步收紧。在很长一个时期内，国家并未禁止城镇居民有条件地获得农村宅基地使用权。1982 年颁布的《村镇建房用地管理条例》规定，"回乡落户的离休、退休、退职职工和军

[①] 见《经济参考报》，2014 年 12 月 3 日，第二版。

人，回乡定居的华侨"可以获得宅基地。1986年颁布的《土地管理法》第四十一条规定，城镇非农业户口居民可以使用集体所有土地建住宅，附加条件是须经县级人民政府批准、用地面积不得超过省区市规定标准、参照国家建设征用土地标准支付补偿费和安置补助费。1990年发布的《国务院批转国家土地管理局〈关于加强农村宅基地管理工作的通知〉》首次提出，对非农业户口居民，不批准宅基地。1998年修订后的《土地管理法》，将宅基地的申请主体由"农村居民"修改为"农村村民"，删除了城镇非农业户口居民可以使用集体所有土地建住宅的规定。1999年发布的《国务院办公厅关于加强土地转让管理严禁炒卖土地的通知》首次明确提出，"农民的住宅不得向城市居民出售，也不得批准城市居民占用农民集体土地建住宅，有关部门不得为违法建造和购买的住宅发放土地使用证和房产证"。2004年发布的《国务院关于深化改革严格土地管理的决定》，将禁止的主体范围由"城市居民"扩大为"城镇居民"，明确提出"禁止城镇居民在农村购置宅基地"。

二是获取宅基地使用权的方式经历了从无偿到有偿再到无偿的曲折变化。在人民公社时期，社员新建住宅由集体无偿提供土地。1988年山东德州率先试行农村宅基地有偿使用。到1992年，全国已有28个省（区、市）、1 200多个县、6 000个乡镇、约13万个行政村实行了宅基地有偿使用。1993年，国务院召开全国减轻农民负担工作电视电话会议，宣布取消农村宅基地有偿使用费、农村宅基地超占费。此后，虽然国家层面实行免费使用制度，但局部地区仍在实行有偿使用。

三是宅基地使用权的权能在逐步收窄。1963年发布的《中共中央关于各地对社员宅基地问题作一些补充规定的通知》规定，社员有买卖或租赁房屋的权利，房屋出卖后宅基地使用权即随之转移给新房主。但1981年发布的《国务院关于制止农村建房侵占耕地的紧急通知》强调，分配给社员的宅基地，社员只有使用权，不准出租、买卖和擅自转让。1995年颁布的《担保法》第三十七条规定，宅基地使用权不得抵押。2007年颁布的《物权法》第一百五十二条规定，宅基地使用权具有占有、使用权能；第一百八十四条规定，宅基地使用权不得抵押。与完整的用益物权相比，少了收益的权能；与土地承包经营权相比，不仅少了收益的权能，而且少了很多形式的处分权能。

经过50多年的发展演变，目前农村宅基地制度的主要特征可概括为："集体所有、成员使用，一户一宅、限制面积，免费申请、长期占有，房地分开、差别赋权。"① "集体所有、成员使用"，就是宅基地所有权归农民集体所有，只有集体经济组织成员才有使用资格。"一户一宅、限制面积"，就是集体经济组织成员以家庭为单位、每个家庭可使用一块宅基地，宅基地占地面积和容积率不能超过各地的规定。"免费申请、长期占有"，就是集体经济组织成员可以家庭为单位免费申请使用本集体所有的土地，并无期限地占有和使用宅基地，面积与申请时的家庭人数有关，但不能落实到人头，属于家庭共有使用权。"房地分开、差异赋权"，就是房屋和宅基地实行两套产权制度，农民对房屋拥有完整的占有、使用、收益、处分权，对宅基地只拥有占有、使用和有限的处分权（比如，可转让给本集体经济组织符合新申请宅基地条件的农户，但转让后不得再申请使用宅基地）②。这套制度安排，保障了农民居住权，无论穷富都有一块宅基地用于自建住房。但也存在很多问题，免费申请和占有宅基地，导致一户多宅、建新不拆旧等"公地悲剧"普遍发生；随着农村人口外流增多，农房空置现象加剧；农民住房财产权和宅基地使用权权能不充分，农民财产权利受到约束；农房甚至宅基地抵押、超范围流转、城乡居民"联建"、建造对外销售的"小产权房"等法外现象大量存在，对法律的约束力提出了严峻挑战。

党的十八届三中全会《决定》明确要求，"保障农户宅基地用益物权，改革完善农村宅基地制度，选择若干试点，慎重稳妥推进农民住房财产权抵押、担保、转让"。这实际上提出了两个既相互关联又有所不同的改革任务：一是宅基地制度改革，核心是保障农户对宅基地的用益物权，焦点在于是否在已经赋予其"占有、使用"权能的基础上，进一步赋予其"收益"的权能、有限度地赋予其"处分"的权能；二是住房财产权制度改革，核心是扩大交易半径、从集体经济组织内部流转扩大到更大范围内流转，焦点在于是否将城镇居民纳入受让人范围。由于房地难以分离，完成这两项改革任务，必须以宅基地产权重构为基础（见表3）。

---

① 对宅基地制度特征的概括有多种，如张云华（2011）将宅基地制度的基本内涵概括为"集体所有、农民使用，一宅两制、一户一宅，福利分配、免费使用，无偿回收、限制买卖，不得抵押、严禁开发"。
② 物权法仅赋予宅基地使用权占有、使用权能，比土地承包经营权少了收益的权能。

表3　　　　　　　　　　　　　宅基地的产权重构

所有权	使用权	
	基于成员权免费申请获得的初始使用权	通过住房继承、赠与、转让获得的继受使用权
占有：特定情形下无偿收回宅基地	70年的排他性控制和支配，到期后有家庭成员居住的再免费延长70年使用期	住房存续期内排他性控制和支配，但不得超过原始使用权的剩余使用期；原始使用权的剩余使用期到期后房屋没有损毁的，有偿延长70年使用期
使用：特定情形下利用集体土地为村民统一建住房	按规定建造自住房	随住房灭失而灭失，不得新建
收益：参与征地补偿费分配、参与原始使用权流转收益分配	参与征地补偿费分配，获得退还集体经济组织时的补偿费，获得流转给本集体成员的收益，获得随住房财产权一并流转的收益	获得随住房财产权一并流转的收益
处分：不得买卖	第一步，随住房财产权一并继承、赠与和抵押、担保、转让，不得单独继承、赠与和抵押、担保、转让；第二步，允许单独流转	随住房财产权一并继承、赠与和抵押、担保、转让，不得单独继承、赠与和抵押、担保、转让

（一）落实集体所有权

宅基地所有权归农民集体所有，自1962年以来在法律和政策层面是清晰的。但在集体经济组织成员免费拥有长期占有权、使用权的制度安排下，集体所有权的权能已很微弱。面对"一户多宅"、超标准占用、自发流转等侵权行为，集体经济组织作为土地所有者往往束手无策。在扩大农民住房财产权和宅基地使用权权能、农村人口结构变动加快、住房流转交易发生概率上升的背景下，有必要明确和落实宅基地所有权权能。

一是进一步明确集体经济组织在占有方面的权能。宅基地集体所有权的占有权能，主要体现在集体可以排他性地收回宅基地。但对什么情形下集体经济组织有权收回宅基地，在国家法律和政策层面缺乏系统、明确的规定。1982年国务院发布的《村镇建房用地管理条例》规定，社员迁居并拆除房屋后腾出的宅基地，由生产队收回。1986年颁布的《土地管理法》废除了这个条例，并规定"因撤销、迁移等原因而停止使用土地的","农村集体经济组织报经原批准用地的人民政府批准,可以收回土地使用权"。1990年国务院批转的《国家土地管理局关于加强农村宅基地管理工作的请示》提出,"对已经'农转非'的人员,要适时核减宅基地面积",但宅基地的分配是以家庭为单位,这一要求缺乏可操作性。1995年国家土地管理局发布的《确定土地所有权和使用权的若干规定》提出,"非农业户口居民(含华侨)原在农村的宅基地、房屋产权没有变化的,可依法确定其集体土地建设用地使用权。房屋拆除后没有批准重建的,土地使用权由集体收回";"空闲或房屋坍塌、拆除两年以上未恢复使用的宅基地,不确定宅基地使用权。已经确定使用权的,由集体报经县级人民政府批准,注销其土地登记,土地由集体收回"。各地也提出了集体经济组织无偿收回宅基地的特定情形。应在梳理国家和地方现有规定的基础上,合理界定、适度强化集体经济组织收回宅基地的权利。

二是进一步明确集体经济组织在使用方面的权能。在城镇规划区内,应提倡集体经济组织按城镇建设规划,统一利用集体土地建设住房,分配给符合条件的本集体经济组织成员。在有条件的农村地区,也应探索集体经济组织统规统建,以替代分户建房的传统做法。

三是进一步明确集体经济组织在收益方面的权能。宅基地在集体经济组织成员占有和使用时,集体经济组织不宜收取土地使用费。但鉴于宅基地使用权是无偿取得的,在宅基地使用权产生流转收益时,集体经济组织作为所有者应参与收益分配:在宅基地被依法征收时,房屋补偿款归农户所有,土地补偿款应在集体与农户之间进行合理分割;在宅基地使用权随住房财产权流转给非本集体经济组织成员时,应允许集体经济组织向出让人或受让人收取一定的宅基地有偿使用费;在宅基地使用权直接流转交易给非本集体经济组织成员时,集体经济组织应参与土地转让收入分配。

(二)划断农户成员权

集体经济组织成员只要符合分户条件就可以免费申请宅基地的制度安排,在一定的历史条件下有其合理的一面。但这实际上是新分得宅基地的成员侵占其他未新分宅基地成员的土地财产权。长期占有和使用宅基地、没有明确的使用年限,既与农村人口变化的大趋势不吻合,也不利于城乡土地使用权利制度的统一。在宅基地的财产价值日益彰显的新背景下,继续实行这种制度既不公平，也不利于提高土地资源利用效率。应选取一个时点，划断农户成员权，在赋予集体经济组织成员70年的宅基地使用权的基础上，实行宅基地使用权"生不增、死不减，入不增、出不减"。实行这种改革的社会风险是可控的：从人口净流入的城中村、城郊村来看，多数地方事实上已多年没有再分配宅基地，很多地方规定城镇规划区内停止分配宅基地，这些地方今后不再分配宅基地不会引发新的社会矛盾；从人口净流出的一般农村来看，房屋空置率较高，新分户家庭的居住问题可以通过村内房屋和宅基地流转解决；从计划生育政策来看，今后符合新分户条件的家庭不会很多，如果允许超生家庭新分宅基地，对遵守计划生育政策的家庭不公平。如果短期难以形成共识，可先在城郊地区试行划断农户成员权的改革。

（三）审慎拓展使用权

根据《物权法》规定，宅基地使用权权能明显小于土地承包经营权权能。在人口不流动、房地不流转的情形下，仅赋予宅基地使用权占有、使用权能，问题并不突出。然而，随着农村人口流动越来越多，宅基地财产价值不断上升，特别是贯彻落实十八届三中全会《决定》关于"保障农户宅基地用益物权，改革完善农村宅基地制度，选择若干试点，慎重稳妥推进农民住房财产权抵押、担保、转让"的要求，拓展宅基地使用权权能、扩大农房和宅基地交易半径势在必行。推进这项改革，必须把握好提高农房和宅基地可交易性与防范城市资本到农村炒作农房、圈占宅基地之间的平衡。应根据宅基地使用权获得途径的不同，实行差别赋权：对基于成员权依法免费申请获得的宅基地原始使用权，可赋予其较充分权能；对通过各种流转方式获得的宅基地继受使用权，只应赋予其相对有限的权能。

第一，在占有权能方面。对基于成员权免费申请获得的原始使用权，可赋予其70年的排他性控制和支配的权利；70年使用权到期后，如果家庭成员仍有在农村居住的，可免费延长一个使用周期。对通过流转方式获得的继受使用权，赋予其房屋存续期内的排他性控制和支配的权利，但不得超过剩余使用期；剩余使用期到期后，即使房屋没有损毁的，宅基地所有者有权收回宅基地，并对房屋给予适当补偿。

第二，在使用权能方面。对基于成员权免费申请获得的原始使用权，在取得建设规划许可的条件下，可维护、改造宅基地上的现有房屋，也可利用宅基地重新建设住房。对通过流转方式获得的继受使用权，只能使用和维护宅基地上的现有房屋，不得利用宅基地重新建设住房。

第三，在收益权能方面。对基于成员权免费申请获得的原始使用权，可通过有偿流转获取收益，有权获得国家征收时给予的土地补偿费，有权获得国家安排的农房改造扶持资金，有权获得重大自然灾害造成损失时国家给予的救助。对通过流转方式获得的继受使用权，不能产生任何收益。

第四，在处分权能方面。对基于成员权免费申请获得的宅基地原始使用权，允许其有偿退回给集体经济组织，对随宅基地使用权一并退回的房屋应给予适当补偿；现阶段，允许宅基地使用权随住房财产权一并出租、转让给集体经济组织内部成员和符合条件的外部人员，允许宅基地使用权随住房财产权一并继承、赠与和抵押、担保，但宅基地使用权不得单独继承、赠与和抵押、担保、转让；从长远看，放宽农民住房财产权转让的受让人范围，允许宅基地使用权单独转让。对通过流转方式获得的宅基地继受使用权，允许随住房财产权一并抵押、担保、转让，但不得单独抵押、担保、转让。

四、集体经营性建设用地的产权重构：保障所有权、拓展使用权

根据现行土地管理法，农村集体建设用地包括三种类型：一是村民建设住宅经依法批准使用本集体经济组织农民集体所有的土地；二是乡（镇）村公共设施和公益事业建设经依法批准使用农民集体所有的土地；三是农村集体经济组织兴办企业或者与其他单位、个人以土地使用权入股、联营等形式共同举办企业经依法批准使用本集体经济组织农民集体所有的土地，也就是农村集体经营性建设用地。截至2013年底，全国农村集体建设用地面积为3.1亿亩，其中经营性建设用地面积为4 200万亩，占农村集体建设用地的13.5%[①]。这4 200万亩农村集体经营性建设用地的产权体系如何重构，是社会各方面广泛关注的热门话题。

---

① 《经济参考报》，2014年12月3日，第二版。

（一）集体经营性建设用地的产权权能是如何被收缩的

30多年来，在农村集体经营性建设用地制度设计上有两次重大调整：

第一次是1998年修订《土地管理法》后集体建设用地使用权流转的范围大大收窄。此前，1986年通过的《土地管理法》第三十六条规定，全民所有制企业、城市集体所有制企业同农业集体经济组织共同投资举办的联营企业，需要使用集体所有的土地的，可以按照国家建设征用土地的规定实行征用，也可以由农业集体经济组织按照协议将土地的使用权作为联营条件。这意味着，农村集体经济组织可以用集体土地使用权与国有企业、城市集体企业共同投资举办联营企业。1988年修正后的《土地管理法》第二条第四款规定，国有土地和集体所有的土地的使用权可以依法转让。这使集体土地使用权除可作为与国有企业、城市集体企业的联营条件之外，还可以在其他情形下向其他投资主体转让。但1998年修订后的《土地管理法》第四十三条规定"任何单位和个人进行建设，需要使用土地的，必须依法申请使用国有土地"，第六十三条规定"农民集体所有的土地的使用权不得出让、转让或者出租用于非农业建设"。这意味着，国有企业、城市集体企业和其他投资主体需要使用农村集体土地的，必须先由县市政府将其征收为国家所有，再由国家向其出让或划拨土地使用权。以1998年修订后的《土地管理法》为分界线，农村集体经营性建设用地使用权流转的空间陡然收窄。

第二次是2004年农用地转用的年度计划实行指令性管理后集体农用地转为集体建设用地的可能性大大降低。1986年通过的《土地管理法》第三十九条和1988年修正后的《土地管理法》第三十九条均规定，乡（镇）村企业建设需要使用土地的，必须持县级以上地方人民政府批准的设计任务书或者其他批准文件，向县级人民政府土地管理部门提出申请，按照省、自治区、直辖市规定的批准权限，由县级以上地方人民政府批准。1998年修订后的《土地管理法》为严格耕地保护，引入了土地用途管制制度，但第六十条仍规定，农村集体经济组织使用乡（镇）土地利用总体规划确定的建设用地兴办企业或者与其他单位、个人以土地使用权入股、联营等形式共同举办企业的，应当持有关批准文件，向县级以上地方人民政府土地行政主管部门提出申请，按照省、自治区、直辖市规定的批准权限，由县级以上地方人民政府批准。此时，虽然农村集体经济组织将农用地转为集体建设用地必须由县级以上人民政府批准，但通道仍是打开的。2004年发布的《国务院关于深化改革严格土地管理的决定》（国发〔2004〕28号）明确规定，"农用地转用的年度计划实行指令性管理""改进农用地转用年度计划下达和考核办法，对国家批准的能源、交通、水利、矿山、军事设施等重点建设项目用地和城、镇、村的建设用地实行分类下达，并按照定额指标、利用效益等分别考核""农村集体建设用地，必须符合土地利用总体规划、村庄和集镇规划，并纳入土地利用年度计划"。自此之后，土地指标成为宏观调控的重要工具，国家通过每年下达新增建设用地计划指标的方式调控全社会基本建设投资规模，在"银根"之外多了个"地根"工具。虽然理论上下达给各地的计划指标中包含了分配给农村集体经济组织用于兴办企业和安排农民宅基地的部分，但在土地指标极度紧缺的背景下，农村集体经济组织很难拿到指标安排农民宅基地，遑论用于兴办企业。这意味着，2004年以后，依法新增农村集体经营性建设用地的可能性微乎其微。

在现行法律制度和政策框架下，农村集体经营性建设用地具有如下特征：一是从土地使用权的取得看，存在大量模糊地带。除规定必须符合乡（镇）土地利用总体规划和土地利用年度计划，并经县级以上地方人民政府批准外，对农村集体经济组织兴办乡镇企业占用农民集体所有的土地、特别是兴办乡和村集体企业占用村民小组土地，是否实行有偿使用、使用年限是多少等，均没有明确规定。对乡（镇）、村集体企业以外由本集体经济组织成员兴办的农村个体、私营企业如何取得集体土地使用权，同样缺乏明确规定。制度的模糊必然导致土地使用的混乱。在当时历史条件下，乡（镇）、村集体经济组织兴办企业，往往无偿、无期限占用属于村民小组农民集体所有的土地，这实际上是一种平调，为矛盾和纠纷埋下了隐患。在20世纪90年代初期的乡镇企业改制过程中，对如何处置土地资产，更是一笔糊涂账。二是从土地使用权的权能看，与农用地、国有建设用地差异较大。除根据《土地管理法》第六十条规定，农村集体经济组织可与其他单位、个人以土地使用权入股、联营等形式共同举办企业外，集体建设用地使用权不得出让、转让、出租和抵押，几乎就是"集体所有、集体使用"。根据《土地管理法》第四十三条和第六十三条，《担保法》第三十六条，以及《物权法》第一百五十一条的规定，"农民集体所有的土地的使用权不得出让、转让或者出租用于非农建设""乡（镇）、村企业的土地使用权不得单独抵押"。这种画地为牢式的土地资源配置，与市场配置资源的一般规律不相适应。于是，法律又做出例外规定，即"符合土地利用规划并依法取得建设用地的企业，因破产、兼并等情形致使土地使用权依法发生转移的除外""以乡（镇）、村企业的厂房等建筑物抵押的，其占用范围内的土地使用权同时抵押"。即便在这两个例外情形下农村集体建设用地的土地使用权权能有所扩大，但仍明显小于农用地的承包经营权权能和通过出让取得的国有建设用地的土地使用权权能。总之，农村集体建设用地具有"集体所有、集体使用"（经营性建设用地）和"集体所有、成员使用"（宅基地）的特征，不得单独出让、转让或者出租用于非农业建设，也不得单独抵押。

（二）扩大集体经营性建设用地产权权能的改革探索

随着农村个体私营经济的发展，城乡和地区之间资本流动的增多，农村非农产业资源配置方式的转型，特别是20世纪90年代中期乡镇企业改制后，农村集体建设用地的占有、使用、流转情况发生了很大变化，农村集体建设用地使用权流转的实际情形已远远超出法律的边界（国土资源部，2001；孟祥舟，2013）。虽然1998年修订后的《土地管理法》第六十三条规定"农民集体所有的土地的使用权不得出让、转让或者出租用于非农业建设"，但突破这一禁止性规定的政策信号不时发出，实践中的突破性做法更是大范围存在。2003年中共中央3号文件《中共中央国务院关于做好农业和农村工作的意见》明确提出，"各地要制定鼓励乡镇企业向小城镇集中的政策，通过集体建设用地流转、土地置换、分期缴纳土地出让金等形式，合理解决企业进镇的用地问题"。2004年国务院28号文件《国务院关于深化改革严格土地管理的决定》发出了互相矛盾的信号。一方面，重申"禁止农村集体经济组织非法出让、出租集体土地用于非农业建设""禁止城镇居民在农村购置宅基地"，这是在维护1998年以后形成的禁止集体建设用地使用权流转的制度安排；另一方面，却又提出"在符合规划的前提下，村庄、集镇、建制镇中的农民集体所有建设用地使用权可以依法流转"，这是在有限度地承认集体建设用地使用权流转的现实。2007年党的十七届三中全会通过的《中共中央关于推进农村改革发展若干重大问题决定》提出，"在土地利用规划确定的城镇建设用地范围外，经批准占用农村集体土地建设非公益性项目，允许农民依法通过多种方式参与开发经营并保障农民合法权益"，"逐步建立城乡统一的建设用地市场，对依法取得的农村集体经营性建设用地，必须通过统一有形的土地市场，以公开规范的方式转让土地使用权，在符合规划的前提下与国有土地享有平等权益"。

国土资源部早在1999年就在一些地方部署集体建设用地流转试点。很多地方以党中央、国务院的文件为政策依据，陆续制定了集体建设用地流转管理办法（见表4）。2005年广东省率先以省政府令的形式发布《广东省集体建设用地使用权流转管理办法》，2006年、2008年湖北省和河北省也先后以省政府令的形式发布《湖北省农民集体所有建设用地使用权流转管理试行办法》《河北省集体建设用地使用权流转管理办法（试行）》。2009年、2010年湖南省、上海市先后以政府办公厅转发的形式发布相关办法。江苏省尽管没有在全省推行集体建设用地流转试点，但1996年苏州市就出台了集体建设用地流转办法，1999年国土资源部将苏州市作为全国集体建设用地使用权流转的试点，2002年省政府批准昆山和海门为全省集体建设用地使用权流转试点单位，2006年又新增宿迁为试点单位，目前无锡、南京等地也在开展集体建设用地使用权流转（陈利根等，2009）。

（三）重构集体经营性建设用地产权体系的总体思路

党的十八届三中全会《决定》指出，"在符合规划和用途管制前提下，允许农村集体经营性建设用地出让、租赁、入股，实行与国有土地同等入市、同权同价"。这至少意味着两点：在城镇规划区外，农村集体经营性建设用地使用权的权能大大拓展，可以出让、租赁、入股，也可以抵押，不再局限于"集体所有、集体使用"和兼并、破产、地随物走等例外情形；在城镇规划区内，集体经营性建设用地使用权可以与国有土地使用权一样通过出让、租赁、入股和抵押等方式流转，不必都要被征收为国家所有。实现这些改革目标，需要按照"体现所有权、拓展使用权"的思路，对集体经营性建设用地进行产权重构（见表5）。

表4 部分地区集体建设用地使用权流转探索

发文时间	发文方式	发文名称	适应范围	突破性措施	禁止性措施
1996年	苏州市政府文件	苏州市农村集体存量建设用地使用权流转管理暂行办法	苏州市城区规划区、县级市人民政府所在地的镇以及国家、省级开发区范围外的集体建设用地	集体建设用地（不含农民建房宅基地）的使用权通过有偿、有限期转让（包括作价投入和交换等）、出租等方式流转	流转的集体建设用地，不得举办大型娱乐和高档房地产开发项目
2002年	安徽省政府文件	安徽省集体建设用地有偿使用和使用权流转试行办法	省国土资源行政主管部门批准的试点乡（镇）	集体建设用地使用权可以转让、抵押、出租，农村村民宅基地使用权可以进行流转	集体建设用地使用权流转不得用于经营性房地产开发
2005年	广东省政府令	广东省集体建设用地使用权流转管理办法	全省	集体建设用地使用权可以出让、转让、转租、抵押、出租，包括国有、集体、私营企业、个体工商户、外资投资企业、股份合资、联营企业、村民集体用地使用权可以出让、出租和抵押随着物转让、出租和抵押	通过出让、转让和出租方式取得的集体建设用地不得用于商品房地产开发和住宅建设
2006年	湖北省政府令	湖北省农民集体所有建设用地使用权流转管理试行办法	全省	集体建设用地使用权可以出让、转让、转租、抵押、入股以及以其他经双方协商一致的方式流转	严禁将集体建设用地用于房地产开发和住宅开发
2008年	河北省政府令	河北省集体建设用地使用权流转管理办法	城市和城镇规划区以外地区	集体建设用地使用权可以出让、转让、转租、抵押	集体房产开发和城镇居民住宅建设使用集体建设用地
2008年	湖南省政府办公厅文件	湖南省集体建设用地管理暂行办法	全省	集体建设用地使用权可以出让、出资（入股）、转让、出租、作价出资（入股），可以兴办各类工商企业	商品房开发和城镇居民住宅建设禁止使用农村集体建设用地
2010年	上海市政府办公厅文件	转发市规划国土资源局关于开展农村集体建设用地流转试点工作若干意见的通知	全市凡符合土地利用总体规划和城乡规划、依法取得的农村集体建设用地用权，原则上均可流转	农村集体建设用地使用权可以通过租赁、出让、转让、转租等形式流转，用于工业、商业、旅游业、服务业等经营性项目；可以抵押	禁止使用农村集体建设用地进行商品住宅开发建设

表5 集体建设用地的产权重构

	所有权	初始使用权					继受使用权		
		划拨	出让	出租	入股	转让	转让	转租	入股
占有	流转合同期满后无偿收回土地使用权	无期限排他性控制、支配权利	最高不超过同用途国有土地使用权出让年限的排他性控制、支配权利	最高不超过20年的排他性控制、支配权利	最高不超过同用途国有土地使用权出让年限的排他性控制、支配权利	最高不得超过初次出让合同约定年限的剩余年限的排他性控制、支配权利	最高不超过20年和出让合同约定年限的剩余年限的最高者的排他性控制、支配权利	最高不得超过合同初次约定年限的剩余年限的排他性控制、支配权利
使用	利用本集体经济组织所有土地从事工商业旅游，但不得用于商品房开发	建设乡、村公共设施和公益事业	建设符合规划和合同约定管制的工业商业旅游等经营性项目，不得用于商品住房开发	建设符合规划和合同约定管制的工业商业旅游等经营性项目，不得用于商品住房开发	建设符合规划和合同约定管制的工业商业旅游等经营性项目，不得用于商品住房开发	建设符合规划和合同约定管制的工业商业旅游等经营性项目，不得用于商品住房开发	建设符合规划和合同约定管制的工业商业旅游等经营性项目，不得用于商品住房开发	建设符合规划和合同约定管制的工业商业旅游等经营性项目，不得用于商品住房开发
收益	生产经营收益，出让金、租金和分红收入、征地补偿费收入	不得牟利	生产经营收益，转让金、租金和分红	生产经营收益	生产经营收益	生产经营收益	生产经营收益	生产经营收益
处分	经本集体成员2/3以上成员或2/3以上代表同意，可出让、出租和抵押集体建设用地使用权	不得流转	可转让、转租、入股、抵押，但未经所有者同意，未按约定合同完成建设的除外	不得流转	不得流转	可再转让、再转租、再入股，但未经所有者同意的除外	不得流转	不得流转

1. 在占有权能方面。集体经济组织作为土地所有权的行使主体,有权对土地使用权利人的使用、流转行为进行监督,有权在流转合约到期后收回土地使用权、按合同约定处置地上附着物。除划拨用地外,通过初次流转获得土地使用权的权利人,有权在合同约定但不超过同用途国有土地使用权年限的期限内,实际控制和支配土地。通过再次流转获得土地使用权的权利人,有权在合同约定但不超过剩余年限的期限内,实际控制和支配土地。

2. 在使用权能方面。所有权权利人、通过初次流转获得使用权的权利人、通过再次流转获得使用权的权利人,都可以在符合规划和用途管制的前提下,利用集体土地从事工业、商业、旅游等经营性活动,最大限度地发挥土地的使用价值。但能否用于商品住房开发,需要审慎决策。综合权衡部分地区在集体建设用地流转方面的实践探索、"小产权房"与商品住房购买者的巨大利益差异、土地出让收入在城市建设中发挥的作用及替代性工具的缺乏、与现行政策的落差、集体建设用地入市改革的出发点等因素,现阶段不宜放开集体土地用于商品住房开发的限制。

3. 在收益权能方面。党的十八届三中全会《决定》要求,"保障农民公平分享土地增值收益""建立兼顾国家、集体、个人的土地增值收益分配机制,合理提高个人收益"。这不仅是指导征地制度改革的重要原则,也是指导集体经营性建设用地流转收益分配的重要原则。从先行者的实践探索看,政府、集体经济组织、土地使用权人如何分配集体经营性建设用地使用和流转产生的收益,没有一定之规(王文、彭文英,2013)。

在政府参与收益分配方面,大致可分为五种类型:一是政府不参与收益分配,但收取"工作经费"。重庆市垫江县政府办公室2010年发布的文件规定,农村集体土地所有者出让、转让、出租农村集体建设用地使用权所取得的土地收益应当纳入农村集体财产统一管理,但集体经济组织应向县土地行政主管部门按土地流转收益总额的2%缴纳工作经费。

二是政府只参与初次流转的收益分配。例如,昆明市2010年的管理办法规定,集体建设用地使用权首次流转的土地收益,90%归土地所有权人,10%由县级财政行政主管部门统筹。又如,湖北省嘉鱼县规定,集体经营性建设用地初次流转的收益,县、乡镇、村按30%、20%和50%的比例分成,县、乡镇提取的土地收益作为城乡统筹建设配套资金,专项用于当地农村公共基础设施建设和兴办社会公益事业。再如，深圳市2013年底出让的一宗集体工业用地中，出让收入的70%归深圳市土地收益基金，30%归原集体经济组织的继受组织，另将所建物业的20%划归该继受组织。

三是政府只参与再流转的增值收益分配。例如，上海市政府办公厅2010年发文规定，农村集体经济组织通过农村集体建设用地使用权或指标流转取得的收益，主要用于基础设施和公益设施建设、该集体经济组织成员的社会保障和发展生产等；土地使用者以转让、转租等方式依法流转农村集体建设用地使用权发生增值的，应当向政府缴纳一定比例的增值收益。

四是政府既参与初次流转的收益分配，也参与再次流转的增值收益分配。苏州市政府在1996年出台的办法中规定：（1）集体建设用地第一次流转时，流转方必须向政府缴纳土地流转收益，缴纳标准按苏州市政府确定的最低保护价的30%收取。集体建设用地出租或按年租制方式流转的，流转方每年向政府按年租金30%的标准缴纳土地收益。流转方向政府缴纳的土地流转收益，实行市、县级市（郊区）和乡（镇）政府三级分成。苏州市政府定额按每平方米收取1.5元人民币，其余按县级市（郊区）30%、乡（镇）政府70%的比例分成。（2）集体建设用地第一次流转后的再次流转，流转方必须向政府缴纳土地流转增值费。增值额在20%以内的免交增值费，超值部分按30%收取增值费。集体建设用地增值费，实行县级市（郊区）和乡（镇）政府二级分成，分成比例依次为30%、70%。（3）土地管理部门按集体建设用地流转总额的2%收取业务费。属县级市（郊区）政府审批的业务费全部留于县级市（郊区）土地管理部门；报经苏州市人民政府审批的，市土地管理局收取流转总额0.5%的业务费，其余1.5%由县级市（郊区）土地管理部门收取。

五是以税收形式参与增值收益分配。广东省政府2005年发布的省长令规定，集体建设用地使用权转让发生增值的，应当参照国有土地增值税征收标准，向市、县人民政府缴纳有关土地增值收益。

在集体土地所有者与土地使用权人之间，土地收益的分配格局是：（1）初次流转已普遍实行有偿使用。集体土地所有者在一定年限内将集体建设用地使用权以出让、租赁、作价出资（入股）、联营等形式让与土地使用者，由土地使用者向集体土地所有者支付土地有偿使用费。（2）对再次流转产生的增值收益如何在所有者与使用者之间进行分配，多数地方没有明确的意见。少数地方提出主要归土地使用权人，例如，昆明市2010年发布的管理办法规定，集体建设用地转让和转租收益，应当主要归集体建设用地使用权人，出让、出租合同另有约定的依照约定。也有少数地方提出共享，如江苏省盐城市2010年发布的办法规定，集体建设用地使用权再次流转形成的土地增值收益，主要归土地所有者和使用权人所有。

如何分配集体经营性建设用地流转收益，事关国家、土地所有者、土地使用者的利益。需要注意三点：（1）提高所有权在收益分配中的地位。与承包地、宅基地按成员资格均分到户不同，多数集体成员并没有占有、使用集体经营性建设用地。因此，在分配集体经营性建设用地产生的收益时，应突出所有权的地位，实行有偿使用。有偿使用收入纳入集体资产管理和分配，由集体经济组织成员共享。（2）由市场决定流转价格。利用城市国有土地使用权交易平台，增加集体土地使用权流转交易服务功能，真正实现"两种产权、同一市场、统一规则"，防止村干部在集体土地使用权流转交易中寻租。（3）规范地方政府参与收益分配的方式和比例。已经实行集体建设用地流转的地方，当地政府从中获取土地收益的做法五花八门。地方政府只能以税收的形式参与集体土地使用权流转收益分配，不宜再按比例分成。

4. 在处分权能方面。应建立与国有土地同等的处分权利体系。集体土地所有者可以通过出让、出租、作价入股、联营等多种方式流转集体土地使用权，也可以抵押集体土地使用权。集体土地使用权利人可以转让、转租集体土地使用权，但要满足以下条件：（1）初次流转后必须完成一定的建设投资量才能再次流转，以防止"炒地皮"；（2）再次流转后的用途，必须符合初次流转时与土地所有者约定的原用途。

（原载于《中国经济时报》2015年5月）

第六篇

国际土地制度改革经验与启示

土地是关系国计民生的重要生产资料,是农业生产发展必不可少的资源,不论在哪个国家都备受政府关注。由于在社会制度、资源禀赋、自然环境、历史传统、经济水平、宗教文化等方面存在差异,所以不同的国家间在不同时期都形成了各自的土地制度来引导农地资源的配置,以及促进农业生产的可持续发展和效益提高。不同国家由于国情差异,其建设模式不尽相同,各有特色,这正是对中国农村土地流转法制建设的最大启示,即要根据国情实际探索一个适合我国自身发展的特色化模式。土地制度改革进程必须与所处的经济社会发展阶段相适应。以往的诸多改革经验早已表明,任何制度或政策的改革都离不开其所处的社会经济发展阶段,这是判断改革基本面的重要条件,更是支撑改革成败的基础。

农村土地流转法制建设的欧美经验

马玉飞[*]

土地流转是当下我国农村经济发展的一个关键词,但是由于传统体制、经济发展水平等因素影响,我国农村土地流转还处在较为落后阶段,这直接制约了现代农业的快速发展。欧美各国早已通过土地流转法制化建设步入了现代农业发展阶段,虽然国情不同,但是欧美诸国积累的成功经验对于我国当下的农村土地流转大有借鉴意义。

一、我国农村土地流转法制建设的历程与现状

近年来随着我国农村经济形势的变化,"土地流转"似乎成了一个新颖热门的词汇,其实土地流转是我国几十年来土地制度改革中一直存在的现象,只不过特定的时期其含义不同而已。新中国成立后的土地改革统一将农村土地分给农民,这是一种带有行政色彩的土地流转,即将国家土地使用权流转给农民。

20世纪50年代后期开展人民公社化运动之后,国家统一将农民个人使用的土地转为合作社集体所有,只允许分配农民个人不超过当地每人平均数百分之五的土地用来种植蔬菜。1978年推行家庭联产承包责任制后的相当长一段时间内,土地流转囿于土地公有性质的约束依然处于禁止和限制阶段,但后来随着农村进城务工人员的猛增,以土地承包经营权为主要内容的农村土地流转开始出现并呈现出愈演愈烈的趋势。基于农村社会发展的现实考虑,国家开始出台一系列相关政策来引导农村土地流转,以

---

[*] 马玉飞,河南财政金融学院。

求促进农村经济的健康发展。《关于1984年农村工作的通知》尽管采取了"只能将土地交还给集体或者流转给其他该集体成员"的限制性规定，但还是历史上首次从国家政策层面打开了我国农村土地流转的先河。

为了打破先前对土地流转的一些限制，1988年的《宪法》修正案第10条第4款规定"土地的使用权可以依照法律的规定转让"。1994年以来中央先后颁布了一系列指导意见和文件政策鼓励"有条件的地方可以按照依法、自愿、有偿的原则进行土地承包经营权流转，逐步发展规模经营"。这些规定虽然使得农村土地流转从"非法"逐步变为"合法"，但是我国农村土地流转真正的法制化始于2003年《农村土地承包法》的颁布实施。《农村土地承包法》明确了"通过家庭联产承包取得的土地承包经营权可以依法采取转包、转让、互换、入股或者其他形式流转"。在此之后几年，国家又相继通过颁布《关于推进社会主义新农村建设的若干意见》、《中共中央关于推进农村发展若干重大问题的决定》和连续性的"一号文件"来强化农村土地流转制度，并为土地流转的规范实施提供了较为明确的法律指导。

虽然国家已经出台了一系列政策来促进农村土地流转的快速推进，但是现实当中却阻力重重，存在的主要问题有：不规范的土地流转行为比比皆是、缺乏健全的流转市场、缺乏成熟的土地流转平台、农民对土地流转的疑虑依然严重等。造成当前我国农村土地流转不畅的因素固然众多，但是法制建设不规范的确是一个关键问题。纵览欧美发达国家农业的发展，其土地制度已经在从传统农业转向现代农业的过程中日臻完善，特别是在农村土地流转法制化建设方面积累了诸多宝贵经验，这些经验对于正在迈入现代农业阶段的中国来说极其宝贵。本文下面就以英国、法国、美国等几个代表性国家为例，通过分析对比其不同的农村土地流转法制化建设经验，为我国农村土地流转的健康发展提供一点参考借鉴。

二、欧美国家农村土地流转法制建设的经验

（一）英国农村土地流转法制建设的经验

作为世界上首个步入工业化发展阶段的国家，英国率先进入现代农业

发展阶段，而在迈向现代农业的进程中英国探索出了一条比较成熟的土地流转道路。早在圈地运动至19世纪初，英国就通过大规模的土地流转形成了以租佃制度为核心特征的近代资本主义土地制度。进入20世纪以后，英国通过《农业持有地法》、《农业法》、《菜农赔偿法》、《租赁法》、《土地委员会法》等相关法律和政府补贴鼓励土地购买租赁，以非常完备细致的法律体系逐渐促成了发展至今日的现代农场模式。在鼓励土地自由流转的基础上，英国政府采取了一些措施保证流转的平稳运行。首先，采用土地开发国家公有化和国家强制购买的办法保证国家对土地的整体控制，以规范可控的形式保证土地开发的高效性和公共性，避免土地兼并等不良现象。其次，采用土地补偿和得益分配机制平衡土地流转利益。不管是农场合并，还是国家强制购买和开发引发的土地流转，对于受损都会有明确的补偿规定。

（二）法国农村土地流转法制建设的经验

法国是欧洲大陆与中国国情最为相似的一个国家，素有"欧洲的中国"之称。长期以来，法国虽然是一个传统的资本主义大国，但是由于小农经济的存在它却是农业相对最为落后的一个国家，这也直接影响了其工业化进程。直到20世纪40年代，随着法国果断废除平均地权，转而实施扩大规模经营的土地政策，其农业和工业在逐渐赶上欧美诸国的步伐。显然，法国推行大规模农业经营的前提是国家政府的绝对主导。在1947年和1953年连续制定的两个五年计划的指导下，法国成立了专门的农业管理机构来引导促进农村土地的流转。首先，为了从根本上构建一个健康的农村土地流转机制，法国政府于1960年制定出台《农业指导法》，放宽了土地买卖和出租的限制，确定了土地流转各方的权利和义务。随后1962年、1980年对《农业指导法》的修订更是细化规范了这一法国农村土地流转的指导性法规。在一系列法案的框架下，包括农业用地的规划、农业生产许可证、农场规模、流转组织中介等都得到了明确的规范管理。需要指出的是，法国在农村土地流转中介组织方面做得相当有成效，其中最为典型的是通过组建"土地整治和农村安置公司"，以资源整合的形式促进了法国农场的规模化发展。

(三) 美国农村土地流转法制建设的经验

美国虽然是一个后起的资本主义国家，但是却以迅猛的发展速度一跃而成为世界最强国，其中其国家的强大离不开农业的规模化发展，而美国规模化农业的发展又与其规范的土地流转法制体系密不可分。早在1862年出台的《宅地法》就规定公民只要缴纳一定费用就可获得特定数量的荒地，并在耕种特定期限后就拥有土地所有权。此做法的最大贡献在于通过立法形式明确了土地的产权制度，这是美国土地流转顺利进行的一个重要前提。后来随着法制建设的日趋完善，土地产权的明晰不仅在于界定土地的所有权，而且在于对土地使用权的界定规范。这样以来，有了规范的法律依托，土地流转就可以在高度市场化的美国自由流通。尽管美国法律非常保护私有土地和公有土地的所有权，鼓励土地的市场化自由流转，但是美国政府对其限制还是比较细致规范的，因为美国政府拥有土地使用权的终决权，包括占有、控制、管理等，具体的限制有：其一，严格依照法律程序对私有土地进行征收征用；其二，采用多种方式限制土地的用途，保证农业用地的利用率；其三，采取限制租赁期限、变更登记等措施限制土地转让、租赁、投机等行为；其四，出于公共利益考虑，对土地的使用进行严格限制。

三、欧美国家农村土地流转法制建设对我国的启示

通过对英国、法国、美国等国农村土地流转法制建设实践的简要分析可以看出，不同国家由于国情差异，其建设模式不尽相同，各有特色，这正是对中国农村土地流转法制建设的最大启示，即要根据国情实际探索一个适合我国自身发展的特色化模式。在考虑国情差异的前提下，欧美诸国的农村土地流转法制建设经验对我国来说借鉴还是很多的。

(一) 国家政府要发挥主导作用，通过立法手段来控制土地流转的稳步运行

虽然土地流转的最终理想化模式是市场化运作，但是任何时候国家必须保有对土地使用权的终决权，既是欧美诸国的成功之道，也是符合我国

国情的一个必然选择。当然，国家的终决权必须是法制化管理，不能完全依靠"行政干预"，而要通过具体的法令来执行，因此在近期或将来制定农村土地流转相关法律的过程中一定要明确国家的控制权，并对具体程序细则做出解释，保证程序的法制化。

（二）完善农村土地流转的法规体系

首先，在构建明晰土地产权制度的基础上，处理好国家、集体和个人的关系，突出农民的主体地位，保证其合法权益，其中关键的环节是要通过法规强化农民土地承包经营权的物权属性，并取消土地承包经营权流转经由政府批准等琐碎的行政化手续。其次，规范土地流转合同，避免不规范的流转现象。要通过登记备案制度对土地进行规范化管理，不仅要规范土地承包经营权证书，而且对土地流转进行严格登记，进行制度化管理。另外，建立完善的法制化纠纷解决机制。国家不仅要在顶层设计面制定一套法律规范，还要从基层设立一种能够便捷帮助农民进行受理、申请查阅、调查投诉的法律机制。只有当农民的权益能够得到有效申诉、有效补偿，土地流转才能稳步推进。

（三）完善农村社会保障体系

农村土地流转的顺利开展绝对离不开社会保障体系的支持，当前我国农民生活水平还没有达到欧美各国的"发达水平"，基本还处在"以地养老"的阶段，因此国家必须尽快健全完善农村最低生活保障制度、农村医疗合作制度、农村社会养老保险制度等来弱化土地的社会保障功能，从而推动土地规模化流转的快速进行。这些保障制度是一个相互关联的体系，缺一不可，它们都是让农民能够在某种程度上摆脱"以地养老"境况的基础。

【参考文献】

1. 李忠旭、沈丽莹："农户参与土地流转合作社意愿及影响因素研究——基于辽宁省农户的调查"，《调研世界》2014年第11期，第30~33页。

2. 楼栋、孙晓明、孔祥智："土地流转合作社发展探析——河北省三家土地流转合作社调查报告"，《农村经济》2013年第4期，第7~11页。

3. 苑鹏、杜吟棠："土地流转合作社与现代农业经营组织创新——彭州市磁峰皇城农业资源经营专业合作社的实践"，《农业经济问题》2009年第10期，第3~5页。

4. 张晓雯："农户对专业合作社依存性影响因素分析——基于山东等四省408户农户调查数据的分析"，《中央财经大学学报》2011年第1期，第57~62页。

（原载于《农业经济》2016年第8期）

新加坡土地管理的特点及借鉴

高国力[*]

新加坡国土面积716.1平方公里，人口539.9万人，人口密度高达每平方公里7 540人。GDP 2 957.5亿美元，是世界上人口密度和经济密度最高的国家之一，是继纽约、伦敦、香港之后第四大国际金融中心城市，被誉为"亚洲四小龙"之一。

新加坡历年填海造地面积超过150平方公里，土地所有权分为国有和私有两种。其中，87%国土为国有，13%国土为私有。新加坡土地使用权根据使用年限99年、999年和永久使用3类；土地利用类型有交通、住宅、工业、商业、公用事业、生态等。新加坡的公共组屋、交通收费闸门（ERP）、垂直绿化、雨水集蓄等集约利用土地资源的做法成效显著，是世界上土地开发、利用和管理比较成功的国家之一。

一、新加坡土地管理的主要特点

（一）不同法定机构分别承担不同的土地管理职能

新加坡的土地管理由隶属不同部门的多个法定机构共同执行。土地管理局（SLA）隶属新加坡律政部，代表国家管理所有土地，行使土地征用、地契办理、土地勘测、空置土地处理等职能，目前管理全国31%的土地（全部为国有土地）；市区重建局（URA）承担土地规划、社区重建、商业区改造等职能；建屋发展局（HDB）负责公共组屋建设用地的

---

[*] 高国力，宏观经济研究院国地所副所长。

出让、开发和利用，裕廊镇管理局（JTC）负责工业用地的出让、租赁和经营管理，陆路交通局（LTA）负责交通用地的出让、开发和利用，公用事业局（PUB）负责水电气供给、通信、污水垃圾处理等设施建设用地的出让、开发和利用。这些法定机构须从土地管理局购买土地专门用于特定用途，然后通过招标、拍卖、租赁等方式向国内外各类企业出让土地使用权，目前管理全国56%的土地（全部为国有土地）。

（二）制定不同层次的土地利用规划并保持动态调整

新加坡土地利用规划和城市、交通、住房、商业、公用设施等多个领域的规划融为一体，具有典型的"多规合一"的特点。隶属国家发展部（MND）的市区重建局（URA）主要负责土地利用规划的制定、评估和调整。新加坡的土地利用规划大致分为三个层次：

第一层次是概念总蓝图，对应城市的概念性规划，主要着眼于未来30~50年的长远发展，明确土地利用的方向、结构和重点，每10年根据经济社会发展变化情况修订一次，至今已经颁布实施1971年、1991年和2001年的3个版本。

第二层次是发展总蓝图，对应城市的总体规划，明确全国不同规划区土地的开发密度、容积率和建筑高度等具体指标要求，平均每5年根据土地利用状况调整一次，迄今已进行过多次修改。

第三层次是区划具体方案，对应城市的控制性详细规划，明确更为具体的土地开发要求、土地利用标准、建筑形式风格、城市风貌设计等专业技术指标，一般包括微型区划计划、行业土地使用计划、实体开发与建设计划等不同类型方案。

新加坡土地利用规划的编制需要经多个政府部门的衔接和协商，反复征求企业、社会组织、民众等不同社会群体的意见，综合考虑产业、人口、技术、生态等多方面因素，具有综合性规划的特征。

（三）拥有配套完善的多层次土地管理相关法律体系

新加坡土地管理具有坚强的法治保障。有关法律的制定、实施和监管得到有效执行，违法成本非常高，全社会已形成依法管理土地的理念和氛围。新加坡土地管理的有关法律主要分为三个层面：

第一层面是土地管理的有关专门法。如《土地征用法》、《土地权属法》、《土地改良法》、《土地税征收法》、《滩涂法》、《地契注册法》等，专门为土地征用、土地改良、土地出让、土地租赁等提供法律依据，具有较强的法律权威性和严肃性。

第二层面为土地管理法定机构的有关条例。如《土地管理局条例》、《市区重建局条例》、《建屋发展局条例》、《裕廊镇管理局条例》、《陆路交通局条例》等，明确有关法定机构的基本职能及土地管理方面的权责，为法定机构承担土地管理的特定职能或运作程序提供法律依据。

第三层面是土地管理有关部门颁布的规章。如土地勘测、土地注册、土地估价、土地信息技术应用等。这些规章原则上要符合上述法律和条例，由政府有关部门制定和监管，往往为土地管理某项特定工作的程序、环节、流程、标准、操作等提供基本依据。

土地管理有关的法律、条例和规章都随着经济社会的发展和土地用途、结构和效益的变化进行及时的修订和废弃，有效发挥对土地管理的法治保障作用。

（四）实行土地的"二次出让"模式促进土地合理有序流转

新加坡土地管理局代表国家管理全部国土资源，重点对占国土面积85%以上的国有土地进行分类管理。"一次出让"是指土地管理局根据土地利用规划确定的不同用途土地，以象征性价格出让给不同法定机构。住宅用地出让给建屋发展局，产业用地出让给裕廊镇管理局，交通用地出让给陆路交通局，公用设施建设用地出让给公用事业局。出让期限根据不同的土地用途存在差异，一般不超过99年。对于少量纯公益性项目建设用地，土地管理局会无偿划拨给国家有关部门进行分配、使用和监管。

"二次出让"是指获得土地使用权的法定机构，代表政府向企业、社团和私人出让土地，出让方式包括出售（10年以上）和租赁（10年以内），出让价格由财政部土地估价师根据市场价格确定，每6个月公布出让土地计划及价格变化；出让期限根据不同土地用途而不同，一般产业用地30~50年，住宅用地、公用设施用地可以长达99年。出让期满后，法定机构根据土地利用的需要选择收回土地或继续出让。土地管理局同样也可以选择从法定机构收回土地或继续出让，确保国家对土地用途和土地利用效益的调控。

(五)采用灵活多样方式提高土地集约利用效益

1. 通过填海造地不断拓展土地资源增量。新加坡建国以来通过填海增加土地面积超过 150 平方公里,根据规划,未来还将填海造地超过 50 平方公里,为今后发展提供难得的土地资源。

2. 注重地上地下空间的多功能、立体化开发。逐步提高建设用地的容积率,开发建设更多的高密度、多功能公共组屋、商业地产和堆叠式厂房,特别是在综合公交转换站、商业中心区附近建设高密度服务场所、设施和住宅,方便居民出行和消费。深度开发地下空间,分层用于车辆停放、污水处理、物品仓储等用途。

3. 土地利用规划设立不限定土地用途的白色地块。在地铁站、滨海湾等黄金地段,不是将地块全部开发完,而是保留部分白色地块鼓励投资者根据市场需求确定土地用途和建设项目,提高土地利用的弹性空间,也为未来应对突发用地需求预留土地空间。

4. 优化绿化用地、交通用地的结构和效益。新加坡人口在过去 20 年增长 70% 以上,绿化用地从 36% 增加到 47%,采用屋顶绿化、墙面绿化等立体绿化方式,巩固世界花园城市的优势地位;综合采用电子收费闸门收取进入中心城区拥堵费、征收进口汽车高额关税、私家车拥车证每 10 年重新拍卖、实施新家庭办公计划等先进手段,限制机动车拥有和行驶数量,缓解交通拥堵,提高交通用地的效率和效益。

二、启示及建议

(一)综合考虑多种因素和方法,合理确定征地补偿标准

新加坡《土地征用法》明确要求,征地补偿标准要综合考虑被征用土地的现有用途价格和预期规划用途价格,采用直接比较法、净收益资本化法、重置成本扣除折旧法等多种方式进行土地估值,不考虑任何通过非法或有害健康的土地用途所实现的土地增值,并设立上诉委员会和上诉庭专门对土地征用的补偿金额进行裁定。另外,新加坡征用土地超过 10 年

的，须得到80%利益相关者同意认可；少于10年的，须得到90%利益相关者同意，基本避免了"钉子户"的出现。

新加坡的土地征用是指私有土地征收为国有土地，我国的土地征用是指集体土地征收为国有土地，两者不能简单类比。我国土地征用补偿标准偏低，估值方法不规范，征地程序不透明，农民的知情权和申诉权难以保障。我国的土地管理法修订正在就合理提高农民征地补偿标准进行论证。应积极借鉴新加坡土地征用中的具体做法，综合考虑被征用土地的原有用途和规划用途，采用科学规范的估值方法确定补偿标准，减少补偿金额的随意性。同时，设立由政府、开发商、村集体、第三方专业机构等多方代表组成的专门机构，受理土地征用有关的纠纷，保障农民的参与权、知情权和申诉权，化解由于补偿标准低、分配不合理等引发的群体性事件。

（二）规范土地出让行为，降低地方政府"土地财政"依赖

新加坡实行土地"二次出让"模式，建立了一套政府部门、法定机构和企业责权利对等分明的运行机制，确保不同类型土地严格按照土地利用规划进行开发利用。通过采取差别化的出让方式、出让期限、出让价格，发挥政府对公用设施、产业布局、住宅建设等不同行业领域用地的调控和引导，体现了政府的发展意图和战略导向。更为重要的是，新加坡土地出让金不能被政府部门和法定机构直接支配使用，必须作为政府储备资金交纳到国库，政府储备资金须经总理和总统两人共同签署方可使用。

我国针对不同用途的土地实行不同的出让方式、期限和价格，但由于土地出让由地方各级政府土地管理部门具体操作，土地出让的程序、流程和真正价格差别较大。一方面，发达地区城市土地出让金快速增加，成为地方财政收入重要来源；另一方面，欠发达地区城市为了招商引资实行零地价，引发恶性竞争。因此，有必要借鉴新加坡土地出让的有益做法，进一步规范我国土地出让行为，充分体现市场配置的决定性作用和政府的引导调控意图。在加快将土地出让金全部纳入地方财政预算的基础上，探索逐步将土地出让金收归中央财政预算管理，专项用于调剂不同发展水平城市的土地出让，降低地方政府"卖地生财"的冲动。

(三) 建立差别化税费征收体系，严格控制土地用途和开发强度

新加坡征收不同税率的房地产税，一般地产税率为市场估价的10%，居民住宅税率为市场估价的4%。另外，针对经书面许可改变土地用途或提高开发强度的土地专门征收开发费，即对土地增值部分征收70%的开发费，将土地增值的大部分收回归政府，限制企业随意改变土地用途或提高开发强度的行为。

我国目前设有耕地占用税、城镇土地使用税、土地增值税、新增建设用地有偿使用费等各类税费，总体上看，存在税率偏低、征管不严、使用不合理等问题，没有很好地发挥对土地开发利用的引导调控作用。可考虑借鉴新加坡土地差别化税费制度，特别是高额征收开发费的做法，加快建立完善我国差别化土地税费征管体系。政府部门应严格执行土地利用规划，土地征收后不得随意改变土地用途和开发强度。对于土地出让后经过严格程序同意改变土地用途或提高开发强度的土地征收高税率的"特殊土地增值税"。这一税率可以根据不同地区和不同时期进行灵活调整，限制土地出让后企业随意改变土地用途和提高开发强度。

(四) 拓展增量和优化结构并重，提高土地集约利用水平

新加坡通过填海造地、提高建筑密度和容积率、开发多层地下空间等方式，不断拓展可利用土地增量来源，非常珍惜和重视增量土地的集约化利用。同时，在主要交通枢纽建设多功能高密度住宅区和服务区，大力推广楼顶绿化、墙壁绿化等不断增加绿化面积，土地规划中设立白色地块保持弹性供给和利用。这些优化土地利用结构的措施进一步提高了土地集约节约利用的水平。

我国国土面积虽然很大，但可利用土地资源短缺，18亿亩耕地红线不能突破。目前，一些地方土地利用方式比较粗放，建设用地供给紧张将制约我国城镇化推进和城市发展。因此，可广泛借鉴新加坡提高土地集约利用水平的一系列做法，拓展土地增量资源和优化土地利用结构并重，特别要探索优化土地利用结构的先进模式，大幅度提高土地集约节约利用水平。加强城市地上地下空间挖潜，盘活闲置土地和低效利用土地，高标准高效益地规划、开发和建设新增土地资源。大力推广垂直绿化、城市重要

交通枢纽建设多功能复合型综合体、土地规划中引入白色或灰色地块等举措，优化生产、生活和生态用地结构，有效提高土地集约化利用水平。

（五）建立土地信息公开和动态调整体系，促进已开发土地产业升级和布局优化

新加坡土地管理的一个显著特点是，保持信息公开和动态调整，土地用途、开发强度、售地计划、租赁金额、开发费等基本信息全部对外公开发布，国内外投资者可方便地查询获取相关资料，且除了土地利用规划保持相对稳定每5年进行调整外，售地计划、土地价格、土地租金、开发费等信息每6个月进行调整，及时反映国内外经济形势和土地供求变化趋势。特别是20世纪七八十年代出让的土地相继到期，新加坡土地管理局、市区重建局、建屋发展局、裕廊镇管理局等法定机构各自调整新一轮土地出让的用途、强度和价格标准，引导城市空间优化和产业转移升级。

我国土地管理在信息公开和动态调整领域取得一定进展，但在信息化水平、精细化水平和规范化水平等方面与新加坡存在明显差距。应进一步丰富完善土地相关基础信息，拓宽公开发布的范围和方式，提高公开发布的频率和效率，更加方便国内外投资者查询。同时，规范土地相关信息动态调整的依据、程序和周期，及时根据宏观经济形势和土地供需趋势调整土地价格、出让期限和用途，引导已开发土地中落后产业搬迁转移、不适合的功能转型升级，实现已开发土地空间布局的调整优化和升级改造。

【参考文献】

1. 国土资源部、国务院第二次中国土地调查领导小组办公室：《第二次中国土地调查主要数据成果的公报》，2013年12月。

2. 国土资源部：《2013中国国土资源公报》，2014年第4月。

3. 王世元：《新型城镇化之土地制度改革路径》，中国大地出版社2014年版。

4. 甘藏春：《社会转型与中国土地管理制度改革》，中国发展出版社2014年版。

5. 刘云华："新加坡土地综合利用效率探讨"，《城市观察》2011年

第 1 期。

6. 张林山："中国土地管理制度主要问题分析与政策展望"，《宏观经济管理》2011 年第 3 期。

7. 周静、朱天明："新加坡城市土地资源高效利用的经验借鉴"，《国土与自然资源研究》2012 年第 1 期。

8. 曹端海："从新加坡土地管理经验谈土地可持续利用"，《中国国土资源经济》2012 年第 6 期。

9. 王万茂："中国土地管理制度：现状、问题及改革"，《南京农业大学学报（社会科学版）》2013 年第 7 期。

（原载于《宏观经济管理》2015 年第 6 期）

印度莫迪政府土地改革失败启示

王爱民　陈志刚　钟太洋[*]

近几年，印度也在推进征地制度改革。2014年12月31日，印度莫迪政府为招商引资促进经济快速发展，提出了修改"2013土地征收法"的提案。然而由于受到来自农民（组织）和反对党等多方的强烈反对，这一提案并没有获得通过，莫迪政府不得不在经过半年多的努力后收回该提案，并宣告土地改革的失败。尽管印度莫迪政府此次酝酿的土地改革夭折了，但对其推动改革的过程、方式以及内容等各环节进行分析梳理，或可为正在推进的我国农村土地制度改革提供借鉴。

一、印度莫迪政府土地改革的始末

2014年12月，总理莫迪执政的印度政府拟定了《土地征收法修正条例》草案，并于2015年2月24日将该草案提交国会下院审议；3月10日，草案在国会下院获得通过，但未能在国会上院获得通过，从而被搁置。4月3日，政府根据国会下院的修改意见，将修改后的《土地征收法修正条例》向社会颁布；然而由于一些农民组织通过公共利益诉讼对这一修正条例提出了强烈反对，印度最高法院于4月10日宣布该条例违宪，并拒绝支持这一条例；5月11日，印度政府再次提交《土地征收法修正条例》草案（第二版）至国会下院审议，两天后这一草案又提交给了国会联合委员会；5月30日，《土地征收法修正条例》（第二版）颁布。尽

---

[*] 王爱民，北京大学经济学院教授；陈志刚，国土资源部调控司；钟太洋，南京大学地理与海洋科学学院教授。

管如此，由于该修正条例迟迟未获国会上院通过，终因超过法律规定的有效期而失效。此后，莫迪政府又进行了第3次努力，但是草案仍不能得到反对党的认可，广大农民更是担心他们的土地会被轻易剥夺。面对这一结果和各方压力，莫迪政府不得不宣告该《土地征收法修正条例》已没有强行推进的必要，承认土地改革失败。

二、莫迪政府"土地改革"的主要内容

此次土地改革的主要内容是提出"因公共利益和私有单位的需要，包括国防、农村基础设施、保障房、工业走廊、基础设施等在内的5类项目用地需要征收农民土地时，除了按照相关规定予以补偿安置外，可免于执行'2013土地征收法的其他相关规定'"。而"2013土地征收法"的规定是：征收土地用于私营项目的，必须获得80%的土地所有者同意；用于公私合营项目的，必须获得70%的土地所有者同意。如果修正提案获得通过，那么印度政府今后征收上述5类用地就可以绕过土地所有者的阻碍。另外，修正提案还提出上述5类用地的征收可不执行社会影响评价。

归纳来看，莫迪政府的此次土地改革提案主要有三方面突破：一是改变了现行土地征收法中有关征收范围的规定。将"2013土地征收法"中有关"为私营企业征收土地"改为"为私营实体征收土地"，这个"私营实体"既包括私营企业，也包括了私营团体和非营利机构等。二是改变了征收条件和要求，即现行法律要求的须经过80%或70%以上的土地所有者同意这一严格限定性的条件被部分突破。三是改变了征地程序中的重要环节。印度的土地征收法一直都非常重视对社会影响的评价，而此次改革提案却要求涉及到的5类项目用地可不执行社会影响评价。但由于这一提案被迫中止，印度现行的土地征用制度还将持续制约印度工商业的发展。

三、对我国土地制度改革的启示

综合分析印度政府推动土地征收法改革历程，可为我国正在推进的农村土地制度改革提供以下启示：

土地制度改革进程必须与所处的经济社会发展阶段相适应。以往的诸多改革经验早已表明,任何制度或政策的改革都离不开其所处的社会经济发展阶段,这是判断改革基本面的重要条件,更是支撑改革成败的基础。印度作为世界新兴经济体,与我国一样保持着较高的经济增长水平,但从社会发展进程看,印度人均国内生产总值明显低于我国,特别是农业在国民经济中的比重仍占近20%,加上印度人多地少,大部分农民的生计高度依赖于土地。印度政府为加快工业化进程和基础设施建设,对农民土地征收拟采用加大强制性法定条件的做法,显然已经触及农民生计底线和承受能力,因此,该做法受到了农民的强烈抵制。

土地改革路径选择渐进方式仍有必要。渐进式改革是我国以往改革成功的重要经验。印度此次土地改革的失败告诉我们,坚持"渐进式"改革原则依然十分必要。征地制度改革关系利益者众多,特别是涉及社会稳定和风险评估等关键性程序,涉及补偿方式的设定及调整,必须审慎探索并保持制度相对稳定,更不能选择跳跃式、断崖式改革方式。如印度现行的土地征收法正式实施才一年多的时间,其中"须得到80%或70%土地所有者的同意和必要的社会影响评价"两个重要环节的设定,使土地征收的条件变得极为严格,这也是符合印度当前经济社会发展现状的。而刚执行这么短的时间就提出要免除这两项规定,显然过于"突然",从而引发了利益相关者的激烈反对。如果莫迪政府此次改革提案步子小一点,将需要得到土地所有者同意的比例调整幅度小一些,或是仍然保留征前社会影响评价等,并且解决好被征地农民失地后的后顾之忧,或许民众接受程度会好一些,土地改革提案的推进或许还有转机。印度这次土地改革失败的教训警示我们,在推进土地制度改革过程中,一些重要领域和关键环节还须慎重,要做到稳中求进。

土地制度改革的顺利推进始终离不开相关领域的配套改革。土地制度改革涉及国家或区域社会经济发展的方方面面,以往改革证明,单纯推进土地制度改革会面临诸多现实阻碍,往往改革效果不佳。为此,中央明确要求要增强改革的系统性、整体性、协同性,就是为了保障改革取得好的效果。深入分析印度的这轮土地制度改革,似乎并没有看到莫迪政府为了推动此次土地改革而制定一揽子配套改革和保障方案。如果设想一下,印度在推出强制征收土地这一修正法案的同时能够辅以相应的保障农民权益

中国土地改革向何处去

和长远生计的制度措施，或许民众接受修正法案的可能性会大许多。这一教训也为我们今后的改革提供了启示：在推进土地制度改革的过程中，不能就土地而论土地，而必须将土地制度改革放在国家经济社会发展的大局中谋划和部署，立足现实国情和经济社会发展阶段来综合评判土地制度改革与关联制度协同配套关系，消除土地制度改革可能产生的不利影响。

印度土地征收法有关环节的规定，为我国土地征收立法提供了借鉴。印度是为数不多拥有土地征收法的发展中国家，其土地征收法制化进程快于我国。如印度土地征收法在立法中确立的有关不同的项目涉及征收时设定不同的被征地者同意比例、征地社会影响评估、根据不同情况确定不同的征地补偿与安置方式等，都值得我国在改革中认真研究借鉴，对于我国目前正在推进的农村土地制度改革，如何在试点后通过立法体现关键环节的改革成果，是一个重要的启示。

（成稿时间：2017年1月）

墨西哥土地改革及其影响[①]

Alainde Janvry　　Kyle Emerick
Marco Gonzalez – Navarro　　Elisabeth Sadoulet

从 20 世纪初至今，墨西哥进行了两次土地改革。第一次土地改革始于 1914 年，以无地农民获得土地使用权为主要标志。第二次土地改革始于 1993 年，以推出墨西哥土地认证计划，即土地确权为主要标志。两次土地改革的推出都因墨西哥当时复杂的社会和经济背景，对墨西哥的农业生产和社会发展产生了深远印象。

一、第一次土地改革

1914 年至 1992 年期间，墨西哥进行的第一次土地改革是世界上规模最大的土地改革之一。改革主要内容是政府征收私人土地所有权并将这些土地重新分配给农民。20 世纪初，墨西哥的土地高度集中，绝大部分农民没有土地。为破解土地垄断，墨西哥在 1917 年颁布的宪法中规定，国内一切土地的所有权属于国家。国家有权将土地授予给私人耕种。外国人在墨西哥的土地权利受到严格限制。宪法颁布以后，农村地区绝大多数土地被分配给由无地农民成立的集体组织 ejidos。农民在加入 ejidos 后可以向政府申请土地使用权。实际上，政府赋予 ejidos 成员的并非土地所有权，而是土地使用权和收益权。ejidos 无权出售、出租或者抵押土地，不能将土地转让给集体组织以外的任何主体，亦不得以土地参与市场经营活

[①] 原文标题：Delinking Land Rights from Land Use：Certification and Migration in Mexico，刊登于 American Economic Review 2015，105（10）：3125－3149。译者：周学勤。单位：中国农村杂志社。

动。在 ejidos 内部，土地被分成三种类型：居住用地、公共用地和耕地。并且，政府有权根据集体内部人口的增减来调整 ejidos 的土地。

20 世纪中后期，墨西哥的城市化占用大量土地。与此同时，农民并没有因此获得受益，他们不能直接出售自己所耕种的土地，只能等待政府来征收。ejidos 的成员并不甘心土地权利的缺失，农民们私下进行土地转租、出让等交易，但这种交易受到政府打击。

重要的是，墨西哥的第一次土地改革，给 ejidos 施加了一款关键约束条件，就是 ejidos 成员必须履行在土地上生产的义务。宪法规定，土地使用权的受让者如果连续两年没有进行耕种，土地的承包权利将会被永久性剥夺。该承包权将按照先后顺序分配给候选名单上的人。将农业劳动力与土地权利联系起来的约束条件，使很多农民因为害怕失去土地而不得不放弃外出务工的机会。而大量劳动力集中在农业领域，导致农业生产效率低下，农村地区大面积贫困。不合理的土地制度，造成墨西哥的社会矛盾日益突出。

第二次土地改革开始于 1992 年，为了适应北美自由贸易协定，墨西哥提出了旨在提高经济效率的宪法重大修改，其中包括赋予 ejidos 成员土地所有权证书，开启了第二次土地改革。改革显然旨在解除土地上的种种限制，通过确权明晰土地产权，完善土地市场的功能。政府对全国的土地进行了详细的丈量，对农民集体组织 ejidos 进行登记。登记之后的 ejidos 获得了法人资格，具有参与市场经营的权利，包括是否出售、转租等土地权益，当然这些要经过组织内的民主决策。为了确认农民的土地权利，墨西哥成立了"确认村社土地和城市房屋土地权利"（PROCEDE）的项目，致力于通过农民自愿申请登记来明晰 ejidos 成员的土地产权。墨西哥政府授权国家登记机关对 ejidos 及其成员的土地进行确权登记并颁发土地权属证书。政府还建立了的土地法律办公室，负责给 ejidos 成员提供法律咨询意见，并协助解决土地纠纷问题。

为了解决土地改革中可能出现的法律纠纷，墨西哥专门成立了土地法院，这是包括 42 个土地法院和一个上诉法院的专门法院体系。事实上，不是所有的土地纠纷直接诉诸土地法院，而是首先由国家土地法律办公室的土地观察员进行调解；如果土地观察员的调解不成功，相关纠纷则会提交土地法律办公室，由该办公室进行二次调解，如果土地法律办公室也无法化解矛盾，那么案件将提交土地法院。土地法院专注于处理各种各样土地纠纷。1992~1999年间，土地法院处理了大约35万件土地纠纷案件。墨西哥确权和登记部门在收到ejidos的确权申请之后，会对其所拥有的土地进行评估，然后在调查的基础之上进行确权。由于1992年改革之前ejidos组织之间的土地边界不清晰，所以土地确权和登记的过程中出现了大量矛盾，PROCEDE项目通过核查土地信息以及协商等方式化解了大量土地纠纷。整个改革从开启到完成话费了13年时间。

二、当前土地制度的社会经济影响

为了研究土地制度改革对于墨西哥经济社会的影响，我们搜集和使用6组数据群：（1）1993~2006年PROCEDE项目的数字农场地图；（2）1998~2000年PROGRESA项目的家庭调查问卷；（3）1990年和2000年INEGI实施的人口普查数据；（4）1991年和2007年全国合作农场普查数据；（5）1995~2012年PROCAMPO项目的农场补助数据；（6）1993年、2002年和2007年的全国陆地卫星图像。我们首先使用三个不同层面的数据集对土地确权与劳动力迁移的影响进行考察；然后考察了土地确权对农业耕地面积的影响；在此基础上，研究土地确权是否会进一步改善农户福利。

1. 土地确权与移民。我们采用固定效应模型，发现土地确权显著提升了农村劳动力向外迁移的数量。基于家庭层面的面板数据分析，发现土地确权完成的家庭比其他家庭向外迁移的概率高28%；基于地区层面的人口普查数据，将人口数量作为被解释变量，是否确权、确权时间长度以及交互项分别作为解释变量，构建三个差分方程，发现人口的减少随时间变化逐步增加，确权时间每增加一年，人口减少0.54%，确权早的地区比确权晚的地区人口下降幅度大；基于全国层面的农场普查数据，我们发现确权后，大部分年轻人离开农场的概率提高0.35%。经过测算，移民中大约20%是由于土地确权导致的。

2. 土地确权与土地撂荒。很多人担心，土地确权促使农民大量向外迁移，是否会导致土地荒芜、影响农业生产。从1993年、2002年和2007年墨西哥全国卫星图像数据来分析，发现确权并未导致土地耕种面积减

中国土地改革向何处去

少，但是人均耕地面积增加，而且确权早的地区，农场规模增加了10%，土地生产力高的地区农场规模变大，生产力较低的地区农场规模减小。这一结果表明，土地确权导致土地兼并，并且从生产力较低向生产力较高的地区发生流转，可耕地总面积并未减少。

3. 土地确权与农户福利。土地确权确实优化农村劳动力和土地资源配置，是否会显著提高农户家庭福利呢？我们利用4期PROGRESA的消费数据进行检验，发现土地确权对总消费支出和食品类消费支出没有统计显著的影响，对非食品类消费支出有显著的正向作用，而且迁移效应最强的、生产力较低的地区消费水平有温和的提升，说明土地确权提高了农户家庭福利。

总的来说，墨西哥通过土地改革，取消土地使用和产权联系，放松对劳动力流动和土地交易约束，有助于实现土地规模化经营，优化劳动力空间分配，促进经济增长。

（原载于《农村工作通讯》2016年第22期）

"一带一路"国家的土地管理制度及启示

王燕青　武拉平[*]

选取"一带一路"主要国家包括人多地少的日本、韩国，地多人少的俄罗斯，人多地少、土地私有的发展中国家印度，大地产制度盛行的巴西和土地国有的越南等，研究在不同资源禀赋条件下的土地管理制度、农地改革及特征，总结经验和启示。

土地是关系国计民生的重要生产资料，是农业生产发展必不可少的资源，无论在哪个国家都备受政府关注。由于在社会制度、资源禀赋、自然环境、历史传统、经济水平、宗教文化等方面存在差异，所以不同的国家间在不同时期都形成了各自的土地制度来引导农地资源的配置，以及促进农业生产的可持续发展和效益提高。选取"一带一路"主要国家包括：土地资源稀缺，人多地少的日本、韩国；地多人少的俄罗斯；人多地少、土地私有的发展中国家印度、大地产制度盛行的巴西和土地国有的越南，并结合美国和欧洲国家的农地制度比较研究。发达国家，工农业发展水平较高，其农地制度和相关的配套政策对中国现阶段农地制度的改革非常具有借鉴意义，而其他非发达国家在很多方面与中国的国情有相似之处，印度也是人口大国，人地关系紧张，农地制度改革中的经验教训非常值得我国参考；巴西曾经是城市化率较高的发展中大国，但却因土地制度的不合理出现病态发展；越南是效仿中国的土地制度，但在很多方面走在了中国前面，值得中国学习借鉴。

---

[*] 王燕青、武拉平，中国农业大学经济管理学院教授。

中国土地改革向何处去

一、日本、韩国农地制度与政策

日本和韩国都属于国土面积较小，后备土地资源有限的国家，注重土地管理和利用规划，保护农地不受非农化影响，严格土地流转用途，形成了相应的管理制度和法律，很多经验值得借鉴。

日本在农地的利用与管理中进行了很多有益的探索和创新，并形成了不同的农地管理制度，如认定农业者制度、农用地保有合理化法人制度、特定法人农地租赁制度、农民退休金制度、农业委员会制度等[1]。农地利用制度则包括：农地利用规划、优良农地保护制度、严格的农地转用许可制度、农地权力转移许可制度等。韩国的农地制度主要体现在农地保全上，已经形成的农地保全制度有农业振兴地域制度、扩大农户权力的制度、农地转用的许可、协议及申告制度、收农地开发费及转用负担金制度等[2]。

在土地的流转方面，日本和韩国都注重土地流转市场的形成，并着重保护有限的农地。日本采取的具体措施包括：废除限制土地流转的相关规定和措施、建立健全农地流动市场中介服务组织、激励农地流动和优化配置、培植农地经营的新型主体等[3]，通过以上措施，实现了土地所有权与经营权、耕种权的分离来扩大经营规模，农地制度的核心转向有效利用土地。韩国一边是致力于推进农地流转，一边是保护为数不多的农地，措施包括：健全法制、保护耕地、开发农地、流转以代耕、租借和委托经营为主等，这些措施有利于扩大经营规模，提高农业在国际市场的竞争力。

日本和韩国土地管理经验。一是政府充分尊重农民的开创精神。鼓励农民开展积极创造，及时总结各地的农地流转模式，推广成熟经验。二是积极引导成立中介服务组织。通过农业委员会、农地保有合理化法人、农地集约利用团体、村落土地托管机构等组织形式维护农民意愿、保障农民权益、减少撂荒耕地、促进土地流转与集约利用。三是扩大农地所有者或

---

[1] 高强、孔祥智："日本农地制度改革背景、进程及手段的述评"，《现代日本经济》2013年第2期，第81~93页。
[2] 杨兴权、杨忠学："韩国的农地保护与开发"，《世界农业》2005年第11期，第37~39页。
[3] 王丽娟、黄祖辉、顾益康等："典型国家（地区）农地流转的案例及其启示"，《中国农业资源与区划》2012年第4期，第47~53页。

使用者的权利。提高农民的素质和参与意识,扩大农地所有者的权利,使其成为保护农地的重要力量。四是实行代耕制度。解决农地撂荒问题,促进个体农业向大型化、机械化和现代化农业的转变。

日本和韩国为保护有限农地资源,合理组织农地利用,促进国民经济发展,保护国民基本生存条件,制定并实行严格的土地管理制度和行之有效的管理方法,我国应从中学习先进经验,避开管理弊端,少走弯路,结合国情尽快完善法制体系,研究出适合本国国情的土地管理制度和方法。

二、美国和俄罗斯的农地制度和政策

美国和俄罗斯均是地多人少,土地资源丰富的大国,其土地管理制度和农地保护政策值得参考和借鉴。美国土地多为个人所有,管理和使用具有完善的土地征收制度、土地流转制度、土地休耕制度和农地金融制度相配套。土地征收按照公共使用、公平补偿、正当法律程序三大准则进行[1];土地流转一般不涉及土地的所有权,大多是土地使用权、经营权通过经济契约的有偿转让,产权明晰、土地流转由市场调节;耕地保护通过多种途径实现,注重保护农地生产能力和发挥农民的主体作用,采取土地休耕计划。

俄罗斯从20世纪90年代开始进行土地的私有化改革,通过国营农场和集体农场私有化建立以市场为导向的私人农场。由于土地产权不稳定、农民资本金不足以及长期心理惯性,改革效果不明显。在农地流转方面,包括农地买卖、农地租赁、提供国有或市有农地所有权或提供国有或市有农地出租、农地抵押和农地继承等市场型和非市场型形式,限制土地集中和外国利用。

美国和俄罗斯的土地管理经验。一是农地的征收应规范化、法制化和市场化。规范完善的征收程序和市场秩序可以保护各主体的利益,体现公平原则。二是明确的产权关系加快土地流转。美国农地的产权关系清晰,土地的所有权、使用权等由法律明确规定,土地交易市场发育完善,俄罗斯则相反。三是土地改革应从民众利益和基层实际出发。只有在保障农民

---

[1] 许迎春、文贯中:"美国农地征收制度及对中国的启示",《中国乡村发现》2013年第4期,第48页。

利益的基础上深化改革才能卓有成效，切忌一味照搬他国经验。

三、印度、越南和巴西农地制度

印度实行土地私有制度，其农地改革废除了柴明达尔（Zamindar）制度、实行租佃制改革，并限制最高土地限额[①]，由于宗教和种姓复杂，农民缺乏组织，改革以失败告终，其农地制度的特点如下：农地占有量不同将农民划分成不同类别；规定土地持有上限，控制土地集中；禁止部族土地的转让。与印度不同，越南土地公有，经历了由集体统一经营向家庭和个体经济的转变。土地制度严格控制建设占用耕地、农民具有完整的农地使用权、法律配套完善。

巴西曾长期实行大地产制度，土地分配不均，贫富分化严重，土地改革主要包括：征收利用率较低或荒芜的大庄园主的土地；安置无地农民和明确政府与农民的职责等内容[②]。改革后依然面临农民弃田返城和既得利益者阻挠等问题。

印度、越南和巴西的土地管理经验。一是在人地关系紧张的地区，实行土地的私有制并不一定是最佳选择。二是农地产权物权化。赋予农民"土地使用权"的交易（买卖）、转让、抵押、继承、赠予、入股合资的权利。三是让农民充分享受工业化和城市化的成果。实现城乡土地"同地同权同价"，保障农民以土地参与工业化和城市化的权利，让农民分享现代化的成果。

四、欧洲国家的农地制度和政策

欧洲的主要国家如英国、法国和德国的农地管理已形成完善的农地产权制度、农地抵押制度、农地征收补偿制度等。德国对农地的自由交易实行严格限制，防止土地细碎化和非农化。最早实行"土地金融"制度，农民可以通过土地抵押贷款，得到资金购买生产所需土地，开展兴建水

[①] 史卫民："国外土地制度变迁中农民土地权益保护的比较与借鉴"，《现代经济探讨》2014年第2期，第88~92页。

[②] 同[①]。

利、修路、耕地平整、造林等活动。法国通过成立农业合作组织加快土地使用权、所有权、农地的用益物权流转,通过"离农奖金"、"农民退休金"、"土地转让奖励金"等鼓励年轻人经营农业①。英国土地用途由政府决定,严格保护耕地,提倡农地规模经营和自营农产发展。土地持有人享有产权综和,如土地的使用权、发展权、维护权和处分权等。

德国、法国和英国土地管理经验。一是土地流转需要建立完善的社会保障体系以解决农民的后顾之忧。二是遵循市场原则,合理制定征地补偿标准和项目。三是建立土地评估和仲裁机制。四是注重农地产权体系建设。

五、"一带一路"国家的农地管理特征

1. 多数国家农地制度的制定都很严谨,对于农地的管理主要依靠法律法规。日本颁布和曾经颁布的有关土地管理方面的法律共有 130 部之多,形成了以《农地法》为基础的法律框架和体系②。

2. 科学进行土地利用规划、严格土地用途管理。每个国家都有科学的土地利用规划,并对土地的用途进行严格管理。俄罗斯《农地流转法》要求地块的所有权人、土地使用人、土地占有人、农地承租人必须依照该土地的目的性用途使用土地,利用方式不能对土地造成损害,如导致土壤退化、污染、堆积废物、土壤肥力毒化、损坏等③。

3. 在严格土地规划基础上,政府通过补贴促进农地流转。俄罗斯政府注重对土地流入方的支持。为了鼓励和扶持家庭农场,政府对经营家庭农场的农民无偿提供定额标准以内的土地,免收土地税,并为农场主提供无息或低息贷款,向农场发放补贴,对农场主和成员进行经营管理和科学技术培训。

4. 多种形式引导土地流转。对于人多地少的国家或地区,政府都采取多种形式鼓励引导土地流转,从而扩大家庭经营规模。政府为农民提供

---

① 高强、孔祥智:"国外及中国台湾土地流转规范化管理与服务经验借鉴",《世界农业》2014 年第 1 期,第 172~176 页。
② 董景山:"日本农地利用管制制度及其启示",《国家行政学院学报》2014 年第 5 期,第 123~127 页。
③ 傅晨:"俄罗斯农地制度改革及其对我国的启示",《学术研究》2006 年第 1 期,第 47~52 页。

低息或无息贷款，鼓励农民购买土地，扩大耕地面积，达成适当的经营规模，以获取农业生产的规模效益。

5. 逐步放宽土地流转的限制，但对工商资本进入农业进行强力监管。日本虽然允许企业参与农地流转，但对其监管严格，以防止农业用地转为非农用地。

6. 在农地改革中充分发挥中介组织的作用。在多数国家中，农民的中介组织，这些组织在维护农民意愿、保障农民权益、减少撂荒耕地、促进土地流转与集约利用方面发挥了积极作用。韩国不仅专门设立农地管理机构，避免其他非农业管理部门因部门利益减弱对农地的保护，而且通过法律手段建立各类农业合作社、协会，提高农民的素质和参与意识，扩大农地所有者的权利。

7. 大力发展"土地金融"。美国早在20世纪20年代就成立了联邦土地银行，其目的是利用农户拥有的土地融通资金，为农业生产和与农业生产有关的活动提供长期信贷资金和服务，以此调节农业生产规模和发展方向，贯彻实施政府农业政策，对农业实施有效控制，促进农业持续、健康发展。

8. 多种方法并用，做好农地保护工作。城市扩张曾使美国农业土地大幅减少，美国加强农地保护，积累了很多经验，从最早实行的使用价值评估到唐提式基金等在内，农地保护方32法约有28种，分为调控型、激励型、参与型和混合型等四种类型[①]。

9. 农地保护中数量与质量并重。多数国家的农地保护的目标不仅重视耕地的数量保护，更注重耕地的质量，以农业生产能力的保持、农业经济的发展为综合评价指标，并且考虑环境与社会价值指标。

10. 在农地征收程序上，严格实行规范化、法制化，征地补偿市场化。

美国的土地征收需要政府申请，由法院判决，程序规范，并依法进行；征地过程中会根据赋予的土地发展权对农民进行补偿，使农民可以享受土地的增值收益。

各国农地管理存在的相似之处：（1）基本上每个国家都重视对农地

---

① 贺晓英、李世平："美国城市扩张中的农地保护方法及其启示"，《中南大学学报（社会科学版）》2008年第6期，第16页。

的保护，严格农地的用途管制；（2）在农地改革中政府起到了关键性的作用，不仅决定着土地制度的制定、颁布和实施，而且是各项配套措施的实施者，负有顶层设计的重责；（3）土地改革成功的国家都充分考虑和保护农民的权利和利益，尊重农民的意愿；（4）制度的顺利实施都离不开完善的中介服务组织和健全的法律体系；（5）好的土地制度或改革都是从本国或本地区的实际情况出发，不盲目效仿他国和脱离国情。

从农地改革失败的印度和巴西来看，两国都存在的问题是，土地改革的推动者和政策的制定者中存在既得利益者，致使农地制度改革不彻底，没有充分保护小农、无地和少地农民的土地权利，相应的社会保障服务和社会福利不到位，不仅影响了农业的发展，而且阻碍了工业的进步，两国城市中都存在大面积的贫民窟，社会的分化严重。

六、主要启示

我国在农地制度的改革中，需要做到以下几点：首先，要保证尊重农民的意愿，为农民设身处地着想。充分考虑到农民自身生活习惯和心理因素的影响，先从社会保障和公共服务等方面解决农民的后顾之忧，再引导农民积极参与和配合土地制度的改革和实施。

其次，农地改革要做到依法进行。只有完善、健全的法律作支撑，改革才能规范有序的进行，当然法律的制定并不是朝夕可完成的，所以在改革中要充分调研，了解实际，为法律的制定政策推行做好铺垫。

再次，在农地改革中要充分发挥中介组织的作用。我国应该大力发展社会化服务组织，一方面通过提供产前、产中和产后的社会化服务强化农民的组织化程度分散农民种地成本高、利润低的风险；另一方面在农地的改革中可以通过社会服务组织做好土地信息收集、地价评估咨询和流转市场培育等，方便政策推行。

最后，任何改革都必须尊重自然规律和社会发展规律。土地制度推行或农地改革应该尊重自然，保护生态环境不遭受破坏，注重人与自然的和谐相处。

（原载于《山东农业大学学报（社会科学版）》2016年第18期）

国外及中国台湾土地流转规范化管理与服务经验借鉴

高　强　孔祥智[*]

近年来，中国土地承包经营权流转速度明显加快，对发展适度规模经营、推动现代农业发展发挥了重要作用。但同时，在一些地方也不同程度地存在流转行为不规范、监管机制不到位、服务体系不健全等问题。为此，引导农村土地承包经营权规范依法有序流转、完善土地流转相关机制建设，显得迫在眉睫。美国、法国、俄罗斯、日本以及中国台湾等国家和地区经过多年实践，在加强土地流转管理与提供流转服务等方面积累了丰富经验，对现阶段中国建立完善土地流转管理与服务制度具有重要启示和借鉴意义。

一、加强土地流转规范化管理相关经验

土地对每个国家来说都是宝贵的资源。土地流转是从传统农业向现代农业转变的重要途径。在土地流转过程中，因管理不当引发的土地面积减少、土地生产能力的降低、生态环境的恶化等问题，给农业与农村发展带来严重影响。在采取各种措施积极推进土地流转的同时，无论是人多地少的法国、日本，还是人少地多的俄罗斯、美国，都通过各种手段严格土地管理，规范土地流转行为。

---

[*] 高强、孔祥智，中国人民大学农业与农村发展学院教授。

（一）严格土地经营者能力审查

为了确保土地得到有效的利用，部分国家和地区对土地经营者的素质做出了明确要求。大多数国家都规定土地受让人必须是有经营能力的自耕农，有的国家甚至要求大面积受让农地的经营者必须有农科的本科毕业文凭。

为了应对粮食危机，解决土地撂荒问题，促进土地集约利用，2009年12月15日，日本对《农地法》进行了法律修订，对于企业通过土地租赁、参与农业等行为，实行"原则自由化"。然而，企业通过土地流转，参与农业生产经营，仍必须具备以下条件：（1）当流转农地没有被合理利用时，租赁合同废止。农地租赁合同中必须包对合同废止的情况予以规定。（2）与地域的其他农业从业人员，进行合理的分工，可以持续安定的从事农业经营。（3）如果是公司法人从事农地租赁，那么公司的业务执行董事中必须有一人以上长期从事农业生产经营。（4）关于生产能力的规定。转入农户或组织必须（拥有一定的农业机械和一定的农业劳动力等）具备农业生产能力；必须保证一定的农业劳动时间（原则上150天以上）。（5）租赁合同需要经过当地农业委员会的批准。

中国台湾实施的"小地主大佃农"对土地承租方进行了明确限制，规定承租方为以扩大规模为经营目的自然人或农民组织，主要包括专业农民、产销班、农会、合作社和农业企业等，并为了引导农业从业人员年轻化，专业农民享受该政策时年龄应在18岁以上、55岁以下，且必须在所学专业、从事农作年数或参加培训时数上达到一定条件，从事有机作物的还有额外条件。承租农地的范围为合法使用的非都市土地耕地和都市计划农业区，不包括台糖公司（台糖公司成立于1946年，是中国台湾农产业规模最大的企业之一，也是中国台湾最大的地主，所拥有的土地［主要为农场］遍布全台各地）。土地、公有土地及三七五出租耕地。农地租赁年期以3年以上为原则，考虑到作物的轮作需求，不排除短期租约，但承租面积中要有至少二分之一以上符合长期租赁的原则。经营条件则包括以下几个方面：大佃农应以从事农粮、畜牧或农牧综合经营为主，并尽量优先考虑进口替代或出口扩张的农产品；大佃农承租2006年和2007年连续两期休耕农地且领取承租奖励者，应以种植水稻、轮作奖励作物和有机作物等为限；大佃农承租耕地不得申请休耕补助或平地造林补助。

为了解决对自耕能力的认定困难，中国台湾于1976年发布《有关农地承受人自耕能力的认定标准及自耕能力证明书核发程序》作为自耕能力认定的依据，包含了7项内容：申请自耕能力证明书者须为16岁以上的自然人；目前非专任农耕以外之职业者；目前非在校学生；住所和所承受的农地，其交通距离在10km以内（后又改为15km）；直接从事劳力耕作者；农事设备充足者；现有农地未曾废耕者[①]。

（二）控制土地流转规模

各国经验表明，在不同的社会经济发展阶段，对农地流转规模的限制也不一样。为了促进农地规模经营，许多国家和地区对农地流转的最小规模加以限制，而为了防止土地兼并，又有国家对农地的最大保有量进行限制。

日本在第二次世界大战结束初期，为了废除租佃制度、提高农民的生产积极性，对购买农地的最大保有量做出限定，要求"买者现有农地总面积不超过三町"。随着社会经济发展，分割的小农经济逐渐显示出了它的局限性，为了实现规模经营，提高农业生产率，日本逐步允许农地流动并放宽了农地保有上限，反而对土地流转后耕地面积的最低规模进行限制。例如，2009年12月《农地法》进行修订后，企业虽然原则上可以自由租赁土地进行农业生产经营，但日本政府仍然通过合同管理对企业流转土地规模进行控制。例如，日本政府规定流转后的农地总面积至少应达到 $0.5hm^2$（公顷），其中北海道地区至少应达到 $2hm^2$，否则租赁合同自动废止。

俄罗斯地方政府同样对单个土地所有者实际拥有的土地规模加以限制，以防止土地过分集中，但同时针对家庭农场以外的经营主体，对于可以注册登记用于农业经营的实物土地的最小规模也有限制。

法国为了加强土地流转管理，分别在1960年、1962年先后颁布了《农业指导法》和《农业指导补充法》，指导土地流转与农业生产。由政府部门、专业农业机构、环境保护组织、消费者、农业技术人员等组成县

---

① 张迪："国外土地审批概况"，《国土资源情报》2006年第11期，第17~21页。

级"农业方向委员会",负责制定和实施公共补贴、扩大农场规模、分配奖金、防止农场的细碎化等方面的政策。为了保证土地不被分割,政府规定了小块土地合并和限制农用地分割政策,规定农场主的土地只能一人继承或出让给一人,并且规定新建农场的最小面积为 $25hm^2$,以确保一定的经营规模。同时,法国还针对不同农作物和其他农业生产给予参考适合发展的面积。这些法令措施对于法国农业经营规模的扩大起到了一定的推动作用。

(三)严格土地用途管理

许多国家和地区在土地流转过程中,提高政府在土地流转中的地位,充分利用行政审批、税收管理、合同管理等手段,加强政府在土地流转中的调控作用。同时,为保护农业用地,有的国家(地区)还按照一定的体系将土地划分为不同等级,结合土地利用规划,对土地流转用途进行严格管理。

俄罗斯通过一系列改革,明确了政府在土地交易中的定位。例如,2002 年制定的《农用土地流通法》规定,公民或法人出售农用土地时,需要向政府部门提交出售土地的意愿,联邦政府和地方政府在同等条件下具有优先购买权,且外国的法人、自然人以及外资超过 50% 的企业均不能购买俄罗斯农用土地,而只能租用农用土地,且租期最长为 49 年。按照该法,农用土地的出售者应该以书面形式向联邦主体最高行政机关或在地方自治机关,通告自己出售农用土地的意愿,并指明出售的价格及合同中的其他重要条件。在收到出售通告一个月内,中央和地方政府若没有购买土地的意愿,则土地的出售者有权在一年内将土地以不低于公告中的价格出售给第三者。若土地售价低于公告中的价格或者出售合同中的其他重要条件有所变动,须发布新的公告。否则,土地买卖关系不能成立[①]。这意味着,只有政府不愿意购买农用土地的时候,出售者才能按照不低于通报价格的水平来出售土地,这样就避免了买卖双方为了逃避纳税而以极低价格出卖土地,政府充当优先购买人的身份,防止了刻意低估土地价值,有利于农用土地作为农民财富、农业生产要素等形式在土地市场上进行交

---

① 黄军甫:"从《农用土地流通法》看俄罗斯土地改革",《俄罗斯研究》2002 年第 3 期,第 18~24 页。

易和流转①。

与俄罗斯相似,美国政府也通过购买或转让土地发展权、建立土地税费调控机制来实现对土地用途的管理。虽然美国的土地所有者具有完整明晰的土地产权,但是政府保留了相当多的土地控制管理和收益权。政府可以综合运用治安权、征用权、对公共土地开发利用投资权和独占权等权利,合理开发和利用土地资源。另外,美国还充分运用地产征税权,设置了地价税、土地增值税、空地税和荒地税,对不劳而获、土地投机等行为进行抑制,促进了城市用地和农业用地的协调发展。为配合农地用途管制和保护耕地,美国还开征农地变更使用税,调整纳税金的标准,以引导土地更集约的利用。

在土地用途管理方面,英国将农业用地分成五等地,最好和高产的农用地是一等、二等以及三等中的 A 级,较次的是三等中的 B 级和四等、五等地。其中,一等地约占三分之一,予以特殊保护。英国《国家规划政策导则》中规定,对于一等、二等以及三 A 等级的农业用地,在决定开发申请时,应该综合考虑该地块的可持续发展指标情况。当占用农用地确实不可避免时,除非较好等级的农用地与上述其他可持续发展目标有所冲突,否则地方规划机构不得占用这些高质量农用地,而应当选择质量稍次的农业用地(三 B 等和四等、五等农用地)②。

第二个层次是东部、南部、中部和北部 4 个地区的区域计划。第三个层次为各县、市综合发展计划。第四个层次是在各市、县辖区内的土地利用计划。此外,中国台湾还颁布《限制建地扩展执行办法》、《非都市土地使用管制规则》等制度,来限制农地变更,保护农田。

俄罗斯土地规划设计实践至今已有 230 多年历史,已经形成了完备的土地规划制度框架和产学研结合的工作体系,对于科学指导土地流转起到重要作用。俄罗斯土地管理工作中,规划与地籍两者之间结合相当紧密,地籍数据是规划的基础。在俄罗斯,编制土地规划设计首先需要在土地规划设计底图上量算各类用地面积和图斑面积,并将其与地籍数据相比较,

---

① 王志远:"俄罗斯农村土地制度变迁二十年的回顾与反思",《俄罗斯学刊》2012 年第 3 期,第 59~64 页。
② 李蕾:"国外用地许可相关制度——英国的规划许可制",《国土资源情报》2006 年第 7 期,第 30~36 页。

以地籍数据为基准计算其容许误差。当量算面积小于容许误差时,按面积比例进行平差,实现与地籍数据、地籍图相符的要求。此外,早在20世纪80年代,俄罗斯就已经完成了国土全覆盖的土地自然——经济综合评价工作,成为土地规划设计中用地布局的重要依据。俄罗斯土地规划设计的编制,为各地区制定不同的土地资源利用与保护对策,形成具有地区特点的土地利用方案,也体现了国家土地利用与保护差别化管理,有力地推进了俄罗斯的土地流转工作。

二、促进土地流转的相关经验

除了加强土地流转规范化管理,许多发达国家和地区,还综合利用各种资源,探索各种服务方式,积极引导成立中介服务组织、加大转入方扶持与加强转出方保障,促进土地合理、有序与规范化流转。

(一)引导成立中介服务组织

为了规范流转双方的权利和义务,减少谈判成本和履约成本,降低流转的交易费用,许多国家和地区积极引导成立各类中介服务组织,通过直接参与流转或提供间接服务等方式,推动土地流转。

为加强土地流转服务,一个由法国28个土地管理和农业设施机构组成的非营利、非政府但受政府监督的组织,即土地治理和乡村建设组织(SAFER)。SAFER贯彻法国政府对农地流转的做法主要体现在3个方面:一是所有的农地资产买卖都必须通知SAFER。法律规定,在进行土地交易前,律师必须将土地的地点、类型,买卖双方的姓名和价格等内容通知SAFER。如果被认为合同存在问题,SAFER有权在买卖合同签订后的2个月内宣布合同无效。二是发挥土地中介功能。SAFER作为一个专业机构,为潜在买卖双方提供土地的真实价值、法律保护以及一些特殊服务。农民如果想出售土地,可以直接与SAFER签订协议,将土地托管,直到出售出去。三是享有土地优先购买权。法律授予了SAFER在农业企业、农地和农村地区的非建筑财产交易领域的优先购买权。如果SAFER认为,市场土地交易并不能对土地有最好、最高效的利用,它有权优先购买,但是每次优先购买的提议都必须在农业部和财政部这两个政府代表处备案。

作为政府的代表，两者对所有的 SAFER 决议都有否决权。长期以来，SAFER 被看作是一个独特的工具，可以确保农业结构的和谐发展，避免垄断和投机，在农业和地方发展中具有重要作用。因为所有的农地资产买卖都必须通知 SAFER，所以 SAFER 掌握了土地市场的完善信息。SAFER 通过在交易过程中对地块的合理估价、提供法律保证、遵守法律程序和要求，帮助买卖双方规避风险，让土地的利用更优化[①]。

日本在农地改革过程中，创新设立了农业委员会、农地保有合理化法人、农地集约利用团体、村落土地托管机构等组织形式，并鼓励农业协同组合开展土地管理业务。这些组织在维护农民意愿、保障农民权益、减少撂荒耕地、促进土地流转与集约利用方面发挥了积极作用。以农地保有合理化法人为例，农地保有合理化法人均为公共事业团体，主要有都道府县农业公社、市町村农业公社、农协和市町村政府 4 种类型。该组织从离农农户或小规模农户手中购买或租赁土地，并将土地向专业农户出租或出售。农地保有合理化法人通过农地权利移动，实现农地的中间保有和再分配职能。同时，农地保有合理化法人还接受意愿农户的土地信托，将其流转给认定农业者等专业农户，并将扣除部分工作经费后的地租支付给土地转出方。为了支援农业生产法人等认定农业者的发展，农地保有合理化法人可以将拥有的土地以出资入股的方式参与农业生产法人经营，并提供农业机械、设施等服务。

与日本相似，美国 4.7 万个农村合作组织，组成了遍布全国的农业服务网络，成为土地流转和规模化经营的重要力量。

（二）加大转入方扶持

在土地流转过程中，许多国家纷纷以土地流入方为主体，采用信贷支持、政策引导、利息调节、价格补贴等经济手段，提供各种优惠性政策，促进土地流转与规模经营。

法国为加大对土地流入方的扶持力度，规定经营面积在 $20\sim40\mathrm{hm}^2$ 的农场，在土地购买、贷款、税收上给予优惠，鼓励中等农场的发展和土地的集中。同时，法国建有完善的农业信贷体系，鼓励与土地流转政策相配

---

① 武剑："农地市场流转管理机制的构建——以法国土地治理和乡村建设组织为鉴"，《安徽农业科学》2009 年第 11 期。

套,积极向家庭农场发放贷款。法国的农业信贷银行向农民提供较长期贷款和低息贷款,并且政府对农业信贷银行因发放优惠贷款而受到的利息损失给予补贴。

日本于1993年制定了《农业经营基础强化促进法》、1999年颁布了《新农业基本法》,提出了"认定农业生产者"制度和发展"有效率和稳定的农业经营体"思路,鼓励其他经济主体参与农地经营,并注重财政、税收、金融等配套手段的运用,为土地产权流动创造了社会条件,使农地资源尽可能向核心农户集中。在日本农地流转制度中,2006年,设立了"骨干农户稳定生产交付金"。2007年开始实施"分经营品种的稳定生产对策"①。

俄罗斯于1990年11月制定的《家庭农场法》规定,家庭农场是享有法人权利的独立生产经营主体。它可由农民个人及家庭成员组成,并在利用终身占有、继承的土地和资产的基础上进行农业生产、加工和销售。为了鼓励和扶持家庭农场,从1991年开始,俄罗斯政府在全力推进土地私有化的基础上,制定和实施了一系列政策法规和具体措施。对经营家庭农场的农民无偿提供定额标准以内的土地,3年内免征土地税,农用机具折价后分期付款,使用期可达25年,提供无息或年息低于2万卢布(100卢布约合18.47元人民币,2013年)的贷款,向家庭农场发放补贴,对家庭农场主和成员进行经营管理和科学技术培训等②。

(三)加强转出方保障

在以土地流入方为主体构建支持体系的同时,许多国家和地区还通过提供政府补贴、完善社会保障制度和加大培训力度等方式,为土地转出方提供生活保障,以促进土地流转。

法国于20世纪60年代设立"调整农业结构行动基金",70年代初又设立"非退休金的补助金",给年龄在55岁以上的农民一次性发放"离农终身补贴",鼓励已到退休年龄的农场主退出土地。同时也鼓励部分青年农民到工业、服务业去投资或就业,政府给予奖励性赔偿和补助等,让

---

① 范怀超:"国外土地流转趋势及对我国的启示",《经济地理》2010年第3期,第484~488、518页。
张力:"社会转型期俄罗斯土地市场化改革中的法律控制",《河北法学》2011年第3期,第168~175页。
② 方康云:"俄罗斯的家庭农场",《世界农业》2001年第12期,第23~25页。

出来的土地主要用于扩大农场规模。

为了让大多数高龄农民退出农业生产并保障其晚年生活，促进农地经营权转让、扩大农业经营规模，日本于1970年创设农业人养老金制度。农业退休基金的事业内容，主要包括农民老龄年金、经营权转让年金、离农给付金、农地的收购与转让金以及购买农地资金贷款4项内容构成。其中，农民老龄年金具有社会保障性质，而其余3项主要为推动土地流转与规模经营。基金组织的收入来源主要由保险金收入、补助金收入和年金营运性收入组成。实践表明，日本农民退休金制度有效地稳定了农民的晚年生活，促进了土地经营权向子女和其他专业农户流转，扩大了土地经营规模[①]。此外，1980年日本颁布了《土地利用增进法》，鼓励农户出租、出卖或放弃土地，对于放弃农业和卖掉土地的农户，一次性给予62万日元（100日元约合6.22元人民币，2013年）的退耕补贴等。

中国台湾自1990年开始办理"辅导农渔民专业第二专长训练计划"，通过各公共职训机构和职业学校举办各种训练班，帮助转出土地的农民掌握一技之长。

三、对中国土地承包经营权流转的启示

（一）完善农地制度，促进土地规范化流转

农地制度的建构和完善，可以促进农民的土地产权实现其权能，降低土地交易费用，促进土地规范化流转。例如，俄罗斯先后颁布的《俄罗斯联邦土地法典》、《家庭农场法》、《俄罗斯联邦土地改革法》、《俄罗斯联邦土税费法》、《农地流转法》等为土地的自由流转奠定了法律基础。而后，俄罗斯又制定了与农地流转相关的地籍管理的法规，为农地交易提供了制度保障。快速城市化背景下，规范化流转的目标仅靠管制和限制难以实现，不断完善的农地流转制度、必要的土地整理复垦措施、农村振兴与城市发展的协调用地制度是土地规范化流转的重要制度保证。各国家和地区的经验表明，不是单单某一项农业政策的出台，就可以推动土地流转

[①] 高强、孔祥智："日本农地制度改革背景、进程及手段的述评"，《现代日本经济》2013年第2期，第81~93页。

与有效利用，必须从全局出发，建立相互补充、相互协调并适时调整的农地制度体系。

（二）创新组织形式，发挥农民在土地流转中的主体作用

借鉴美国、法国和日本等国家经验，除加强政府性土地流转服务平台建设之外，中国还应加紧成立一些民间性中介服务组织，加大信息收集和发布力度，解决流转双方的信息不对称性，降低土地流转的交易成本。应当鼓励农民以多种联合、合作方式流转土地，鼓励以土地流转合作社或社区股份合作社等形式，引导农户开展多渠道的参与管理模式，使农户能够利益均沾、风险共享。面向以非农产业为主的农户或举家外迁农户，应该成立以社区为主的土地托管组织或信托机构，帮助农户开展土地经营管理工作。同时在政府引导下，还应完善土地流转价格形成机制，建立土地流转后续保障机制等服务工作，以保障农民利益。

（三）严格土地管理，尤其加强对农业企业的用地监管

各国（地区）经验表明，严格土地管理可以保护农民利益，促进土地规范化流转。中国台湾关于农业经营主体能力审查方面的相关规定，法国关于控制土地流转规模的相关经验、日本和英国关于土地用途管理方面的做法以及美国和俄罗斯政府在尊重土地私有产权的基础上所采取的一系列措施，都值得中国吸收和借鉴。在农业企业的用地监管方面，一方面，要提高土地资源市场化配置程度，加快建立土地流转市场。政府则要积极建立健全与农村土地资源配置市场化相适应的农村地籍及土地信息的动态管理制度，通过价格指导、合同管理、信息服务等方式，提高农村土地资源的市场配置效率。另一方面，要加强政府对农业企业用地管理。农地承包权流转要按土地用途管制的要求，不得擅自改变土地用途。要抓紧制定"管理用房"等农用建设用地的审批及管理机制，无论是何种形式的非农建设，必须符合土地利用总体规划和年度土地利用计划，依法办理农用地转用审批手续，特别是针对占用基本农田和闲置土地问题，要坚持最严格的土地管理制度。

（四）完善支持体系，积极培育新型经营主体

为推动农地流转与规模经营，许多国家都构建了资金扶持、价格补

贴、技术支持、人才培养等一整套农业支持体系。这套支持体系都是结合新型经营主体的培育发挥作用的。例如，日本的"认定农业生产者"制度和俄罗斯的家庭农场扶持政策等。因此，结合国内外经验，中国在培育新型农业经营主体过程中，要在坚持以农户为核心的基本经营制度基础上，加紧探索大户或家庭农场等为受让主体的管理机制与支持体系。将新增涉农补贴和各类项目向新型经营主体倾斜，并将土地流转与规模经营作为考核标准之一。要在农业市场环境、条件成熟的地区下，加快推动新型经营主体的发展。

（原载于《世界农业》2014 年第 1 期）

第七篇

土地制度创新的地方经验

中国未来土地制度改革的一个核心突破口就在城乡结合部的城中村与城郊村地段。城中村、城郊村改造首先要处理好被更新地段土地权利配置问题：以土地国有化为前提，原土地权利人村集体和村民上缴一部分公益事业用地和基础设施融资用地后，对剩余部分土地使用权确权并进行开发，实现公有私用，最终建立政府、原土地权利人、外来人口乃至开发商多方的利益均衡。中国未来的城中村、城郊村改造实践要处理好所有权人过多导致的"钉子户"问题和多重政府管制导致的规划建设审批成本过高问题，并全面借鉴国际经验和本土经验，突破既有改造模式的局限，全面有效地处理好小产权房问题，实现中国土地制度改革的突破与新型城镇化转型。

基层管理视角下的农村土地制度改革

邱芳荣[*]

自 2017 年初以来,我国的农村土地制度改革三项试点工作已进入到攻坚阶段,33 个试点地区正在加大统筹推进力度,力图为下一步能形成一批可复制、能推广的改革经验,并为《土地管理法》的修改提供有益的"实践样本"。浙江省德清县作为试点地区之一,在"三块地"改革中做了一些探索。

一、集体经营性建设用地入市的核心工作

德清县的集体经营性建设用地入市工作主要围绕"谁来入市、哪些地入市、怎么入市、钱怎么分"4 个核心问题展开。

1. 坚持农民主体地位,分类明确入市主体。针对镇、村、组三级入市主体不同形态,德清县明确了"自主入市、委托入市、合作入市"三种实现形式,把参与权、选择权、决策权赋予农民和农民集体,并结合农村产权制度改革,在村级成立了股份经济合作社,将所有经营性资产量化到人,实行工商注册登记,独立核算、自主经营、自负盈亏,具有独立法人资格。

2. 坚持集约高效利用,"多规合一"确定可入市地块。结合全国"多规合一"试点工作,对照土地利用总体规划、城乡建设规划、产业发展规划和生态保护规划,德清县对全县摸底调查出来的 1 881 宗农村集体经营性建设用地套合分析,分类确定就地入市、调整入市、整治入市途径。

---

[*] 邱芳荣,浙江省德清县国土资源局副局长。

3. 坚持市场配置资源，以"五统一"规范入市途径。着眼于构建一个城乡统一的建设用地市场，围绕"竞争互补、公平高效"设计交易规则；实行统一的交易平台、统一的交易规则、统一的登记管理、统一的服务监管、统一的监管体系。

4. 坚持收益均衡共享，差别化调节收益分配。以"同权同价同责"为出发点，核算集体经营性建设用地成本和收益对比，确定了"按类别、有级差"的调节金收取方式，差别化确定调节金征收比例，实现了入市收益与农转征收的补偿收益基本平衡。差别化落实集体内部入市收益分配，明确了"实物形态、股权形态、现金形态"三类差别化分配模式。

截至目前，德清县入市宗地128宗、816.17亩，已成交总额1.8亿元，农民和农民集体收益1.41亿元，惠及农民8.7万余人。

二、征地改革的四条主线

1. 明确征地改革重点。从近30年的土地征收行为和演变进程来看，土地征收制度为德清县工业化、城市化推进和社会各项事业的发展，提供了强有力的土地和资金支撑，因此合理的征地仍需要坚持。同时，在现行的土地征收制度执行中，农村的经营性项目用地特别是零星项目用地的征收造成了国有土地碎片化，给管理带来不便，需要摈弃；留用地安置方式只安排县城周边农村集体，造成了利益分配的不公平等问题，需要在改革中不断改进。

2. 科学划定征地范围。德清县以模拟分析的方法，将今后统筹征地和入市的不同方案"倒套"到"十二五"期间实际发生的征地数据，即假设当前的两项改革"提前"到"十二五"之初，分析改革可能带来的各种影响和冲击。分析表明，基于土地利用规划圈实施的征地综合方案比较具有可操作性，即除设定征地目录外，土地利用总体规划确定的城镇建设范围内的集体土地也可以征收，其他的经营性建设用地则由集体入市。

3. 规范征地程序。德清县立足于打造征地阳光工程，严格规范土地征收程序；建立土地征收社会稳定风险评估机制，健全土地征收矛盾纠纷调处机制；强化土地征收信息公开，做到征地信息依法、全面、准确公开。

4. 合理分配增值收益。在征地制度改革中，德清县综合考虑土地用途、经济发展水平、人均可支配收入以及农用地收益等情况，合理确定符合实际的全县征地统一价，青苗补偿费实行统一标准、定额包干管理，并每3年调整公布一次；合理提高土地征收补偿标准，建立与入市收益大体平衡的动态调整机制。制定完善征收集体土地房屋拆迁补偿安置办法；完善被征地农民保障机制；全面推行土地征收留用地安置机制，保障集体经济长远发展。

目前，德清全县已按新政策实施了20批次土地征收，涉及土地6 026亩；落实留地安置361亩；纳入职工养老保障4 286人。

三、宅基地制度管理的创新四法

1. 厘清"一户一宅"。一是合理界定"一户一宅"。德清县制定政策，对宅基地管理中"户"的认定标准、分户认定主体资格界定、什么情况可以分户、如何分户等内容进行了原则性规定，对原有《土地管理法》中"户"的概念进行了细化明确。二是依法清理"一户多宅"。坚持宽严并济、分类处置、拆用结合方针，允许通过自愿调剂、有偿收回等途径，将"一户多宅"用于保障无房户、危房户，用于集体发展民宿经济。

2. 保障"户户有宅"。一是合理布局宅基地。结合村庄建设规划、土地利用规划、生态环境保护规划等各项规划，实现"多规合一"，切实保障村庄建设用地合理规模空间。二是创新多途径保障方式。利用农村土地综合整治和新农村建设平台，采用换国有住房、换经济适用房、货币保障等途径保障农户居住权。

3. 管好"宅宅法定"。一是下放审批权限。德清县范围内农村建房审批权限委托给各乡镇政府行使，以乡镇长办公会议集体决策的形式落实权限。二是严格批后监管。在坚持"一户一宅、拆旧建新、法定面积"的前提下，实行宅基地批后管理两个"四到场"：即国土、建设（规划）、乡镇、村4家共同到场和建筑放样、基槽验线、施工过程、竣工验收4个环节到场，强化宅基地批后监管。三是确权登记发证。德清县在1992年完成农村宅基地总登记的基础上，坚持日常登记发证工作。全县宅基地确权登记发证率达到100%。

4. 创新"显化物权"。一是鼓励自愿有偿退出。鼓励采用通过拆迁安置退出宅基地、允许退出宅基地置换城镇住房、货币化补偿后退出宅基地，探索宅基地换"地票、地息"等多种形式，建立宅基地退出补偿机制。二是探索有偿使用。确定了5种有偿使用的范围，建立了阶梯式收取标准，并规定有偿使用费全部留村使用。三是落实农房抵押权能。鼓励金融机构积极开展农村综合产权抵押贷款工作，激发农民创业热情。四是鼓励出租、合作开发。鼓励农户以出租、合作开发等方式，利用自有宅基地和农房参与乡村休闲旅游产业等农村新产业新业态发展。

四、对统筹推进三项改革的思考

1. 统筹空间布局，合理划分征地和入市范围。在改革探索过程中，德清县开展了统筹征地改革和入市改革的可行性研究，认为征地制度改革应该大稳定小调整，合理的征地仍然需要坚持，农村的经营性项目用地征收造成的国有土地点状化、碎片化，这需要改进。结合促进农村新产业、新业态发展，统筹安排征收范围和入市范围，统筹安排增量入市与存量入市空间，德清县确定了公益事业和圈内成片开发作为征收范围，其余经营性用地允许集体入市。

2. 统筹利用时序，维护土地市场统一稳定。统筹城乡建设用地利用时序，防止"一哄而上"，有助于更好地发挥政府引导作用、维护市场稳定，更有助于培育集体经营性建设用地市场的形成。为此，德清县实行了城乡建设用地年度供应计划统一管理，从供应数量、节奏和时序等方面，统筹国有土地与集体土地、集体与集体之间，存量入市与增量入市，引导建立城乡建设用地差异化竞争机制。

3. 统筹功能定位，精准保障产业需求。合理确定农村建设用地功能定位，既要服务好农村新业态新产业的发展，又要防止形成"低、小、散"，精准对接产业需求。

4. 统筹收益分配，实现分享大体平衡。在改革过程中，德清县积极探索土地增值收益核算办法，建立征收和入市增值收益测算模型，测算相互之间的平衡点。在入市中实行平衡点内收益按固定比例征收、平衡点外超率累进的征收模式。应根据德清县经济社会发展和收入、消费水平变化，建立与之相适应的土地征收补偿安置和增值收益调节金动态调整机制。

5. 统筹资源禀赋，促进改革公平普惠。德清县合理布局异地调整集中入市区块，探索实施异地调整集中入市多样化实现途径，根据各集体经济组织不同需求和区位差异，探索开展了"调换土地所有权自行入市、建设用地复垦指标交易入市、集体经济组织之间合作入市、镇级统筹整体规划统一入市"等多种途径实现入市，让尽可能多的农民享受改革红利。

（成稿时间：2016年12月）

浙江海宁的工业用地市场化配置改革实践探索

徐忠国　唐　健　卢　曦*

改革开放以来，持续推进的生产要素配置市场化改革取向，不断释放出人口红利和贸易红利，经济社会实现了高速增长。然而，进入"新常态"后，我国人口红利与贸易红利持续减弱，劳动密集型产业竞争力不断降低，原有发展动能持续减弱。为此，党中央及时提出推进供给侧结构性改革，实现经济增长由要素驱动转向创新驱动。作为土地部门，如何落实决策，研究制定土地政策，有效助推工业及其用地的供给侧结构性改革？浙江省海宁市工业用地市场化配置改革，提供了一份可资借鉴的地方经验。

一、改革的政策背景与海宁概况

（一）政策背景

20世纪90年代以来，中央先后启动了财税体制改革和国有土地使用制度改革。尤其是国有土地使用制度改革，为地方政府提供了筹集城市基础设施建设和公共服务资金的新渠道，弥补了财税体制改革造成的地方财政缺口。国有土地出让"招拍挂"制度的实施，进一步强化了地方政府经营土地和经营城市的行为模式，形成了"土地—财政—金融"三位一体的发展路径。这种发展范式成为地方政府普遍的发展模式。使地方政府

---

* 徐忠国，浙江大学公共管理学院教授；唐健、卢曦，中国土地勘测规划院地政研究中心研究员。

成为自我激励、自我约束的独立经济主体，不断推进地方制度创新，改善地方基础设施条件，增强区域竞争力与吸引力。

然而，在县域竞争格局下，地方政府为最大化政治和经济目标，采取了二元化市场结构策略：对于主要由本地人消费的居住用地和商业用地，采取垄断一级市场的市场结构和饥饿供应策略，按照土地出让的边际收益等于边际成本的原则，降低土地供应量。对于主要引入外来发展资金的工业用地和旅游用地，采用了完全竞争的市场结构，按外部县域间竞争形成的市场价，采取量化宽松供应策略，将地价限制在获取成本左右。这种策略的副作用就是扭曲了工业用地价格形成机制，导致工业用地低效利用。最终地方政府陷入"囚徒困境"的竞次博弈格局，导致国家层面不得不出台工业用地最低保护价，约束各地政府出让工业用地的行为。

由于存量工业用地保有成本低，引导退出困难。在现阶段资源与环境面临紧约束的背景下，如何设计经济手段，盘活存量工业用地，实现低效低端企业以及低效粗放用地的释放与退出？这些经济手段如何与供给侧结构性改革的"降成本、去库存"的要求相结合？这些问题亟待理论部门和实践部门破题探索。海宁市，就是在这样的政策背景下启动土地要素市场化配置改革的。

（二）海宁概况

海宁市位于浙江省北部，经济发达，区位优越。全市土地总面积约863平方公里，其中建设用地面积225平方公里，占土地总面积的26.07%，建设开发强度已近极限。2014年，全市已进入工业化后期，企业大都为民营企业和劳动密集型企业，具有典型的"三高一低"（高投入、高消耗、高污染、低效益）经济增长特征。由于地域资源与环境承载已近极限，且土地利用低效粗放、环境污染严重，改变发展路径已成为当务之急。

二、改革举措

（一）改革总体思路

面对资源和环境严峻的瓶颈约束，如何推动经济转型升级，改造经济增长方式和用地模式?海宁开出的药方是"两退两进"(退低进高、退二进三),即将制造业中资源占用多、能源消耗高、环境污染重、已不适合在当地继续发展的相对低端低效的产业、企业或某些生产环节,从原所占有的空间中腾退出来,继而引进相对高端高效的先进制造业和现代服务业、优质企业或某些先进生产环节。

(二)主要政策措施

创新形成了"以亩产效益评价为主线、以市场化配置为主题、以政府推动为引导"的模式。一是突出"亩产效益"主线,海宁市在浙江省率先建立了系统性的亩产效益综合评价体系,将全市 1 659 家 3 亩以上用地工业企业分为 A、B、C 三类,进行测评打分,向每家企业发放亩产效益"成绩单",改变了企业囤地增值的传统观念,通过市场化交易盘活存量土地,实现存量土地上的新投入、新产出、新效益;二是突出"市场配置"主题,组建浙江江南要素交易中心,土地一级、二级市场交易均可在交易中心进行,形成统一规范的阳光交易服务平台;三是突出"政府职能"转变,实施行政审批层级一体化改革,推动"重审批、轻监管"向加强事中、事后监管转变。

(三)建立差别化的资源要素价格机制

针对 A、B、C 三类企业,在用地、用电、用能、排污等方面实施差别化的激励和倒逼的政策措施。

1. 差别化城镇土地使用税。调整提高原有土地等级划分,将城镇土地使用税从每年 3 元/平方米调整到每年 6 元/平方米,再根据评价结果分类分档减免:A 类企业的重点扶持类土地使用税减免 80%,房产税减免 20%;A 类企业的鼓励提升类的前 50% 土地使用税减免 60%,房产税减免 20%;A 类企业的鼓励提升类的后 50% 土地使用税减免 40%;B 类企业的土地使用税减免 20%;C 类企业不予减免。

2. 差别化用电。对 A、B 类企业实施差别电价,能耗在标准之内部分(国家行业标准)执行正常电价,能耗超过限额标准一倍以内部分提高 0.1 元/千瓦时、超限额一倍以上提高 0.3 元/千瓦时;对 C 类企业实施惩罚性电价,能耗在限额标准以内提高 0.1 元/千瓦时、标准以上提高 0.3

元/千瓦时。

3. 差别化用能。对年综合耗能 3 000 吨标煤以上或新增年耗能 1 000 吨标煤以上的企业差别化核定用能总量，以 2011、2012 两年用能量最高值为基准值，分别按单耗水平低于或高于全市工业增加值能耗 5 年规划目标值，A 类企业重点扶持类按基准值的 100%、98% 核定；A 类企业鼓励提升类按基准值的 98%、96% 核定；B 类企业按基准值的 94%、92% 核定；C 类企业按基准值的 90%、88% 核定，并实行核定配额内不收费、新增用能量有偿申购、超限额差别加价收费制度。

4. 差别化污水处理收费和差别化用水。对污水入网企业实行多因子复合加价收费制度，并根据评价结果和行业特点实施差别化征收。对 C 类企业实行差别水价和超计划用水累进加价管理，差别水价执行标准在现行水价基础上每吨水增加 1 元，超计划用水量实行分档累进加价收费。

5. 差别化排污总量和价格核定。差别化核定企业年度减排任务，A 类企业减排任务为"十二五"全市工业平均年度减排任务的 50%；B 类工业企业平均分 3 档，分别执行平均减排任务的 1 倍、1.5 倍和 2 倍；C 类企业为 4 倍。差别化核定排污权交易价格，A 类企业为基准价，B 类企业为基准价 1.5、2、2.5 倍，C 类企业为 4 倍。

建立便捷高效的生产要素交易机制。为了更好地发挥市场在要素配置中的决定性作用，海宁市成立了浙江江南要素交易中心，作为全市综合性要素交易市场和要素交易政府信用担保结算平台。交易中心是集各类要素交易和公共资源交易服务于一体的国有公司，主要负责排污权储备指标、用能总量指标、土地、产权、股权等各类产权类和权益类要素进场交易的服务工作，同时将建设工程招投标、政府采购纳入服务范围，为各类交易发布信息，提供场所和设施。

三、政策绩效与问题

（一）政策绩效

1. 行政审批更快捷。新增用地建设项目实现从用地指标统筹安排落实、农转用和土地征收"一书三方案"编制报批、征地"两公告一批复"、供地方案报批到挂牌供地出让无缝对接，流转审批至供地挂牌全流程最快提速为25个工作日完成、50个工作日可摘牌成交，有效降低了制度运行交易性成本。

2. 要素配置更精准。随着土地供应实行差别化管理市场化配置，实现了土地要素在规划空间上更合理布局、在时间上能更快捷高效、在供给上更精准配置，有效保障了重大招商引资项目的及时落地。

3. 集约利用更提升。全市新引进项目建设用地集约利用水平明显提升，如新供工业用地平均容积率1.28、亩均投资强度329万元、亩均税收22万元。在建的海宁时尚产业园项目，容积率从原1.2变成2.5，投资强度从原每亩139万元升到320万元，亩均税收从原10万元提到30万元。企业节约集约用地意识进一步加强，对出让合同条款重视程度和履约自觉性进一步提升，项目开工建设进一步加快，提前开工建设达到50%以上。

4. 企业转型更自觉。A类企业中上市公司、规模以上企业纷纷借政策利好做大做强，扩大领先优势。B类企业"不进则退"的危机感和转型升级的紧迫感增加，通过加快技改步伐、加大研发投入、如实申报税收等，以提高来年亩产效益综合评价分值，从而避免沦为C类企业。C类企业加快关停并转退。如2013年度的83家C类企业中，在2014年新一轮亩产效益评价已有46家在采取实质性动作后摘帽提升，其中7家实施兼并重组，8家关停注销，16家重新评价后提升至A、B类。

（二）存在的问题与政策风险

1. 经济下行压力较大，企业转型升级困难重重。海宁市的经济基础主要以纺织、皮革等传统产业为主，多为民营劳动密集型企业。在各类生产要素价格总体上涨的背景下，企业利润微薄，生存困难，转型升级更是困难重重。在外需疲软，内需启动尚需时日的大背景下，海宁经济整体下行的压力及风险仍然较大。

2. 土地保有成本仍然偏低，工业用地粗放利用难以杜绝。从目前的政策来看，单独的工业用地的保有成本仍然偏低，尤其是前述各类土地税收和房产税的减免，更降低了工业用地的保有成本。这样的用地保有成本难以有效约束企业粗放利用土地的行为。据统计，海宁市已建成工业仓储用地中，规模以上企业平均容积率约为 1.00，规模以下企业 1.02；规模以上企业地均税收 11.86 万元/亩，规下企业 6.09 万元/亩，土地利用总体低效粗放。因此，从政策引导方向来看，还应进一步加大工业用地的保有成本，促使低效利用土地的企业难以承受用地成本，而将土地流转出去。

四、政策评价及机理分析

（一）政策评价

海宁市工业用地要素市场化配置改革及其实践，是在现有财税体制和国有二元土地使用机制下的渐进式制度演进，尚未从根本上改变县域竞争和工业用地竞次出让的博弈格局，工业用地仍然取得了地价补贴，价格形成机制仍不尽完善，但两项改革都取得了良好的制度绩效：第一，助推了高端高效的先进制造业和优质企业或某些先进生产环节的发展；第二，抑制了资源占用多、能源消耗高、环境污染重、已不适合在当地继续发展的相对低端低效的产业、企业或某些生产环节的生存空间；第三，通过科技、制度创新，实现资本、科技等生产要素替代土地要素，或重建效率更高的生产函数，促进了工业用地的高效利用。但在改革风险上，这些改革措施尚存在改革力度权衡的顾虑，担心力度过大会带来一些诸如经济下滑、改革责任等难以控制的风险。

（二）政策成效的经济分析

改革取得成功的关键原因，可归结为几点：第一，确立了企业、企业家的经营创新主体地位和作用。海宁市在推进工业用地市场化配置改革时，十分尊重企业的市场主体地位，尊重企业家精神，把生产要素的配置权交给企业及企业家，积极吸纳具有创新精神的企业家及创新型高端人才。

第二，政府负责提供创新市场体系和制度体系，以及基础理论研究和大型基础设施建设等公共产品。海宁市进行了浙江江南要素市场交易中心建设，开展制度创新，允许包括土地及排污权储备指标、用能总量指标、知识产权、人力资源、股权等综合性要素进场交易,为低端低效的产业、企业或某些生产环节对生产要素的释放和高端高效的先进制造业和现代服务业、优质企业或某些先进生产环节对生产要素的获取,提供了渠道和机制。

第三,在市场体系及制度体系建设滞后的情况下,政府可以适时伸出扶持之手,哺育具有比较优势产业的发育。对生产要素进行价格补贴,降低创新生产成本;对创新风险进行适当补贴,降低创新风险。海宁市通过对企业的精准评价,制定差异化的生产要素价格,尽管仍对企业进行要素价格补贴,但要根据企业的产出效益情况,实行差别化的价格政策。当然,海宁政府仅调控由政府提供的公共生产要素的价格,不干预企业间提供的生产要素的价格,干预的范围是有限的。

(成稿时间:2016年9月)

成都郫都区集体经营性建设用地入市的实践探索

王冬银[*]

作为全国 15 个农村集体经营性建设用地入市试点之一,四川省成都市郫都区按照明确入市规模、优化项目布局、创新构建入市主体、完善收益分配机制和健全政策机制配套的工作思路,并依托农村集体资产管理公司实施了土地入市,为进一步深化改革积累了丰富的经验。

一、摸清家底,确定入市范围

摸清家底、确定基数,确定入市范围。以"符合规划、用途管制、依法取得"为原则,郫都区通过"定基础、定图斑、定规模"的工作方式,解决了哪些地可以入市的问题。先提取 2014 年土地利用现状数据库集体建设用地图斑 11.3 万亩为基数,再从中扣除已纳入征地范围尚未变更的集体建设用地等,得到存量农村集体建设用地 10.62 万亩的数据。经与"两规"叠加,并结合权属来源、入市计划和可行性等因素,综合确定存量可入市规模为 4 932.79 亩。按照严格界定的"存量"和"经营性"条件,郫都区 4 932.79 亩入市规模中仅 1 243.41 亩(集体存量工矿用地和原址经营性存量用地)完全符合要求。

---

[*] 王冬银,国家土地督查局成都局。

二、结合实际，确定入市主体和程序

一方面，郫都区围绕"委托—代理"机制进行思考探索，确定成立农村集体资产管理公司作为集体经营性建设用地入市的实施主体，有效分离入市实施主体和入市主体。实际操作中，这一做法体现出以下优势：一是能够促进基层治理机制的完善，集体资产管理公司解决了村委代行集体资产所有权的制度问题，为保障农民权益找到合适载体；二是解决了集体产权主体虚位的问题；三是提高了农村集体经济组织的管理能力；四是有效保障了基层民主自治。

另一方面，确定了具体的入市程序：颁发拟入市地块的集体土地所有权证书→入市主体提出申请并编制方案→本集体经济组织村民三分之二表决通过入市方案→镇政府、县国土局审查方案→县公共资源交易中心组织实施→受让双方签订成交确认书及合同→缴纳土地出让价款及土地增值收益调节金→不动产登记部门核发集体经营性建设用地使用证→办理项目规划建设等手续。

三、兼顾农民、国家、集体，土地收益共享

入市收益分配是农村经营性建设用地改革试点核心问题之一，郫都区的具体做法：一是在国家与集体的外部分配上，采取以成交总价款13%~40%的比例，进行阶梯式差别化征收调节金的办法。入市后再进行转让、出租的，以土地价款的3%缴纳增值收益调节金。截至2016年年底，郫都区已经入市的25宗地增值收益调节金的收取比例为13%~30%，平均收取比例19.39%。郫都区这一做法基于以下考虑：其一，土地增值收益是多种因素综合影响的结果，包含了政府行为、集体行为和个体行为的共同作用，国家、集体和个人应当共享增值收益。但各种影响因素的权重和指标量化存在困难，郫都区以总价款作为征收基数，既避免了土地入市前成本收益核算的难度和行政成本的增加，同时也保证了增值收益调节金的多方共享。其二，土地增值收益的作用主要是对政府在农村公共设施建设和管理服务方面给予的成本补充，同时也保证集体经济持续性发展壮大，

以及个人生活质量的提升。

二是在集体与个人的内部分配上，一方面按照"二八"比例进行现金分配和股份追加增厚；另一方面，对存量建设用地（宅基地为主）村内调整入市采取改善住房（或新的住房财产）、完善基础公共服务功能和分配物业自主经营等形式实现收益分配。

四、入市改革中面临的问题

1. 入市地块供后监管机制尚未健全。2016年底前已入市25宗地中，目前除个别项目涉及的5宗地块按约定已基本完成建设、3宗地块已运营外，其他17宗地均处于待建或停工状态。造成这种情况的原因为：一是因工程进度实时监管几乎空白，致使部分项目开工时间滞后于约定日程；二是部分项目因建设规划与规划要求不符，多次调整影响了工期；三是一些项目的受让方因资金不到位或市场低迷持观望情绪等原因，导致无法按期动工建设。

2. 入市地块项目类型单一、缺乏产业规划。一方面，郫都区农村以传统种植业和乡村旅游业为支撑，产业发展存在一定的路径依赖；另一方面，已拿地入驻的项目存在较为明显的倾向性，多为乡村商务或产权式的酒店项目，类型单一，分布零散，不能与城市区域规划形成互补互助的产业有机体。

3. 项目布局主要以需求为导向，统筹规划不足。郫都区虽编制了《农村集体建设用地专项利用规划》，但尚未应用于实践，一方面说明该规划操作性不强，另一方面，乡镇之间横向协调也不够。

4. 入市收益相关方的权责不够明晰。一是收取比例仍需进一步研究细化，按照成交价13%~40%收取虽然易于操作，能否平衡地方政府在入市宗地所在区域的社会投资还值得商榷。二是具体分配方式暂无定论，郫都区已收取的3 819.49万元调节金截至2016年底仍原封未动，未真正发挥调节金多方利益的作用。三是入市宗地相关配套建设的权责划分尚未明确。

五、对入市改革的建议

1. 建立健全入市交易监管制度。围绕改革试点的实际需要，建立完善土地入市退出机制、入市监督机制和土地市场风险防范机制。地方应继续深化完善供地合同机制,明晰受让双方权责。

2. 结合区域实际,注重规划、优化用地配置。这对地方政府而言,一方面要确保城乡规划和项目布局等与土地利用总体规划间的全面协调,以全县统筹为基础,实现乡镇相互配合与协调发展;另一方面注重结合地方实际进行产业布局和引导,同时满足具有区域特色的中小型企业用地需求。

3. 继续完善土地入市收入分配机制。国家要围绕税费体制改革不断探索更加合理的增值收益调节机制,保证国家、集体和个人收益更加平衡;地方要在不断完善基层治理架构和提升基层治理能力的基础上,尽量放宽限制,继续创新多种方式的收益分配形式;统筹推动农村土地制度改革中,注重各项改革带来收益的统筹协调,防止畸重畸轻。

4. 加快推进相关配套机制的同步完善。在国家简政放权的宏观政策背景支撑下,地方政府和土地管理相关部门应当意识性退出过度的市场干预,转变角色,以"服务型"政府为基本定位,注重提升行政服务能力与质量。

(成稿时间:2017 年 5 月)

粤沪苏土地节约集约利用探索实践

侯学平[*]

广东、上海、江苏均是典型的资源小省、经济大省，是人多地少的省份。自 2009 年起，广东、江苏两省经济总量稳居全国前两位，分别以不到 2% 的土地资源支撑着全国 10% 以上的经济总量。上海市则以不到 0.1% 的土地资源支撑着全国 3.7% 的经济总量，并在 2008 年成为大陆首个人均 GDP 过万美元的省份。作为经济最为发达而陆地面积仅居中下游的典型省份，"粤沪苏" 三地推进土地节约集约利用既有相同的动因，也有路径与模式选择的差异。

一、土地节约集约利用既是"亡羊补牢"也是"未雨绸缪"

人均耕地少、用地需求旺盛是"粤沪苏"土地利用的共同特征，也是三地较早探索节约集约用地的基本动因。工业化、城市化的快速发展，也带来了"粤沪苏"建设用地的快速扩张，建设用地规模提前逼近规划"天花板"。2014 年，广东建设用地面积已达到 2020 年控制规模的 97.7%，四分之一的县级单位建设用地规模、城镇工矿用地突破了规划指标。上海建设用地总规模也接近控制规模的 97%，江苏则已突破原规划控制总规模，并有 14 个地级市突破了规划城乡规模，土地开发强度更已高达 21% 以上。显而易见，三地单纯依靠新增建设用地满足工业化、城镇化发展的模式已难以为继。

不仅如此，传统粗放依托资源、资金的经济发展模式和低技术含量、

---

[*] 侯学平，广东省土地调查规划院总工程师。

低环境门槛和用地门槛的产业发展模式，也造就了"粤沪苏"大量布局散乱、结构失衡、经济低效的存量用地。截至2016年6月，广东标图建库的"三旧改造"地块超过29万公顷；上海2014~2015年两年间累计完成的低效建设用地减量化立项就有27平方公里。江苏是我国人均国土面积最少的省份，但人均城镇工矿用地（152平方米）和人均农村居民点面积（379平方米）均远高于全国相应的人均面积标准。较大的存量挖潜空间，成为经济持续发展的后备资源保障，也成为三地不断探索创新用地模式，以存量盘活弥补增量不足的最大动力。

土地利用的集约化不可避免地受到政治、经济、文化、人口等多种因素的影响，从而使节约集约用地路径与模式选择带有鲜明的地域特色。

（一）广东：以"三旧改造"为重点先行先试，推进节约集约用地示范省建设

广东省素有"七山一水二分田"之称，实际可用于高强度开发利用的土地资源十分紧缺，且传统优耕农作区多位于建设用地需求旺盛的经济发达地区。

起步于"三来一补"分散化、粗放型、高能耗的高速发展背景，使广东不仅面临着资源约束不断趋紧的困境，也面临着资源利益冲突高发、生态环境恶化、竞争优势弱化等多重困境，对使用效率低下、布局不合理、配套不完善的旧城镇、旧厂房、旧村庄进行再开发、再利用（简称"三旧改造"）成为广东示范省建设的重要内容。广东针对存量用地与新增用地在占用、开发、处置与收益方面的差异性和集体建设用地占比大（"三旧改造"地块55%以上为集体土地）的特点，量身定制存量土地市场管理制度与扶持政策，允许"毛地出让净地移交"（拆迁安置与土地使用权捆绑）和协议出让；因地制宜创新存量用地再开发利用模式与差别化配套政策，鼓励各种市场主体（政府、村集体、企业）多种模式（新建、改建、更新、整治）实施"三旧"改造，允许借助增减挂钩政策实施异地改造；因势利导完善集体建设用地权能，放宽对集体建设用地使用主体和用途的限制，允许不同权利种类的存量建设用地等价置换等。广东"三旧改造"通过存量土地的节约集约利用实现了社会和谐、经济发展、产业升级与环境改善多重目标。"佛山国际家居博览城项目"以租赁方式

引入社会力量,通过拆迁补偿、集体与国家建设用地等面积置换等,对集体存量土地实施改造。不仅成功打造了世界单体面积最大的家居博览城,还实现了用地效益和集体收益的双提升。改造后的总建筑面积、容积率分别是改造前的8倍多和4倍多,并增加1.14公顷绿地,配套6 000个停车位,村集体租金收益也比改造前提高了5倍。

(二)上海:定标国际先进地区,实施"三生融合"式节约集约用地战略

上海是我国最大的经济中心城市和拥有深厚近代城市文化、工业文化底蕴的国际大都市。特殊的经济地位、城市功能和逼仄的用地空间,决定了上海抛弃单纯量的节约集约思维定式,定标新加坡、日本等集约用地先进地区,统筹发展品质、环境品质与利益共享等进行土地制度设计,确立了集科技、生态、人文于一体,土地集约、功能复合与融合发展为路径的集约规划理念,以及土地利用"五量调控"策略和全要素、全生命周期土地管理制度。以城市有机更新为核心,以盘活存量工业用地为切入点,宏观层面实施"三线管控",微观层面落实郊野单元规划。并丰富增减挂钩内涵,通过集建区外减量化与集建区内增量挂钩,推进建设用地"减量化"。同时,针对产业形态多样化和产城融合发展需求,实施工业用地弹性供应制度,创新土地混合利用政策,并引入现代企业管理理念推动产业园区平台建设,营造低成本创新创业环境和节约集约用地的链动氛围。

"上海松江临港产业区(科技城)"通过实施土地复合利用、园区品质提升等节约集约用地一体化解决方案,推动产业集聚、人才集聚、用地集约,以及园区与周边社区的融合发展,使其成为上海建设具有全球影响力科技创新中心的主体承载区,同时也成为松江区节约集约用地的"引擎"。在2015年全市104产业区块的开发区综合评价中,园区土地集约、地均税收、发展质量等多个指数位列前十强。

(三)江苏:以"双提升"为核心,海陆统筹、城乡一体,多元试点推动节约集约用地

江苏省辖江临海,扼淮控湖,"一山两水七分田",拥有全国四分之一以上的沿海滩涂并兼备南、北气候特征。既是"一带一路"与长江经

济带的交汇区域,也是沿江与沿海"T"字形发展战略的交汇地带,近年来更成为我国"沿海化、城市化、集群化"经济地理格局重塑演变中的重点区域。优越的区位条件、自然地理条件和经济发展战略地位,决定了江苏以提升节地水平和产出效益为核心,海陆统筹、城乡一体、严控盘活同步,布局多达23项改革试点,全面推进土地节约集约利用。

江苏的试点既有以实现耕地、建设用地的有效集聚、高效利用和改善生态环境为宗旨的,沿海滩涂围垦规模开发与综合利用、农田归并整合、工矿废弃地复垦等试点,也有以构建人口、经济、资源、环境相协调的节约集约型空间开发格局为目的的"多规合一"试点;既有城镇低效用地再开发、地下空间复合或立体利用,也有村庄建设用地布局调整试点。有立足于供给侧改革的工业用地供应制度创新试点,也有与美丽乡村建设相结合的农村宅基地管理制度改革探索。

江苏根据产业生命周期实行20~50年弹性工业用地有偿使用年期,鼓励各地按照不同产业类型、企业规模和区域差异灵活选择长期租赁、先租后让、租让结合等不同的供应方式,实现"降成本"的同时,营造了高效的制度供给和开放的市场空间。探索盘活村民闲置房屋和土地新模式,利用退出宅基地开发乡村旅游,既实现了集体建设用地的节约集约,也提供了社会主义新农村建设新模式。

南京市浦口区大埝社区借助增减挂钩政策,以集体土地入股、区城建集团投资方式,成功打造"水墨大埝"乡村旅游度假区,宅基地盘活超过70%,2015年村民人均收入较2012年增幅近40%。

"粤沪苏"等地方的探索实践经验表明,作为土地管理的重要工具,节约集约用地政策必须理论上符合逻辑、实践上经得起检验、实施中体现公平。置于社会体系中,还应与相关政策体系保持协调中的目标一致性,同时避免政策的功利性。现实中,用奖励新增用地指标促进存量用地盘活、挖潜的地方经验做法,体现出与严控增量存量盘活政策的矛盾性。工业用地招拍挂出让流于形式;用途管制和增减挂钩对城市发展的偏重;多种规划对空间布局安排侧重点的差异;用地投入强度作为用地产出为核心的集约水平考核指标的矛盾;城中村改造政策的功利性和不可复制性,都表明现行土地政策体系的逻辑性有待提高。对比针对城市居民的面积、套数限购政策,城中村改造项目农户回迁安置房屋动辄上10套、数百平方米，体现出存量盘活政策的另类不公平性。

二、区域不平衡问题带来节约集约用地多重难题

广东区域不平衡问题在全国比较有代表性。区域不平衡带来节约集约用地多重难题：

一是低效城乡建设用地幅面广，拉低节约集约用地整体水平。广东超过50%的城乡建设用地为集约水平偏低的村庄用地。大范围低效用地不仅拉低了全省整体用地水平，差别化政策也因覆盖面大降低了扶持功效。

二是人才、技术及历史沉淀等差异导致基层国土管理水平参差不齐，管理水平与经济水平呈现一定的正相关性。对于经济后发地区，虽然国家用地标准管控逐渐严格，但政绩与利益的驱动叠加上管理的弱势，往往导致政策落实失偏、技术监控失缺，沿用低门槛引资招商的粗放扩张模式。

三是国土空间规划及主体功能定位的差异带来用地集约水平的客观区域差异。实行统一且偏重建设用地绩效的评价指标体系背景下，生产、生活、生态空间的客观布局差异，是目前集约用地水平区域差异的一个重要因素。

四是政绩考核制度一定程度上刺激经济落后地区粗放式发展。先行地区的原始积累模式往往为后发地区竞相效仿，经济财力低下与政绩考核制度的双重压力、生态与农业补偿配套政策不完善等也成为土地粗放扩张的诱因。

三、外部环境影响难以避免

一是宏观经济下行压力下难以形成有效的引资动力。特别是区位不好、经济落后的地区，经济发展动能不足直接影响着盘活存量土地的动力和能力。广东"三旧改造"超过80%的投资来自社会资金，近年来改造推进缓慢，经济形势影响无疑是一个重要原因。

二是周边或先行地区的经济效应往往掩盖了试点政策初衷，对经济增长的盲目追高带来新的粗放发展。一些非试点地区对试点政策、特殊政策

自行普适化，影响着政策与区域需求的契合性。原试点地区将阶段性政策长期化、局部政策扩大化，也影响着政策对经济发展阶段的适应性。

三是分散规定、配套滞后的政策体系与社会性的节约集约用地战略需求不相适应，尚未形成与共同责任制相匹配的制度供给，也影响着土地政策供给的高效性和开放性。

四、土地节约集约利用的一些制约性因素来源于现行土地制度本身

土地政策的局限性、试点政策的时效性，导致存量用地盘活的诸多障碍。一是现行土地政策主要关注新增用地的管理，对在用存量、低效用地的管理不明确，多数处于局部试点探索阶段，缺乏指导性的政策和法律基础，对其他地区而言，也缺乏借鉴的制度保障；

二是政策设计的缺陷易导致基层管理难作为或不作为，用地者打政策擦边球或以小博大。如《闲置土地处置办法》难以防范用地者以局部开发、临时投入方式规避闲置费，对集体建设用地闲置也缺乏约束力。

三是制度设计的系统性、全局性有待提高。涉及用地的评价、考核名目繁多，考核目标的差异性、指标的偏向性，在相同的政绩预期追逐中，考核制度流于形式，难以发挥应有的扬长避短的引导作用。对经济指标的偏向，带来的是土地的失控增长和粗放利用。

五、政策质量决定制度质量

近年来，围绕土地的节约集约利用，我国已基本形成了宏观上明确战略导向、微观上提供政策依据和技术指引的用地制度供给。但"重事后评价，轻事前约束；重用地结果，轻用地过程；重宏观布局，轻微观协调；重直接影响、轻隐性影响"的政策体系特点，很大程度上影响着节约集约用地制度实施成效。

目前，我国已启动了四轮开发区土地集约利用评价，相关评价技术规程也逐步完善。但用于源头控制的用地标准《工业项目建设用地控制指标》颁布实施八年未有调整修改。有的用地规模标准和控制指标与一些

行业用地标准、城市规划控制指标存在差异；行业新兴化、交叉化、边缘化带来的用地结构发展变化等，不同程度上影响着标准的适用性和标准管控的制度效力。同样，虽然不间断地开展了多轮闲置土地清查整改，但由于政策本身缺陷并缺乏用地审核相关方在用地过程中的实时协调监管，闲置土地屡清不绝。

实际上，土地利用的经济、社会、环境等实际功效是在土地利用过程中逐步体现出来的。建立用地全生命周期管理机制，实施合同全要素约定约束和土地出让周期全过程评估和监管，不仅能有效化解单纯利益驱动影响，防范土地闲置、推进土地利用功效提升，也有助于节约集约用地共同责任制的真正落实。统筹考虑社会发展、区域功能、生态环境等规划指标，进行用地标准体系、用地绩效评价体系的指标选择与阈值确定，评价成果才能与规划成果相辅相成，有效发挥决策参考、导向作用，提升资源载体转化为发展载体和效益载体的水平与效率。

六、结束语

节约集约用地是基于客观现实的理性选择，被赋予超越传统理论的目标任务，是城市化、工业化发展的必然结果。典型地区的实践经验表明，切实解决增量空间逼仄、存量用地低效等资源紧约束问题，实现生产、生活、生态融合发展基础上的土地节约集约，不仅需要用地方式与技术上的创新，更需要管理意识与理念上的突破，需要政策创新与制度的进一步完善。

土地政策缘于基层探索但高于基层实践，是实践探索与理论研究、基层创新与顶层设计相结合的产物。土地政策的根本作用在于引导规范用地主体的用地行为，实现用地管理的最佳综合效应，确立政策的权威性、稳定性至关重要。但"从认识论出发，政策的出台并不是认识的完结，而是新的认识过程的开始，一切政策都必须接受实践检验，在实践中不断完善。同时，任何政策都不是孤立存在的，与之相联系的其他政策的变化，特别是总方针、总政策的变化，必然要求其做出相应的调整和变化"。同时，政策作为国家或部门的管理工具，既有施与对象的特定性，也有作用效果的连带性与时序性。政策体系设计既要立足于解决土地利用共性、现势性问题,也要兼顾典型、倾向性问题,既要关注区域的自然差异和功能定位的差异带来的政策诉求差异问题,也要关注政策的辐射面与影响深度,避免政策功利性导致政策的短效性和另类不公平性。制度设计的根本目的在于提供与社会经济发展阶段相适应的,能为合理需求提供合法用地的制度环境。

(成稿时间:2017 年 1 月)

城中村改造与中国土地制度改革：
珠三角的突破与局限

陶 然 王瑞民[*]

在中国未来的城中村改造和城市更新中，首先要处理好被更新地块的土地权利配置问题，要超越"公有、私有"的简单两分，在集体土地全部转为国有土地的基础上，合理配置土地开发权，最终实现有效的"公有私用"，并解决政府公共建设的补偿难题。

进入21世纪以来，随着中国工业化和城市化进程的加快，工业和城市发展占用了越来越多的土地。在中国的既有体制和政策下，满足城市化和工业化的用地需求的主要方法，是通过征收农地并将之转化为非农建设用地。而在城市扩张的过程中，往往还会碰到农村宅基地，由于拆迁农村宅基地的成本一般要远远高于农地，所以很多城市在外延扩张时，一般会绕过农村宅基地，于是在一些大中城市出现了为数众多的"城中村"现象。

在中国户籍制度改革滞后、城市住房保障制度缺失、特别是城市政府提供的保障性住房基本上只面对本地户籍人口的情况下，相当部分的外来农民工只有选择城中村和城郊村居住，城中村和城郊村的本地农民也因此可以获得相当可观的房租收入。不可否认，城中村与城郊村在中国城市化过程中发挥了非常积极的作用，不仅在政府住房保障职能缺位的情况下为外来人口提供了可支付得起的住房，也为城市化扩张过程中的失地农民解决了失地后的收入来源问题，部分弥补了政府低价征地对其生活造成的

---

[*] 陶然，中国人民大学经济学院教授；王瑞民，中国人民大学汉青经济与金融高级研究院教授博士生。

困难。

然而,作为快速工业化与城市化的产物,大量外来人口的涌入以及在宅基地基础上形成的竞争性出租屋市场,使城中村在土地利用、建设景观、社区文化等方面表现出强烈的城乡差异及矛盾,普遍存在基础设施缺乏、消防隐患突出、卫生状况较差的问题,同时,由于缺乏规划引导,城中村违建普遍,部分地段容积率也不足。面对不断紧张的用地矛盾,尤其是土地利用密度已经较大的珠三角地区,城中村蔓延失控已经成为城市化和工业化发展的掣肘。在新增城市空间资源有限的条件下,通过城中村改造等城市更新活动,有效盘活存量土地,对破解土地资源瓶颈,提升城市建设品质,促进城市可持续发展具有重要意义。

但是,在很多城市的城中村改造过程中,由于土地历史遗留问题数量庞大,类型错综复杂,牵涉面广,与经济发展、群众利益等敏感问题交织在一起,处理难度非常大。尤其在珠江三角洲地区,如深圳、广州等城市,城中村居民房租收入很高,拆迁补偿的价格很难谈拢,一旦出现少数钉子户抗拒拆迁或索要过高补偿,处理起来就非常麻烦。为了解决钉子户问题,地方政府在城中村改造过程中往往倾向于将拆迁问题完全下移至开发商等改造主体,但这并没有真正解决这一问题,反而可能带来开发商使用各种方法去铲除钉子户所带来的更多社会问题。更重要的是,即使政府和开发商主导的城中村改造模式能够推进,改造后城中村地段的基础设施和城市面貌得到了较大改善,但同时这些地段也就变成了中高档商品房小区和商业开发区,基本上丧失了对流动人口的容纳功能。因此,探索一种既能促进城中村基础设施与公共服务有效改善、又能保留城中村对流动人口容纳能力的改造模式,并在模式运行中形成政府、原土地权利人、外来人口乃至开发商多方谈判平台,建立一个利益均衡分享的机制,对于中国城市化进程有序推进、对流动人口实现在迁入地城市的永久定居就具有重大意义。

一、珠三角的"三旧改造"与深圳的"城市更新"

深圳的城中村主要是在宅基地的基础上发展起来的。其空间载体一般可以包括"旧村"、"新村"、"工业区"等几个部分,也可以包括原村民的私人物业、原村集体的集体物业两个部分。其中，新、旧村的"私房"建设集中区成为体现"城中村"建筑空间特性的主要代表，也是一般民众和社会舆论对"城中村"的典型意象。2004年，深圳宣布，深圳市推动全面城市化，将宝安、龙岗两区共约956平方千米土地转为国有，通过"统征统转"实现"全域土地国有化"。在政府看来，土地全盘国有、统一配置使用，可以消除城乡二元体制，并免除农地转用层层报批手续。但这里的关键问题，是深圳本地"原住民"，即原土地权利人，早就在集体土地上建设了大量小产权房，并进行了商、住与工业用途开发，村民和村集体并不会在政府宣布国有后直接把土地本身及其收益交给政府，政府也不可能直接承认这些土地利用的合法性。这样做的结果是，尽管所有土地在法律上属于国有，但建造在上面的房屋和土地使用权却由原村民实际控制、受益和转让。因此，与其说真正终结城乡二元体制，不如说这种土地国有政策最多是消除二元体制的一个起点。

经过三十年来的高速发展，深圳经济发展和城市建设率先遇到了先前模式内在的一些瓶颈。由于快速工业化产生了大量的居住需求，而政府和市场无法在短时间解决；加之原农村被高速发展的城市建设用地包围，缺乏控制引导，违法建筑现象普遍，在工业化和城市化过程中城中村的问题也愈发凸显。

深圳城中村主要存在以下问题：一是土地历史遗留问题数量庞大，类型错综复杂，牵涉面广，与经济发展、群众利益等敏感问题交织在一起，处理难度大；二是城中村内消防等各类安全隐患比较严重，各类配套设施缺乏；三是居住人口密集，卫生状况总体来看比较差。在现有城市布局的前提下，提高土地利用效率、实现产业结构升级，一个重要的手段就是实施"三旧改造"，集约化经营现有土地，在空间上实现产业的合理布局。

所谓的"三旧"，是指旧厂房、旧村庄、旧城镇。"三旧改造"是国土资源部给予广东省的特殊政策。其基本思路是在"三旧"集中的地区，按城镇或村庄要求做好规划，将每一宗地块的用途功能、建筑密度、容积率、配套设施等明确规定，进行拆建改造。原则上说，原有土地使用者，既可以自行改造，也可以委托开发商改造，还可以交给政府改造。自行或委托改造的，政府可以返还多达60%的土地出让金。因此，改造产生的收益多归原有土地使用者。

"三旧改造"要处理诸多的历史遗留问题，概括起来是"三转"，即：转合法、转性质、转地类。转合法指将一部分以往的违章占地转为合法。首先是要界定现有建设用地合法还是违法。广东省农村建设用地很多，来源渠道不一，批准权限不同，手续档案不清，甄别难度很大，又十分繁琐。为支持"三旧改造"，国土资源部专门下达了用地指标用于处理过去遗留的违章占地。当地政府根据违章情节轻重也规定了处罚办法。转性质是指将列入城市规划区的集体建设用地转国有，这部分内容主要是补缴部分地价，办理转性手续。转地类是指将一部分原有的工矿企业或公益用地转为商业、商住等经营性用地。按照原来的办法，土地使用类型转换，必须将原有土地交还政府，由政府重新通过"招、拍、挂"程序开发。

为鼓励自行改造，"三旧改造"政策允许经政府批准新建项目后，以协议转让形式，交给原有土地使用者或业主开发。在粤府〔2009〕78号文中，"三旧"改造的实施意见对现行国土资源政策有六大突破：一是简化了补办征收手续；二是允许按现状完善历史用地手续；三是允许采用协议出让供地；四是土地纯收益允许返拨支持用地者开展改造；五是集体建设用地改为国有建设用地，可简化手续；六是边角地、插花地、夹心地处理有优惠。

"三旧改造"主要针对的是城中村，以及新纳入城市规划区的农村产业和人口相对集聚区，和改造区以外的农村并不发生太多关系，可视为典型的城中村改造和城乡结合部建设用地存量优化的探索。在一部分城镇内部，建设用地存量仍然具有很大的挖掘潜力，而"三旧改造"最大的好处是能够实现多方共赢，而不像征地政策那样容易造成严重的利益失衡。广东的试点做法的基本原则，是"谁改造谁受益"，充分利用市场手段，动员社会力量积极参与改造，而不是政府包办。这也说明，城市建设用地的不足，可以也应该从政策制度改革上寻求解决办法。

为了实现深圳产业升级和经济新发展，改善居民的生活环境，结合广东"三旧改造"政策，深圳市2009年12月推出了《深圳市城市更新办法》（深府〔2009〕211号），2010年12月24日，进一步出台了《深圳市城市更新办法实施细则》征求意见，为深圳城市更新制定了基本的框架。从深圳现在已经出台的城市更新政策来看，其基本目标是充分利用市场机制和机会，在更新改造的基础上做大土地开发蛋糕，然后合理分配土地增值收益，使更新后的土地房屋都合规合法，实现原住民、开发商和政府的共赢。

二、被更新地块的土地权利配置与改造模式选择

要顺利实现城市更新与城中村改造，必须解决被更新地段的土地权利配置问题。具体而言，诸如城中村、城郊村等潜在被更新地段的土地权利，包括所有权和具体的发展权、收益权应该如何配置？是全部转为国有土地，还是部分保留为集体建设用地？当前实践中几种主要的改造模式，包括政府主导、村集体自改，及开发商与村集体合作改造模式各有什么优劣？在当前整体性土地制度与规划体制下，这些模式又存在哪些普遍性的局限？如何通过借鉴他地乃至他国经验，实现有效的公私合作、各蒙其利，创新中国城市更新与城中村、城郊村的改造开发模式？

（一）所有权与使用权：超越两分

新产权理论依据突破了所有权和使用权的两分[①]。在传统理论中，尤其就土地资源利用的实践而言，如果通过私人交易来完成土地资源的配置，就被称为"私有化"；而如果通过国家征收完成土地资源整合，就被称之为"国有化"。通常，解决问题的思路仅仅局限于"非此即彼"的选择。但实际上，财产法的制度设计完全可以超越两分，在特定制度背景下关注具体权利的运作机制以及对权利具体可交易性与可抵押、可融资措施。

中国的特定制度背景，是城市土地归国家所有，而农村土地归集体所有。20世纪80年代初，农村产权改革就是把人民公社运动中所剥夺的农民对土地的权利，在保持集体所有的前提下，部分归还给农民，主要是其中的经营使用权。这次改革提高了农民的积极性，极大地解放了农村生产力。

当然，这次产权改革仍然有其局限性，主要是农民在获得土地使用权的同时，并没有获得充分的土地转让权。20世纪90年代之后，农地转包

[①] 新产权分析方法认为，任何权利之间就效力而言是一样的，没有权利与权能之间的区分，也没有权利之间先天的不平等之说，尽管权利的范围有大小，但权利之间无主次之分。

开始出现，但农地买卖、抵押仍然基本无法实现突破，而农村建设用地和房屋也一直被严格限制交易。农民有权无偿申请和永久使用宅基地，但是不允许卖给城镇居民，基本只能在本村内合法流转。农民虽然不能通过市场交易集体建设用地获得财产性收益，但却可以无偿占有，这也造成农村宅基地面积急剧扩张，至2006年底，中国农村人均宅基地面积已达到人均223平方米[①]，超过城镇人均住房建筑面积近八倍，不仅造成大量土地资源的浪费，而且政府规划无从规制，基础设施与公共服务难以覆盖。目前的政策仅允许农户在不改变土地用途的前提下，通过转包、出租、互换等方式流转，以获取有限收益。

根据国家有关规定，集体建设用地流转和抵押有着严格的条件，部分流转方式，如农村宅基地的转让及宅基地上房屋转让附带宅基地使用权的转让、抵押，农村承包经营的荒地，乡镇村办企业房地产抵押甚至受到更严格限制。

与本文所讨论的城中村改造直接相关的，主要是农村集体建设用地与宅基地。由于转让权的缺失，农民无法直接分享城市化带来的土地增值收益，必然与通过征地制度坐享土地收益的地方政府产生利益冲突。当集体建设用地通过转让直接入市非法时，集体土地权利人就无法通过抵押实现有效融资，也就极大地限制了权利人用土地资产创造收益的能力。这不仅抑制了城市更新与城中村改造的质量，也降低了城市更新与城中村改造的速度。

反观城市的产权改革，尽管起步晚，但却更为彻底。1987年开始的城市国有土地就开始了批租制。特别是1998年房改启动，尤其是2002年以后，随着中国经济重回高速增长轨道，大部分城市居民都能够分享到城市房地产和资本市场繁荣带来的土地增值，也可以抵押融资或转让获利。虽然中国的城市土地属于"国有"，但在宪法中，对"国家所有"的定义就是全民所有。而针对实物土地，显然全民不可能拥有包含在私人住宅里的那一块，因为全民不可能拥有每一个公民个人花钱购置的财产。因此，1990年以来，城市新业主拥有的房产也同样含有土地财产权，目前被称为可以"自动续期"的"土地使用权"，但实际上就是财产权意义上的土

[①] 葛如江、杨玉华："整理农村住房，让耕地不再'吃紧'"，《经济参考报》2009年1月23日。

地权利。这些新业主一般被称为"土地使用权人",或在国土资源部公布的某些文件中被称为"土地产权人"。

土地权利配置是不同利益主体博弈的结果,但不同利益主体间的博弈方式显然受到土地相关法律法规的限制。2009 年,国土资源部开始对《土地管理法》进行修订,其中征地制度的改革是一个核心内容。或者说,集体建设用地入市不过是完成征地制度改革之后的一件"副产品"而已。如果征地制度改革能得以顺利地推进,那么集体建设用地入市中的很多问题就迎刃而解。目前看,新《土地管理法》草案基本上是以土地利用总体规划确定的城镇建设用地范围为分界线,圈外集体建设用地可以流转,圈内集体建设用地必须征收[①]。

我们近年来在深圳多个城中村的调研表明,除极少部分年纪较大的村民外,绝大部分村民对城中村改造后土地完成征转程序变性为国有土地大都不持反对态度。这里的关键问题,是土地转为国有后的土地使用权授予给谁进行开发的问题。如果除基础设施改善和公益事业用地之外,相当部分被征转的国有土地使用权授予村集体与原住村民,或者村集体与开发商进行合作,而开发商在开发后的物业和住宅中充分地保障了村集体与村民的利益,那么作为原土地权利人的村集体与原住村民实际上是受益的。这是因为,一方面基础设施改善和公益事业用地提升了村集体与原住村民所使用土地的价值;另一方面,合法征转的国有土地使用权本身可以用于抵押融资,为城市更新与城中村改造提供了资本。更重要的是,在合法征转的国有土地上经过改造或重建的房屋具有大产权,这对村集体和村民无疑是一个巨大利好。因此,村集体和村民并不会反对国有,因为他们要求的就是获得原有土地的部分合法开发权和相应收益权。

这里还存在一个国有土地使用权出让年限的问题。比如,现有土地政策规定住宅用地使用权出让年限为 70 年,那么到期后,村民所占有或开发的那部分土地是否需要收回?如果需要,又以什么方式收回?实际上,目前不仅对返还给村民的那部分土地存在这个问题,对城市居民购买的商品住宅及其附带土地使用权也存在这个问题,这显然需要未来制定相关政策来解决。我们的看法,是考虑到这个问题所涉及利益的广泛性和如果出

---

① 汪晖、陶然:"如何实现征地制度改革的系统性突破——兼论对《土地管理法》修改草案的建议",《领导者》2009 年第 29 期。

让期限到期收回并重新出让或要求相关权利人新缴出让金所可能引起的巨大矛盾，以及长期看中国地方财政将不再依赖土地出让金，而转向以财产税为主体的土地税收收入，未来政策必然是对住宅用地出让到期后无偿续期或补缴象征性出让金后自动续期，否则政府将面临执政合法性危机。

（二）不同主体开发模式的优劣比较

目前，全国各地的"城中村"改造存在政府主导、开发商主导，及村集体自改三种改造模式。以下具体分析目前存在的各种模式的特点。

1. 政府主导的开发模式。在这一模式中，地方政府作为改造主体和责任人负责改造政策、住宅拆迁补偿和村民安置方案制定和实施。政府在制定改造方案后，由财政投资解决村民住宅拆迁补偿。在该模式下，地方政府的利益体现在完成拆迁安置后通过招、拍、挂方式出让剩余地块获得土地增值收益。但上述模式也往往导致两个极端：在一些地方政府比较强势的城市，地方政府以"改造城中村"、"提升城市形象"为名主导大规模、运动式拆迁，对农民补偿严重不足，暴力拆迁、群体性事件发生频率大大提高；而在地方政府较弱势地区，却往往出现部分村民要价过高、拆迁安置成本太大，政府和村民很难谈拢，改造难以推进的情况。以深圳福田区岗厦村为例，2007年启动改造，但拆迁谈判一直僵持不下，政府不得不大幅度提高补偿，岗厦原住民中补偿过亿元的达到10户，全村每户都超千万元。即使如此，很长时间内仍有5%的村民没有签约。

2. 开发商主导的开发模式。由于城市更新需要大量资金，单就政府财力无法完成城市更新的任务，很多更新工程因此长期停滞，政府要加快更新就不得不引入私人资本。在城市更新项目中，政府资本往往是作为诱导，用以吸引大量的私人资本作为城市更新的主力。但是，私人资本投资往往要考虑改造地区潜在的开发价值、工程初期的投资数额、资金回报率和更新工程的地点选择等因素，导致城市更新私人资本目标与政府目标未必一致。同时，私人开发商在长时期开发中还会随时遇到各种难以预料的困难，严重者甚至使其破产或退出这一行列，从而影响整个城市更新计划的实现。

从深圳以及珠三角的情况来看，目前，开发商在"三旧"改造，包括现有的城市更新项目中，确实普遍存在"挑肥拣瘦"现象，即只选择最具有商业价值的地段进行开发，而这些地段，往往是区位较好、原有容积率较低的城中村。结果造成不少改造价值稍差的村庄往往因不在核心地段无法实现改造，基础设施与公共服务无法得到完善，即使进行有限的功能更新和综合整治也难以进行，大量流动人口居住与生活品质得不到有效改善。

在珠江三角洲，特别是深圳，还存在另外一个更严重的问题，就是在那些具体推动改造或更新的城中村里，不仅有旧村居，而且还有旧厂房，而后者拆迁改造成本低、收益高，加上又基本上是作为村集体经济权力行使主体的村股份有限公司所控制，因此，一些开发商就只选择与村集体进行合作改造旧厂房，来获得高额利润，但却无心改造密度更高、拆迁麻烦且补偿更高的旧村居。考虑到旧村居往往建筑密度高，无论是拆除重建还是功能改变都需要一定的腾挪空间，而旧厂房改造所在地段就是潜在的腾挪空间，上述做法，不仅短期使得旧村居的改造无法实现，而且还因占用了旧厂房地段，直接减少甚至消除了未来旧村居改造过程中需要的腾挪空间，而且加大了村所在地段整体容积率，甚至占用了村里的非农用地指标，这就给未来旧村居改造制造了更大的麻烦。

除此之外，以开发商为主体的模式进行改造，即使改造过程中确实要改造旧村居，仍然可能存在多个问题。

首先，由于开发商必须在开发过程中满足村集体和村民的利益，一般开发商在改造过程中所建设物业有40%~50%需要补偿给被拆迁居民，所以往往被开发地段必须要很高的容积率，很容易突破城市规划的要求。这样不仅容易导致城市规划难以在更大片区实现统筹，为未来周围其他地段的改造制造困难，而且也容易滋生腐败。其次，开发商以利润为根本驱动，可能与村干部合谋，在改造过程中损害部分村民的利益，甚至可能以不利于社会和谐的方式进行改造。再次，开发商资本结构以少量自有资金加大额银行贷款构成，对货币政策收紧敏感，可能因政策调整不能按期完成甚至中途退出改造，导致开发商对村民乃至村集体的承诺无法完成。最后，一个城市城中村数量众多、规模大小不一，小村占地很小且可能被城市道路切分成零碎地块，对开发商缺乏吸引力。上述情况需要在城中村改造中对相邻地段甚至不相邻地段的城中村进行整体统筹改造，但开发商一般拿地只能按行政村边界拿地，对实现统一规划和基础设施建设造成困难。

3. 集体自行改造模式。这种模式是以村集体为基础，通常结合村集体股份制改造，由村集体自行筹资，完成拆迁安置、回迁和商品房建设全部工作。改造完成后村集体将剩余住房上市销售，形成滚动开发。但该模式存在开发者在建设过程中难以获取贷款、住宅开发质量不高，基础设施难以到位，住宅为"小产权房"难以上市，政府也无从抽税等问题，因此，这种模式只有极少数集体经济实力雄厚的村庄才能推行。

目前，自建或自行改造模式完全由村集体依靠自身的经济实力来进行项目运作，虽然村集体经济收益率较高，经济上可控性较强，但城中村改造和房地产开发确实可能存在投资规模相对较大，投资风险相对较高，且由于受村集体经济决策人的阅历、知识水平、能力等因素影响，一般在规模和档次上存在较大的局限性。在实际操作中也有很多村集体因过于畏惧风险，只注重村干部自身利益的保护，缺乏互惠互利、共同发展或联动发展的思路，怕吃亏而宁可不动，甚至错失了发展机遇；而有的村集体却过分漠视风险，盲目追求眼前利益，在项目的选择、品位和档次上选择不当，留下了隐患。

这里的一个关键问题，就是目前政府鼓励的村集体自主改造过程中的融资问题。实际上，据调查，目前大部分村集体之所以难以进行自主改造，一个重要原因还是集体建设用地在开发过程中难以获得融资。但是，在广东省三旧改造与深圳城市更新的政策突破下，这个问题也不是不可以解决。这是因为，政府在三旧改造过程中，主要是拆除重建类型的改造中，在集体土地补交出让金方面进行了很大的让步，而一旦补交出让金后就可以转为国有土地，土地开发者就可以利用所获得的国有土地使用权证来进行融资，然后实施滚动开发。

在我们最近对佛山市禅城区石湾镇街道石梁村的调研中，就发现该村成立的东江龙房地产开发有限公司就通过补交政府优惠的土地出让金，将集体建设用地转为国有，然后实施滚动开发，为村集体和村民获得大量现金利润和物业资产，走上了一条可持续发展的路子。调研发现，由村集体进行的房地产开发，容积率往往远远低于由开发商主导的改造所需要的容积率，即使如此，在扣除各项税费之后，村集体自主开发一亩地获得的利润仍然相当高。在滚动开发过程中，村集体首先进行的是旧厂房开发，这样建设成本较低,当商业、房地产获得理想利润、对村民进行优厚分红并取得村民支持和信任后,再进行农民公寓的开发,即建设高层公寓,以拆一补一的方式进行农民宅基地的改造,就能够比较顺利地腾出土地资源,并为未来的开发创造条件,在这个过程中,实现滚动开发带来的高速更新、村民满意、集体资产迅速增值目标。

《深圳市城市更新办法》也提出了多种开发模式,但实际操作中,村民自主开发比例很低。除了规划审批手续和规划、设计、建设档次等问题外,一个最关键的问题就是村民自主开发的融资问题。由于中国的集体建设用地用于抵押在法律上基本上还没有规范,在实践中也基本上处于起步阶段。实践中要直接用集体建设用地进行抵押,尤其是进行商业、住宅业开发,难度非常大。

(四)公私合作、各蒙其利,以区段征收创新城市更新模式

城中村改造作为一种城市更新的实践,如美国、日本、中国台湾等国家和地区进行的土地"增值溢价捕获"、"区段征收"和"市地重划"等,可以提供重要借鉴。这些政策工具可以成功地解决政府公共建设的补偿难题,土地权利人可原地安置,改造后公共设施完善、生活质量提升、土地财产增值。

1. 区段征收的台湾经验。具体而言,台湾地区的"区段征收"制度,是台湾地方为了降低推进城市化的成本,由地方主导实施的带有一定的强制性、自偿性土地征收办法[①]。地方根据当地城市发展计划,把一定范围内之土地一次全部予以征收,然重新加以规划、整理后。其中,40%~50%的土地发还给土地所有权人;地方取得50%~60%的土地,这50%~60%的土地用于公共设施建设的土地约占35%~40%,剩余15%~20%的土地则被地方公开标售或出租,其收入用来支付土地开发成本与公共设施建设的费用。

我国台湾地区进行区段征收制度的动因主要是两个方面:一方面是快速城市化发展对土地的巨大需求。从1981年至2008年,台湾地区城市人口从1 261.7万人增长到1 836.8万人,人口增长575.1万人,增长

---

① 刘守英:"中国台湾地区土地征收的做法与借鉴",http://www.drc.gov.cn/xscg/20121109/182-224-2873532.htm。

45.6%，快速城市化对土地的需求越来越大。另一方面，通过一般征收获得土地越来越难。在台湾，一般征收只适用于公共事业，是纯公益性质的。首先，一般征收对土地所有权人的补偿值限于现金，补偿水平较低，土地所有权人反抗激烈，不愿参与。其次，一般征收后当局要承担公共事业设施建设，财政开支巨大，当局负担沉重。

台湾区段征收制度在实践中逐步完善。区段征收首先通过返还土地所有权人部分开发权后，土地所有权人买回或申领抵价地面积虽然有所减少，但因土地价值增加而增财富，土地所有权人积极性得以提高；其次，通过土地规划、整理后，当局可以无偿取得区段征收区域的公共建设用地，解决土地问题。最后，当局把剩余建设用地公开标售或出租，获得较高收入，解决支出负担问题。

台湾地区实施区段征收的主要是城市农业区、保护区土地变更为建筑用地或工业区变更为住宅区、商业区的土地。土地从原来的农用地变更为建设用地，土地大幅度升值。台湾地区土地经区段征收后，占土地所有权人原有土地的40%~50%比例抵价地交还原土地所有权人。土地所有权人的面积虽有减，但是该区域通过开发、整理和公共设施完善，地价通常提高3倍以上，部分地区提高10~20倍，甚至超过100倍。土地所有权人收入大幅度提高，积极性很高。

2. 区段征收在大陆的创造性运用：一个初步思路。目前，中国仍然实行征地制度，结果是农地转为非农用途并没有形成市场价格。而政府出让土地时，大量土地用于工业，而由于招商引资竞争，工业用地往往出让价格很低，甚至在扣除征地和基础设施成本后价格为零或者为负，这样势必逼迫地方低价征地，由此导致政府和被征地农民的冲突时有发生。如果改革征地制度，政府就可以在无偿获得部分基础设施与公益事业用地的基础上，让被征地农民领回固定比例的抵价地，用于商住或者工业开发，这样就确保农民在征地过程中的财产性收益，能够有效保护农民土地财产权，让农民共享城镇化发展成果，减少社会矛盾。实际上，深圳和中国其他城市在城中村、城郊村改造中已经、未来也可以进一步借鉴上述政策工具，然后适当结合中国国情，特别是农村土地为集体所有这个国情，以土地国有化为前提，推进土地制度创新，最终建立政府、原土地权利人、外来人口乃至开发商多方的利益均衡。可考虑如下操作模式：

（1）首先将城中村集体土地进行国有化。这些土地既已纳入城市范围，将其国有化并无法律障碍，反而有利于产权明晰，并在现行政策法规框架不进行大规模调整的前提下进行赋权开发，可以有效地避免"小产权房"问题。

（2）政府对被改造地段实行区段征收或类似操作。尤其是对于要拆除重建的推动，根据城市统一规划，政府无偿征收一定比例城中村土地，其中部分可作为城中村基础设施，包括道路、公立学校与医院，公共绿地与卫生设施用地，剩余部分拍卖获取出让金作为基础设施改造与公共服务提供资金来源。征收比例视城中村实际情况（人口、密度、地价等）大致确定在30%～60%。

（3）政府负责城中村基础设施投资。按规划进行改造，灵活运用城市规划手段适当提高地段容积率，确保村民剩余地段增值，从而使村民愿意无偿让渡部分土地给政府。

（4）城中村村民保留经区段征收和基础设施改造后大幅增值的剩余土地，并发放国有土地使用权证，对于少部分地段，在开发商或村集体补交部分因土地用途改善而需要缴纳的土地出让金后，直接开发商品房或商业地产，直接给予大产权，而对于大部分地段，允许村集体在一定的限定条件下进行出租屋开发，就是说村民或者村集体短期内只能或主要开发出租房，但长期（如10～15年后）可以上市交易。村民可自行组织向银行贷款，或者引入房地产信托资金赋予固定收益率，或联合其他主体，如房地产开发商甚至是建筑商进行合作开发，以此来解决集体建设用地开发难以获得贷款问题。

（5）政府可考虑在改造完成后的城中村建立一些城市公立学校，接受外来人口子女入学，其中学校用地可来自于区段征收的部分抵费地，学校建设费用来自于中央、地方相关土地税收，而公立学校包括老师工资与办公经费之类的运营经费，除了中央地方相关财政转移支付和一般税收收入外，也可以考虑部分来自于解决外来人口子女教育问题。

（6）对于面积过小或地块被切割成畸零细碎的多个城中村，在较大区域范围进行交换分合，重新整理后再分配给原土地权利人。

（7）对改造后物业短期开征出租屋管理费或者出租屋租金收入所得税，抽取的税额可以在出租屋租金的收入的10%左右，待政府公共财政体制完善后，政府依赖土地出让金的程度有所有下降后，同时将出租屋管理费，或者出租屋收入所得税按时缴纳作为10~15年后转为大产权的前置条件。政府也开始在未来10~15年内逐渐过渡到开征对物业税，依据情况，物业税可以考虑对二套或二套以上住房或一定面积以上住房进行征收，甚至在公共服务到位的情况下，直接对第一套住房开征。

在上述城中村改造的模式下，政府一方面不直接投入基础设施改造，而且可在改造中抽取相关开发税费，另外一方面，当改造完成后，地方政府可通过出租屋管理费、出租屋租金收入所得税及最终实现的物业税获得较为长期和稳定的税源。当然，上述措施首先需要更高层面的综合配套改革，可能在实施中有改良版或变形版，但基本思路大致如此。

当然，区段征收操作中，政府拿走土地的比例会随地段区位、地段原来容积率、地段规划容积率、地段利用用途乃至整体房地产业景气情况等因素不同而有很大变化，所以实际操作方案核算也必因地制宜，随时势进行调整，但由于改造基础是地段增值，所以只要建立合理的谈判机制和利益分享平台，在帕累托改进过程中实现效率改进与社会和谐是完全可行的。

三、如何建立不同主体利益良性协调的谈判机制

如何建立城中村改造中不同利益主体的良性协调机制，始终是城中村改造中的关键问题。

（一）城市更新与城中村改造中的"钉子户"问题及其解决

在城市更新或城中村改造过程中，改造区域内的企业主体，集体土地上"私宅"的所有者和其中的租住人（主要是外来务工流动人口）、外来开发商和当地集体经济组织以及当地政府和宗族核心人物，需要在一个更大的谈判平台上进行合作。其关键问题，是建立一个关于城中村改造如何进行的谈判平台，设计各种权利人的组织机制与集体谈判模式，设计集体经济组织由经营产业向经营物业转型出路，并协调定位各级政府与不同机构间可以发挥的作用；同时，在改造过程中建立合理的机制去处理村集体经济组织与各村民、各村民户之间的利益分配问题等。其中，如何处理

"钉子户"问题,是城中村改造与城市更新过程中必须处理的一个最大挑战。

一种解决方法是第三方介入。这时往往需要法律裁决、政府强制或者引入第三方评估的"合理价格"。但这里的关键问题,是如果利害相关的当事双方都没有找到一个"合理价格",那么就没有理由认为第三方有能力或威望替他们找到;而且即便找到了所谓的"合理价格",也还得通过政府或法律的强制力来强加给双方。即使在法制完善程度较高、政府公信力较强时,这种第三方介入的模式都会遇到较大困难,更不用说上述条件并不完全具备时的结果了。

在实践中,开发商和政府在征地拆迁过程中也往往想出一些应对办法。比如,一般开发商未必要采用逐户签订合同的策略,因为这很容易导致越拖到后面,对方要价越高。一些开发商可能考虑采取"同步拆迁"策略,即居民中达到一定比例的人都签订协议后,才实行同步搬迁,如果同意搬迁者达不到较高比例就停止搬迁。如是,开发商就不至于因为一户一签先期投入成本太高而被"敲竹杠",而那些不同意搬迁条件的钉子户面临的将不是开发商或政府的压力,而是那些急于得到拆迁所带来好处的街坊邻居的强大压力,结果是开发商的交易成本变小,钉子户的交易成本加大,双方在谈判的时候将能够比较从容地达成协议。

此外,一些地方政府在拆迁过程中也制定了一些鼓励政策,对于那些先签订协议的人给予适当奖励,对钉子户施加经济和心理压力。当然,如果最终确实达不成协议,开发商有时候不得不修改规划,绕开"钉子",与旁边其他住户进行谈判,或者干脆把钉子户用高楼包围。但这样做往往成本较高。

我们提出的对中国城市更新、城中村改造与征地拆迁中解决钉子户非常有价值的思路,就是让原土地权利人和开发商合作开发土地,或者是村民和政府合作,其中政府负责基础设施、村集体和村民负责自主开发的模式,或者是两种模式的某种混合。总体来看,这些改造开发模式的本质,就是通过让土地所有权人也分享开发收益来有效消解钉子户现象。更具体地说,当政府仍然采用传统的征地模式,或者让开发商和钉子户单个谈判的时候,博弈就变成了政府或开发商和原土地权利人多个个体之间的单独博弈。博弈人数增加就会直接增加交易成本,而各个个体在与作为外来者的政府或开发商进行博弈的时候，总会存在一定激励去索要高价，发展到极端就成为所谓的钉子户。

这种敲竹杠的行为之所以可以成功，是因为土地开发一般需要整片开发，或者说土地开发的外部效应很强，所以个别地段的土地权利人可以以此要挟"坐地要价"。而那些愿意接受补偿协议的非钉子户，虽然因钉子户阻碍整个开发行为而在一定程度上损害了自身利益，但钉子户行为所造成损害是间接的，其过高要价也是针对作为外来者的开发商或实施征地行为的政府。在这种情况下，那些非钉子户虽然愿意及早得到拆迁带来的好处，但也一般很难动员起强大的社会压力。

（二）中国城市更新与城中村改造中的多重政府管制问题

政府管制的多重性也会导致城中村改造或城市更新无从起步，造成所谓的"多重管制困局"或者"法律反公地悲剧"。这里的"反公地悲剧"来自于政策制定权与批准权的分散化。首先是所谓的"横向多重管制"，即同一级政府要求开发商一个部门、一个部门去征求批准；其次是所谓"纵向多重管制"，即开发商要拿到许可证，必须获得从上到下各级政府机构的批准。在中国各地的城中村改造过程中，也出现了上述多重报批困难带来的困局，导致各种本来可以进行的项目因为难以报批而无法建设，甚至带来那些原来希望合法建设或改造社区因耽误开发时间造成的损失；而由于合法合规开发的代价过高，不少基层社区采取"快违建、快收益"的策略。

一个典型例子是中国新增建设用地计划和用地报批程序。这里以报国务院审批土地规划的城市为例。一般需要经过以下步骤：各县、区（开发区管委会）上报下一年用地计划，汇总拟定和上报全市年度土地利用计划；省国土资源厅批准下达年度用地计划；省国土资源厅汇总各市（州）用地计划需求，报国土资源部，市分解下达当年获批新增建设用地计划，根据计划报批各类用地，开展土地征收和一级开发，实施供地。

从时间上看，中心城区批次用地一般3月份报地，中间有个审查时间（国土资源部各司局会审，如果有问题，比如规模过大还会反复沟通核减等），一般到下半年全部批给省里，省里再分下去。所以很多头一年的计划要到下一年才形成项目报地。单独选址用地（交通、水利，外围的其他项目比如电站、移动塔基等）还要有个用地预审的程序，预审完了，拿到发改委立项的批复后才正式批地，这个过程有长有短。如果中间缺材料的话可能会有四五年的过程。如果地方政府发现时间太长，就可能会违法用地，但违法用地往往也要付出代价，土地督察局、执法局执法严格的话还可能造成更大麻烦。实践中就往往可能出现路修好了来补办用地预审的违法情况，一般也是敦促省国土资源厅做出处理。

总体来看，上述审批程序首先邀请用地必须要有计划；其次，用地必须要符合规划，否则就是违法。但这里的关键在于，上述从上而下进行的用地审批本身，是否具有很强的合理性？由于上级政府主管部门很难完全了解各个城市与地方的用地需求，所以基本上很难具备足够的信息来决定批还是不批。虽然土地利用规划框定了一个15年的新增用地总规模。可以依据总规模来计算平均每年的用地规模，但这个总规模的确定一般按照人口，城镇化率等指标通过一定的公式来进行确定，但这些公式本身的制定与不同因素的权重设定本身就很可能存在巨大争议，而经济周期变化本身就要求上级主管部门不应该完全根据15年的土地利用总体规划来测算每年平均大概要用多少地，或者根据过去几年实际用地情况进行调整与核减。

再来看城中村改造与城市更新。不妨看一看广州市城中村全面改造工作流程。整个改造工作流程的四个阶段。在第一阶段，是进行全面改造方案编制阶段，第二阶段是全面改造方案审批阶段，第三阶段为全面改造组织实施阶段，完成组织实施后则进入第四阶段即实施监管阶段。应该说，任何城中村改造本身就是一个非常复杂、耗时的工程，从全面改造方案编制第一阶段的现状摸查，到确定改造规划范围，到最后编制改造方案；进入全面改造方案审批的第二阶段后，还需要不同级别基层政府与相关部分进行规划方案审批，然后依次进行用地预审和用地报批；完成用地预审与报批后才能进入全面改造组织实施的第三个阶段，其中还分别明确规定了安置房建设、融资用地出让，独立公共设施和公益用地三个方面的工作流程；所有这些工作完成后，开始实施后政府相关部门还需要进行全面的实施监管。所有四个阶段都需要涉及多个政府监管、审批部门和不同级别政府的监管、审批。如果在不同政府部门间、不同级别政府间就审批与监管工作实现有效的协调整合，很容易在任何阶段或环节让改造工作停顿，将本应该可以更快进行的改造工作变成一场拉锯战或马拉松。

总体来看，无论是横向政府多重管制、还是纵向政府多重管制而导致的土地开发利用困局，都会带来对社会不利的结果，都会导致城市更新与城中村改造受阻，也就无法释放本应可以释放出来的土地供应。因此，面对中国城市更新、城中村改造乃至中国城市土地利用所面临的各种困局，政策制定者必须要通过改革来简化和消解横向和纵向的多重政府管制，其中的关键还是政府应该把改革对象设定为自己，通过有效的体制改革来破除多重管制带来的困局。

（三）破解空间反公地困局和法律反公地困局的几个关键考虑

问题产生的机制不同，带来的社会后果也有差别。在空间反公有资源情况下，所有者有可能拥有相对标准的权利组合，但没有太多物理空间可将之付诸正常的使用。在法律反公有资源情况下，标准的法定权利组合被分配给了正常空间中的若干持有人，但他们之间缺乏协调合作，也会导致开发的困局。

考虑中国城市更新与城中村改造实际情况，结合美国哥伦比亚大学法学院教授、"反公地悲剧"概念提出者 Michael Heller 提出的解决困局方法，在解决城市更新与城中村改造困局时，必须考虑以下五个方面的问题：

1. 所有者是公有还是私有？这是因为一般而言，与私人所有者进行谈判往往比与政府和（或）企业单位交涉要更容易。如果所有者或者土地原权利人是私人个体或者家庭，那么往往比土地权利人是企业、政府机构或准政府机构要更容易解决问题，因为这时候试图整合土地的创业者以及城中村的村集体及其他村民，更容易一致行动起来去对潜在的钉子户去施加压力，利用"胡萝卜加大棒"的方法来避免钉子户现象。反之，如果起初的业主或者原土地权利人业主大多是企业、政府机构或准政府机构，或者是市民，那么他们就更可能或利用权力获得保护，或缺乏相应的整合机制和压力施加机制，结果是产权整合者难以轻易占上风，只能靠开发商或者政府劝诱的方式来想办法克服，但很多时候，要找出关键人物并且一直让他们接受相应的补偿条件，难度会比较大。

2. 是否存在许多利益各有分歧的所有者？反公有资源的所有者如果数量较少，虽然也会碰到同样的议价问题，但基本上还可以想出办法来进行管理和控制。毕竟整合所有者较少情况下的反公地行为的交易成本一般较低,比如城中村改造过程中的旧厂房与工业用地、集体控制的商业铺面;反之,如果某种反公有资源上已经有了大量企业、家庭权利人乃至政府所有者,那么不同主体的利益千差万别,要实现利益整合的难度往往就比较大。比如,在城市旧城区,特别是居住小区的改造中,住户往往来自于不同的企事业单位,就可能出现这种情况。

3. 产权边界是否清晰?比如在深圳和珠三角的很多城中村,对村民集中居住的旧村居,尤其是所谓的老屋区,往往都能比较容易地划定边界。尤其在深圳城中村中的旧村居部分,土地权利人都知道各家宅基地的界限在哪里,而且法律也对相关建筑与用地的合法性有着比较清晰的认定。但与此相反,深圳还存在 2004 年后"统征统转"尚有未了事宜的那部分土地,比如政府所说的"应(征)转未(征)转"、村民和村集体所说的"应补未补"等未能明确土地权属的部分。产权边界并不清晰,如果无法落实产权边界,就会使反公地资源开发的困局更加难以破解。

4. 是空间产权分散,还是法律产权分散?克服空间困局如钉子户问题,一般要比克服权利难以理解和交换的法律困局要容易一些。就城中村改造问题而言,如果建立合适的机制,比如本文后面介绍的深圳坪山新区改革实践中的土地整备方法,利用村集体和其他愿意实施改造村民施加的压力,同时建立合理的利益激励机制(主要是给村民与村集体更多的土地开发权利),那么空间产权分散这个问题就有办法解决。而如果把法律权利乃至审批的权利交给了太多政府机构,这些分散的管制权利往往要比不连贯空间的切实物理控制权更难以克服,特别是各级政府,同一级别政府不同部门间在整合中需要对自己进行改革的时候。

5. 初始产权完整程度如何?较之城中村的居民,中国城市旧城区的居民在住房市场化后所掌握的基本上是一般意义上比较完整的产权组合。当中国政府开始住房市场化后,基本上放弃了计划经济体制下对于公有房屋的控制权,而原来作为企事业单位职工的城市居民也就获得了相对标准的法律权利组合,即绝大部分的正常所有权,包括对住房的物理占有、抵押权、住房出售权。反过来,作为城中村原土地权利人的村民,在目前的土地制度下,他们的宅基地还是集体所有,必须经政府征地程序首先转为国有土地,然后通过以房换房的实物补偿才能确定为国有大产权,或者在深圳通过拆除重建式的城市更新、土地转为国有后获得相应住房补偿才能确认大产权。

中国目前已经存在大量小产权房的问题。一些城中村或者城郊村的居民，把宅基地或者盖好的小产权房以较低价格直接出售给外来人口，但政府并不认可、也无法从法律上来支持这种行为；与此同时，政府又难以遏制小产权房的泛滥，既无从规划，也无从征税，最后也谈不上建设良好的基础设施并提供相应公共服务。有意思的是，恰恰由于基础设施与公共服务不足，加上政府法律无法确认所谓"大产权"，大部分城中村与城郊村地段的土地和房屋财产的价值无法充分体现出来，构成了城中村改造的一个特定的初始条件。这样就可以在改造过程中通过建立理性博弈平台与有效融资机制来提升基础设施与公共服务，最终实现被改造地段的利用价值提升和完整产权组合。恰恰是改造后的利用价值提升与完整产权组合，构成了土地权利人和政府愿意参与改造的基本动因。如本文后面所述，深圳目前城市更新中，很多综合整治类与功能改变类城市更新模式并没有考虑到这个问题，未来可以充分利用此类初始条件来激发改造动力，实现城市的全面更新。

（四）城市更新与城中村改造：寻求破除困局之道

破解中国城镇化过程中土地开发困局的关键，就是通过有效的制度改革，包括土地制度改革、规划方式与审批体制创新，基层治理机制创新、财税乃至户籍制度改革，重新调整并理顺城市政府、土地原权利人、开发商以及外来流动人口的利益分配和分享机制，实现中国城市更新与城中村改造模式的突破，最终推动中国新型城市化模式的构建，实现人口城市化与土地城市化的同步推进。

要实现上述目标，关键就是理解土地从农村土地到城市土地利用转换、城市土地从旧有用途到新用途之转换存在有显著升值空间，而只要建立了一个合理的谈判机制和利益分享平台，这个升值空间就完全可以、也应该能够为不同利益主体所共享。

1. 政府与原土地权利人之间的利益分享机制。在城市更新与城中村改造过程中，政府与原土地权利人之间的最关键问题，就是政府拿地比例与抽税方式。其中，特别重要的是政府在区段征收过程中抵价地的比例应该是多少。

中国已有一些地方在征地过程中采取"留地安置"的改革实践：在征地过程中，政府在被征收土地上划出一部分土地留给被征地农民自由支配，可用于发展二、三产业，解决就业问题。在征地实践中，地方政府为保障被征地农民的长远生计，一般规定按照农民集体被征土地面积一定的比例，在地段较好、交通方便的指定位置划出部分土地，交由该农民集体按规划用途开发建设商铺、工业厂房等用于出租。如：辽宁省规定，留地比例为所征收土地的6%～10%；河北邢台市规定，留地比例按不低于征地总量10%计算；浙江台州市规定，留出征地面积5%～10%的土地，用于被征地村发展符合国家产业政策和规划的产业；义乌市规定，土地70%以上被征收的行政村，实行留地安置政策。安排商服综合用地的，须按受让时基准地价的40%缴纳出让金；留地安置的商服综合用地如需转让，按转让时标定地价的40%补足出让金，余额部分返还集体经济组织。从实践来看，这一安置方式比较受欢迎，江西、辽宁、北京、湖南等省（自治区、直辖市）在地方法规、规章和其他规范性文件中明确规定了留地安置的政策。在既有留地安置中，仍存在几个关键问题没有解决。

一是留用地产权归属问题。从近年来各地的实际操作来看，留地安置中返还土地的产权归属存在着两种截然不同的做法。一种是"产权保留"，即将土地返还给农民时，保留其集体土地产权，仅办理农转用手续，总结为"用途转换，权属不转移"。另一种是"产权转变"，即在将土地返还农民时，政府实行先征后返，将土地的集体所有转变为国家所有，总结为"用途转换，权属转移"。这两种操作模式优劣存在不少争论，主要还是涉及到留用地是否应该转换为国有产权，从而是否可以上市交易、抵押等方面的问题。

二是目前各地在实际操作留地安置时，政府和集体之间的比例分配存在较大争议。政府比例往往过高，而对村民和村集体留用地的规模和数量划分标准不一，差距甚大，但基本上都较低。各地对留地数量的规定，基本分为两种——按比例留地和按固定数量留地。事实上，各地留地规模规定的不同正反映出土地增值收益分配比例的差异，总体来看，各地都存在政府比例过高，村集体和村民留地比例过小。

三是留用地安置过程中还存在一个集体与村民及村民之间的分配问

题。在一些地区，由于采取的留用地安置措施往往是为了推动村集体配合政府征地，所以政府为了取得村干部的支持，往往在留用地安置上面给予村干部过高主导权。而在村民主机制不健全的情况下，村集体和村民之间的利益往往难以平衡，村集体占了大头，有时还会出现与村干部关系较好的村民获益较多，而其他村民获益较少的情况。实际上，政府拿地比例过高也会直接导致村民获益较少，因为如此一来，村集体和村民之间也必然存在如何分配一个小饼的问题，矛盾自然会更加尖锐，而强势的地方政府为了降低征地成本，必然会希望推动村集体获得留用地中间的大头，这样才能激励村干部配合其征地行为。

四是留用地规划也存在管理和规划问题。留地安置一般在被征地集体土地范围内或附近进行，但由于其时常与土地利用总体规划和城市规划发生矛盾而难以定点落实。在深圳，有些被征地村虽然拿到了留地安置的指标，却往往因为项目性质不能同时满足"两规"要求而无法通过用地预审，也有部分已选址定点的土地存在着被蚕食甚至侵占的情况部分勉强落实的留用地往往变成"插花地"或"飞地"，一方面给土地管理留下了隐患，另一方面使土地零碎，规模效益和集聚效益无法发挥，导致土地分割后的用地效率损失。这些都成为各地留用地无法高效利用的主要障碍之一。

五是目前中国征地实践中给农民留用地比例严重偏低的问题。从各地区的实践来看，一般都不超过10%，最高往往也就15%~20%，而政府在拿走剩余土地之后，也只有少部分进行基础设施建设与公益事业用途，大部分则用于工业与商业、住宅业开发。且不说给农民留用地的比例远低于中国台湾地区区段征收过程给被征地农民的留用比例，明显构成与民争利的行为，更重要的是政府在征地后实施土地出让时对占大部分的工业土地进行低价出让并过度供给，而同时高价限制性供给商、住用地，结果是催生房地产泡沫，并加剧了城中村违法建设与小产权房问题[①]。

我们认为，根据各国、各地经验，应该确立的一个基本原则，是土地所有人和使用人应该通过抵价地为土地开发和增加的公共服务付费。而由

---

① 当然，目前各地竞争产业的优惠政策导向下，政府发展产业也为该地区发展或为原集体留用地增值作出了贡献，但这里的关键问题是一个度的问题，实际上，正是因为工业用地过度供给，政府在工业用地征用—工业园区基础设施建设—工业用地出让过程中往往难以盈利，甚至出让越多亏损越大，那么地方政府就不得不通过商住用地出让来实现利益回收，结果是更有积极性压低给农民的留用地比例。

于各个地段的区位不同，土地开发、基础设施与公共服务建设的要求与成本各异，抵价地的比例也必然有所差别。在公共配套设施建设方面，政府提出可以考虑的一个原则，是"政府主导、统一规划、成片改造、分步实施、统一落实公共服务设施配套"。在确定了上述原则基础上，再科学编制控制性详细规划，合理布局，完善城市公共服务设施配套。

与土地预留比例设定这个硬币正面相对的另外一面，正是政府给土地权利人留用地比例。如果这个比例过低，就会导致被征地拆迁农民基本无法在正规住房市场上通过自主开发或与开发商合作开发来形成有效的供给，并遏制地方政府在当前土地管理体制下"限量少供商、住用地"，最终导致城市房价普遍过高的垄断性行为，也就无法遏制小产权房泛滥的现象，结果往往是城市中形成一个割裂的住房市场：一端是面向中高收入者的中高端合法商品房，另外一端是面向低端外来人的低端非法出租房或小产权房，成为典型的二元结构。

2. 区段征收中的两步博弈处理原土地权利人之间利益关系。城中村改造的一种有效手段类似于前面讨论的区段征收。而处理钉子户的关键措施，就是将城中村改造的博弈分成两个有区别、但又有所交互和联系的两个阶段，将政府征地带来的与村集体与村民的矛盾转化为村集体内部的协调问题。

第一个阶段是政府和村集体进行博弈，计算和分享政府区段征收部分与村集体/村民/潜在开发商留用部分的大账，算好大账后草签协议。第二个阶段是村集体与村民之间进行博弈。其本质是在村集体与村民，村民之间，村集体与开发商之间算小账，然后在各方平衡与妥协的基础上村民、村集体、潜在开发商之间签订协议。

上述二阶段博弈的基本前提，是在政府与村集体之间的博弈中给予村集体足够的留用土地，让村民和村集体的留用土地因政府区段征收部分的土地用于基础设施及融资建设，加上适当放宽村民和村集体的留用土地建设容积率后能够实现有效增值，从而促进政府和村集体/村民之间协议的达成。问题的关键，是当博弈进入第二阶段时要充分利用村集体对村民、村民对村民之间的社会压力，在民主决策基础上形成统一意见，促进留用土地增值分享。由于之前第一阶段的博弈中大账已经算完，村民和村集体所获得的蛋糕份额和大小已经基本固定，任何钉子户提出不合理要价就会构成对全村其他所有人利益乃至村集体利益的侵犯，而这本身就会抑制村中钉子户的出现。即使在此种局面下仍然出现了钉子户，民主选举的村委会，或村股份有限公司，也往往会有比政府更多的手段，比如利用村集体经济组织、村股份有限公司、乃至村庄宗族力量和村民之间的相互压力去做钉子户的工作，从而把政府/开发商与村集体/被拆迁农户之间的矛盾，转化为村集体与被拆迁农户，被拆迁农户之间的内部矛盾。之所以这种矛盾转化是合意的，恰恰是因为它是建立在村集体与村民的总体利益得到切实保障这个基础之上，最终将有效处理钉子户问题，并切实提升村集体与村民在城中村改造过程中所能实现的利益。

这里特别要讨论一下我们认为有潜力成为深圳未来城市更新升级版的坪山新区土地整备实践。在深圳坪山新区进行的土地整备过程中，就充分利用了所谓"整村统筹"、"大账小账分开算"的方法来巧妙化解矛盾，有效地遏制了城市更新与城中村改造中出现的钉子户现象。

要了解坪山改革实践的价值，首先需要进一步讨论深圳既有城市更新实践，尤其是拆除重建类城市更新过程中面临的主要挑战。如前所述，面对城市发展新的机遇和挑战，为更好的挖掘存量土地潜力，拓展城市发展空间，深圳市委、市政府在2009年开始提出推动城市更新条例，但在实际操作层面，城市更新还是出现了如下问题：

一是政府在城市更新实施和管理中的部分缺位。由于拆迁工作难度很大，钉子户处理麻烦，政府基本上将拆迁问题完全下移至开发商等改造主体，而开发商为了达到顺利更新的目标，同时为了消除钉子户现象，就可能盲目提高拆迁补偿的标准，导致整个拆迁市场对于拆迁补偿标准的意愿畸高，最后的结果反而会影响房屋征收和拆迁活动。

二是目前城市更新中普遍采取的所谓"房地合一"的拆迁补偿模式很容易导致村民抢建来博取更高赔偿。一般而言，在城市更新项目拆迁补偿中，都有所谓的政府指导价，这种指导价包含了地价，即原村民房屋每增加一平方米的建筑面积，就能得到政府一平方米包含地价的市场价补偿款。结果是房屋建筑面积越大，获得的赔偿就越多。这就导致权利人在以差异不大的成本获得宅基地后，势必建得越多就越得利，造成了大量的违法抢建现象出现。当然，由于目前拆迁市场"房地合一"的拆迁补偿模式的事实存在，往往使政府很难对拆一补一的做法进行纠正，所有实际操作中，坪山新区政府只能要求社区在现有政策框架下自主决定。

三是完全以开发商主导下的城市更新，往往以容易改造地段或城中村开始，却往往把改造难度更大或者容积率过高的地段和村庄留给政府和未来。

在局部地段推动城市更新的结果，结果经常是城市的整体利益让步于局部利益和个体利益，片区土地的开发强度都倾斜于先更新的地块，更新地块内的违法建筑处理被忽略。以上城市更新政策虽然宣称以市场为主导，各方利益协调却更多局限在更新单元范围内，对单元周边地区及社区土地历史遗留问题缺乏统筹。这种城市更新"见点不见面"的格局，往往导致更新范围内补偿标准远远高于周边拆迁市场标准，对违法建筑处理的漠视又增强了违法建筑权利人的博赔预期。结果是既有城市更新项目虽然往往带来了小地块改造的成功、做活了一块，却同时也做死了一片，少部分人通过改造富裕了，却无法实现共同富裕、更不用提全域城市化和公共服务均等化。

深圳坪山新区的改革，即以特区一体化社区转型发展为目标的"整村统筹"土地整备新模式，基本思路是以土地权属调查为基础，以查违为保障，整合各方资源，综合运用规划、土地、产权及相关政策，一揽子解决土地历史遗留问题，推动城市结构、社会结构再造和社区转型发展，力争通过土地整备一个平台，承接"城市建设、社会建设、社区转型发展"等多个工作目标。其中主要包括三个相互联系的工作内容：即社区土地发展（变革土地制度，保障城市发展）；社区经济转型（破解土地租赁依赖，促进经济转型）；社区社会建设（强化基层管理，加强社会建设）。目前，在南布与沙湖两个社区试点工作都取得了积极进展。如果操作得当，就有助于在土地开发、社区经济转型和社会建设三方面实现突破。

一是土地开发方面。充分应用规划、土地、产权等相关政策，通过迁换方案、规划提升、土地发展方案三方面的工作，形成统筹解决土地历史遗留问题、规划土地等政策统一的思路和方案。

二是在社区经济转型方面。制定了以清产核资为依据、以股权再造和资产置换为抓手、以社区经济多元化发展为最终目标的《社区经济转型试点工作实施方案》、《关于引导支持社区经济转型发展的指导意见》等方案，着力解决社区股份公司股权结构封闭、经济结构单一和土地利益的边界不清等问题。

三是社区社会建设方面。制定了涵盖社区公共服务设施建设、就业服务建设、社区公共服务建设、社区管理转型和社会组织发展建设等相关内容的《社区社会事务转型与民生保障方案》、《公共服务设施建设实施方案》等系列方案，超前规划发展社区就业、教育、医疗卫生、文化生活等社会事业，着力解决经济基础决定的基层管理弱化、政企不分、公共服务低水平循环和社区自治力量弱等问题。

总体来看，坪山新区经过不断的探索实践，确立了"整村统筹"土地整备新模式，相对于既有的城市更新，所提出的土地整备概念范围更广（基本上以社区为单元），内涵更广泛（涉及规划提升、土地发展、社区经济社会转型发展等），搭载责任更全面（要求一揽子解决土地历史遗留问题）的城市更新，是"自上而下"和"自下而上"工作方式的结合。

目前，深圳的城市更新政策在运作方式、规划计划管理、改造范围、土地出让、地价优惠、搭载责任等方面均有明确的规定，而坪山新区的土地整备思路则是穷尽各项政策和措施为其所用；从某种意义上说，土地整备是一种在更大范围内的升级版城市更新。所不同的是其拆迁补偿价格政府需要控制在一定范围，改造责任需要进一步明确和扩大，特别是在此过程中一揽子解决历史遗留问题，用地指标需要在社区范围内统一调配，避免指标腾挪造成新的历史遗留问题和不公平现象，遏制作为公共资源的"容积率"盲目地向个别地块倾斜的现象。在村庄整体更新甚至跨村统筹更新的框架下，实现已有各项政策和措施协调统一，构建公平合理分配土地增值收益的政策平台，只有这样，土地整备或城市更新才能真正保障城市可持续发展的目标。

从坪山实践来看，城市更新与城中村改造过程中一个基本的改造原则应该是整村或者跨村进行地段整体改造。只有这样，才能将一个村内部的旧村居与旧厂房进行统一安排，实现统筹建设。在很多情况下，甚至还可以考虑进行跨村统筹，但这里就会涉及到土地发展权的跨村、跨地段转移的问题。所谓的土地发展权转移，就是对不同地段普遍授予一定土地发展权的基础上，运用市场机制，允许根据规划不能进行开发地段的土地发展权转移到那些规划允许的开发地段进行更高强度的开发，但必须通过市场机制对售出发展权的主体进行补偿。比如，在深圳的拆除重建类城市更新中，就可以考虑允许开发者或发展商在法定图则允许的范围内从其他地段购买容积率，或者让一些被规划为公共空间地段的原土地权利人出售其土地发展权，甚至可以让他们以土地发展权和其他自有资本入股，在获得更高容积率的地段进行合作开发，从而形成多方主体共赢的局面。

坪山新区进行的土地整备，也恰恰有助于我们在三旧改造中开阔思路，通过跨地段、跨村统筹改造与开发，通过两步博弈方式巧妙调整博弈对象、充分利用村集体和村庄内部的社会结构化力量，以及市场机制来实现城市更新目标的实现。也正是从这个意义上讲，坪山的"整村统筹"土地整备切实解决了既有"城市更新"政策考虑不足的问题，即钉子户问题和开发商挑肥拣瘦、难以统筹开发这两个最难解决的关键问题。

3. 政府多重管制困局的破解之道。解决这一问题的关键自然是调整简化相关规制和审批程序，但这就必然涉及对不同级别政府之间、同一级别政府不同部门之间的关系调整，甚至涉及一些更基本的经济体制与行政管理体制改革。考虑到土地开发的外部性、整体性和用途管制、公益事业用地与公共服务的需要，政府该管的还是要管住，但必须要在怎么管、如何在发挥民间积极性以及市场力量的基础上切实管好方面做文章，这里能不能从审批的管制走向备案的监管是关键。比如说，政府应该明确告诉公众，审批的事项应该达到什么样的条件时即可备案，而不是目前的管法：即只要求申请方交相应的材料，但具体的审批内容、规定是均不明确告知，而且在不同的部门之间往往出现重复审、交错审，而不同部门在审批内容、要求方面还往往不一样，让申请者无所适从，结果是让每一个环节审批的过程都成为协商的过程，这就容易带来"多重管制困局"。另一方面，在形式上，市政府可以为许可证设立"一站式窗口"，开发者可以通过政府机构内的一个联络点，获取所有相关部门的快速回复。因此，改革的一个考虑，是能不能让政府的协商过程成为一个大的一次性过程，其后的审批则是备案制，政府更多的是做好监管，这是体现政府行政水平的关键。

坪山新区"整村统筹"土地整备的做法就试图在这方面做出努力，并取得了一定的成效。比如，在坪山新区的土地整备改革实践中，首先是对整个村的土地权属进行全面调查，摸清整个村现有用地上建筑情况，把

中国土地改革向何处去

遗留问题全部反映出来,这样就可以减少前面所述城市更新与"三旧"改造中许多权属调查、审查的反复环节。其次,按照政府与社区一次性算大账的思路,综合运用规划、土地、产权等政策,在土地整备审批方案时一并明确社区的规划、留用地指标和收回土地的补偿标准,一揽子解决历史遗留问题。上述做法将有助于减少前面所述的规划来回审批的问题。再次,政府按照土地整备方案与社区签订土地整备协议书,明确社区的开发方法、时序、政府的配合、资金和交地之间的衔接等。最后,就是社区开发地块如何按照政府的审批流程申报审批,政府监督什么时候兑现交地、如何保证顺利开发、保障村民和村集体利益的问题。因为政策大账在前面已有审批,其中的许多环节就可以由审批转为备案。

4. 原住民与外来人口:改造过程中外来人口的居住保障。在城市更新与城中村改造过程中,一个经常被忽视的问题是城中村改革和城市更新完成之后往往被改造地段会出现所谓的"绅士化"(gentrification)现象:原有低端居住人口因为房价房租上涨而被迫迁离。由于目前中国大批流动人口集中居住在城中村、城郊村地段,而目前城市房价高涨乃至泡沫化,政府热衷于开发城中村地段并进行"土地财政"行为牟利,改造后这些地段成为中、高端商、住区,结果是流动人口不得不向更远的城中村进行转移或者直接转入城市中的地下室,从"蚁族"变成"鼠族"。个别特大城市甚至展开对城市地下室清理的行动,导致流动人口要成为鼠族也难于登天。

城中村改造过程中如何保证外来人口的居住问题?解决这个问题是否与赋予原土地权利人一定的土地开发权有本质上的冲突?这是一个非常值得深入讨论的问题。实际上,在中国目前的城市土地制度下,如果在城市范围内足够多的地段,在村集体和村民与政府谈判并上缴基础设施与公益事业用地后,赋予其一定土地开发权,恰恰有助于打破地方政府对商、住用地的垄断供应,缓解城市房地产泡沫泛滥。如是,就可以一方面可以实现土地转用后相当程度的"涨价归公"。另一方面也可以降低土地涨价幅度,从而最终降低作为购房和租房主体的外来人口所需支付的房价和房租。

不妨把大城市中及城郊各种建设密度有别的地段看成一个连续的光谱:在光谱的一个极端,是深圳等地高密度建设以出租屋为主体的小产权房；而在光谱的另外一个极端，则是因政府控制较为有效、私搭乱建没有全面展开、建设密度仍然较低的城中村、城郊村地段；在这两个极端中间，也有一定的过渡类型，比如一些地段村民和开发商直接合作、往往为乡镇基层政府默许、作为没有合法产权证的商品房出售的"小产权房"地段。

显然，就这道光谱在中国城市的分布情况看，基本上还是一个"两头大，中间小"的"哑铃型"结构。光谱的两个极端都存在基础设施建设严重不足，以及公共服务不到位的问题。而我们要推动的土地制度改革的最终目标，就是要将这"两头大、中间小"的"哑铃型结构"逐步转换为"中间大、两头小"的"纺锥形结构"，最终让所有地段都通过有效的融资手段和土地利用改变，实现基础设施完善、公共服务到位的城市更新改造和地段升值。

对于两个极端，改造升级的方向正好相反：对密度较低地区的城市更新与城中村改造项目，需要加大建设密度和开发强度，同时提升基础设施品质，确保公共服务融资；对既有建设密度过高、建筑间隔过小的地段，则需要适当提高建筑间隔，甚至有些地段可能还要适当降低建设密度。显然，对于光谱中的原来没有大规模建设的那个极端，可以考虑通过区段征收等方式鼓励村民获得部分土地的开发权，但对大部分此类地段，在短期内只允许开发出租屋，以防止村民为短期牟利而开发商品房，不仅对现有房地产市场造成巨大冲击，而且也无法满足绝大部分流动人口的居住需要；而对于光谱中已经进行了大规模、高密度建设的另外一个极端，操作方向正好相反，主要是完善基础设施、降低建设密度。

实现从"哑铃型结构"向"纺锥型结构"转换的基本经济基础，就是目前这些地段都因为基础设施与公共服务不足，而没有真正实现土地和房地产开发的最佳用途和最高价值，因此，通过更新改造就可以实现总体土地价值的提升，而这个价值的提升，就可使政府、开发商、村集体与村民可以通过谈判来分享收益，所有利益相关者都可以比以前的处境更好。而一旦这些地段逐渐被改造好，市场机制供应的出租屋和商品房逐渐增加后，也会在提升流动人口居住品质的同时，让这些地段仍然具有可支付性，最终有效解决流动人口的居住问题。

从"哑铃型"结构向"纺锥型"结构的转换，必然是一个渐进的过程，这不仅是因为城市更新与城中村改造项目都需要较长时间才能完成，更重要是因为既有中国城市房地产泡沫的存在，使上述转换不得不渐进推动，否则就很难防止房地产泡沫破裂及其带来的各种经济损失。前面一种渐进是时间上的渐进，后一种渐进是方式上的渐进：就是在赋予农民一定土地开发权，或承认其在已经高密度建设地段相关土地收益权的同时进行有条件确权，并逐步承认可以转让的大产权。而其中的条件，就是被改造地段要实现一定的以上缴土地或者以上缴税收/补交出让金或者两者混合方式进行改造和更新的"公私合作"。在达到更新改造标准后，可一次性或逐步赋予完全产权。

这里特别需要进一步考察深圳城市更新与城中村改造中的规定的三类更新方式，即所谓拆除重建、功能改变与综合整治模式与外来人口的居住保障问题的关系。如果在这三种改造模式中实现合理的组合，将有利于协调原住民与外来人口在城市化过程中土地增值的利益分配，有利于解决城市更新与城中村改造中外来人口的居住保障问题，更与本文所要提出的防止城市房地产泡沫破裂的渐进式土地制度改革紧密相关。

比如，深圳除了少部分地段通过拆除重建商住楼盘和高端工业楼宇可以一步到位赋予大产权外，大部分地段在未来相当一段时间内只需要进行局部功能改变甚至综合整治，而不需要全部拆除重建。对于这些地段，政府可以继续允许其进行出租，但也给其未来转为大产权房的出路：基本思路就是鼓励其通过自行改造或公私合作改造来逐步降低建设密度，加大建筑间距，完善基础设施，同时在补缴部分优惠土地出让金，并在缴税（如出租屋所得税）达到一定年限之后，逐步赋予大产权，发放红本，并最终实现完全确权。但对于原来就处于光谱中端的那些村民和开发商直接合作并以商品房方式出售的"小产权房"，由于其中一些地段本身在基础设施条件方面并不差，但由于没有缴纳相关税收和出让金，且政府公共服务也不到位，就可以通过补交部分税费或公益事业用地后逐步转正，政府同时利用收缴的税费和公益事业用地来为公共服务提供和进一步的基础设施升级进行融资。

对于深圳和珠三角等地区而言，上述渐进式城市更新与城中村改造模式非常重要。一方面，这种方式可以避免城中村改造后出现大规模的改造地段"绅士化"现象，因为绝大部分地段在短期乃至中期内只是进行功能改变和综合整治，因此就可以继续成为外来人口的租住场所；另一方面，这种方式既不会对既有的正规房地产市场形成巨大冲击，又可以抑制正规房地产市场价格的虚高乃至泡沫化，甚至可以平缓地化解正规市场的泡沫：因为由小产权转化为大产权必须经过改造更新，也必须满足一些缴费、缴地条件才能够实现，而这都需要一定时间，其进度甚至在很大程度上是政府可控的。存量小产权房和城中村地段可以在逐步更新升级后慢慢地释放进入到城市正规房地产市场中去，最终会为外来人口提供价廉物美的购住房房源，从而为最终扭转城市房地产市场二元化奠定基础。

进一步讨论"涨价归公"问题。区段征收，统筹开发，"综合整治、功能改变与拆除重建并举"的城市更新与城中村改造模式，并不仅仅是赋予了被更新地段原土地权利人更多的土地发展权；更重要的，是它赋予了城市中符合规划的所有城中村、城郊村以更多的土地发展权。这样的操作实际上就打破了政府垄断供地的局面。它不会带来每个城中村、城郊村的村民与村集体暴富，恰恰可以抑制其暴富，让土地开发的利润率趋近于全社会的平均利润率。如是，一方面作为住房购买者和租住者的外来人口可获得可支付住房，另一方面，政府也通过区段征收实现了有效的部分涨价归公。

5. 原土地权利人与地产开发商之间的利益分配问题。当前深圳与珠三角的城市更新与三旧改造中，对于那些拆除重建类更新，政府通过在土地出让金缴纳方面给予的优惠政策可以更好地满足开发商与原土地权利人的利益诉求，使原来必须通过征地后招、拍、挂程序而无法完成的城市更新成为可能。

原土地权利人与地产开发商之间的利益分配问题则要更为复杂一些。对于拆除重建类的更新改造，由村集体进行的房地产开发所需容积率往往远远低于由开发商主导改造所需要的容积率。或者给定容积率，开发商没有兴趣主导开发的地段由村集体或者村民自行开发却有利可图。因此，如果可以推进村民自主融资改造，将可以有效降低改造赢利的边际容积率门槛或者使那些开发商不感兴趣的地段也可以得到开发和改造。如果在规划审批和融资方面为村民自主改造创造条件，就会使一些开发商没有兴趣进行的拆除重建类更新改造地段现在就可能进行拆除重建类改造，而原土地权利人也可以获得更多的利益。而对于一些短期乃至中期内只需要改变功能和综合整治的城市更新项目，如果可以通过融资体制改革、简化规划开发审批程序，同时配合相应的基础设施完善和补交税费乃至部分公益事业用地政策，推动村民和村集体进行自主改造，也有利于排除地产开发商这个利益主体，最后让原土地权利人获得更多的改造收益。

6. 城中村与城郊村宅基地确权——速行还是缓行？城市更新与城中村、城郊村改造的一个备择思路，就是政策内只要以土地实物形式缴纳一定数量的"确权税"，"合法外"土地就可以实现确权，从而进入合法的市场再开发、再利用。比如，根据深圳历次处理历史遗留问题的文件，可以考虑承认原住民在一定限度内的土地房屋为合法。但对于违法超建，可以实行类似"累进税"的政策，超限越多，"确权税"率就越高。

本质上，上述思路是一种对既有城中村建设的事实进行承认、并同时赋权的思路。这种思路虽有一定道理，但就土地赋权问题而言，尤其是就深圳和珠三角的城中村改造而言，上述思路仍然存在以下两个关键问题，使得这个政策思路不仅难以在实际中开始操作，而且会在操作之后给未来城市更新、地方公共服务提供带来一系列难以处理的问题。

首先是这类政策建议因背后的政治经济学背景，尤其是实施后所带来潜在负面效果，很难具备实施方面的可行性。如果按照上述方案推动确权，首先很可能会对深圳现有的房地产市场造成巨大冲击。因为即使是户均独栋480平方米的合法居住房屋，如果直接发放红本，那么也很可能会因其数量巨大而对已经存在较为严重泡沫的城市商品房市场造成冲击，甚至这种冲击会在相关政策刚刚颁布、但还没有实施的时候就已经产生。更进一步讲，上述冲击还可能会对那些原来从市场上招、拍、挂拿地的房地产商造成利益损失。同时，因为中国的房地产开发行业高度依赖金融系统，从而对既有的金融体制造成冲击。也正因为如此，地方政府、房地产商及本地商品房购买者都会全力反对此方案。

其次，是这类政策建议对城中村改造、城市更新、地方税制改革与转型乃至公共服务提供机制建立所可能带来的一系列未必合意的后果。与中国很多其他地区地方政府强势压制小产权房建设与违法建筑（效果总体来看比较明显）的情况有所不同，珠三角地区，包括深圳、广州，在很长一段时间内地方政府比较弱势，外来人口又尤其多，村民早就大批量在自己的宅基地、甚至是占用或购买的村集体建设用地乃至农地上建设了出租屋。虽然这些建设对容纳巨额流动人口已经并将继续发挥积极作用，但总体来看，由于缺乏规划、建设时村民之间、村民与村集体间都没有进行有效的协作，结果是这些城中村的大部分地段不可避免地存在基础设施标准低下、公共服务不足、建设密度过高、道路过窄、安全隐患较为突出、地块零碎利用等诸多问题，而随着城市发展、空间扩张以及地方产业升级，目前看来很多地段中确实远远没有达到最佳土地用途，也没有实现最优的土地利用价值。因此，一旦按照上述思路进行较快的确权，甚至直接发放红本，那么实际上就很容易出现土地所有权人过多，难以整合利用和改造、从而无法充分提升地段价值的"反公地悲剧"。就更容易给未来城市更新和城中村改造制造钉子户，更难以建立有效的城市基础设施与公共服务投融资体制，实际上也就是给未来更新改造以及综合配套体制改革制造难题。

更广义地看，这里涉及一个中国土地制度改革究竟要实现什么目标，以及如何寻求实现这些目标的更有效途径的问题。如果说土地制度改革的目标是为了给城中村与城郊村的农民充分赋权，同时兼顾地方政府的财政利益并实现基础设施与公共服务的合理融资，那么在深圳和珠三角等已经进行了大规模建设、但缺乏规划和基础设施的城中村地段，给作为原土地权利人的农民赋权的最好方法，可能恰恰是在原土地权利人让渡一部分土地作为公用，再赋予土地原权利人剩余部分土地的开发权后，鼓励这些地段进行程度不同的改造，然后在改造之后再考虑进行房屋和相关土地使用权的确权，而不是在改造前，就对既有的、非最佳利用的土地和房屋进行确权。特别是考虑到既有的城市房地产泡沫及其破裂后所可能带来的不利影响，赋权和确权也必须渐进式地去推动，防止既得利益集团因利益受损或者出于经济受到过度冲击担忧而反对本来应该推动的改革，最后导致改革根本无法启动。

五、结论

中国未来土地制度改革的一个核心突破口就在城乡结合部的城中村与城郊村地段。城中村、城郊村改造首先要处理好被更新地段土地权利配置问题：以土地国有化为前提，原土地权利人村集体和村民上缴一部分公益

中国土地改革向何处去

事业用地和基础设施融资用地后，对剩余部分土地使用权确权并进行开发，实现公有私用，最终建立政府、原土地权利人、外来人口乃至开发商多方的利益均衡。中国未来的城中村、城郊村改造实践要处理好所有权人过多导致的钉子户问题和多重政府管制导致的规划建设审批成本过高问题，并全面借鉴国际经验和本土经验，突破既有改造模式的局限，全面有效地处理好小产权房问题，实现中国土地制度改革的突破与新型城镇化转型。

城中村改造过程，可以超越所有权和使用权的两分法，创造性地借鉴台湾地区区段征收的方式，然后适当结合中国的特有国情，特别是农村土地为集体所有这个特有国情，以土地国有化为前提并要求作为原土地权利人的村集体和村民上缴部分公益事业用地和基础设施融资用地后，进行剩余部分土地使用权的确权并进行房地产开发，由此推进土地制度创新，在有效改造基础设施、全面提升公共服务基础上，继续让"城中村"地段为低收入阶层和流动人口提供廉价优质住房。

要借鉴国际经验和本土经验，包括深圳坪山新区的土地整备改革实践经验来破解困局。而其关键，就是通过有效的制度改革，包括土地制度改革、规划方式与审批体制创新，基层治理机制创新、财税乃至户籍制度创新，重新调整并理顺城市政府、土地原权利人、开发商以及外来流动人口的利益分配和分享机制，通过让土地所有权人也分享开发收益来有效消解钉子户现象，从而实现中国城市更新与城中村改造模式的重大突破，在城市更新、城中村改造建立有效的融资模式和开发机制，实现城市更新与城中村改造过程中不同利益主体的利益协调，最终推动中国新型城市化模式的构建，实现人口城市化与土地城市化的同步推进。

（原载于《国际经济评论》2014 年第 3 期）